U0438296

中国近代史学文献丛刊

王东 李孝迁／主编

历史研究法二种合刊

［法］朗格诺瓦 瑟诺博司／原著
李思纯 何炳松／选译
李孝迁 胡昌智／编校

上海古籍出版社

2018年度国家出版基金资助项目

上海高校服务国家重大战略出版工程

上海市教育委员会科研创新计划重大项目
"重构中国：中国现代史学的知识谱系（1901–1949）"
（2017–01–07–00–05–E00029）

2018年度国家社科基金重大项目
"域外史学在华百年传播史（多卷本）"
（项目批准号 18ZDA214）

Ch.V.Langlois (1863-1929)

Ch.Seignobos (1854-1942)

丛刊缘起

学术的发展离不开新史料、新视野和新方法,而新史料则尤为关键。就史学而言,世人尝谓无史料便无史学。王国维曾说:"古来新学问之起,大都由于新发现。"无独有偶,陈寅恪亦以为"一时代之学术,必有其新材料与新问题",取用此材料,以研求问题,则为此时代学术之新潮流;顺此潮流者,谓之预流,否则谓之未入流。王、陈二氏所言,实为至论。抚今追昔,中国史学之发达,每每与新史料的发现有着内在联系。举凡学术领域之开拓、学术热点之生成,乃至学术风气之转移、研究方法之创新,往往均缘起于新史料之发现。职是之故,丛刊之编辑,即旨在为中国近代史学史学科向纵深推进,提供丰富的史料支持。

当下的数字化技术为发掘新史料提供了捷径。晚近以来大量文献数据库的推陈出新,中西文报刊图书资料的影印和数字化,各地图书馆、档案馆开放程度的提高,近代学人文集、书信、日记不断影印整理出版,凡此种种,都注定这个时代将是一个史料大发现的时代。我们有幸处在一个图书资讯极度发达的年代,当不负时代赋予我们的绝好机遇,做出更好的研究业绩。

以往研究中国近代史学,大多关注史家生平及其著作,所用材料以正式出版的书籍和期刊文献为主,研究主题和视野均有很大的局限。如果放宽学术视野,把史学作为整个社会、政治、思潮的有机组成部分,互相联络,那么研究中国近代史学所凭借的资料将甚为丰富,且对其也有更为立体动态的观察,而不仅就史论史。令人遗憾的是,近代史学文献资料尚未有系统全面的搜集和整理,从而成为学科发展的瓶颈之一。适值数字化时代,我们有志于从事这项为人作嫁衣裳的事业,推出《中国近代史学文献丛刊》,计划陆续出版各种文献资料,以飨学界同仁。

丛刊收录文献的原则:其一"详人所略,略人所详",丛刊以发掘新史料为主,尤其是中西文报刊以及档案资料;其二"应有尽有,应无尽无",丛刊并非常见文献的大杂烩,在文献搜集的广度和深度上,力求涸泽而渔,为研究者提供一份全新的资料,使之具有长久的学术价值。我们立志让丛刊成为相关研究者的案头必备。

这项资料整理工作,涉及面极广,非凭一手一足之力,亦非一朝一夕之功,便可期而成,必待众缘,发挥集体作业的优势,方能集腋成裘,形成规模。华东师范大学历史学系,在史学理论与史学史研究领域有着长久深厚的学术传统,素为海内外所共识。我们有责任,也有雄心和耐心为本学科的发展贡献绵薄之力。在当下的学术评价机制中,这些努力或许不被认可,然为学术自身计,不较一时得失,同仁仍勉力为之。

欢迎学界同道的批评!

《史学原论》及其在中国的接受
——代前言

全球历史学的专业化过程中,1897 年法国朗格诺瓦(Ch. V. Langlois,1863-1929)、瑟诺博司(Ch. Seignobos,1854-1942)合著的《史学原论》,①风行欧美,被誉为"英文中讨论史法之唯一名著",②译介到世界各地,对各国史学专业化起到积极的推动作用。此书三百余页,简要阐述治史之步骤,使治史者有法可依,不仅是"法国几代学生学习史学方法的标准教材",③而且在中国风行了近半个世纪。Introduction 所立下的规则,沉淀在专业史家的日常实践,构成了中国现代史学的方法论基础。不论国际学术界还是中文世界,既有研究对此书关注很不够。本文拟对此书的写作缘起、史学思想及其在中国的影响,作深入全面的探讨。首先尝试说明 Introduction 与时代需求的关联性。以瑟诺博司的生平为主轴,叙述法国在普法战争之后以教育革新强化国力的作为。在瑟氏积极参与的历史教育制度改革中,出现了历史方法学的需求,Introduction 是配合他推动制度改革而产生的著作;其次分析 Introduction 史学思想特色,将从四个方面说明:(一)以人物解释社会结构演变,(二)怀疑精神与对社会科学的态度,(三)历史学的主观性与科学性,(四)实证主义与非实证主义之间的史学思想;最后,钩沉相关史料,集腋成裘,以期说明此书在民国史学界

---

* 本文第一、二节由德国华裔学者胡昌智教授执笔,第三节由华东师范大学历史系李孝迁教授执笔。
① 法文书名 Introduction aux Etudes Historiques,1898 年 G. G. Berry 译成英文 Introduction to the Study of History,下文简称 Introduction。中译本书名《史学原论》,系李思纯译,今从旧。本文引用的译本是余伟的新译本《史学原论》(大象出版社,2010 年),下文简称"余伟译本"。
② 何炳松:《历史研究法·编者导言》,商务印书馆,1928 年,第 8 页。
③ 伊格尔斯著,赵世玲等译:《欧洲史学新方向》,华夏出版社,1989 年,第 52 页。

被接受与拒斥的具体情形。

一、成书缘起

Introduction 作者之一瑟诺博司 1854 年出生在法国南部阿迭协河域一个小镇。① 理性的休京诺（Huguenot）基督新教背景，加上父亲从政所持的中间偏左的政治立场，塑造了瑟氏一生思想活泼、据理力争、好辩的个性。十九岁时他先进入巴黎大学法律系，一年后 1874 年转到高等师范学院（École normale supérieure）历史系。② 在高等师范学院他跟随两位老师：古朗士（Numa Denis Fustel de Coulanges，1830-1889）和拉威瑟（Ernest Lavisse，1842-1922）。前者在智性上终身引导着、挑战着他，后者赋予他现实社会中的使命，携手共创事业。

个性羞涩的古朗士也出身于高等师范学院，不满六十年的生命，却成为学术界下一代的导师。③ 他的崇高的地位不是因为曾经担任高等师范学院院长而获得。他精神上领袖的地位来自他面对学术的观念、严谨、原则与纪律。他为史学耗尽一生心血，所留下未竟的作品，成为学术的典范。④ 古朗士没有方法学及理论的著作，所有典范性的概念与方法都落实在他的作品，偶尔也散见在著作的反思部分，譬如序文或导论。

古朗士的博士论文《古代城市》（1864）承续着孟德斯鸠对风俗、制度的研究传统。他的研究始于怀疑，书本上习以为常的说法都在他质疑之列，譬如"罗马人发明民法"。他自问既然罗马人有民法的需求，难道在他们之前的人们以及其他城市的人们没有类似的需求以及相关的

---

① 1987 年荷兰来登大学伯尔（Pim Den Boer）的博士论文 *Geschiedenis als beroep. De professionalisering van de geschiedbeoefening in Frankrijk 1818-1914*。Arnold J. Pomerans 翻译该书为英文 *History as a Profession: The Study of History in France 1818-1914*，Princeton，1998。下文简称"Pomerans 译著"。其中有瑟诺博司传六页（第 295—300 页），该传记以法国十九世纪历史教育为背景。
② 高等师范学院是法国大学之外的菁英高等教育机构之一，当时每年仅收二十名学生。
③ 古朗士的传，参见 Tourneur-Aumont, J. M., *Fustel de Coulanges, 1830-1889*, Paris, 1931，瑟诺博司撰写序言。中文方面，李璜《法兰西近代历史学》《少年中国》1921 年第 3 卷第 6 期，第 1—12 页）对古朗士有所介绍。
④ 李璜在 1921 年说："在今（法国）历史学界里，也是他的势力最大。"李璜上引文，第 10 页。

规定吗? 对他而言,法律及政治制度都是人们内心道德与秩序需求的落实,而道德需求也植根于宗教,并藉宗教仪式与节庆活动表达出来。若要了解罗马人的民法,研究者必须追溯回到他们的宗教、风俗以及之前希腊人的习俗,并且从原始文献中察看它们的关系及演变过程。他以宗教、风俗、法律、政治制度等整体社会行为观察古代城市,而且是以长时段的观点、以把时间拉长的方式观察它们。①

在《古代城市》里,他表现出的对历史研究对象以及历史研究方法清晰的信念,也贯穿于他晚期的著作。1875年《罗马的高卢》是他成名的经典作品,它是古朗士构想中《古代法国政治制度史》系列之下的第一部作品。② 1888年继续完成《法兰克王朝》,过世当年出版的《墨洛温时代封地及辖区》是该系列的第三部著作,1891年遗稿出版的《日耳曼入侵以及帝国的结束》是他过世前亲自整理的最后一部作品。③ 对古朗士而言,历史研究的对象是社会机构以及社会中人们的集体活动:包括法律的、经济的、物质与精神习俗等机构与活动。在他观念里,"历史学"与当时新潮的概念"社会学"没有差别,都是对制度及人群的研究。④ 他在《墨洛温时代封地及辖区》导论里说:"历史是处理社会事实的科学,因此它就是社会学。"⑤ 个人行为以及个别事件不是他关注所在。他曾说事件总是不易完整呈现,不如制度有多方史料可以将它重建并加以证实。

方法学上,古朗士在写作《古代城市》时,不看当代人有关古代城市的著作,只看第一手文献。他不希望后人所使用的方法及概念影响他对资料的理解,他要直驱源头,直接接触原始文献,以不带偏见及不预

---

① 他古代城市研究的自述,参见他1862年史特拉斯堡大学的就职演讲"科学的史家之信念"。本文参考 Fritz Stern 的英译文 "The Ethos of a scientific Historian", Fritz Stern eds., *The Varieties of History, From Voltaire to the present*, Macmillan London, 1956, pp. 178 - 188.
② 系列名称: Histoire des Institutions Politiques de L'Ancienne France.
③ 古朗士系列中另两部遗作由 Camille Jullian 整理出版,分别有关封建起源以及加洛琳王朝。
④ 古朗士是社会学开创人之一涂尔干(Émile Durkheim, 1858 - 1917)的老师。1877年入学,当年瑟诺博问毕业。
⑤ Fustel de Coulanges, *L'Alleu et le domaine rural pendant l'époque mérovingienne*(《墨洛温时代封地及辖区》), Librairie Hachette, Paris, 1931, Introduction. 原文为: "L'histoire est la science des faits sociaux, c'est-à-dire la sociologie même."

设立场纯然的心智仔细地推敲文献。①《古代城市》杰出的成就正在于它的论述完全奠基于被前人所忽略的文献之上。多年后在《法兰克王朝》的序言里,他说:"在我所有研究中我一直实践着三十五年以来同样的方法。这方法包括三个规则:直接地研读文献到最细微的地步,也只读文献;只相信有证据显示的;最后,果决地把错误方法养成的现代观念从过去历史中去除掉。"②伯尔在描写他的生平时,将他定位为法国十九世纪史学的精神导师(An Intellectual Leader),他说:古朗士开创了一切以文献为依归的新史学。③

瑟诺博司在高等师范学院跟随古朗士四年,除了历史学研究对象与方法学之外,后者系统性思考方式以及怀疑精神对他有终身的影响。古朗士有"隐藏不住的追求系统的念头",这是 1869 年普法战争前一年他还在史特拉斯堡大学任教时,教育督学给他的评语。非常巧合的是,1882 年作为他的学生瑟诺博司的博士论文获得的评语也如出一辙。④而在怀疑精神上,瑟氏更不只是承续古朗士,他在方法学上将它发挥到极致。他与古朗士一样,概念与用词非常明确,一切模糊的字汇都在怀疑及舍弃之列,隐喻、类比的词藻也为他终身所不取;不同的是,瑟氏从文献考证的怀疑精神进一步走向对所有社会科学怀疑的立场。⑤

1877 年瑟氏毕业后即前往德国游学。在 1881 年他的德国留学游记中多处表达接受历史主义强调发展与演化的倾向,这些信念融入了

---

① 知识论上他与兰克希望能在史料前自我消融,让文献自己讲话态度一样,甚至更坚信能够如此。
② 古朗士的原文:"Dans ces recherches, je suivrai la meme methode que j'ai pratique depuis trente-cinq ans. Elle se resume en ces trois règles: etudier directement et uniquement les textes dans le plus minitieux détail, ne croire que ce qu'ils démontrent, enfin ecarter de l'histoire du passé les idees modernes qu'une fausse methode y a portées." In Preface, *La Monarchie Franque*, Paris, 1922, p. 2.
③ Pomerans 译著,第 244 页。伯尔说古朗士掌握丰富的史料,并以无比选择史实的能力打破了传统假博学的传统。李璜也说他"代表写实派的历史学家"(上引文,第 10 页)。
④ Pomerans 译著,第 297 页。他系统化的倾向也呈现在文献史料的分类上,伯伦汉曾指出他在 *Introduction* 中所做的文献系统分类是不必要的。伯伦汉在 1903 年《史学方法论》(*Lehrbuch der Historischen Methode und der Geschichtsphilosophie*,下文简称 *Lehrbuch*)第三版修订版中开始引用及讨论瑟诺博司所著的 *Introduction*。他同意瑟氏将人类行为做系统的分类,并藉以替史料归类,但他指出瑟氏自己也知道:人类行为可以无限地细分。因此伯氏建议历史研究者该有所取舍,并与相关学科合作(参见 1903 年版 *Lehrbuch*,第 510－515 页)。同时,系统性的章节细目也呈现在瑟氏《历史学方法于社会科学之运用》(*La méthode historique appliquée aux documents des sciences sociales*, Paris Félix Alcan, 1901)书中,成为其特色之一。
⑤ 详见本文第二节。

他的世界观,注入了他从古朗士承袭的系统思考之中。在1887年发表于《哲学评论》一篇论文中,瑟氏从心理学角度剖析文献形成的心路历程。他强调文献记录者的心理状态在研究者对史实了解中占关键地位。① 这样的学术立场背离了古朗士不看重个别事件的基本信念。更明显的,1897年他在 Introduction 从方法学上具体地说明历史个别人物在历史发展中的作用。② 综观而言,瑟氏1880年代以下的论文与专书显示:他从古朗士承袭的精准学术精神与他追随拉威瑟在历史教育上的投入,两者发生了冲撞。对现实社会中历史教育的关怀与对历史中人物活动的重视交织在一起,让他背离了古朗士无视历史中个别事件的态度,并采取了跟古朗士将知识与研究者的社会关怀截然分开的不同立场。③ 瑟氏在两位老师之间塑造了他自己独特的史学思想。

在高等师范学院中另一位深刻影响瑟诺博司,而且长期在职业生涯中提拔他的是拉威瑟。如伯尔所述,拉威瑟具有组织与行政长才而非智性的导师,他比瑟氏年长十二岁,也是高等师范学院毕业生。年轻拉威瑟的才识被同学赫赫有名的父亲杜儒义(Victor Duruy, 1811—1894)所赏识。杜氏与当时复辟王室拿破仑三世家族关系密切,1863年他以高等师范学院担任讲师时被任命为教育部长,所辖的不只是狭义教育的事,被称为超级部长。上任后,他聘任刚以最高等毕业文凭(agregation)毕业的拉威瑟为部长私人秘书,协助他推动教育改革的工作。④ 杜氏推动各级教育机构的改革,他要将教育的决定权从天主教的掌控中夺取过来,完成教育国家化,以教育强化民族国家。在小学义务教育方面,他提高教师薪资及其社会地位,将历史与地理纳入课

---

① Seignobos, "Conditions psychologiques de la connaissance en histoire"(《历史知识的心理学基础》), *Revue Philosophique*, 1887, p. 28. 他总结的说:"L'histoire est surtout une application de la psychologie."(历史学是心理学的一个运用〔项目〕)瑟诺博司对一份文献产生过程中观察者细微的心路历程以及文字符号的意义做了非常详细的分析。历史文献隐含着大量的心理成分,研究者在进行史实真实性考证以及进行解释工作时必须面对这些心理现象。这篇1887年的论文可以视为是1897年普及方法学的 *Introduction* 的理论基础。
② 参见 *Introduction* 第三卷第十四章通式的建构。
③ 古朗士坚持:"爱国心是美德,历史学是科学,两者不可混淆。"("Patriotism is virtue and history is science, and two should not be confounded",见上引 F. Stern 书,第178页)
④ 历史系通过这项考试毕业的获得头衔 agregé d'histoire。1874至1883年凡十年间全国共有95人获得此头衔,1884至1893年有130人获得此头衔,1894至1903年有137位学生获得此头衔。

程。① 中等学校也强化哲学、历史与地理的课程。高等教育相对应的改革是历史师资的培训。杜儒义创立高等实践研究院（École pratique des hautes études），以培训研究人员为目的，弥补一般大学教育中完全没有研究训练的缺陷。拉威瑟的国家教育理念受到杜氏的影响，而这些教育理念，尤其是以训练研究提升师资、培养国力的基本信念，也传递到瑟诺博司的思维中。

1870 年普法战争结束，法国皇室逊位，帝国改组为共和国，终止了拉威瑟彗星般的职业生涯。在另一位高等师范学院同学莫诺德（Gabriel Monod, 1844－1912）的建议下，他前往德国哥廷根大学由威次（Georg Waitz, 1813－1886）主持的历史系进修。在两年潜沉研究的基础上，1875 年他完成博士论文《普鲁士王朝的源始与布兰登王室的兴起》。② 论文研究之目的在于探究普鲁士成功的根源，他说一个人若不了解一段事情的根源，就无法真正掌握该事。他的普鲁士研究不是为研究而研究，而是为了了解这个羞辱法国的敌人到底是怎样的一个新兴国家。拉威瑟对德国的历史教育充满嫉妒与敬意，在他后来重返教育改革工作时，期望法国能透过历史教育从灰烬中再度兴起，他不断以"打败德国人"来形容他努力推动历史教育改革的目标。③

拉威瑟凭藉这篇带有强烈叙事情绪而又杰出的论文进入到高等师范学院担任讲师。他承续着德国兰克（Leopold von Ranke, 1795－1886）、德罗伊森（Johann Gustav Droysen, 1808－1884）以来写作的传统，在高等师范学院展开与古朗士迥异的教学风格；而瑟诺博司的历史写作也受到拉威瑟的影响，在严谨的文献基础上不乏对人物的激情叙述。1881 年拉威瑟又出版成名作《青年腓特烈大帝》，他从心理学的角度细腻描写腓特烈·威廉一世的个性。因为拉威瑟熟悉普鲁士历史以及他与政界紧密的关系，一度谣传他将接受派任驻德国大使。但拉威瑟强调他终身的志业是改革法国的历史教育，要让国民热爱法国。

---

① 参见 Pomerans 译著，第 281—286 页，拉威瑟传。
② *Étude sur l'une des origins de la monarchie prusienne ou la marche de Brandenbourg sous la dynastie ascanienne*, 1875.
③ "combattre les allemands"（打败德国人）用词出自 Lavisse, "La Réforme du concours d'agrégation d'histoire", *Revue universitaire*, 3, 1894. 本文引自 Pomerans 译著，第 217—218 页。

1903 年他被任命为高等师范学院院长,肩负推动历史教育改革的重任。在这之前拉威瑟就已经是巴黎学界最具影响力的领袖,任何人事案都必须经由他同意。

从 1874 年到 1877 年瑟诺博司就读于高等师范学院,后两年他跟随拉威瑟。1877 年瑟氏也以最高等毕业文凭完成学业,在老师们的推荐下获得前往德国哥廷根、莱比锡、柏林、波恩等大学的三年奖学金。在面对普鲁士德国大学历史教育时,瑟氏也有与老师们类似的复杂情绪。1881 年发表的游学报导《德国大学的历史教育》是他当时历史教育思想的记录。① 这篇报导与十三年后 1894 年的大学历史教育改革之间有明显的一贯性,它们显示法国历史教育面对德国的嫉妒、羡慕情结与所做的抉择。1897 年 Introduction 中他对历史方法学的要求,落实了他德国游学报导中的思想。这篇报导与 Introduction 精神上紧密关联。

《德国大学的历史教育》(三十七页)报导分为八章:第一章教育的对象,第二章教授教师,第三章历史教育的位阶,第四章历史教育的形式,第五章辅助科学,第六章图书馆,第七章考试,第八章历史教育的一般性质。

第一章两页,说明来自文法中学的学生都有良好的古典语言学基础。除了大多数以担任中学教师为目标之外,与法国不同的是,有许多学生立志做研究。学生没有学业及毕业年限。第二章五页,说明德国教授的工作以研究为主,教学占其中较小的一部分,自由主义的政治倾向曾在 1848 年国会中有很大的影响。系里除了讲座教授,另有编制外教授、待业教授三类。每所大学阵容不一,柏林、莱比锡等大系有八位正教授担任讲座,其他波恩、哥廷根有四名正教授,格莱斯瓦德、弗莱堡仅有两位正教授。教授薪资不高,待业教授生活更为拮据,但是仍然有许多学生决定走研究的生涯。他说:"这岂不显示德国人对历史学无可

---

① 瑟诺博司报导标题:L'Enseignement de l'histoire dans les Universités allemandes,发表于年刊《教育学国际评论》(Revue Internationale de L'enseignement,1881 年创刊于 Paris,下文简称"年刊"),第 563—600 页。

置疑的品味吗?"①第三章历史教育的位阶,在短短的两页中,他指出历史学成了德国所有学科的基础,德国历史学的思考方式提升了所有其他道德科学(人文科学)的质量,不论宗教、哲学、法政制度、语言、经济行为都必须放在发展的观点下来了解,他以肯定的口气说:"不知道曾经如何,就是对现状的无知。"②瑟氏扼要掌握德国历史主义的中心思想,羡慕它渗透到整个生活成为普遍的文化现象。

第四章历史教育的形式,共十七页,几乎占全文一半的篇幅,报导德国大学中授课的情形。瑟氏提到德国大学中有演讲课与研究实作课(Seminar)两种授课方式。关于前者,文中完全没有说明,相反的,他聚焦于有播种意涵,而且将所有与课者视为对等研究者的研究实作课。他一一罗列所参与的各个德国大学研究实作课,并加以解说。时间的顺序显示1877年他到波恩大学上了诺登(Carl von Noorden, 1833-1883)的课,后追随他去莱比锡大学,显然瑟氏喜欢他的课。1877年也是兰普瑞希特(Karl Lamprecht, 1856-1916)从哥廷根伯伦汉(E. Bernheim, 1850-1942)门下转到莱比锡以诺登为博士指导老师的一年,③瑟氏此时在莱比锡与兰氏同一系并跟随同一位老师。他对莱比锡历史系的活泼及研究方向非常肯定,在这篇报导的最后总结中,他回顾所见所闻,预言莱比锡将会是德国史学未来的中心。④ 在莱比锡大学,瑟氏也上了阿恩特(Wilhelm Arndt, 1838-1895)的研究实作课。阿恩特是威次的学生,他的课以日耳曼法中的豁免权为题,使用Conrad的法律条文及加洛林颁布的宪章为材料做考证的练习与材料的解释。1878年瑟氏转往哥廷根大学,在那里参加了伯伦汉指导教授魏兹瑟克(Julius Weizsäcker, 1828-1889)一个学期有关中古时代城市联盟的研讨实作课。当时伯伦汉在系里担任待业教授,瑟氏在报导

---

① 原文"n'est-ce pas une prevue irrécusable du goût des Allemands pour les sciences historiques?"(《年刊》,第569页)
② 《年刊》,第571页。
③ 另一位指导老师为著名的历史经济学家 Wilhelm Roscher(1817-1894)。
④ "普鲁士战胜后教授们又回归到纯学术里,人们可以感受到一个改革运动展开了,莱比锡似乎是这运动的中心。"("depuis la victoire de la Prusse, les professeurs sont rentrés dans la science pure, et l'on voit commencer un mouvement de réforme dont le centre paraît être Leipzig.")见《年刊》,第600页)

里没有提及伯氏及其所开的课程,我们相信后来彼此在 Introduction 及 Lehrbuch 相互援引的两人,在此地初识。① 之后,瑟氏去了柏林,参加了尼契(Karl Wilhelm Nitzsch,1818-1880)的古罗马政治史实作课。

第五章以一页半的文字介绍德国大学中的古文书学。这是瑟诺博司骄傲之处,因为这项历史辅助科学是法国先开启的。早在法国大革命后,王室与贵族所拥有的私人档案面临丧失及损毁的威胁。1825年第二帝国设立国家文献学院(Ecole de Chartes),培养古文书学、档案学、目录学专家,并将档案保存及管理国家化。瑟氏叙述德国学生吉克尔(Theodor Sickel,1826-1908)在1850年代初从国家文献学院毕业,将所学带回德语地区,播下德国古文书学、证照学的种子。第六章图书馆,用一页篇幅赞誉德国大学图书馆有很好的藏书。他特别介绍了莱比锡大学和哥廷根大学历史系图书馆古文书学及证照学的书目。这些书目都是吉克尔将法国影响带回德国后的研究成果。第七章考试,以两页半篇幅介绍德国大学的两种考试:一个是大学替国家执行的中学教师检定考试,另一个是大学本身的博士考试。前者赋予通过的考生中学教师的职位,后者考生只获得头衔而无职位。瑟氏借德国的例子为法国提供一个他山之石。他的立场与其师拉威瑟一样,认为中学历史教师必须如德国一样具有历史研究的训练,而非仅仅记诵一般历史知识与熟习演讲术。1881年他对德国历史教育的认识,最终落实在之后他的改革方案中。

最后第八章总评德国大学历史教育。瑟氏认为德国的历史教育走上训练学究之途,学生的训练机械而枯燥,僵化了思想,与现实脱节。历史原是政治与社会生活之母,现在这个资源完全被忽略了,历史知识支离破碎,没有像法国基佐(Guizot,1787-1874)、英国麦考莱(Macaulay,1800-1859)大文豪史家一样,将一个民族的身、心与血整合起来。② 在课堂中学问扎实的德国教授一旦面向群众发表公开论述,其言论都有太多的政治玄思。瑟氏认为德国大学历史教育缺少考

---

① 我们可以想象27岁精通法语的伯伦汉与23岁也精通德语的瑟诺博司的接触。两人往来正式见诸文字是:伯伦汉在1889年第一版《史学方法论》讨论历史学方法在各国的发展时提及瑟氏《德国大学的历史教育》,参见1889年版 Lehrbuch,第175页。
② 《年刊》,第597—598页。

证研究与政治玄思中间的部分,即一个综合性通史的写作训练。① 他总结说,德国大学的历史教育虽然有这些值得批评之处,但还是羡慕德国的历史学。②

这篇报导刊发表在高等教育协会发行的《国际教育年刊》创刊号。他的老师拉威瑟担任该协会的秘书长,实际推动整个教育改革协会的业务,包括这份历史教育改革号角的创刊。瑟氏以亲身的经历提供"先进的"德国的教育榜样,同时又展现批判的能力,他期望法国未来新的历史教育具有提升民主政治意识的力量,而这力量,他认为来自方法学上史料批判与综合叙述的训练。

瑟诺博司在游学报导中羡慕、嫉妒与自傲的情结是容易理解的。当时普法战争结束才十年,一般人也都认为战争不只是军事上的失败,它代表着法国在教育、知识方面智性的落后。③ 事实上,德国与法国的大学教育在十九世纪存在着很大的差距,这项差距促使战后的法国开始挹注大量的经费展开教育革新。④ 但是,即使到二十世纪初,双方在大学教育的数据上仍然显示着明显的差距。1903 年德国二十一所大学文学院共有 836 位正教授,而同时期法国十五所大学及高等教育机

---

① 瑟诺博司指出德国历史教授所发表的政治言论与他们严谨的研究态度无关。对待学生时是以完全学究的态度,而对其他人的政治言论则失去任何准则。"la philologie pour les étudiants du séminaire, la politique à l'adresse des autres, el est donc le vrai caractère de l'enseignement historique des Universités."(给研究实作课上的学生是语言学,给外人的是政治,这是大学历史教育的真性格,见《年刊》,第 599 页。瑟氏描写在研究与渲染的政论间史学家"有责任不糟糕地进行写作"。(余伟译本,第 188 页)
② "et si nous n'avons pas épargné au système de l'enseignement historique dans les Universités allemandes des critiques qu'il nous semble mériter, nous savons trop ce qui nous manque pour ne pas reconnaître que, tout compte fait, nous avons encore beaucoup à envier à l'Allemagne." (即使我们不留余地对德国大学历史教育多方面的批评——对我们有帮助的批评,但是我们也太清楚我们自己之所缺乏的,也不得不说,我们最后还是对德国有诸多的羡慕)这是以敌为师及他山之石交错的情结。伯尔强调瑟诺博司游学期间对德国历史教育负面印象,那仅是片面的描述(Pomerans 译著,第 295—296 页)。瑟氏以敌为师的情结协助我们解释他历史教育的改革方向,也协助说明 Introduction 的出现。
③ 伯尔提出拿破仑在十九世纪初击败普鲁士激起普鲁士的改革,包括威廉·洪宝德的大学改革(Pomerans 译著,第 153 页)。
④ Pim den Boer, "Vergleichende Historiographiegeschichte-einige Beobachtungen insbesondere zur Professionalisierung in Frankreich und Deutschland", M. Middell eds., *Historische Institute im internationalen Vergleich*, Akademische Verlagsanstalt, 2001, pp. 135 - 148. 伯尔此文《比较史学史德国与法国一些专业化的观察》,从制度、考试规则、知识面、期刊类别、专业人数等方面进行比较,以数据指出到二十世纪初法国仍然落后。但是历史学与地理合一的传统,让法国走向新的史学方向。

构文学院教授与讲师共有 354 人。1908 年法国有六千名文学院学生，而德国则有一万名。若以德国大学文学院的博士论文（Dissertation）与法国相当的高等研究学位论文（Mémoire）相比较，1906—1907 年德国有 681 篇论文，而法国仅有 186 篇。1907—1908 年德国有 740 篇博士论文，而法国只有 237 篇。1908—1909 年双方仍有 816 篇与 230 篇的差距。① 这些数据是法国经历了十九世纪末改革后已经有了明显成果之后的数据。普法战争时法国在大学发展方面落后的实际情形是教育改革者，尤其是莫诺德与拉威瑟等游学德国的教育家的亲身体验。拉威瑟在推动教育改革时之所以常用"打败德国人"这样的词句，正说明教育改革的目标，他是以德国为追求与超越的对象。

瑟诺博司在拉威瑟主持的教育改革中被赋予改革高等学院历史教育的任务。他希望藉助这项改革提升中学历史教师的素质，让中学毕业生在知识与民主意识上都有更高的质量。传统的法国大学除了 1825 年设立的国家文献学院以及 1865 年杜儒义担任教育部长时设立的高等实践研究院之外，十五所大学文学院以及高等师范学院都没有历史研究的训练课程。教授们除了公开的演讲之外，主要任务是协助学生通过教师检定的文学士证书（licences de lettres）考试。教授与讲师的课程到 1880 年代还是替学生准备考试，课程内容局限在传统考试题目框架中：包括古希腊历史与文学作品的翻译、法国文学的诠释等。德文里教学自由（Lehrfreiheit）的概念并不存在。即使是最高等毕业文凭考试，也直到 1883 年之后考生才能自选题目，被允许使用与问题相关的原始材料，考试仍然仅以口试方式进行，没有书面论文的要求。考试的目的在于测验学生对知识的记忆、组织以及他们的表达与演说的能力。瑟氏痛心地指出大学结业的文学士证书考试与高中毕业考试并没有不同，而更无法接受的是，一次毕业考试就决定学生职业生涯得以展开与否的命运。拉威瑟批评当时的现象是"教育不重要，考试重要"。②

---

① 德国大学文学院相关统计资料出自 Ferdinand Lot, "Statistique du personnel enseignant de facultés de philosophie en Allemagne"，刊于《年刊》1909 年第 58 期，第 494—499 页。参阅 Pomerans 译著，第 217—221 页。

② "The examination is the master, the rule, the discipline", "Not education but examinations mattered". (Pomerans 译著，第 204 页)

除了将文学士证书及最高等毕业文凭考试内容从古典语言学、希腊与拉丁文转移到历史、当代史以及地理学之外，瑟诺博司推动的最重大变革是 1894 年增设"学术研究证明"（Diplôme d'Études Supérieures）的学程与考试。这项两年的课程是以训练学生研究能力为目标：训练学生了解截至目前的研究成果，训练学生阅读文献资料、熟悉书目以及辨别史料真伪的能力，训练学生批判考证的技术与史料解释。所有取得大学文学士证书的毕业生都有资格报名参加这个课程。上课的方式是由教授或讲师引导学生亲自报告自己实作研究的题目，课程在同学之间的讨论中展开，最后学生必须撰写的论文（mémoire）也在不断的研讨中完成。事实上这就是德国大学中一般的研究实作课，瑟氏将它订为法国大学中一个新的特定学程。而最高等毕业文凭，这个最高荣誉并具有特权的头衔，它应考的前提就是必须先取得"学术研究证明"。这项制度变革顺利地将研究工作完整纳入历史教育以及历史教师培育的体制中。

1894 年这项规划与设计开启的时候，瑟诺博司进入巴黎大学已满四年，一直讲授历史教育学的课程，此后他也亲自担任"学术研究证明"学程的指导老师。学程中方法学的需求与 Introduction 的出版完全处于同一个时空脉络。我们可以认为 Introduction 是"学术研究证明"学程的教导手册，它是瑟氏将德国式研究实作的平等精神与上课方式落实在法国既有教育体制中的附带产品。

Introduction 另外一位作者朗格诺瓦，[1]1890 年与瑟氏同时被教育改革教父拉威瑟邀请到巴黎大学，开授历史辅助科学课程。这位比瑟氏小九岁的天才学者，到巴黎大学担任讲师时才二十七岁。他是少数非高等师范学院出身的菁英，[2]就读于国家文献学院，接受的是文献学与档案学的专业训练。1885 年通过最高等毕业文凭考试。朗氏虽未直接受教于古朗士，但他跟瑟氏一样深受古朗士制度史研究的影响。

---

[1] 朗格诺瓦生平有两份传记：Robert Oswald Louis Eugene Fawtier, "Charles Victor Langlois", *The English Historical Review*, Vol. 45, No. 177(Jan., 1930), pp. 85 - 91; Pim Den Boer (A. J. Pomerans 译), *History as a Profession, The Study of History in France, 1818 - 1914*. 中有朗氏传四页（第 300—304 页），资料与 Fawtier 写传的来源不同。

[2] 朗格诺瓦也是历史教育改革阵营中少数没有留学德国的史家。

1887年他完成中古制度史的博士论文《哈代腓利三世王朝》,①在法国东北角的度艾(Douai)大学任教。1891年在进入巴黎大学的第二年他就出版千页巨著《法国历史档案汇编》。瑟氏非常敬重这位后进,称赞他是少有智性极高而又诚恳的人。他们同时进入索邦巴大,也都开授首创的史学方法相关课程,但是两人的研究领域区分十分清楚。早在1888年瑟氏就向青年朗格诺瓦做过告白,说他不会继续深入中古史的研究领域,不会走进档案室。他自认能力在思辨,能够拟订清晰的教学方针,设计教学课程。② 他坦言自己倾向于理论思考,并自认是教育家及方法学家,而且历史写作的兴趣会在当代史。两人依己所长合作撰写 Introduction,分工清楚。1897年 Introduction 的出版象征两人私人敦厚的友谊以及工作上互补的关系。1909年朗氏以傲人的著作成就接掌巴黎大学所设的古朗士讲座。然而,四年之后他就辞职转任职位较低的国家档案馆馆长,因为他自知无法胜任学校教职,尤其是无法做教导学生的工作。他经常对学生表现出不耐烦。慕名而来的学生经常被逐,或经不住奚落而转校,或更换指导教授。一位成名的学生洛特(Ferdinant Lot,1866-1952)曾形容说朗氏个性乖僻,常会展开对朋友及学生突如其来的无情攻击。③ 事实上,他正是一位没有门徒的大师,于1929年过世。

继 Introduction 之后,1901年瑟诺博司又出版另一部方法论的著作《历史学方法于社会科学之运用》。④ 与朗格诺瓦一样,1909年他升任正教授,在巴黎大学担任新创设的历史方法学讲座,登上了他在法国历史方法学王国领袖的地位。"历史方法学帝国主义"精神出现在《历史学方法对社会科学之运用》。依瑟氏的信念,历史方法应该笼罩在一切新兴社会科学之上。这个立场非常接近1881年他赞扬的传统德国

---

① *Le régne de Phiippe III le Hardi*,1887.
② Seignobos to Langlois,27 October 1888,in *Documents autographes Langlois-Berthelot* (Paris). 这里引自 Pomerans 译著,第298页。
③ Perrin,C. E. *Un Historien francais: Ferdinant Lot*,1866-1952,Geneva,p. 43.
④ Charles Seignobos,*La méthode historique appliquée aux documents des sciences sociales*,Paris Félix Alcan,1901. 该书中译本《社会科学与历史方法》,张宗文译,上海大东书局1930年出版。中译本书名的翻译失去原书名所强调的立场:历史学方法是社会科学必要的方法。本文于正文中将使用直译的书名《历史学方法于社会科学之运用》,以彰显瑟诺博司所坚持的立场及其好辩的个性。

史学。在《德国大学的历史教育》中,他说历史学发展的观点及方法在德国成了被普遍接受的世界观,因而提升了所有其他人文科学的质量。这个历史主义基本立场受到他同门涂尔干的学生希敏安德(François Simiand, 1873－1935)猛力批评。希敏安德是极端的实证主义者,追求社会行为的规律。瑟氏充分展现他越被孤立攻击越顽强越固执的个性。① 在他参与拉威瑟主编《法国当代史》所撰写的三册当代史中,都以偶然事件与个别人物解释历史发展的关键,完全不相信历史发展有任何超乎具体行为之上的抽象规则。② 他表现出与新兴的实证主义社会学完全没有交集,只有怀疑及斥拒。从历史时间的观点而言,瑟氏注重历史中事件的力量,历史的变化在他的历史图像中具有急遽、短促的时间性质,与古朗士强调制度与风俗演化呈现出相对缓缓进行的历史时间大异其趣。③ 在史学史中,下一代年鉴史家布罗代尔(Fernand Braudel, 1902－1985)所见的长时段(longue durée)历史思考方式,因此直接与古朗士相接,而完全跳过瑟诺博司。

1900年是《历史学方法于社会科学之运用》出版的前一年,同行学者贝尔(Henri Berr, 1863－1954)创立《综合历史评论》。④ 贝尔的目的在于为当时法国分歧的历史研究提供一个论坛,希望透过论坛让不同的学术能相互整合。他的学术关怀与瑟诺博司有类似之处,而贝尔显然更具开放的心胸,不存定见,更能鼓励学界长期互动。《综合历史评论》提供两个论坛:综合理论的讨论和综合作品的分析。很明显,瑟氏对跨领域研究兴趣不大,他与这个刊物渐行渐远。而兰普瑞希特、李凯尔特(Heinrich Rickert, 1863－1936)、克罗齐(Benedetto Croce, 1866－1952)、涂尔干以及后来年鉴学派费弗尔(Lucien Fevre, 1878－1956)和布洛赫(Marc Bloch, 1886－1944)都是积极参与者,并从这个期刊论坛中得到启发。1929年费弗尔和布洛赫创刊年鉴杂志,吸收了

---

① 有关瑟诺博司与希敏安德之间的论战以及伯尔认为瑟氏的论述令人失望,参见 Pomerans 译著第五章注 204。
② 参见 Pomerans 译著,第 299—300 页。
③ 古朗士:"Hence, also, the necessity for the historian to extend his investigations to a wide span of time."(上引 F. Stern 书,第 189 页)
④ 1900 年创立的 *Revue de synthèse historique* 杂志融入了 1929 年创刊的《历史经济与社会年鉴》(*Annales d'histoire économique et sociale*)杂志,它是年鉴杂志的前驱。

《综合历史评论》,集体走向结构史、区域研究、跨学科研究的新方向。法国年鉴学派在二十世纪中叶展现出超越德国史学影响力的国际地位,这是瑟诺博司及其老师拉威瑟以"打败德国人"为目标的历史教育学者及方法学者所始料未及的。1942年初,瑟氏在德国占领下的布列塔尼区家中遭受软禁,同年四月过世。

二、史学思想

　　Introduction 诚如 Robert Fawtier 所说,是全球历史学的专业化过程中的经典作品之一。① 它从德国吸收了历史方法学的资源,在法国的学术传承与需求中整理出简明可行的研究规范,然后再透过译介传播到其他文化区。*Introduction* 的魅力在于它立论明确、行文简洁,没有陷入冗长资料的泥淖,也没有调和折衷模棱两可的论述。②

　　Introduction 与早它八年出版的 *Lehrbuch* 有紧密的关联。作者在前言中以感恩的语气提及伯伦汉及其方法学著作。在作者惯用否定语气对待前人的对比之下,这是对伯氏莫大的肯定。作者一方面称赞伯氏收集整理了所有现代的相关著作,另方面作者推崇伯氏创造及拟订"正确的标题"(cadres commodes),作为反思及安排资料的框架。③ "正确的标题"指的是清晰而有系统的概念,譬如"内部批判"、"外部批判"、"直接史料"、"间接史料"等用来做章节的标题。④ *Introduction* 接受了伯伦汉所创的用词及论述架构,但也省略掉作者认为不需要的

---

① R. Fawtier, "Charles Victor Langlois", *The English Historical Review*, Oxford University press, Vol. 45, No. 177 (Jan. 1930), p. 90.
② Charles H. Haskins 的书评说:"The *Introduction* is simpler and more compact than Bernheim's *Lehrbuch*, whose merits the authors acknowledge and to which they frequently refer." In: *The American Historical Review*. Vol. 3, No. 3 (April, 1898), pp. 517 – 519. Haskins 来自哈佛大学,是朗格诺瓦的学生。
③ 作者也表达敬意说:"绝大多数这些标题都是他拟定的。"(余伟译本,前言第5页)
④ 朗格诺瓦紧跟着伯伦汉《史学方法论》有关考证论述的次序,但内容上因为朗氏的中古史文献工作经验极为丰富,他完全使用自己提出的例证做说明。伯伦汉对他的影响只在思考格局而不在内容。然而,朗氏在 *Introduction* 只讨论文献批判——间接史料,而未处理遗物、遗址等直接史料。这种偏向跟他出身于国家文献学院有关,他所受的训练是文献训练。David Thomson 的书评也提及朗格诺瓦不注重遗迹与文献以外的史迹。(*History and Theory*, Vol. 6, No. 2, 1967, p. 238)

历史哲学以及社会科学的部分。全书凡三卷，除了前言、结论另有两篇附录：《法国中等历史教育》以及《法国高等历史教育》。正文三卷，第一卷两章分别说明文献检索及辅助科学。第二卷分析工作，解说史料的外部批判（四章）及内部批判（三章）。第三卷综合工作，分为四章讲述历史解释的四个步骤。全书简化了 Lehrbuch 章节，但架构及论述主题的先后次序皆与 Lehrbuch 相符合。两位作者朗格诺瓦与瑟诺博司分别撰述一己所长的部分，前者撰写实作性质的第一卷及第二卷上半文献的外部批判，后者撰写第二卷下半及理论性质的第三卷历史解释。

Introduction 作者在赞扬 Lehrbuch 之余也自我定位：写作这本书的目的不是要重复伯伦汉所做过的事。他们也非常直率地指出：Lehrbuch 旨在整合众说，原创性不足，并缺少与现实结合的生气，它是写给学者专家们看的。① 而他们写作的目的是希望告诉巴黎大学的学生，历史研究是什么。如果我们注意伯伦汉写作的意图是希望借用洛策（H. Lotze, 1817－1881）的哲学建立一套历史方法学来统合德国学术界两种对立的潮流：一个唯心的历史主义史学以及一个实证主义的英法传统，而 Introduction 目的是以浅显的文字告诉未曾接触过历史研究的大学生什么是历史研究，两部著作的差异就清楚浮现了。前者以交互质疑辩论的方式陈述各学派，而后者直捣核心问题表达看法。正如伯伦汉对 Introduction 原创性赞誉有加，该书思路的清晰明确与伯伦汉著作的细密丰富形成鲜明的对比。②

Introduction 所呈现的史学可以从四个角度加以说明。

（一）以人物解释社会结构的演变

1881 年瑟诺博司在《德国大学的历史教育》批评德国的历史教育，指出研究实作课中的训练太技术性、枯燥，让学生与现实生活脱节，让

---

① 《教程》的学说十分合理，但缺少生气和原创性，"我们不像伯伦汉教授那样专门为现今的和未来的专家们写作，而是为对历史感兴趣的大众而撰述"（余伟译本，第 6—7 页）。
② Haskins 将瑟诺博司跟伯伦汉比较起来，他说："its analysis is often more penetrating ..." 上引 Haskins 书评，第 519 页。中国史家对 Lehrbuch、Introduction 两书特色也有比较评论：何炳松认为 Lehrbuch "能集先哲学说之大成"，Introduction "能采取最新学说之精华"（何炳松：《历史研究法·编者导言》，第 7 页）。齐思和则谓前者深芜，穷其枝叶，后者简约，得其精华《史学概论讲义》，天津古籍出版社，2007 年，第 127 页）。

历史学失去为社会意识提供应有的养分。同时,他也指出教授们在课堂上虽然表现得很专业,但是一旦进入舆论公众场合,他们表现出的政治论述却是全然的玄思。依他的诊断,德国大学教育缺少考证与玄思之间的一环:专史与通史写作的训练。只有一面重视文献里的历史事实,同时利用它们展开历史叙述,只有这样的历史教育训练才能产生面对现实社会的理性。瑟氏在 Introduction 阐述撰写历史演化的方法与步骤,他的说明与1881年的德国批判前后相互呼应。

瑟氏撰写 Introduction 第三卷共分五章(第十一至十五章)。第十一章"历史建构的一般状况",其功能类似导论,简要提出撰写历史的四个步骤:第一个步骤是文献批判,这方面的工作是本书第一、二卷的内容;第二个步骤是事实分类,这方面的工作是本书第十二章的内容;第三个步骤是利用已知事实推理填补史实间的空隙,是第十三章的内容。第十四章的工作是"把那些(分类完成的)事实凝练为公式",然后说明它们彼此间的关系。最后第十五章解说历史作品的形式。第十一章因此在全书中具有整合前后文、说明全书各章节之间逻辑关系的角色,它将凸显"撰写历史"成为本书的核心地位。

文献考证之后,历史写作方法学中的第二个步骤是将批判过的文献内容分别纳入人类活动的分类表中。瑟氏也称此表为"历史事实的一般性分类表",共分为六大类:(人体)物质条件、智识习性、物质习俗、经济习俗、社会制度以及公共制度。每一大类之下又区分子类及次子类。譬如在社会制度大类下区分"(1)家庭:A. 构成、权威、妇女和儿童的地位。B. 经济制度、家庭财产、继承权。(2)教育及训导(目标、方法、人事)。(3)社会阶级(划分的原则、管制交往的规则)"。①"历史事实的一般性分类表"非常严密,瑟氏对历史现象的定义以及系统化分类的方式,无疑受他老师古朗士的影响。历史现象的定义是宽广的,他着眼人类所有的活动,而非将历史现象局限为政治活动或经济活动。在他心目中所有历史事实都必须安排在有时间性的分类系统表中,一如启蒙时代狄德罗代表的百科全书派,相信人世间所有的知识可

---

① 余伟译本,第141页。"然后我们把那些事实归类,直到整个过去的历史被依照一张一般性列表系统地排列为止。"(余伟译本,第137页)

尽数网罗在百科全书中。瑟氏相信人类过去的活动可以翻版在"历史事实的一般性分类表"的大框架里的文献中。

瑟氏历史解释方法学中的关键是将历史事实与活动区分为集体性行为和个别性行为。前者的活动人人都做,具有普遍性,活动方式、内容也都彼此类似而且不断重复,那是所谓习俗、制度性及规范性的行为,具体而言包括语言、宗教仪式、风俗、伦常等行为。研究者必须先把那些同类重复的普遍性行为整理出来,"确定这类事实的特性、范围和持续的时间",也就是呈现出它们的集体性。他以"公式"(la formule)称呼集体性,因为集体性行为是以一定的"格式"不断地重复着。语言、宗教仪式、风俗,它们的集体性自然浮现,不说自明,但有些其他人类活动比较隐秘,需要研究者分析与整理寻找其公式。方法学上瑟氏强调在同一时期各种类别的集体性(公式)之间,还需整理它们之间相互影响所造成的复杂关联。它们之间的关联,亦即众多公式(集体性)之间的关联,他称之为"通式"(la formule générale 或 la formule d'ensemble),它是包含所有公式的总公式。

至于个别性行为,它们各有其独特性,研究者无法替它们建立公式。这类历史事实与通式所涵盖的历史事实形成对立的两个阵营。历史解释与写作,相对应的,因此也有两个阵营:一个是以个别历史事件为对象的写作,另一个是以整体社会阶段与其另一阶段之间演变为主题的写作。瑟氏指出,这两个阵营正在当时德国史学界对立着。① 兰普瑞希特代表着后者,1891 年他出版的《德国史》将德国历史划分为九个阶段,从一个阶段演化到另一个阶段有固定的演化机制,历史发展有其定则;另一个阵营是《史学杂志》(*Historische Zeitschrift*)所代表的传统历史主义以大人物的意念及其展现出的事件为主轴的历史写作。

1897 年瑟诺博司在 *Introduction* 向学生说明历史写作方法时,所面对的正是已持续多年的德国史学论战。他立场明确,认为:"历史不得不把一般事实研究与特殊事实研究结合起来,历史具有某种混合特

---

① 瑟诺博司说:"围绕这一主题,在文化史的狂热支持者们与信守古代传统的历史学家们之间——尤其是在德国——已经出现了一场论战。"(余伟译本,第 143 页)

性,时而是阐发普遍性的科学,时而是对冒险活动的叙述。"①然而他不是调和论者,有走极端的个性。② 他要以历史中起作用的大人物的作为来解释一个时代社会阶段的变化。他认为社会现象间关联性是在大人物的影响之下展开其演化的。对他而言,集体行为构成的社会阶段是历史叙述中的"被解释项"(explanandum),而"解释项"(explanans)——发展的动因——永远是寄托在个别性活动中。瑟氏将历史的动因归之于"人":只有具体而个别的人才是变化的启动者,启动者绝不可能是抽象的概念。他说:"要确定某一演化的原因,有必要研究唯一能演化的事物——人。"③他更仔细地说明写作方法:"在人类演化中……我们必须核实是否所研究的某人正处在一个可使其影响力被强烈感知到的位置上……有两种情况我们可认为他是在这个位置上:(1)当他的行为充任大众的榜样……这是在艺术、科学、宗教和技术工艺中频繁出现的情况;(2)当他有能力发号施令引领大众行动的时候,这通常是一国、一军或一教之首脑的情况。"④他的历史解释项是政治家、军事家、宗教领袖、科学家、艺术家。

　　瑟氏强调历史解释必须依据严谨的文献资料,回归到有资料根据的人的行为上。他拒斥玄思性抽象的历史解释、拒斥没有具体文献根据的历史阶段发展理论的历史解释。⑤ 对他而言,历史大人物的影响有资料可寻,可以有文献根据地说明引发社会阶段的逐渐瓦解与演变。⑥

---

① 余伟译本,第 143 页。
② Haskins 在书评中说:"Some of the authors' statements ... are sufficiently radical to provoke dissent in many quarters."参见前引 Haskins 书评,第 519 页。伯尔称他为 hyperindividualist (Pomerans 译著,第 300 页)。
③ 余伟译本,第 176 页。
④ 余伟译本,第 149 页。
⑤ Samuel R. Gardiner 在书评中指出瑟诺博司不重视"通则原因",让学生难以接受他。他说:"The strong tendency displayed by M. Seignobos to magnify the effects of personal causes, and minimise the effects of currents of feeling produced by more general causes, makes the careful student of history reluctant to take him as a guide in larger matters."他所指出的是瑟诺博司的历史解释对年轻学生缺乏吸引力。对瑟本身而言,general causes 无法从文献中得到依据,这正是他作为严谨的文献史家所不能接受的。Samuel R. Gardiner, "Introduction aux Etudes Historiques by C. V. Langlois and C. Seignobos", *The English Historical Review*, Vol. 13, No. 50 (April 1898), pp. 327 - 329. 引文见第 328 页。
⑥ 瑟在讨论促使社会阶段展开演化的原因时,他说:"我们必须放弃那种观念:即通过在其他科学中使用的那类直接方法来寻得原因。"(余伟译本,第 174 页)间接的方法指根据文献中的事实做说明的方法。他的历史解释要回归文献。(参见余伟译本,第 122—123 页)

而所谓的"通则原因"（general causes）是无法从文献上得到印证的。在 1897 年出版的巨著《欧洲当代政治史》（*Histoire politique de l'Europecontemporaine. Evolution des partis et des formespolitiques 1814 - 1914*）中，他以偶发事件和个人活动作为时代巨变的原因。伯尔指出，瑟氏以高度挑衅的态度解释历史：巨变不一定要有巨因，不一定需要有地缘政治或长期权力对峙之类的因素。① 他从尊重文献并且一切以文献为依归的出发点，建立起新旧史学对峙中明确的途径：以个别性活动解释集体行为所构成的社会阶段，这是他给学生的历史写作方法。

（二）怀疑精神与对社会科学的态度

作为文献学家，批判与考证的工作基本上就是从怀疑出发。作者强调文献记载与历史事实之间经常出现差异，这些差异有时来自记载者的疏漏、来自记载者不由自主之误，以及记载者为提升自己的地位、为争取群体的利益而扭曲事实。研究者必须用各方面的资料做比对，批判文献的记载，并呈现真正的历史事实。有些文献记载者以"文学技巧愉悦公众"，隐藏立场。瑟诺博司说要戳破字面表象，让真实呈现出来。② 针对文学性的词藻，他非常敏锐地对待文献以及历史著作中的隐喻、类比以及典故。他认为这些修辞学的技巧都是回避历史真实性的托词。③ 隐喻及类比的修辞学为他终身所不取，他称赞乃师古朗士完全不用修辞学的技巧仍旧写出优雅的著作。④ 瑟氏进一步指出历史思考上常出现将历史人格化以及将历史发展生命化的隐喻作法，⑤ 历史在这种比喻之下成为有意志有方向的主体。德国自赫尔德（J. G. Herder，1744 - 1803）以后的史学将史家集体的意图掩藏在这种隐喻背后。从怀疑精神出发，他建议建立人类行为分类系统表，作为客观的框架，并将历史文献中的活动行为现象纳入，而不是以一个拟人化的历

---

① "Seignobos ended his great survey in a highly polemical manner, by posting that historians have a natural but mistaken inclination to suppose that great changes must be the result of great causes."（Pomerans 译著，第 299 页）
② "文献作者都是在有意地以一种不精确的形式掩饰着语词的实际意思，因而，刺破字面的意思深入到真实的意思，这是有必要的。"（余伟译本，第 87 页）
③ 瑟诺博司的考疑，参见余伟译本第九章"对作者的真诚性及精确性的消极内证"。
④ 瑟氏称赞他的老师："尽管古朗士终其一生都力荐避用隐喻，而且他也确实那么做了，但他仍是一位优秀的作家。"（余伟译本，第 188 页）
⑤ 如"历史的脚步"、"历史的使命"等用词。

史隐喻,作为了解其意义的依据。

建构历史事实分类表时,瑟诺博司对社会科学有双重的感受。社会科学的功能虽然在于:从对当下社会活动的观察,提出人类社会行为与现象系统的关系与抽象概念,协助历史学与时并进地增补及修正"历史事实的一般性分类表",借以网罗历史事实,并了解史实,重建人类过去活动原貌。① 然而,他对社会科学概念的接受前提是它能协助文献明确地获得归类。他批判地使用社会科学塑造的抽象名词如"民族"、"封建主义"、"革命"、"进步"。他建议使用集合名词,取代抽象名词。② 哪些事属于哪些阶层或族群? 必须明确归类,"进步"到底对谁而言? 不得笼统地以抽象概念称之。

瑟诺博司对社会科学的受与拒的双重态度也呈现在历史因果解释的方法学中。他虽然认为研究者在撰写专书时,社会科学能协助阐明所解释的现象与哪些其他现象及行为相关。社会科学具有提示行为关联性的功能,引导研究者注意解释的范围。③ 但是在解释史实时,他说研究者必须先罗列同时期的历史活动的事实,尽量就事实之间的具体关系,解释其间彼此的影响,了解发展的因果。他说:"我们必须放弃那种观念:即通过在其他科学中使用的那类直接的方法来寻得原因。"不要援用"一般性变化的原因"——定则,而是要寻找"特殊事变的原因"。社会中各类不同的活动(艺术、宗教、政治、经济)的共同特征与关联性,孟德斯鸠曾经将其间所想象的一致性抽象地称之为人民的"整体精神"(esprit général),而德国历史学派也以玄思的方式称之为"民族精神",当代实证主义传统下的德国年轻学者兰普瑞希特称之为"社会灵魂"。瑟氏以怀疑的眼光对待这些社会活动间"连带性"的抽象概念。他觉得

---

① "历史将被确立起来,但它并非固定不变,随着对现在社会的直接研究变得更科学,并且我们能够更好地理解社会现象及其演化。历史将不断被逐步修改……"这里的"对现在社会的直接研究",就是指社会科学(余伟译本,第 192 页)。社会科学协助历史研究了解过去的行为(余伟译本,第 134 页)。瑟诺博司说,历史成了社会科学应用的园地。

② "只以集合名词而非抽象名词(王权、政权、民主、宗教改革、大革命)来指集合体,并且避免任何人格化的抽象行为,这将是审慎的。"对社会科学抽象化社会现象的批判态度,参见余伟译本,第 160 页。集合体的具体界线,瑟诺博司举例说明,参见余伟译本,第 144—145 页。

③ 在讨论专著作品的研究时,瑟诺博司肯定社会科学的帮助说:"通过那些常见情形的科学论述中所应用的排列方案进行分析,我们将知晓对于我们打算研究的类似情形,什么问题是应该被问到的。"(余伟译本,第 135 页)

一个时代中横向的社会活动纷杂,类别之间的关联是无法被分析的。中古时代曾想象它们之间的一致性,并将它隐藏在神学语词中;在启蒙思想里,它又以形上学方式被包装着;而在当代,他说:"社会科学仍旧是一座神秘及隐晦事物的庇护所。"①社会科学被视为是试图提出如同"民族精神""社会灵魂"一样社会整体活动抽象概念的场所。他告诫学生人类社会活动之间的关联性只能回归到文献所具体呈现的史实,依史实提出它们之间的具体关系。

瑟诺博司的怀疑精神让他无法与新兴社会科学无碍地交融。② *Introduction* 没有给予社会科学任何篇幅,不像伯伦汉 *Lehrbuch* 各以一百页的篇幅说明社会科学与历史学的关系以及在历史解释上的角色。《历史学方法于社会科学之运用》中瑟氏所持的立场更是将社会科学历史化,如同德国的历史经济学、历史社会学取向,放弃普遍性理论,回归到历史文献基础之上。在他的怀疑精神中只有文献学才具有真实性。这个信念正对应 *Introduction* 第一册第一章的第一句:"历史学家就是文献研究者。"③瑟氏在社会科学刚兴起的时代,将古朗士回归文献的基本信念与怀疑精神带到了一个"保守"的方向。

(三) 历史学的主观性与科学性

瑟诺博司身处启蒙以来的大传统,深信历史就是人类演化及进步的历程。人类过去的活动有它演化的原貌。历史学的任务在揭示这个演化的面貌。而且,在他信念中将历史以演化过程的形式呈现,基本上就是科学的,因为它符合历史的原貌。相对于传统以提供训诫范例的方式写作以及以轶闻愉悦的书写方式,所呈现的过去图像都无法与原貌相符合。这点他与伯伦汉信念一致:演化的史观就是科学的。④

同时,历史学的科学性更来自方法的保证。瑟氏的历史学方法中

---

① 余伟译本,第 171 页。
② 参见 Pomerans 译著,第 340 页。伯尔指出瑟诺博司只想把史学方法加诸于所有的社会科学。《综合历史评论》主编贝尔网罗了不同社会科学的作者群,社会学、地理学、哲学、心理学等学者,但疏离瑟氏("Berr distanced himself clearly from such historians as Seignobos")。
③ 这个口号与"历史学就是史料学"非常接近。法文"L'histoire se fait avec des documents",余伟译为"历史学家靠文献来进行研究"。
④ "在最近 50 年里,历史解说的科学形式已经发展出来并确定下来了。"他指非为愉悦、亦非给于行动的实践箴言,而是朴素的知识,他指演化的知识(余伟译本,第 182 页)。

的第一个基本信念是相信记录过去人类行为的历史资料可以重建。他用"历史事实的一般性分类表"作为骨架("脚手架"①),系统地网罗文献资料里的历史事实。他所推崇的手册作品以及文献目录等都是系统地安置着历史事实的基础研究作品。这些分类的事实再以时间与地域加以区分,形成一个人类过去活动的翻版。以数位图像的语言来说,这个翻版的分辨率不一,有些项目资料多,有些呈现空隙,但是它具有过去社会现象与活动的初步模式,它是真实的。历史学初步的工作包括建立分类表、文献的收集、文献的考证以及分类保存,需要巨大的分工。瑟氏相信在细密分工之下和工作累积之下,有关人类活动坚实可信的资料会越来越完整。

第二个方法学的信念是历史解释可以理性地进行。研究者利用分类表建立的图像,选取其中某类社会行为或社会状态,将它们与另一个时段中的集体行为与状态比对,两者间的各种差异就是解释的对象。研究者利用两个时段中的资料,将所有现象或活动之间"分辨率"不足之处以推理的方式建立起连结,完成说明两个时段中某些特定历史现象的演化过程。这是瑟诺博司所强调的"专著"。专著的史料与解释都有坚固的基础,"每个人的结论都可被其他人使用"。②

第三个方法学的信念是:他相信透过综合各种专著可以重建人类历史演化,说明它的过程及原因。综合的历史解释会是历史科学的高峰。然而,科学作品是需要不断修正的——它与艺术作品不同。随着人类活动分类表的增修、更多的文献资料的掌握,以及更多专著的出现,综合的历史叙述也必须增修,并越来越接近人类过去演化的原貌。瑟氏认为历史学无法完全达到重建过去的全貌,但是它的科学性足以保证历史叙述能够接近此目的。

瑟诺博司的三个方法学信念或步骤中都涵括着主观性的问题。他基本上认为在主观性与历史科学之间没有彼此不能融解的矛盾。首先,在建立人类活动分类表时,瑟氏一方面相信理性建立系统的能力,另一方面藉助社会科学的协助,分类表不具有主观性的问题。至于文

---

① 余伟译词,第135页。
② 余伟译本,第192页。

献,他认为都是文献作者在非常主观情境中留下的记录。他在1887年《历史知识的心理学条件》一文中以三十二页长篇细腻地描写文献作者可能的心理状态。作者的情绪、环境、利益、他对文字符号的理解能力与掌握方式、文字本身在不同时代中的意义、记录的时间与观察时间的间隔等。他分析这些状态,并夸张地说:历史学是应用心理学的一支。文献资料的主观性是他的基本信念。考证工作主要就是处理文献作者的主观性,进而确保史实的真实性。在考证工作中他没有考虑考证者的主观性问题。对他而言,方法学中考证的步骤与规则是考证者处理文献作者主观性的有效工具,也是历史事实确立的保证。批判过的文献是历史科学的基础,它使历史学迈入科学。

至于专著题目的选择,对瑟诺博司而言,它不涉及主观性的问题。他提到:有足够资料的题目是理性的题目,而有些题目是愚蠢的,有些不具意义。在他的方法学中,专著研究的题目是现成的,它们都在人类历史事实分类表的项目内,研究者仅作检选。同样的,研究者面对文献史料的文字时——有关过去行为、动机、现象的文字——他的了解行为也不涉及主观性的问题:研究者从文献的文字建立起意象时,他需要以现今的行为作类比,用来了解文献中提及的行为与现象,社会科学可以提供现今行为的模式协助建立有关过去活动的意象,它与主观性问题无关。①

倒是研究者在开始解释两个时段中的现象差异时,研究者面对历史事实之间的因果关系,此时瑟氏讨论了研究者的主观性问题。他强调历史学不是直接观察现象的科学,它依赖文献间接地接触现象,文献不足造成历史事实间的间隙必须以推理方式填补。历史学是推理的科学,它依赖研究者的想象力。想象是主观的,但"'主观的'并非是'不真实的'某个同义词"。② 主观性是历史学的本质,但它不是非科学的。这个信念来自两个方向:瑟氏一方面认为关键在于研究者的自觉。若研究者意识到他自己在进行推理,他会更精确地使用概念以及描述;另

---

① 瑟诺博司没有使用"了解"这个词,他称了解为意象的建立,参见余伟译书,第135页。"若要认识过去事件所发生的情况,我们就必须观察今日的人性,寻找现在的类似事件所发生的情况。因此历史学成了种论及人性的描述性科学——描述心理学、社会学或社会科学——的一次应用。"(余伟译本,第134页)
② 余伟译本,第132页。

一方面推理有它的规则,他称之为"建设性的推理",简短的第十二章正用来说明这些规则。

基于坚实的文献以及建设性的推理所完成的专著是科学历史的另一阶段的基石。综合性的历史著作是各种专著的融合,对瑟氏而言,其中也没有主观性的问题,而最后综合性著作与时并进的增补添修亦然。

整个史学方法的研究步骤中,瑟诺博司在两处提出主观性问题:文献作者的记录工作和专著研究者的推理工作。而这两处的主观性问题从它的本质上看,它们所触及的都是心理状态的问题,亦即记录者与推理者的情绪、道德、企图、自觉——这些都是他一向强烈的心理学倾向的焦点。主观性(subjectivity)的议题在瑟氏的历史思想中是狭义的、局部的、心理学的主观性问题。以反转的论述方式解释他的历史主观性,可以说:若确实相信研究者是建构历史知识的主体(subject),在这种主观性(或主体性)的信念中:(1)人类的既往不会有固定的图像,人类的既往会是主观地建构的;(2)历史的文献资料不会被整齐排列能被安置在分类表中,因为历史事件会被视为有无限多意义的可能性,端看不同研究者将它安置在怎样的不同脉络里。而脉络产生自史家的提问,产生自史家的观点与价值关怀,这些观点与价值关怀不但在一个时代中有其纷歧性,而且随着时代变化、思潮转移而永恒地转移。历史方法学里不会强调建构一个"历史事实的一般性分类表";(3)研究者的提问会出自他对自身存在感与未来期望,历史问题不会是现成的、外在交付给予。从这三点而言,瑟氏并没有真正论述历史是主观性的科学。相反的,他基本上相信历史是实证客观的科学,研究工作中心理学性质的主观问题,如他所坚信,都可用方法学加以克服。

(四)实证主义与非实证主义之间的史学思想

1995年,*Introduction* 最近一次法文版重印后的第三年,Phlippe Carrard 的书评指出,*Introduction* 继承了莫诺德以下的实证主义传统,"把实证主义的理论与方法整合起来"(synthesized the theory and practice of positivism),成为后几个世代史家训练的主要参考读物。[①]

[①] Philippe Carrard, "Disciplining Clio: The Rhetoric of Positivism", *Clio*, No. 24, Vol. 2, 1995, pp. 189 - 204. 引文见第189页。

1967 年 David Thomson 的书评里也说 *Introduction* "稳固地锚锭在十九世纪的实证主义里"（firmly anchored in nineteenth-century positivism）。① 柯林伍德（R. G. Collingwood，1889－1943）在《历史的理念》(1946)中称朗氏与瑟氏的史学是"剪刀与浆糊的史学"，是一个没有让作者自身融入其作品的史学。② 更早期，与朗氏、瑟氏同时代的费弗尔也批评两位"文献崇拜"。③ 这些角度不同但立场一致视之为实证主义的评语需要进一步的说明与澄清。

朗格诺瓦与瑟诺博司提出的史学方法确实有实证主义的倾向。瑟氏在第三卷提出历史解释的步骤，首先他要将文献里的史实内容依社会行为系统表做分类，然后整理出各类别、各时期诸史实的集体性（公式），并进一步提出笼罩同一时期社会各种集体性间的通式。他的目的是要使一个社会的过去转变成为一个大的资料框架，里面有各类史实，分处在各个纵向的时段里，以及在横向的系统里。这些包含集体行为、公式与通式的资料分类框架就是过去的翻版：一个不完全，但内容确切，无可置疑的翻版。而历史的撰述者所从事的工作，正是从框架中选择两个不同时间的社会阶段或公式，呈现它们之间的差异，并解释这些差异是如何从前一个阶段状态变化成后一个阶段的状态，因此，历史撰述者并没有在知识的建构中真正需要表现出主体性。就这点而言，Thomson 以及 Carrard 将朗氏与瑟氏归类为实证主义是可以理解的；这点也与柯林伍德将他们归类为"剪刀与浆糊的史学"的描述相符合。同样的，从他写作题目来源而言，文献分类的框架决定了叙述者的题目。这应该也是费弗尔所指的"文献崇拜"的一部分。

另一方面，*Introduction* 与实证主义思想又有大相径庭之处，

---

① David Thomson, "Introduction to the Study of History by C. V. Langlois, C. Seignobos, G. G. Berry and F. York Powell; The Historian and Historical Evidence by Allen Johnson", *History and Theory*, Vol. 6, No. 2(1967), pp. 236－241. 引文见第 239 页。
② "a well-known French manual written by Langlois and Seignobos…… to expound the pre-scientific form of history which I call, 'scissors－and－paste' history." 参见 R. G. Collingwood, *The Idea of History*, Oxford, 1946, p. 143.
③ "文献崇拜"（document fetishist）出自 Pomerans 译著，第 298 页。原作者 Boer 所引 Febvre 的话出自 1933 年一篇短文 "Examen de conscience d'une et d'un historien"，收录在 1953 年 Febvre 文集 *Combats pour l'histoire*，第 4—9 页。

Thomson及柯林伍德等人在论断时未予考量。早在1881年瑟诺博司的《德国大学的历史教育》就表现出历史教育是政治教育也是培养爱国情操的一部分。历史学不是为研究而研究,它应该与社会意识紧密结合。瑟氏以人物作为来解释一个社会阶段中某些状态开始崩解、逐渐扩大、形成风潮,并塑造出另一种社会状态。他抛弃社会阶段发展有自我机制的看法。虽然他叙述大人物与历史主义写作的方式不同。他所见的人物没有一贯的理念:没有一个与整个历史大方向相吻合的意志。这并不妨碍他强调一切社会阶段的演化都系之于"人"。人是历史发展动因之所在。① 历史作品的读者虽然不会像在历史主义史学之下,兴起认同大人物行为方向的效果。但是,作品会让读者兴起社会意识:相信自己可以是周遭习俗、制度、规范的影响者。它兴起读史者及受历史教育者积极的参与意识。历史中的主体与现实社会中的主体因此在他的写作方法学中被连结在一起。

同时,瑟诺博司相信历史方法学中怀疑及理性的精神、根据史实论述的基本素养以及历史解释的能力本身就是提升社会质量的来源。怀疑精神有解构迷思的巨大教育力量,因此基本文献考证与批判的工作也都培养着社会意识。历史学是运用理性以及培养理性的科学,他坚信理性的历史教育就是民主教育。② 他跟拉威瑟、莫诺德一样把社会疗伤、民族心理健康等的民族使命都寄托在具有理性精神的历史教育。瑟氏在传统的大学历史教育制度中插入"学术研究证明"学程,目的正在于提升中学教师的质量,进一步提升整个法国社会的智性。这种面对历史知识的基本态度与实证主义为知识而知识,将知识与社会功能切割开来的态度大相径庭。整体而言,《史学原论》有两个不同的思想部分,它们彼此性质互异,但也不相抵触:它的方法学在资料分类的面向上具有明显的实证主义色彩;但它以人物为历史演化的动因以及强调历史学的教育功能,显示它具有强烈的、以当代生活中的人的价值为核心的知识观。

---

① "要确定某一演化的原因,有必要研究唯一能演化的事物——人。"(余伟译本,第176页)
② 余伟译本,第199页。

三、接受与批判

二十世纪初，Introduction 译介至日本，先后有两种日译本：(1)《历史研究法纲要》，村川坚固、石泽发身合译，东京专门学校出版部 1901 年出版；(2)《历史学入门》，高桥巳寿卫译，东京人文阁 1942 年出版。在中国，史学专业化起步比日本晚，Introduction 至"五四"前后始引起中国史学界注意。彼时在西方学术的刺激下，以科学方法整理国史的呼声很高。时人普遍强调整理国史需要科学方法，而他们心目中所谓科学方法，大体是指"西法"，而不是"土法"。1920 年陈衡哲说："现在中国的学界对着西洋历史和研究历史的方法，有一种十分诚切的要求"，希望"把最新的历史方法来研究我们本国的历史"。① 对史法的自觉需求，是近代中国史学专业化刺激的结果。陆懋德曾说："今人欲修史学，自当以史学方法为始"，"史学家必须经过一种专门技术之训练"，②"凡作史者必如此而后为专业化，凡历史必须专业化，犹如一切科学皆须专业化"。③ 民国时期各大学历史系普遍开设"史学方法"课程，被教育部定为专业必修课，④多以 Introduction 为教材，甚至到 1970 年代为止，此书中译本仍是台湾各大学历史系的史学方法教科书。

民国史坛关于史法知识来源大体有三端：Introduction、坪井九马三《史学研究法》、伯伦汉 Lehrbuch 和《历史学导论》(Einleitung in die Geschichtswissenschaft，1905)，但只有 Introduction 具备得天独厚的条件，使它拥有大量的读者，其他西人著作不能与之比肩。首先，它很早就有英译本(1898)、中译本(1926)，稍后又有何炳松选编本(1928)，读者取阅方便；相反，伯伦汉作品名望最高，但系德文著作，又长期没有英译本，中译本又较晚出版，等到 1937 年中译本问世后，读者寥寥，反响甚微。同样的，坪井九马三《史学研究法》虽最早传入中国，但一直处于隐性传播，受众面也不如 Introduction 广；其次，Introduction 三百

---

① 《陈衡哲先生演说词》，《北京大学日刊》1920 年 9 月 18 日，第 2 版。
② 陆懋德：《西方史学变迁述略》，《师大史学丛刊》1931 年第 1 卷第 1 期。
③ 陆懋德：《史学方法大纲》，独立出版社，1947 年，第 9 页。
④ 教育部编：《大学科目表》，正中书局，1940 年，第 49 页。

余页,篇幅适中,行文简洁,面向普通大众,被中国史家广泛采为教材用。而伯伦汉著作增订之后长达八百余页,"繁重难读",①不免曲高和寡。Introduction 作者批评"它撰述所用的语言和它的编排形式,使得它对绝大多数法国读者来说,是难以明白的",②更何况对中国读者来说更是困难;再次,就内容来说,Introduction 将治史程序做了简约化处理,重史料搜集批判,拒斥历史哲学、社会科学,契合民国史坛非考据不足以言学术的风气,后者为 Introduction 流行提供了适宜的学术环境。

Introduction 在民国史坛的流行文本主要有三种:其一,英译本。法文本出版的翌年,1898 年 G.G.Berry 将其译成英文出版,"五四"前后传入中国,许多中国史家读过英译本;其二,中译本。商务印书馆 1926 年出版李思纯译本,题名《史学原论》,此后多次再版。李译本采用文言,删除原著注释,译文虽略有小疵,③然大体可读,讲授者不以李译本为课本,即以之作参考教材。④ 金陵大学开设"历史研究法",讲授历史之重要原则、编纂方法,尤注重史材之分析,研究史学家之理论,并选读其名著,所用教科书即李译本。⑤ 再如洪业在燕京大学历史系开设"初级历史方法"课,要求学生细阅李译《史学原论》、何炳松《通史新义》、梁启超《中国历史研究法》。⑥ 其三,英文本《历史研究法》("社会科学名著选读丛书"之一,商务印书馆,1928 年),系何炳松据英译本选编而成。全书共十章,⑦首附何氏所撰中文导言,说明史学之性质、中外史学之异同,正文难解字句加中文注释,以便读者。

中国读者通过接触 Introduction 法文本,或英译本,或中译本,或何炳松选编本,对他们的史学思想产生不同程度的正面影响。徐炳昶

---

① 何炳松:《历史研究法·编者导言》,第 8 页。
② 余伟译本,第 6 页。
③ 参见王绳祖:《评李思纯译〈史学原论〉》,《斯文半月刊》1941 年第 2 卷第 2 期、1942 年第 2 卷第 4 期。
④ 王绳祖:《评李思纯译〈史学原论〉》,《斯文半月刊》1941 年第 2 卷第 4 期。
⑤ 《学程纲要》,《私立金陵大学一览》(1933 年度),第 182 页。
⑥ 《燕京大学一览》(1936 年度),第 115 页。
⑦ (1) 史料之搜罗 The Search for Documents,(2) 史料考证之重要 General Conditions of Historical Knowledge,(3) 版本之考证 Textual Criticism,(4) 撰人之考证 Critical Investigation,(5) 史料之诠释 Interpretative Criticism,(6) 撰人之是否忠实 The Negative Internal Criticism of the Good Faith and Accuracy of Authors,(7) 史事之断定 The Determination of Particular Facts,(8) 史事之编比 The Grouping of Facts,(9) 历史之著作 Exposition,(10) 结论 Conclusion。

回忆:"民国成立以后,我又到法国留学。当民国四年,我才读到法儒 Langlois 和 Seignobos 合著的《史业导言》(*Introduction aux Etudes Historiques*)及其他历史方法论的书,才晓得对于史料必须要用种种方法,慎重批评和处理才可以达到科学的历史的目的。在此以前,我觉得我对于历史的事实知道的颇多,自此以后,我才感觉到毫无所知!因为这些全未经批评的史实,尚未足以言历史知识也。我今日对于各家的历史、历史方法及历史思想的著作,虽然也读过一些,但是对于我个人影响之大,再没有超过于《读通鉴论》、《宋论》、《史业导言》以上者。"① 徐氏回国之后,曾翻译 Introduction。② 十年之后,青年学人曹聚仁在上海读到中译本《史学原论》,跟徐氏有相同的上述阅读感受,谓"这正是先获我心"。③ 1932 年夏鼐在清华大学认真研读 Introduction 中译本和英译本,谓:"这书原文是名著,值得一读,但译文殊生硬,借得英译本作对照,略改几字。"④

齐思和毕业于燕京大学历史系,他事后追忆:"在大学的史学方法班上,我又读了法国资产阶级历史家朗古鲁和赛尼保二人合著的《历史研究导言》。这部书是资产阶级历史学方法论的基本书籍之一。当时我感觉到这书中所讲的研究历史的方法,如搜集史料、研究版本、校勘文字、考证事实的方法,和清人的考据方法也差不多,但是比清人讲的更加透辟,更加有条理。因此,一方面我对于书中所讲的很容易接受,以为是分析入微,一方面把这洋考据学和自己所学到的中国旧日的考据学结合起来了。这书中的第一句就说:'历史学是研究史料的科学,没有史料就没有历史学。'下面又着重说明外文对于研究历史的重要性。读了这本书以后,使我对于外文和史料更加重视起来。"⑤ 齐氏当年所修史学方法这门课,讲授者是洪业,他要求学生阅读《史学原论》、《通史新义》、梁启超《中国历史研究法》,对学生产生莫大的影响。但齐

---

① 徐炳昶:《中国古史的传说时代·叙言》,中国文化服务社,1944 年,第 1—2 页。
② 徐炳昶在《哲学》1921 年第 4 期发表《搜集证据(历史上的)的方法》一文,即 *Introduction aux Etudes Historiques* 第一章,未完。
③ 曹聚仁:《听涛室人物谭》,三联书店,2007 年,第 277 页。
④ 《夏鼐日记》(1),华东师范大学出版社,2011 年,第 131—132 页。
⑤ 齐思和:《批判我自己的资产阶级学术思想》,《北京大学批判资产阶级学术思想论文集》,高等教育出版社,1958 年,第 205 页。

氏只是把上述诸书作为入门,并非奉为颠扑不灭的真理,主张要了解西洋史学,必须细心研究他们的史学名著,"绝不是仅看一两本鲁滨逊《新史学》、朗古鲁和塞尼卜二氏合著《史学方法导言》之类,便可轻谈,更何况这两种书的内容已经陈旧,不能代表现代西学呢"。①

至于何炳松选编本,流传似不及李译本之广,但也有不少读者,胡道静回忆说:"法国朗、瑟二氏《历史研究法》的英文本,经柏丞先生加以选录,并作注释……这对于我们不是外国史专业的学习者带来一个很大的方便。朗、瑟二氏之书着重论述了历史研究上的方法问题,概括了前人的经验以及他们自己的见解,平正朴实地阐明了历史学家在进行工作时所必须遵循的一些原则和方法,从搜集资料起步,进入'外证'(鉴别资料版本的真伪)和'内证'(推敲原材料作者的处境和心态,辨别他所提供的材料是否属实)的探索,然后综合历史事实,写成史书。对这一系列的工作都作出了严格的方法论上的规定,列举事实,条分缕析,论点鲜明,说理透彻。使人读之,启益甚大。对于我们从传统的考证学问钻出来的人,总是感觉'身影相随',这些方法多多少少是从事历史考证工作中所经常使用的,参稽比附,十分亲切。可是也发现了我们没有系统的方法论的论述,零敲碎打地在胡同里转圈子,知其然而不知其所以然,到此才占领了高地,一览辽廓,而且也深刻地体会到方法论的指导意义。"②这些读者的阅读体验,生动说明了史料学的训练是培养职业史家的必备条件。

Introduction 在中国的接受情形,可从四方面加以说明:第一,众多中国学生师从瑟诺博司。中国史学界早期对瑟氏所知不多,③但"五四"以后不少青年学生如李璜、李思纯、周谦冲、陈祖源、黎东方等赴法

---

① 齐思和:《近百年来中国史学的发展》,李孝迁编校:《中国现代史学评论》,第 237 页。
② 胡道静:《柏丞先生学恩录》,刘寅生等编:《何炳松纪念文集》,华东师范大学出版社,1990 年,第 345—346 页。
③ 瑟诺博司著作最早译成中文的是商务印书馆 1903 年出版《泰西民族文明史》(*Histoire de la civilization*,系沈是中、俞之彝译自野泽武之助的日译本),著者译为"塞奴巴"。文明书局 1903 年出版《欧洲列国变法史》(Seignobos, *Europe Since* 1914),许士熊据美人 MacVane 本重译,著者译为"赛那布"。《百年来西洋学术之回顾》(《学报》1908 年第 1 年第 11 号)说法国现存史学大家有三人,拉维斯(Lavisse)、朗波德(Rambaud)、塞纽波(Seignobos),"皆以著述名于世者"。1915 年陈独秀在《青年杂志》(1915 年第 1 卷第 1 号)译刊《现代文明史》,著者署名"法国薛纽伯"。陈独秀说瑟诺博司是"法国当代第一流史家,本书乃欧土名著之一",指出著者乃法国文学博士,巴黎大学教授,出生于一八五四年。

留学，随他治史，大半缘于 Introduction 在中国史学界声誉盛隆之故。瑟氏的中国学生先后回国，执教于各地大学历史系，积极宣扬师说，把老师许多历史作品译成中文出版，①多被选为大学教材，从而扩大了瑟氏在中国的影响，而伯伦汉、坪井九马三皆无此良缘。

李璜(1895—1991)，字幼椿，成都人。1909 年入成都英法文官学堂。1918 年 8 月在北京发起"少年中国学会"，年底赴法留学，跟随瑟氏研究史学，获巴黎大学文科硕士学位。1922 年他在法读书期间写《法兰西近代历史学》一文，发表在国内杂志《少年中国》，叙述十九世纪以来法国史学发展概况，尤其对瑟氏等人的"写实派"，多所着墨。1924 年李璜回国，先后任教于武昌大学、北京大学，祖述师说。1925 年他在北大开设"历史学"一课，讲述近代欧洲的历史研究法，使治史者了然历史材料的搜集、批判及综合等工夫，着重阐述史学与社会科学之间的相互影响。② 从现存当年讲义来看，他以参考法人著作为主，尤其《历史学方法概论》一篇可视为 Introduction 之"导读"，简而得要，颇能反映原著核心观点。李思纯(1894—1960)，字哲生，成都人。"少年中国学会"会员。1919 年 9 月 18 日，他偕同李劼人、何鲁之、胡助四人赴法留学。③ 李思纯在巴大三年半，攻读历史学和社会学，从瑟氏学习史学方法。1923 年夏回国，历任东南大学、北京师范大学、成都师范大学、四川大学、浙江大学教授，讲授宋辽金元史和史学方法等课程。

黎东方(1907—1998)，毕业于清华大学史学系，1928—1931 年留学巴黎大学，随瑟氏研习史法。他回忆：

> 我在巴黎大学图书馆找出塞诺波先生与朗格罗瓦先生所合著的《历史研究入门》的法文原本，仔细地重新体会一番。此书的英文译本，我早就在清华念过一遍(是在北京饭店的西书柜台上买的)。我作了塞诺波先生的极少数的忠心学生之一。他老人家名满天下，而课堂中的学生寥寥可数，主要的原因是：他的徒子徒孙

---

① 李孝迁：《西方史学在中国的传播(1882—1949)》，华东师范大学出版社，2007 年，第 320—321 页。
② 《国立北京大学史学系课程指导书》(1925—1926 年度)，第 6 页。
③ 李思纯等人赴法留学，《少年中国》有专门的报道，见《少年中国学会消息》，《少年中国》1919 年第 1 卷第 4 期。

多半已功成业就，散在各方，这一代的后生小子反而对他颇为陌生，有眼不识泰山。另一个原因是：他老人家年逾古稀，牙齿脱落了不少，发音不甚清楚，又喜欢旁征博引，一段一段的拉丁文、德文、英文、意大利文，背诵如流，颇有"六经皆我注脚"之概。有根底的，当然越听越佩服；没有根底的，听了一次，下次便不敢再来。于是，课堂中很少满二十人。①

黎东方接受瑟氏史学，是受了清华大学西洋史教授孔繁霱的影响。② 孔氏曾留学欧美，专治史学，在清华向学生讲授 Lehrbuch 和 Introduction。③ 周谦冲(1903—?)，号天冲，湖北黄陂人。1928 年赴法留学，1929 年获巴黎大学硕士学位，1931 年以《爱尔兰独立运动》获得博士学位，导师为瑟诺博司。回国后历任东北大学、武汉大学、光华大学、四川大学史学系教授兼主任，讲授西洋史学史、西洋近代史、历史方法等。1931 他在武汉大学史学系开设"史学名著选读"，学程之目的"在选读西洋史学家对于史学方法及史学之名著，俾学者得知研究史学之方法，并了解世界名史家之生平及其著作"，选其师 Introduction 为主要课本。④ 陈祖源(1901—1988)，别号"其可"，江苏吴县人。北京大学肄业，1926 年毕业于东南大学史学系，1929 年赴巴黎大学留学，师从瑟氏，获博士学位，专长西洋古代史与中古史。1932 年回国后任武汉大学史学系教授，所讲课程多以瑟氏著作为教材，如"西洋文化史"，选《古代文化史》、《中古及近世文化史》、《现代文化史》英译本作为参考书；⑤ "史学研究法"此课分为二编："一阅读法，略述中外史籍之源流及读时应注意之点；一编纂法，讨论史题之选择，史料之搜集、鉴别与综合诸法"。参考书除了 Introduction，还有 F. M. Fling 之 The Writing of History、瑟氏之《历史学方法于社会科学之运用》。⑥

---

① 黎东方：《平凡的我——黎东方回忆录》，中国工人出版社，2011 年，第 150—151 页。
② 孔繁霱(1894—1959)，字云卿，山东滕县人。1917 年留学美国，1920 年毕业于格林奈尔(Grinnell College)大学。1922 年获得芝加哥大学硕士学位。1923 年赴德国柏林大学研究院深造。1927 年回国后，被清华大学聘为历史系教授。
③ 黎东方：《史学讲话·序》(修订新版)，台北中国文化大学出版部，1984 年。
④ 《各学院概况学程内容及课程指导书》，《国立武汉大学一览》(1931 年度)，第 16 页。
⑤ 《各学院概况学程内容及课程指导书》，《国立武汉大学一览》(1934 年度)，第 26 页。
⑥ 《各学院概况学程内容及课程指导书》，《国立武汉大学一览》(1932 年度)，第 25 页。

第二，Introduction 被中国史家取为教材使用。不仅瑟氏的中国学生把 Introduction 作为教科书用，其他学者也推崇此书。1929 年清华正式改制大学，历史系开设"史学方法"一课，请孔繁霱和雷海宗担任讲授。孔繁霱在清华开设"西洋史学史"和"史学方法"等课。他的"史学方法"课主要介绍德人 Lehrbuch 和法人 Introduction，①凡重要的历史辅助科学、目录学及"治史必具之常识"，均择要讲授，"示学生以治史之正确方向及途径"。② 雷海宗的"史学方法"主要讲授史料"搜集、批评、鉴别、综合、叙述各种能力"，③以 Introduction 和克罗齐 Theory and Practice of Historiography 为参考书，前者注重考据，后者注重性质。④ 据学生回忆，雷氏要求学生"必定全读" Introduction，用一学期的时间讲史学的分析工作，另一学期讲史学的综合工作和历史的艺术。⑤ 王绳组在金陵大学读书的时候，他的老师贝德士（M. S. Bates，1897－1978）用 Introduction 讲授史学方法，让他得窥史法的基本原理。嗣后王氏比较研读法文本、英译本、中译本，他的史学观念多渊源于此书。⑥ 1934 年开始，留美博士郭斌佳接替陈祖源在武大开设史学方法课程，"讲治史之根本原则，其目的在指示学者如何用科学方法，阐明史事之真相。凡研究一问题必经之步骤，如史料之搜集、真伪之甄别、事实之编比，以至最后著成史文，皆依次讨论，辅以例证"。⑦ 虽然没有明示所用教材，但所讲与 Introduction 并无二致。1937 年方壮猷（留学巴黎大学）又代替郭氏讲史学方法，明确以 Introduction 英译本为参考书。⑧

第三，Introduction 是中国史家建构史学方法论范本之一。Introduction 较早出现在中文世界，可追溯到 1919 年胡适《中国哲学

---

① 黎东方：《史学讲话·序》（修订新版）。
② 《大学本科学程一览》，《国立清华大学一览》（1930 年度），第 67 页。
③ 《大学本科暨研究院学程一览》，《国立清华大学一览》（1931 年度）。
④ 王敦书：《雷海宗 1932 年史学方法课程笔记》，《江西师范大学学报》2011 年第 2 期。
⑤ 卞僧慧：《缅怀伯伦师——在雷海宗先生百年诞辰纪念会上的发言》，《文献与记忆中的清华历史系（1926—1952）》，清华大学出版社，2016 年，第 372—373 页。
⑥ 王绳祖：《说史》，《斯文半月刊》1941 年第 1 卷第 21 号；王绳祖：《读史方法》，《世界学生》1942 年第 1 卷第 4 期。
⑦ 《各学院概况学程内容及课程指导书》，《国立武汉大学一览》（1934 年度），第 26 页。
⑧ 《各学院概况学程内容及课程指导书》，《国立武汉大学一览》（1937 年度），第 37 页。

史大纲》。第一篇导言末尾所附参考书举要:"论史料审定及整理之法",看 Introduction。胡适认为做一部可靠的中国哲学史,必须要用这几条方法:"第一步须搜集史料。第二步须审定史料的真假。第三步须把一切不可信的史料全行除去不用。第四步须把可靠的史料仔细整理一番:先把本子校勘完好,次把字句解释明白,最后又把各家的书贯串领会,使一家一家的学说,都成有条理有统系的哲学。"①这不仅是做哲学史的方法,也是治史的一般途径。齐思和尤为突出西法在胡适成书中的意义,"他很简单的介绍了西洋史学方法的理论,尤其以塞恩卜氏的《史学原论》为主,结果他这书刊落群言,成了崭新的一部中国哲学史。出版之后,风行一时,数年之中,版十余次,对于当时哲学思想、史学思想影响极大"。② 无独有偶,同时代其他学者也发出类似的看法,胡适《中国哲学史大纲》之所以有价值,并不是沿用清儒治学方法,而在于采用西洋史学方法,他的方法论跟何炳松《历史研究法》所讲者无大差别,皆脱胎于 Introduction。③

胡适不仅因充分接受 Introduction 成功一部名著,而且 Introduction 也因胡适的宣扬,在中国知名度大为提升,开始在学界迅速流传。应当说,近代中国史学界方法意识的觉醒,大半受胡适此书的影响,稍后李泰棻《史学研究法大纲》和梁启超《中国历史研究法》留意参考 Introduction,跟胡适的提示不无关系。李泰棻《史学研究法大纲》初版于1920年5月,④是中国史家所写的首部现代意义上的史学方法著作。⑤ 李著融合了当时所能见到的各种旧学新知,对日人著作

---

① 胡适:《中国哲学史大纲》,上海古籍出版社,1999年,第22—23页。
② 齐思和:《近百年来中国史学的发展》,李孝迁编校:《中国现代史学评论》,第141页。
③ 张好礼:《中国新史学的学派与方法》,李孝迁编校:《中国现代史学评论》,第91—92页。按,今人江勇振将胡适的史学方法与 Introduction 作细致比较,认为胡适史法的基本假定,都可在 Introduction 找到雏形,此书是认识胡适史学方法的"一把钥匙"。(《舍我其谁:胡适》(1917—1927),浙江人民出版社,2013年,第190—199页)
④ 《史学研究法大纲》分三部分:第一原史,论述了文字起源、史之定义、史之起源、史之进化、史学之目的、史之界说、史与科学。史之进化五个阶段:口碑时代、史诗时代、说部时代、史鉴时代、史学时代。而史之目的,则在明变、探原、求例、知来;第二读史,讨论了史识、史料、史料选择、史料选择之法、史料整理之法;第三作史,阐发了家法、编体、史病、重事实、务贯通、明因果、作表解。
⑤ 李著之前,张尔田《史微》(1912)和姚永朴《史学研究法》(1914)没有脱离传统史法之范围,周希贤《历史的研究》(1913)仅述人种、地理、政治、学术、宗教、风俗之要素,三书都不属于现代意义上的史学方法著作。《中华教育界》1914年第3卷第6期发表《历史研究法之研究》,实为教授法。

多所参考，尤其对坪井《史学研究法》，取鉴之处颇多，Introduction 亦被列为参考书。① 在时人看来，李著仅次于梁启超《中国历史研究法》，"直到这几年来，有李泰棻先生编的《史学研究法》和梁任公先生编著的一部在中国史学界照耀万世的《中国历史研究法》出世，然后中国人脑里才有比较明了的一个史学的轮廓"。② 同样的，Introduction 也是梁氏《中国历史研究法》（商务印书馆，1922 年）理论来源之一。早在 1924 年，陈训慈便发现梁著的秘密，"西史家于内校雠中此点考审甚精，如朗格罗之书详列十条及二十事，梁任公《中国历史研究法》中所举之若干条多有取于西说而加以融通者"。③ 1980 年杜维运再审梁著，与 Introduction 进行细致的文本比对，发现若干段颇为相似的文字，从而坐实梁著参考此书，但没有提供确证说明梁氏获知渠道。④ 笔者以为梁氏从日文本吸收西学新知的可能性最大。Introduction 日译本《历史研究法纲要》由东京专门学校出版部 1901 年出版，彼时梁氏正热心建构新史学理论，阅读了大量日文史籍，而他所读之书大部分出自东京专门学校出版部，《历史研究法纲要》或是其中之一。只是二十世纪初他热衷于"玄理问题"，而此书又恰恰排斥哲理，所以在早年文字里没有留下蛛丝马迹。然而到 1920 年代，在方法热的影响下，梁氏"衷理旧业"，⑤对史料整理方法发生兴趣，或让他重拾旧忆，发现法人之书的价值，从中有所取材。

"五四"前后，Introduction 英译本和中译本已经在中国史学界十分流行，各地大学讲史学方法性质课程以及数量颇多的相关论著，多以之为根据，不外乎讲如何搜集史料、审定史料、综合史料等方法，内容日趋标准化。中国公学大学部历史系开设的历史研究法，讲授搜罗、鉴别、整理史料的重要方法。⑥ 河南大学史学系开设史学研究法，讲授"史料之认识、史料搜集及整理、史料编纂"。⑦ 大夏大学历史社会学系

---

① 李泰棻：《史学研究法大纲》，武学书馆，1921 年（再版），第 17 页。
② 杨鸿烈：《史地新论·自序》，晨报社出版部，1924 年，第 4—5 页。
③ 陈训慈：《史学蠡测》，《史地学报》1924 年第 3 卷第 1 期，第 15 页。
④ 参见杜维运：《梁著〈中国历史研究法〉探原》，中央研究院历史语言研究所集刊》1980 年第 2 期。
⑤ 梁启超：《中国历史研究法·自序》，上海古籍出版社，1998 年，第 2 页。
⑥ 《各院科目及预科课程》，《中国公学大学部一览》（1930 年度），第 43 页。
⑦ 《文学院一览》，《河南大学一览》（1930 年度），第 90 页。

开设历史研究法,讲"史料之种类、史料之搜集、史料之鉴别、史事之比较"。① 厦门大学历史社会学系开设历史研究法,先讨论怎样收集材料及其他预备工作,再讨论怎样进行分析的工作,如考订版本、调查作者、类分史料、解释文句、辨别诚伪程度、断定个别事实,然后讨论怎样进行综合的工作,如编比之条件、推论之方式,以及著述的标准。② 中国学者所撰写跟史学研究法有关的论著,其论述架构及主题次序、术语等,皆仿 Introduction,难怪朱谦之抱怨国人讲史法"大半是从法 Seignobos 和德 Bernheim 名著抄译下来,而加以中国史实的解释的,所以仍然没有多大发明"。③

英国史家鲍威尔(F. Y. Powell,1850 - 1904)为 Introduction 英译本所写的"致读者"指出,Introduction 不了解其他国家的历史,并不妨碍其他国家读者从中获得教益,"比照他们定下的规则",研究者可从本国历史读物中找到例子,"通过变换本书的例证,修改本书的卓越谋篇,此处或彼处的删削雕饰,'改编'这本书将会是很容易的"④。鲍威尔的预言在中国实现了,改编之作确实产生,这方面最突出的例子是何炳松。他的《历史研究法》(1927)和《通史新义》(1930)皆属"改编"之作。前者自谓:"意在介绍西洋之史法,故关于理论方面,完全本诸朋汉姆、郎格罗亚、塞诺波三人之著作。遇有与吾国史家不约而同之言论,则引用吾国固有之成文。书中所有实例亦如之。一以便吾国读者之了解,一以明中西史家见解之大体相同。初不敢稗贩西籍以欺国人,尤不敢牵附中文,以欺读者。"⑤后者亦承认:"至于本书所述之原理,十九采自法国名史家塞诺波所著《应用于社会科学上之历史研究法》一书。著者虽略有疏通证明之功,终未敢掩袭他山之美。"⑥这两本改编之作均带有一种主动性,将瑟诺博司史学引入中国,并以"西方标准"激活传统史学资源中不约而同的言论,重新组合成新的文本,反而更能适应中国

---

① 《文学院课程》,《私立大夏大学一览》(1933 年度),第 46 页。
② 《私立厦门大学文学院一览》(1936—1937 年度),第 51 页。
③ 朱谦之:《现代史学概论》,《朱谦之文集》第 6 卷,福建教育出版社,2002 年,第 113 页。
④ 余伟译本,"致读者",第 4、9 页。
⑤ 何炳松:《历史研究法·序》,商务印书馆,1927 年,第 7 页。按,此序写于 1927 年 1 月 16 日,英文本《历史研究法》"编者导言"写于 1927 年 4 月 18 日,两文颇多雷同,后文应该是前文的扩写。
⑥ 何炳松:《通史新义·自序》,商务印书馆,1930 年,第 19 页。

史学界的需要,流通更广,发生很大的影响。何氏由此在中国现代史学中获得一席之位,"当代介绍西洋史学最努力的一位学者,他在中国现代史学有不可磨灭的贡献"。①

何氏虽然没有直接师从瑟氏,却是他最忠实的信徒和推销者,不仅积极宣扬其史学思想,而且身体力行,将瑟氏"著史"思想落实在他所主编的《中国历史丛书》(商务印书馆)。1930年1月,他说明编丛书的缘起云:

> 中国史籍,浩如烟海,体例纷纭,要领莫揽。在今日欲求一完善之通史,诚有苦索无从之叹。炳松承乏此间,窃不自揆,颇有理董国史之念。顾兹事体大,断非一人之心力所可几,因与同好友人王云五、胡适之、王伯祥、傅纬平诸先生商拟草目,先立主题百余则,数经往复,然后写定。每一主题,自成一册,略就时代先后及史实联贯为比次。区区之意,端在作彻底之研究,将以为通史之嚆矢,故重在经纬纵横之精神,不取分类排纂之义例。爰特商请专家,分门撰述。既不偏于某一时代任何事物之一端,亦不仅类叙某一时代各种活动之琐屑,务使览之者对于中国社会演化之某一阶段得一完整之观念,并审知其在全史上相当之地位,是用通史之所有事也。

第一集上古期(先秦时代)17种,第二集中古期(秦初至五代之末)38种,第三集近古期(宋初至明末)34种,第四集近世期(清初至清末)32种,合计共121种。② 此计划规模庞大,实际并未完成,就已出版的若干种如王钟麒《三国之鼎峙》、陶希圣《辩士与游侠》、王志瑞《宋元经济史》、宋云彬《王守仁与明理学》、陈功甫《义和团运动与辛丑条约》来看,均为百余页小册子,离"彻底之研究"甚远。何氏所选定主题应参考了 *Introduction* "历史事实的一般性分类表",他跟瑟氏一样,坚信透过综合各种专著可以重建人类历史演化,产生一部理想的通史。不过,何氏的计划不算成功,《中国历史丛书》在中国现代史学上并无地位,他个人

---

① 齐思和:《近百年来中国史学的发展》,李孝迁编校:《中国现代史学评论》,第143页。
② 见王钟麒编《三国之鼎峙》(何炳松主编《中国历史丛书》,商务印书馆,1931年),"目次"前所附之《中国历史丛书全目》。

的学术成就也颇有争议。即使齐思和对他甚为赞许,但也批评他"所译的都是些通俗的教科书,他对于当代西洋第一流的史家的著作并不曾介绍,而且似乎未曾考察西洋史家如何依据史料而写成专题的研究,深博的著述。因之,他所提倡的仍是通史的革新,而不是高深的研究"。①

西史东渐过程中,为了适应各国各时代的需求,改编文本行为颇为普遍。改编本往往比原本更能适应接受地的需要,有时反过来会冲击原本的接受程度,甚至令原本被遗忘。在民国史坛,*Lehrbuch*、*Introduction*、坪井九马三《史学研究法》、何炳松《历史研究法》、梁启超《中国历史研究法》是相当被认可的五种文本,从争取读者角度来说,它们之间存在竞争关系。外人著作名望虽高,但被接受程度不一。上述五种文本被中国读者接受程度大体处于递升关系,梁启超《中国历史研究法》最受欢迎,何炳松《历史研究法》次之。梁、何二氏作品事实上属改编之作,理论框架来自外人,实例取自本土。从认识西洋史法深浅来看,梁氏不如何氏,②"长于阐述旧闻,而短于介绍新知"。③ 罗家伦甚至讥讽"梁先生看外国书的范围和了解程度,实在使我怀疑。我的怀疑或者错误,但是近来看他几种著作——如《历史研究法》——实使我增加这种印象。其实梁先生在中国学问方面,自有他的地位,不必有时带出博览西洋群籍的空气。并且有许多地方,若是他公认不曾看过西籍,我们只是佩服他的天才。若是说他看过此类的西籍,则我们不但以另一副眼光批评,而且许多遗误不合,或在西方早已更进一步之处,梁先生至今还以'瑰宝'视之,则我们反而不免笑梁先生西洋学问之浅薄。"他认为与其读梁著,还不如直接去读 Bernheim、Shotwell 等关于历史方法的名著所得更多。④ 罗氏是从内容立论,然从接受方看,Bernheim书根本敌不过梁著。梁著的魅力在于"适合本国",⑤"其举例之精巧、亲切而富于启发性,西方史法书中实罕其匹",⑥被何炳松改造得相当本土化的《历史研究法》也不及之。当年罗尔纲做学生时读 *Introduction* 中

---

① 齐思和:《近百年来中国史学的发展》,李孝迁编校:《中国现代史学评论》,第 143 页。
② 齐思和:《近百年来中国史学的发展》,李孝迁编校:《中国现代史学评论》,第 143 页。
③ 齐思和:《史学概论讲义》,第 126 页。
④ 《罗志希先生来信》,《晨报副刊》1923 年 10 月 19 日,第 1、2 版。
⑤ 《史学蠡测》,《史地学报》1925 年第 3 卷第 5 期,第 42 页。
⑥ 张荫麟《近代中国学术史上之梁壬公先生》,《大公报·文学副刊》第 57 期,1929 年 2 月 11 日。

译本"味同嚼蜡",相反,梁启超《中国历史研究法》文笔佳,事例多取自中国,读来生动有味,"开拓胸襟,心旷神怡"。① 史法虽无中西之分,但 Introduction 所归纳出来的原理是基于西洋史的经验,许多例证皆来自西方,对西方读者来说或许耳熟能详,但对中国读者而言则颇为隔膜,难有亲切之感,阅读趣味大减。Introduction 基本原理之所以能深入"史心",成为中国治史者习焉不察的日常学术准则,端赖大量的改编和转译行为。如果没有胡适、梁启超、何炳松等将 Introduction 所定规则借助各种渠道(改编本、课程、演讲、语录等)层层渗透,最终形成新的风气,"中国七七抗战以前的史学界,无疑乎均受兰克派和瑟诺博司(Seignobos)等考证学派的影响",②仅凭借原本和译本的流通,其效果则将大打折扣。

第四, Introduction 思想被分化重组。中国史家接受外来思想常受个人思想状态、时代风向的转变而取舍有别,而且外来思想理论在接受过程中往往被分解成各个思想单元,接受者根据需要重新组合,甚至性质根本对立的思想也可整合到一起。近代中国史家思想大多具有多元性,通常不会只接受一家一派之说,博采众说,成一家言,梁启超、胡适、何炳松、傅斯年都如此。瑟氏的中国学生也没有亦步亦趋盲目整体接受乃师思想,同样也采取拿来主义,有选择性吸纳。以何炳松为例,时人便讥讽何氏是"综合研究底学生,并不固执于'门户之见',所以他虽当了新史学派底媳妇,还可以和瑟诺波(Ch. Seignobos)结婚生子"。③ 应当说,美国鲁滨逊(J. H. Robinson,1863-1936)新史学派正是批判 Introduction 所代表的史学传统而兴起,但这两种对立异质的资源却可在何氏思想中并行不悖。

Introduction 的"文献崇拜"倾向相当明显,提出"没有文献就没有历史"(no documents, no history),④给中国史家留下深刻印象,许多学人祖述之。蔡元培在《明清史料·序》说:"史学本是史料学,坚实的

---

① 《罗尔纲全集》第 20 卷,社会科学文献出版社,2011 年,第 474 页。
② 朱谦之:《考今》,《读书通讯》1941 年第 31 期,后又发表于《现代史学》1942 年第 5 卷第 1 期。
③ 刘静白:《何炳松历史学批判》,辛垦书店,1933 年,第 20 页。
④ Ch. V. Langlois and Ch. Seignobos, *Introduction to the study of History*, New York: Henry Holt and Co., 1904, p. 17. 余伟译本,第 3 页。

事实,只能得之于最下层的史料中。"① 胡适也说"史家若没有史料,便没有历史"。② 缪凤林《中国通史纲要》指出:"史学由史料构成,无史料斯无史学。"③ 齐思和《史学概论》强调:"史料者,乃历史知识之来源也。史家之需要史料,犹工业家之需要原料,化学家之需要药品,生物家之需要标本。'无史料则无历史'。"④ 中国现代史学各派对史料表现出前所未有的高度重视,甚至傅斯年提出极端的口号"近代的历史学只是史料学",⑤ "史学便是史料学",⑥ 不能不说跟 Introduction 有一定的渊源关系。不过,Introduction 所强调的史料主要是指书面文献(written documents),几乎不讨论非文本史料(no-documentary materials)。⑦ 然而近代中国史学界不仅要求扩充文字史料,而且对实物史料兴趣尤浓,考古学受到普遍重视,提出"地下二十四史"之说。⑧ 此种取向显然与 Introduction 异趣。或者说时人接受 Introduction "文献崇拜",并扩充了史料范围,就此而言,两者又是同调。

  Introduction 强调历史研究的起点是史料,辨析史料真伪需要怀疑精神,从史料中揭示事实,拒绝一般抽象的概括,否定法则,排斥社会科学。Introduction 这一思想被胡适、傅斯年为首的新历史考据派所承袭,落实在北京大学历史系、中研院史语所,形塑了此派基本的学术面相。从一个事件能里能反映此派对社会科学普遍表示轻视,乃至敌意。1931 年夏,江绍原在北京大学讲授"中国礼俗迷信之研究"一科,无理由被取消,他抱怨"古今生活思想中神怪方面之史的研究,虽能够帮助解放人的心灵……中国官学却尚不知提倡或至少容忍之"。⑨ 1936 年杨堃调侃江氏,"官学"对民俗学、神话学、人类学的态度有所改

---

① 蔡元培:《明清史料档案甲集·序》,高平叔编:《蔡元培全集》第 5 卷,浙江教育出版社,1988 年,第 513 页。
② 胡适:《治学的方法与材料》,《胡适全集》第 3 卷,安徽教育出版社,2003 年,第 138 页。
③ 缪凤林:《中国通史纲要》第 1 册,南京钟山书局,1932 年,第 10 页。
④ 齐思和:《史学概论讲义》,第 102—103 页。
⑤ 傅斯年:《历史语言研究所工作之旨趣》,《傅斯年全集》第 3 卷,湖南教育出版社,2003 年,第 3 页。
⑥ 傅斯年:《史学方法导论》,《傅斯年全集》第 2 卷,第 309 页。
⑦ Introduction 作者在注释说明:"我们不专门讨论实物文献(物体、纪念碑等)批判,尽管实物文献批判在很多方面不同于书面文献批判。"(余伟译本,第 35 页)
⑧ 马衡语,见傅振伦:《傅振伦学述》,浙江人民出版社,1999 年,第 74—79 页。
⑨ 江绍原:《中国古代旅行之研究·导言》,商务印书馆,1935 年,第 4 页,注二。

变了。自从英国人类学家布郎(A. R. Brown，1881－1955)来北大讲学,胡适当时曾言:"北大历史系课程,过于正经,无左道斜门之设,如人类学等。如同学要听人类学等课程,现在很希望布朗博士之讲演,使我们学一学左道斜门。……使北大历史系对此项学术加以注意。"①北大历史系主任陈受颐亦说:"人类学、人种学、风俗学,都是历史的补助科学,同时也就是研究历史学应当注意的。"②在胡适眼中,人类学等社会科学都是"左道斜门",言外之意,惟独考据才是"正统"学问,怎能容得江氏讲"中国礼俗迷信之研究"。据胡适弟子罗尔纲回忆,他《清代士大夫好利风气的由来》一文只是做了一个局部性的概括论断,胡适看了都非常生气。③ 强调"通式"的社会科学被他排斥在历史研究之外,乃情理中事。

傅斯年的个性与瑟诺博司颇为相似,皆好辩,有走极端的倾向。1929至1933年傅氏在北大讲授"史学方法导论"课,凡七讲:第一讲论史学非求结论之学问、论史学在"叙述科学"中之位置、论历史的知识与艺术的手段;第二讲中国及欧洲历代史学观念演变之纲领;第三讲统计方法与史学;第四讲史料论略;第五讲古代史与近代史;第六讲史学的逻辑;第七讲所谓"史观"。④ 既有研究表明,他的藏书中有伯伦汉1920年版 *Einleitung*,阅读痕迹明显,1937年他重装了封面,⑤说明他对此书的爱护,他的史学思想或从中能寻找到一些渊源。然而,傅氏思想与伯伦汉分歧又相当明显,如反感历史哲学,"历史哲学可以当作很有趣的作品看待,因为没有事实做根据,所以和史学是不同的",⑥对考古学兴趣浓厚,轻视社会科学。相比较而言,傅斯年史学主张与 *Introduction* 更若何符节。目前虽无直接证据表明傅氏读过 *Introduction*,但以此书之流行,胡适对它的推崇,加之傅氏讲史学方法课程,他若对此书毫无了

---

① 《布郎昨在北大讲"历史与社会科学"》,《世界日报》1935年12月5日,第7版。
② 《学人访问记:历史学家陈受颐》,《世界日报》1935年12月18日,第7版;杨堃:《江绍原著〈中国古代旅行之研究〉》,《社会学刊》1936年第5卷第2期。
③ 余英时:《重寻胡适历程》,广西师范大学出版社,2004年,第213页。
④ 傅斯年:《史学方法导论》,《傅斯年全集》第2卷,第307页。
⑤ 王汎森、杜正胜编:《傅斯年文物资料选辑》,台北傅斯年先生百龄纪念筹备会,1995年,第51页。
⑥ 傅斯年:《考古学的新方法》(1930),《傅斯年全集》第3卷,第88页。

解,则不可思议。

傅氏的某些表述与 Introduction 很接近,除了"史学便是史料学"之外,尚有多处。傅氏说:"历史是上句不接下句,东摇西摆,乱七八糟的偶然的不成体统的东西",①"历史本是一个破罐子、缺边掉底,折把残嘴,果真由我们一整齐了,便有我们主观的分数加进了。"② Introduction 就有类似的论述,如"我们所得到的事实是乱七八糟的,没有任何本质的区别……文献作者们所给出的事实却是杂乱无章的","对文献的批判性分析,已经提供了历史建构的素材——即那依然处于散乱状态的历史事实","批判所提供的事实是孤立的和散落的"。③ 这些或许就是傅氏所言的理论依据所在。傅氏强调"史学非求结论之学问",Introduction 多处反复申说结论需谨慎,"极少有结论是被坚实确证了的,除非是依赖于大量详尽数据的那些结论","尝试得出某些一般性结论之前,核查全体事实和整个传统","在历史中,经常出现的是:写得最好的专著没有提供任何别的结论,只是证明了知识是不可能的。……一部优秀专著的正确结论,是其所获成果与尚有疑问之处的资产负债表"。④ 傅氏又谓:"我们反对疏通,我们只是要把材料整理好,则事实自然显明了。一分材料出一分货,十分材料出十分货,没有材料便不出货。两件事实之间,隔着一大段,把他们联络起来的一切涉想,自然有些也是多多少少可以容许的,但推论是危险的事,以假设可能为当然是不诚信的事。"⑤这正是 Introduction 第十三章"建设性推理"所讨论的问题,瑟氏认为"推理是最难被正确运用的,而且还已引发了许多十分严重的错误"。⑥

瑟诺博司的历史解释诉诸偶发事件和个别原因(personal causes),拒斥"通则原因"(general causes),他认为:"与其他科学不同,历史更善于确定特殊事变的原因,而非那些一般性变化(general transformation)

---

① 马鸿昌:《评现在之中国史学界》,李孝迁编校:《中国现代史学评论》,第178页。
② 傅斯年:《评丁文江的〈历史人物与地理的关系〉》,《傅斯年全集》第1卷,第428页。
③ 余伟译本,第127、128、136、191页。
④ 余伟译本,第157、169、183、184页。
⑤ 傅斯年:《历史语言研究所工作之旨趣》,《傅斯年全集》第3卷,第9—10页。
⑥ 余伟译本,第152页。

的原因。"①此种思维取向在胡适、傅斯年身上表现尤为显著。陈独秀认为白话文运动是应"中国近年产业发达，人口集中"需要而发生的，胡适很不以为然，他说："独秀这番议论是站在他的经济史观立场说的。我的《逼上梁山》一篇虽然不是答复他的，至少可以说明历史事实的解释不是那么简单的，不是一个'最后之因'就可以解释了的。……其中各有多元的、个别的、个人传记的原因，都不能用一个'最后之因'去解释说明。……这个思想不是'产业发达，人口集中'产生出来的，是许多个别的、个人传记所独有的原因合拢来烘逼出来的。……这种种因子都是独一的、个别的。……治历史的人，应该向这种传记材料里去寻求那多元的、个别的因素，而不应该走偷懒的路，妄想用一个'最后之因'来解释一切历史事实。"②胡适所谓"最后之因"跟 general causes 几乎是同义词。

傅斯年的历史解释同样反对"通则原因"，他认为没有两件相同的史事，"历史上件件事都是单体的，本无所谓则与例"。在他看来，历史不存在因果律，因果解释是有宗教意味的，历史事件不能作抽象的概括，"以简单公式概括古今史实，那么是史论不是史学，是一家言不是客观知识"，③所以"史学非求结论之学问"。他曾在北大"史学方法导论"课上举元朝伐日失败的例子："元朝成吉思汗把欧亚许多国家都征服了，单单伐日本的时候，因为忽然之间起了大风，把他底兵舰都卷沉海底。若不是忽然之间大风作祟，也许元朝会完成了统一的大帝国，也许世界的历史会是另一个面目了。"④此例无异于瑟氏在 Introduction 举埃及艳后 Cleopatra 的鼻子也许会影响到罗马帝国。⑤ 胡、傅二氏身体力行，前者自称有考据癖，后者热衷讨论谁是明成祖的生母，或许在傅氏看来，明成祖生母是谁的问题会引发蝴蝶效应，产生一系列重大的历史变动。正因为以胡适、傅斯年为首的新历史考据派重视个别因素，恰如瑟氏强调事实不分大小，细因（small causes）或许会产生巨响（great

---

① Langlois/Seignobos, *Introduction*, p. 292. 余伟译本，第 175 页。
② 胡适：《〈中国新文学大系·建设理论集〉导言》，《胡适全集》第 12 卷，安徽教育出版社，2003 年，第 273—276 页。
③ 傅孟真：《闲谈历史教科书》，《教与学》1935 年第 1 卷第 4 期。
④ 马鸿昌：《评现在之中国史学界》，李孝迁编校：《中国现代史学评论》，第 178—179 页。
⑤ Langlois/Seignobos, *Introduction*, p. 248. 余伟译本，第 149 页。

effects),历史不应该牺牲任何一件事实,①诱导史家群趋考据一途。

傅斯年在《历史语言研究所工作之旨趣》末尾高呼"把那些传统的或自造的'仁义礼智'和其他主观,同历史学和语言学混在一气的人,绝对不是我们的同志","要把历史学、语言学建设得和生物学、地质学等同样,乃是我们的同志"。② 如果结合 Introduction 所论,不难发现两者存在学缘关系。Introduction 第十五章批评十九世纪下半叶之前的历史著作,或为愉悦,或为训诫,历史只是文学的分支,而历史解说的科学原则是"历史的目标不是愉悦,亦非给予行动的实践箴言,更不是促发情感,而是纯粹而素朴的知识"。③ 所以傅氏强调"历史学不是著史,著史每多多少少带点古世中世的意味,且每取伦理家的手段,作文章家的本事"。④ Introduction 谓:

> 历史必须去研究那些独一无二的事实,但这却使得人们说历史不可能是一门科学,因为每一门科学都把普遍性的东西作为它的目标。历史在此是与宇宙学、地质学、动物物种学处境相同的。换言之,历史不是关于诸种事实间普遍联系的抽象知识,它是一种旨在揭示实在的科学。世界、动物和人类都只是单维的演化。在每次演化中,连续出现的事实并不是抽象法则的产物,相反每一刻都是好几种具有不同本质的情况巧合而成的结果。这种巧合——有时候被称作偶然——引发了一系列的偶然事件,而这些事件决定了演化所采取的特殊进程。演化只有通过研究这些偶然事件才能被理解。历史在此处与地质学或古生物学具有同等的地位。⑤

傅氏之所以把生物学、地质学作为历史学建设目标,正是基于这三种学科都具有共通的演化性质,他的主张无疑跟 Introduction 有密切关系。如本文第二节所论,Introduction 思想包含两块异质又共存的部分,在方法学层面要求纯粹为知识而知识,但另一方面又强调历史学的教育功能。傅斯年在这两方面也有类似的表现,既凸显史学是客观知

---

① Langlois/Seignobos, Introduction, pp. 248, 262.
② 傅斯年:《历史语言研究所工作之旨趣》,《傅斯年全集》第3卷,第12页。
③ 余伟译本,第182页。
④ 傅斯年:《历史语言研究所工作之旨趣》,《傅斯年全集》第3卷,第3页。
⑤ 余伟译本,第147、148页。

识,又看重"与近代生活相干"部分:首先把历史知识当作"人学",其次是国民的训练,再次是文化演进之阶段,①与瑟诺博司观点很接近。

　　同时,傅斯年思想又表现出与 Introduction 分野。瑟氏的史学方法论包括文献批判(考史)和历史建构(著史),而且前者是手段,后者才是目的,他的主要史学作品大部分都是综合性的历史建构作品,文献批判不是他最主要的工作,故瑟氏是 Historian 而不是 Critical scholar。然而,傅氏公开的方法论述,时常停留于考史阶段,著史并没有显著地位,甚至偏激地说"历史学不是著史"。近代中国史学界主流趋向考据,故 Introduction 文献批判学受到普遍关注,而其"著史"思想反受冷落,除了何炳松之外,其他人似乎更多彰显 Introduction 在史料学的贡献,事实上偏离了此书凸显"撰写历史"的方向。有趣的是,1930 年代以来中国史学界不时听到没有理想中国通史的忧虑之声,有些学者归咎于 Introduction 的负面影响,殊不知瑟诺博司其实是反对那种与现实脱节的烦琐考据,恰如 1881 年《德国大学的历史教育》批评德国历史教育缺乏专史和通史的写作训练,他主张以通史写作沟通历史与现实社会的两者关系。

　　1940 年代中国史学界有两股畸形力量,即琐碎考订的掌故派(Antiquitarians)和研究中国整个社会进展的社会史派。②掌故派的发达,与中国史学界对 Introduction 片面接受当不无关系,或者说此书相关论述为掌故派提供了理论支撑。因此,近代学者对新历史考据派的不满,往往牵连 Introduction。批判者来自两方面:其一,是体制内史家的不同声音,以南方中山大学朱谦之的批判尤力。早在 1933 年,朱氏在《什么是历史方法》一文,肯定伯伦汉、瑟氏在史料搜集与批判方面的贡献,但对史料综合"未免失却史家之明敏的精神",批评 Introduction 反对历史哲学的,反对在"史料综合"中建立历史的根本法则:

　　　　则其结果当然不能建立伟大的历史方法学了。……前人著历

---

① 傅孟真:《闲谈历史教科书》,《教与学》1935 年第 1 卷第 4 期。
② 齐思和:《现代中国史学评论——掌故派与社会学派》,李孝迁编校:《中国现代史学评论》,第 237—242 页。

史方法学的,事实上都只是"历史学的历史学家",而不是"社会学的历史学家",故他们所谓历史方法,也是多半为"历史学的历史方法学"而不是"社会科学的历史方法学",却不知历史学乃社会科学之一,若不晓得社会科学所公同采用的"历史方法学",那么历史方法学,又从何讲起呢? 固然 Seignobos 也有《应用于社会上科学的历史学方法》一部名著,未尝不给我们以许多的暗示……却是在一个未完全明了历史学为社会科学之一的"历史学的历史学家",无论如何说法,总未免有一层隔膜。①

1940 年清华大学历史系西洋史教授俄裔噶邦福(J. J. Gapanovich, 1891-1983)在商务印书馆出版英文著作《历史综合法》(*Methods of historical Synthesis*),多次论及 Introduction,尤其不认可瑟氏所提出的"历史事实的一般性分类表",他说被分类的历史事实之间好像孤立的盒子,然而历史是活的,不是一个抽屉组成的柜子,它本质上是有机的、不可分割的。他批评在 Introduction 影响之下,许多一般著作就用这种毫无生气的方式处理材料。②

其二,左派史家不满 Introduction 否定法则,片面批判 Introduction 所提出历史乃推理的科学、间接的科学、主观的科学。左派刘静白著《何炳松历史学批判》(1933)一书,专批何氏,关于史学方法论,由于何氏完全承袭 Introduction,所以刘静白否定何氏自然也意味着无法认同 Introduction。虽然刘氏批判不无刻薄,未必能让何氏称服,但也得到体制内学者的声援,认为何氏"咎由自取"。③ 甚至到了 1956 年,胡绳《社会历史的研究怎样成为科学》(《历史研究》第 11 期)一文批评胡适、何炳松、傅斯年等人否定规律,进而也一并祸及 Introduction。平心而论,左派学者往往断章取义,曲解作品原意,所评难以令人信服,故并未真正动摇 Introduction 根基。直接或间接受此书影响的学者仍然众多,它所立下的规则似已脱离作者而沉淀为治史者最基本的行规。

---

① 朱谦之:《什么是历史方法》,《现代史学》1933 年第 1 卷第 1 期。
② J. J. Gapanovich, *Methods of historical Synthesis*, The Commercial Press, 1940, p. 14.
③ 张好礼:《中国新史学的学派与方法》,李孝迁编校:《中国现代史学评论》,第 82 页。

本集收录 Introduction 两种版本：(1) 李思纯译本《史学原论》。或因手民误植，译本错字不少，标点混乱，皆径改。中译本因参酌法文本、英译本，故正文法文、英文专名混用，且略有误拼，现据法文本、英译本校正旧版所有西文。译名前后不一之处，皆统一处理。旧译章末附少许"译者按"，现一律改为脚注，便以阅读；(2) 何炳松选编英文本《历史研究法》。何编本正文采用影印方式收录，以存原貌。此外，首附一篇专题论文及 Introduction 两位作者肖像，以期读者对作品有全面的了解；尾附两文：(1) 陈训恕《朗格罗与赛尼波论史学研究法》(《约翰声》1925 年第 36 卷第 4 期)，(2) 李璜《历史学方法概论》(《历史学与社会科学》，东南书店，1928 年)，以展示中国史学界对此书接受之一斑。

目 录

丛刊缘起 / 1
《史学原论》及其在中国的接受——代前言 / 1

史学原论/李思纯译

译者弁言 / 3
著者原序 / 8
上篇　初基知识 / 14
第一章　搜索史料 / 14
第二章　辅助之科学 / 25
中篇　分析工作 / 33
第一章　历史知识之概况 / 33
第一部　外形鉴定（校雠考证鉴定）/ 37
第二章　原本文字鉴定 / 37
第三章　制作原始鉴定 / 45
第四章　史料之类分整理 / 52
第五章　校雠考证与校雠考证家 / 58
第二部　内容鉴定 / 73
第六章　命意释义鉴定（解经鉴定）/ 73
第七章　忠实与精确之反面鉴定 / 80
第八章　特件事实之个别研究 / 100
下篇　综合工作 / 111
第一章　历史构造之概况 / 111

第二章　事实之汇聚分组 / 123

第三章　构造之理想推度 / 136

第四章　构造之大体编裁 / 142

第五章　史文造作 / 162

结论 / 172

附篇一　法兰西中等历史教育 / 175

附篇二　法兰西高等历史教育 / 182

历史研究法 / 何炳松选注

编者导言 / 193

CHAPTER

Ⅰ. The Search for Documents / 201

Ⅱ. General Conditions of Historical Knowledge / 209

Ⅲ. Textual Criticism / 215

Ⅳ. Critical Investigation of Authorship / 224

Ⅴ. Interpretative Criticism (Hermeneutic) / 231

Ⅵ. The Negative Internal Criticism of the Good Faith and Accuracy of Authors / 238

Ⅶ. The Determination of Particular Facts / 251

Ⅷ. The Grouping of Facts / 263

Ⅸ. Exposition / 277

Ⅹ. Conclusion / 286

附录

朗格罗与赛尼波论史学研究法　陈训慈 / 291

历史学方法概论　李　璜 / 298

史学原论

李思纯译

译者弁言

《史学原论》一卷（Introduction aux Études Historiques），著者朗格诺瓦（Ch. V. Langlois）、瑟诺博司（Ch. Seignobos）二氏。朗氏法兰西国家藏书楼主任，瑟氏巴黎大学历史教授也。是书以一八九七年八月出版于巴黎。书虽稍旧，然远西后出谈历史方法之书尚未有逾此者。

吾读此书在一九二十年之秋，于时瑟诺博司先生在巴黎大学文科讲授近代史及历史方法。吾自是年秋迄于一九二一年冬，凡阅时一年，朝夕挟书册亲受先生讲课。一九二二年三月，游柏林，居康德街一小楼，日长多暇，乃以是书法文原本及英国 G. G. Berry 氏译本参酌译之，日成数章，二月而毕业。弃置箧底复年余，今夏归国居南京，乃取旧稿删订润色之。间于篇中征引事实有不能明者，为附注于章后焉。

论历史方法之专书，世不多见。英美所著者，有 Robinson 氏之 *New History*，有 Vincent 氏之 *Historical Research*，有 McMurry 氏之 *Special Method in History*，有 Woodbridge 氏之 *The Purpose of History*，有 Nordain 氏之 *Interpretation of History*，有 Seligman 氏之 *Economic interpretation of History*，有 Gooch 氏之 *History and Historians of 19th Century*，有 Barn 氏之 *The Past and Future of History* 等书。然以较此书体大思精，咸有逊色。法国史家 Fustel de Coulanges 氏成书曰《历史搜讨之数问题》（*Recherche des Quelque Problemes d'Histoire*），虽其书甚美，然所论多具体事实而少抽象方法。本书著作者瑟诺博司先生于后此数年更成一书曰《应用于社会科学上之历史方法》（*Methode Historique Appliquer Sux Science Social*），其

书亦佳，然特本书之撮要节本而已。故讨论抽象史法而体大思精之作，本书当首屈一指也。

吾国旧史繁赜，史学之发达较他学为美备，关于咨访、搜辑、校雠、考证之事，与夫体例、编次、文辞、名物之理，莫不审晰入微，措施合法。刘知幾氏《史通》，章学诚氏《文史通义》、《校雠通义》，其最著之作也。二氏所作，其问探讨之道，辨晰之事，东西名哲，合轨符辙，无有异致。本书所陈，或符前哲旧言，或出远西新谛，请举一二，用示读者。

其在史料之搜集，刘氏曰："书事记言，出自当时之简；勒成删定，归于后来之笔。然则当时草创者，资乎博闻实录；后来经始者，贵乎俊识通才。必论其事业，前后不同，然相须而成，其归一揆。"（《史通·外篇史官建置》）本书亦云："历史由史料构成，无史料则无历史。"（上篇《搜索史料》章）又云："凡人于此应选择，或全弃此事不为，或决意投身为此预备工夫之鉴定工作，决未尝更思以余时造史，故彼之工作，皆为后来者及他人也。"（中篇《校雠考证》章）其符合一。章氏曰："风俗篇中，必须征引谣谚。"（《修志十议》）又曰："余修《永清县志》，亲询乡妇委曲。"本书亦云："凡欲征求有关近世之事，必用咨访故旧之法。"（上篇《搜索史料》章）其符合二。章氏曰："今之志乘所载，百不及一，盖搜罗采辑，一时之耳目难周，掌故备载，平日之专司无主。欲令志无遗漏，平日当立志科，目录真迹，汇册存库，异日开局纂修，取材甚富。"（《文史通义·与甄秀才论志书》）本书亦云："凡史料有关于人类所占据之远古者，皆聚集之，分类集列，藏于为此事而设之建筑中。凡将巨额史料集中收藏，乃自然进化之良美结果。"（上篇《搜索史料》章）其符合三。章氏曰："古物苟存于今，虽户版之籍，市井泉货之簿，未始不可备考证也。"（《亳州志·掌故义例》中）本书亦云："别一部为实物史料之鉴定，若建筑、雕刻、图画之作品，及其他军器、衣服、用具、钱币、奖章、甲胄之类是。"（上篇《辅助之科学》章）其符合四。

其在校雠考证，章氏曰："部次不精，学术所以日散也。古今著录，不徒为甲乙部次计，盖欲人因类求书，因书究学。"（《校雠通义》三）本书亦云："无论研究历史某点，必先事将其史料加以类分整理，以合理而便利之方式，措置为一定程序。此在历史家职务中，盖为表面若甚卑近，而实际极为重要之一部分工作。"(中篇《史料之类分整理》章)其符合一。章氏曰:"校书宜广储副本,夫博求诸书,乃得雠正一书,则副本固宜广储以待质也。"(《校雠条理》)本书亦云:"史文之逐渐变讹,乃遵一定之律令,于此须以十分劳苦,发现及整理其原本与抄本间之彼此殊异。凡人若能具有原本已亡失之各种抄本,以视仅有一孤本者,其情形自较便利。"(中篇《原本文字鉴定》)其符合二。章氏曰:"考证之体,一字片言,必标所出。所出之书不一,则标最初者。最初之书既亡,则标所引者。"(《文史通义·说林》)本书亦云:"鉴定之事必须问彼报告之人是否为准确无误,若彼仍系得自他人者,则寻迹追捕,弃此居间人而更转于他人,直至获得彼曾亲创此第一次之纪载者,然后问彼是否曾为精确之观察。"(中篇《精确与忠实之反面鉴定》章)其符合三。章氏曰:"著录之道,系于考证,存其部目,可以旁证远搜。书之易混者,非重复互注之法,无以免后学之牴牾。书之相资者,非重复互注之法,无以究古人之源委,故有裁篇别出之法。"(《校雠通义》)本书亦云:"一切校雠家历史家之对于史料,常需要一种之例证,为一切目录所未能供给之者,例如此一史料之著名与否,及其既经批评注释使用与否是也,是必藉助力于书目总论。此种书目总论,乃系就已刊行之各书籍,由多方面着眼以汇集编纂而成。"(上篇《搜索史料》章)其符合四。

其在纪载之真实,刘氏曰:"汉魏以降,史官取人,有声无实,生则厚诬当时,死则致惑来代。"(《史通·外篇史官建置》)章氏曰:"古今路阻,视听壤隔,而谈者或以前为后,或以有为无,泾渭一乱,莫之能辨。"(《文史通义·采撰》)本书亦云:"凡一著作家之所论述,或非其所自信,盖彼本可作讹言也。凡彼所自信者,亦常非彼所真正遭遇,盖彼本可有时错误也。"(中篇《忠实精确之反面鉴定》章)其符合一。刘氏曰:"敌国相仇,交兵结怨,载诸移檄,则可致诬,列诸缃素,难为妄说。"又曰:"郡国之记,谱牒之书,务欲矜其乡里,夸其世族,读之者安可不练其得失,明其泾渭乎?"(《内篇采撰》)本书亦云:"著作家有时为其自身及其同群之虚荣夸耀所惑而为讹言者。"又云:"彼或对于一社群朋党或一主义学说训条有所同情与不同情,乃至于改变事实。其情形为对于所友好者优厚之,对于所仇视者不优厚之。"(中篇《忠实与精确之反面鉴定》章)其符合二。刘氏曰:"史氏所书以正为主,若喻过其实,辞没其义,繁华而失实,流宕而忘返,不其谬乎?"(《内篇载文》)本书亦云:"著作家欲以文章辞采之美妙,取悦于群众,故彼依据其审美之意念,使之润色增美,而致于改变事实。"(中篇《忠实与精确之反面鉴定》章)其符合三。章氏曰:"齐史之书崔弑,马迁之述汉非,韦昭仗正于吴朝,崔浩犯讳于魏国,或身膏斧钺,或书填坑窖。世事如此,而责史臣申其强项之风,盖亦难矣。"(《文史通义·编次》。编校者按:此段实出《史通·直书》)本书亦云:"著作家欲取悦于群众,或至少亦求群众之不惊怪而开罪,故彼所表出之情感意念,力求与其同群所信奉趋向者相融合调和,以致改变真实。"(中篇《忠实与精确之反面鉴定》章)其符合四。

至若其论历史鹄的,则章氏曰:"文章之道,或以述事,或以明理。事溯已往,理阐方来。"(《内篇原道》)又:"管子曰:疑今者,察之古;不知来者,视之往。"本书亦云:"历史之于吾人,悉列载各种社会,而使吾人了解其风俗习尚之变迁,使吾人狎熟于一切社会形式之变动,而将吾人畏惧变更之传染病疗治全愈。"(本书《结论》)其符合一。其论文章体式,则刘氏曰:"私徇笔端,苟炫文采,嘉辞美句,寄诸简册,岂知史书之大体,载削之指归哉?"(《史通·论赞》)章氏曰:"期明事实,非尚文辞。苟于事实有关,则胥吏文移,亦所采录。苟于事实无关,虽扬、班述作,亦所不取。"(《修志十议》)本书亦云:"历史家对于修饰辞华及过去之金刚石与纸上之笔花,可轻视而不注重。非谓将一切纯洁强固简雅含蓄之文体,亦一并屏除也,史文造作之事,须能善为着笔写出,使凝炼适合,而又决不以珠玉华饰自掩其真。"(下篇《史文造作》章)其符合又一。

难者曰,凡兹所论,诚为符合,然斯既先哲旧言,且为吾所固有,何取迻译外籍,更加复述乎?曰,是盖有说。

刘知幾、章学诚之书,诚哉其条理详备矣!然其与本书相符合而未尽符合也。本书上篇第二章所论历史家辅助科学,与其解识古文鉴别器物之法。中篇第二章所论鉴别同型副本,有二个抄本相同或多数抄本相同者,当如何鉴别是非。又多数抄本彼此传抄者,当如何排列其宗支谱牒,以察其所由转变之迹。第三章所论侦察两种史料同事抄袭之弊。第四章所论整理史料时,所用单页零简之活动纸片法。第五章所论校雠考证家之专业情形。第六章所论古今史料文字因时地而意义变迁之状况。第八章所论考察相符合之史料是否确相符合，与历史中之鬼物妖异问题，及历史学当服从一切自然科学规律之理由。下篇第二章所论社会事实联带之因果。第三章论理想推度之道。是皆刘、章二氏之所未发也，是皆《史通》与《文史通义》、《校雠通义》中之所未及也。

夫方法论为肤浅之物，非学术之本身，曾何足取。吾非盲聋，宁敢厚诬中国史学之无方法。惟以吾国史籍浩瀚，史料芜杂，旧日法术或有未备，新有创作尤贵新资，则撷取远西治史之方以供商兑，或亦今日之亟务。此则译者所由从事之志耳。

译述定名，本非易事。érudition 一字，义若吾国汉学工夫，不外从事一切史籍之搜索、校雠、考证、刊布诸役。英译于此，但用通名曰 scholar，曰 scholarship。名义失之恒常，无以显示斯事专职。译者于法书原名 érudit 一字译作校雠考证家，于 érudition 一字译作校雠考证学。虽命名不根，辞意繁冗，然读者庶以了然斯事所职而弗致误解。（著者瑟诺博司先生，少年曾留学德国，研习史学，故篇中屡举德语名辞，兹译仍其旧焉。）

附篇二章于本书主旨无关，然其论法兰西历史教育情形，并可供国中学校参考。

斯译参酌英法两本，比较为之，或有出入，其有与英译辞语不尽符合者，则法文原本可覆按也。

一九二三年八月，李思纯记于南京东南大学

著者原序

此书命名极为明了。然吾人所企图从事者为何，与所未企图从事者为何，此两方面须与以简短之叙述，盖在此"史学原论"（Introduction aux Études Historiques）之同一命名之下，曾有各种繁殖之书籍，以此名而刊布也。

吾人所欲从事者，非如 W. B. Boyce 氏（英国史家）所为，撮举世界通史之要略，以供初学人及读史人短期休暇之用。

吾人所欲从事者，亦非对于浩瀚之史文，如人所常称为"历史哲学"者之上，加以若干之新条目。思想家之大部，皆以历史家为专业者，故每以历史为其沉思玄想之一理论物，而寻求其中一切"类同条例"与"定律"焉。其中若干人，则拟发现一切"统辖人类发展之定律"，因之而能"跻历史学于实证科学之林"。然此等广博无际之抽象构思，每先天的引起人所必具之怀疑心理，非仅普通民众如此，即知识优良者亦然。Fustel de Coulanges 氏（法国十九世纪史家，一八三〇——一八八九）据彼之最近作传者言，对于此等历史哲学极为严刻。盖彼之对于此等学术方法，其厌恶不喜，正如实证哲学家（Positivists）之对于纯粹形而上学然。凡所谓空泛无际之历史哲学，既未经善于纪述、谨慎不苟、明锐善断之人加以研究审察，则无论其为正确或为错误（无疑必为错误），必皆成为不足取。故读本书者必须审知（或有兴味于此者因而失望），此等理论于本书中实无暇讨论及之也。

吾人意在对于历史知识，考验其状况与方法，说明其性质与界域。对于过去时代，吾人如何而能确认其中若何部分，为有征知之可能者？其中若何部分，为有征知之必要者？何者谓之史料？以历史工作之眼光而处理史料当如何？如何谓之历史事实？如何聚集组合之以为造史之用？无论何人，苟从事历史，即不自觉的致力于历史构造之繁复工作，如鉴定构造、分析综合之类。然初学者决未一思及历史方法（methodology）原则之多数人，在其所从事之工作中，惟使用一种天然任意之方法，普通言之，皆非合理之方法，故不能援用之以得科学式之真实。于是吾人能阐发并以合逻辑之推断，说明此真实合理之方法之原理，当不为无用。此等原理虽于若干主要点上尚未臻完美，然其中若干部分则今已确定矣。

此一卷之《史学原论》，其所企图从事者，非各种确定事实之撮要，亦非对于世界通史之普通观念立一系统，惟对于历史科学之方法作一论文而已。

吾人将于此叙述其理由，吾人何以觉如此之著作为适宜而合理，且说明吾人从事写成此著作时之精神。

（一）研究历史科学方法之书籍，以视彼关于历史哲学之书籍，数量不胜其众多，而同时被人尊视之程度亦不较高。专门研究学者对此皆加以轻视，有一种广被普遍之意见，为彼辈学者所常形诸言辞者，其言曰："汝果欲作一关于讨论文字学之书，最好即以好文字著述此书。人苟有问文字学之定义界说者，吾将应之曰，即吾所作者，是谓文字学。"复次，则征诸 Droysen 氏（德国史家，一八〇八——一八八四）《史学绪论》(*Précis de la Science de l'Histoire*) 之批评，其意亦为普通意见之表示，其言曰："普通言之，此等方法论之研究，一方面为隐晦，一方面为无用。所谓隐晦，盖世固无任何之物，能较此等方法论之对象更为空泛者；所谓无用，盖人皆可将此等历史方法原则一概省略不用，而亦有成为历史家之可能。"凡此种轻视方法论者之所驳辩，随处皆可见其有力。今撮陈之如下：彼谓按诸事实，有若干人，其所研究，显然具有优良之方法，其人亦经人共同认可其足跻于第一等校雠考证学者或第一等历史家之林，但彼并未曾研究所谓历史方法之一切原则；更自反面言之，亦有由逻辑推断以写为历史方法之著述者，其结果彼似亦不能成为高等卓越之校雠考证学者与历史家。实际言之，其中若干固显然可见其才力缺乏或凡庸也。此事本无足怪，试问吾人对于一切纯粹科学若化学、数学之类，常研究之先，是否曾先事研究一切应用于此等科学之方法乎？今赫然震其名曰"历史鉴定法"，然人苟欲习此鉴定方法，其最良之道，即实际从事历史而已。实际从事，即可结吾人以所需所缺。即求之最新著作之历史方法论者，如 J. G. Droysen, 如 E. A. Freeman（英国史家，一八二三——一八九二），如 A. Tardif（英国史家），如 U. Chevalier（法国史家）及其他诸氏，即竭尽勤劳以求之，所得者，除却显豁而普通之一种自明之道外，更无丝毫明了之观念。

  吾人极承认此类思想非完全错误。大多数历史研究与历史著述之方法论，如德国与英国之所谓"史法"（historic），皆浅薄寡味，不值一读，有时且甚可笑。以次言之，在十九世纪以前，曾经 P. C. F. Daunou 氏（法国史家，一七六一——一八四〇）之《历史学讲义》（*Cours d'études Historiques*）第七卷为之详解细释者，彼等所论几于完全为辞藻修饰之法，且其中修饰辞藻之法已属陈旧，而其所剧烈争辩者亦诡异可笑。Daunou 氏之嘲笑彼辈甚至，然彼在其自身所为巨大之著作中，亦不能较其前人所为者能稍胜一筹而更为有用。其在近代，凡从事于此等性质之工作者，不能均免于两危险点，即一方面为隐晦不明，而一方面为习常屡见也。如 J. G. Droysen 氏之《史学绪论》（*Grundriss der Historik*），即沉滞而繁博，且意义含混，为通常想象所不能明。至若 Freeman 氏、Tartif 氏、Chevalier 氏之所以告吾人者，则除简单而昭著之事物外，亦更无余物。其后来之继承者，仍争辩一切永无终局之滑稽问题，如历史为科学乎，抑为艺术乎，历史之义务为何，历史之效用为何之类。其在他一方面，尚有一难于驳诘之真实，盖几于今日一切之专门家及历史家，就其所用方法以观，皆由自为训练而成。其所得者，除却由实际练习而得之方法，及摹仿复习其前代大师之方法外，更无余物。

  然虽有许多关于历史方法原则之著作，可断定平常对彼之不信为非诬枉。又虽有许多专业之历史家，能省略一切历史方法之考虑，而其所收者并非不良之效果。由此吾人遂引申其义，断定一切专门家与历史家（尤对于未来之专门家与历史家而言），均无需熟悉历史工作之方法，则大谬矣。此等方法论之文字，在事实上并非毫无价值，盖彼渐渐可范成一细密观察与确切规律之宝藏,由经验所示知,彼固非仅为一纯然之普通常识也。即假定有若干人,由其天性所赋与,能不习推理而推理甚善,然此特少数例外而已,其大多数如逻辑不明,如使用不合理之方术,如对于历史分析、历史综合之情形缺少考虑等,凡足以减少专门家及历史家工作之价值者,历史方法论固自有其用处也。

语其真际,在一切学问之各支派中,历史学乃为其中之一,必需使研究者对于所使用之方法,能具有明了之概念。其理由盖因天然任意之历史方法,实为不合理之方法,故须以若干之准备工夫,反抗此自然之倾向。且即以合理之方法获得历史知识,而此方法与其他科学所用者亦甚相殊远,故吾人必须明了其不同之点,庶不至误用其他已成立之一切科学方法于历史学之上也。故一切数学家与化学家每较历史家,易于将冠首于其所研究之"引言""绪论",省略不谈。

吾人于此无须坚强主张此等历史方法论之若何有用,盖此时亦无严重之攻击须为辩解也。吾人今仅述对于著成本书之原由:自最近五十年来,多数智慧而诚恳之人,皆致思于历史之科学方法。自然在此等人中,有许多历史专家、大学教授,其地位能力固足较他人为深,知当如何以应青年学子之需要,然而同时其中亦有逻辑学家与小说家。于此,Fustel de Coulanges 氏曾留遗一传说于巴黎大学。吾人每闻人言:"彼勉力企图将方法之定律,凝炼而为极精切合用之范型;在其眼光中,觉更无他物能较教人以如何能得真理之事更为急需也。"在此辈中,有若Renan 氏(法国哲学家、史家,一八二三——一八九二)者,常以在各种普通著作或偶然记述之中,参以自身各别之观察为足;其他若 Fustel de Coulanges 氏,若 Freeman 氏,若 Droysen 氏,若 Laurence 氏(法国史家),若 Stubbs 氏(英国史家),若 De Smedt 氏(法国史家),若 Von Pflugk-Harttung 氏(德国史家),及其余之人,皆不厌烦劳,于特殊论述之中,说明其对于实地材料之所思维处置。至若一切书籍,若"公开教课",若"学院讲演",若"杂志论文"之由各国刊布者,特以法国、德国、英国、美国及意大利为最著,皆涉及方法论之全体或一部之各方面。此等分散零落之观察,散见于各书中,甚或有如已亡失者,将其收集而整理之,决非无用之劳力。但此愉快工作已嫌过迟,盖最近已经人以诚恳辛勤之态度从事成功矣。Greifswald 大学教授 Ernst Bernheim 氏（德国史家），曾将近代一切关于历史方法之著作加以整理，而其劳作所获之果实，则彼能以极便利适当之程序，排比巨量之审虑与曾经选择之参考，其程序之大部分且为彼所自身所发明。其所为《史法论》(*Lehrbuch der Historischen Methode*，一八九四年出版于德国 Leipzig，共八卷）一书，以德国通常历史书籍之形式，凝聚其所讨论之特殊文字。吾人决不愿再为此等性质之工作，盖此事已经前人为之而如此优良矣。然吾人意见，则以为自刊布此等勤劳而优良之伟大丛编以后，惜其尚有若干事物未曾言及。第一，Bernheim 氏所论之大体，皆为吾人所不欲留意之玄理问题；反之，关于原则与实际两方面，有吾人所认为极重要者，彼则略焉不详；第二，其所为《史法论》，谨饬合理，而缺乏心力与创始之才能；第三，其《史法论》非为一般公众而作，故其所写成之文字与其所组成之文体，皆使法兰西之大多数读者不能接近领会。由此可知吾人当自著一书，而不应仅称举 Bernheim 氏之书为已足也。

（二）此《史学原论》一书，非欲求如彼《史法论》一书然，为历史方法之一专论也，此书仅为简举纲领之作而已。吾人于一八九六至一八九七之学年开始，着笔著述，意在使 Sorbonne 大学（即巴黎大学之专名）之新学子，因以获知治历史学之法当如何。

吾人由长久之经验，而知此事之为急需。事实上若辈大部分之投身于历史研究者，本未曾自审其是否适宜于历史工作，亦不知此事之真际性质为如何。通常言之，凡学子之投身于历史学者，其选择之动机，乃为于此等极不重要之性质。某人因在中学校时以历史致胜，某人因被古代许多浪漫式之事物所诱，而注其心力于过去之事，如人之所传述 Augustin Thierry（法国史家，一七九七——一八七三）之决意于历史专业是也。又其他则为一种幻想所蒙，以为历史乃比较易于从事之学。吾人对于此等不合理之志愿者，当与以晓喻证解，确为极重要之事。

吾人既为初学者讲授此《史学原论》一科，继思及此等讲稿，即对于彼初学以外之人亦为有用。校雠考证专家与专门历史家，无疑其决不须有所资于此稿，然若以机械式为实际肄习之人，欲于其个人自身之考虑上觅得一激刺之感动，则此中亦将有若干之获得。至于一般公众，若彼辈当诵读一历史著作时，能因此稿获知历史之如何构成，遂能较于善为判断，岂非吾人更所愿望之事乎？

吾人决非如 Bernheim 氏然，专为彼一切现在与未来之专业研究人而著述，吾人盖兼为一般公众之有兴味于历史学者而著述也。故吾人处此不获已之情形下，当尽其可能使成为简短明了，而不甚专门之工作。但凡事物之简短明了者，常觉其肤浅浮薄，吾人前曾言之，一方面为习常屡见，一方面为晦暗不明，吾人实对于此两大缺点，不得已蹙额以任择其一。吾人承认此种困难，然吾人不敢以此为不能逾越之困难，而吾人所勉力企图者，则尽其可能，以最明白之文字，言吾人所欲言者而已。

本书前半部，为 Langlois 君所写成；其后半部，为 Seignobos 君所写成。但此二合作人，则常彼此互相辅助、互相商榷及互相校勘。①

一千八百九十七年八月，巴黎

---

① 此书由 Langlois 氏著成上篇全篇、中篇至第六章、附篇二,及此序文；由 Seignobos 氏著成中篇之末下篇全篇，及附篇一；至于中篇第一章，下篇第五章及结论，则由共同著成。

上篇 初基知识

第一章 搜索史料

　　历史由史料构成,史料乃往时人类思想与行为所留遗之陈迹。在此等人类思想与行为之中,所留遗可见之陈迹实至微少,且此等陈迹极易遇意外而磨灭。凡一切思想行为,有未尝留遗直接或间接之陈迹,或其陈迹之可见者皆已亡失,则历史中亦无从记载,正如未尝有兹事之存在者然。以缺乏史料之故,人类社会过去无量时期之历史,每成为不可知晓,盖以彼毫无史料之供给故。无史料斯无历史矣。

　　欲适当的判断一史料确为事实之遗迹,必须为无数之谨慎留意,其事将于此后说明之。最明了者,对于一切史料施以鉴定证验及解释之先,唯一之问题,即了解其有无及若干,且得自何处是也。若吾于历史某点有加以解释之念,首先所宜知者,即所欲解释之某一事或数事所必需之史料,若果存在,当于何处觅获之。搜索及采择史料,在逻辑上为历史家技能之第一及主要部分。其在德国,锡以简短之名称,曰Heuristik(史料搜讨之义)。此等史料搜讨之重要,是否尚有待证? 当然应之曰否。盖此理甚明,若人轻忽漏略,于投身历史著作之先,未能将其四周之一切例证报告,悉撷取而明了之,将使其校雠考证及造史之工作发生危险(最好时亦非细故)。虽以精确方法从事于史料之校雠考证,结果将全无价值。特以作者于某种史料偶未寓目,致无从据以疏解修补及订正其引用之例证耳。以近代之校雠考证家及历史家,其地位能力所以较优于前世纪之校雠考证家及历史家者,盖此之较彼更能例证充足而有方法耳。虽 Wagner 有诗句云:"欲于故物征史迹,嗟哉其事乃至难。"然今之视昔,实较易也。

今试说明史料之搜获,何以若是劳苦,且一世纪来虽已大有进步,尚不得谓为容易。且此主要工作,将如何以进步不断而最后益趋于简单乎?

（一）最初之人,欲探史料之源,试创为史,则有极困难之情形。凡在一切证据未灭亡时,而欲征求有关近世之事,则必用咨访故旧之方法。自远古以迄今日,若 Thucydide 氏（希腊史家,纪元前四六〇至三九五）与 Froissart 氏（法国编年史家,一三三八——四〇四）皆用此类之法。直迄太平洋加利福尼州（California）之 H. H. Bancroft 氏（美国史家,一八一〇——八九一）,其采访史料尚多由生存者之口述而得。彼固毫不惜力,发动其搜弋故乘之大车,以采集一切之口述。然关于古代事实,任何人不能目睹,且口谈之遗迹亦不能保留,则将如何？此则更无其他方法,除却对于一切种类之史料,凡有关于人类所曾占据之远古者,悉搜集聚合之,而文字尤为其中之主要者。但图书馆既稀,书库藏家多秘密,而史料亦多散失,故此事甚难。当一八六〇年顷,加利福尼州之 Bancroft 氏,大似在吾侪所居世界一部中之古昔搜访家。彼固富饶,搜括亦尽。无论何种史料之出售者,或印刷本,或手写本,无论如何价值,皆收集之。更商于私家或公共会社之书库购藏者,或邀其允许,以工资雇抄胥为手录副本。此事既毕,更藏其所搜集者于为此事而设之一伟大建筑中,分类集列,依据原理,无不得当。但此等美国式之迅速方法,仅借财富之力达于成功。异时异地,固未可同有此等施设。无论何处,不幸尚未尝具此便利之状况以从事于是役。

在文艺复兴时代,一切上古史与中世纪史之史料,皆散失于无数私家图书馆与无数搜藏典籍之书库中,几于全不可见。无须论其尚经盗卖散失,纵使存在,已可怀疑。欲于实地材料方面,求得一切有用史料之目录以疏解一问题已不可能（例如古代著述中一切尚保存的手迹本之目录）。若既具有此等目录,除却旅行与耗财及无穷无际之商榷交涉而外,欲据以考虑史料亦为不可能。由此吾人易于先事见及者：（一）史料搜集之事,具有不可超越之困难。最古之校雠考证家与历史家,其所据以从事者,非全部之史料,亦非最优良之史料,乃仅其手所攫得之史料。故其所为例证报告，大率恶劣不良。彼辈著述之能有所利于吾人者，乃以其示吾人以关于今日已亡失之史料；（二）最古之校雠考证家与历史家，能相对的有优良之例证报告，皆以若辈因业务关系，能接近史料藏储最富饶之书库，如图书馆家、典籍收藏家、宗教家及官吏之类，凡一切之倭德尔（Order 部落之意）及组织，皆有重要书库及图书馆故也。

自搜藏之家兴，或挟资财以从事，或则操可惊讶之术如盗窃之类以从事，由于颇着眼于科学式之研究故，而构成搜集原本史料与抄本史料之储藏库。自十五世纪以来，欧洲此等收藏家，其数极夥，而与美国 Bancroft 氏显然相异。盖事实上凡加利福尼州之所搜集者，仅为有关于一特殊事件之史料（即太平洋郡国方志），其志愿即在使其所搜集者臻于完备。至若大多数之欧洲搜藏家，皆获得各种之断篇零简，且其各部分即联合成一完体，亦于当时存在之无量史料中若不关紧要。普通论之，彼辈所为非意在以所收藏供一般公众之接近，如 Peiresc 氏、Gaigniéres 氏、Clairambault 氏、Colbert 氏及其他诸氏，将因流通而有散失之危险之一切史料，加以收藏闭置。彼辈亦乐于稍示自由，公开以示友朋。但搜藏家及其继承者之性癖，每多变化，常甚异特。彼辈宁愿纳之于私家收藏之中，较之完全暴露于意外危险之地，而使专门科学工作者绝对不能接近，自较为优。但欲使史料搜讨之事较为便易，其第一条件乃一切史料收藏皆须公开于众。

至精美之私家史料搜藏，在欧洲文艺复兴时，自然属于帝王所有。私家收藏，于创始人之死后，每易散失，而皇家之收藏则能为不绝的生长。实则彼常取他人之散失，增自己之富有。例如"法兰西手迹本储藏室"，由帝王创成而公开于众。自十八世纪之末，即将前两世纪中玩赏家及校雠考证学者私人著述，悉为精美之收集。其他国家亦复如是。盖于公开（或半公开）之广厦中将巨额史料集中收藏，乃自然进化之一良美结果。

关于史料搜索，其改善材料藏储之状况，尤为顺利而有效者，则为革命之暴力。如一七八九年之法国革命与其他国家之类同举动，皆欲利归国有故，凭借强力，将多数私家收藏之书库，如皇家图书室博物院、寺院教会与收藏会社之图书室博物院，一律没收充公。其在吾法兰西，则一七九〇年之宪法会议，将史料书库中之异品悉归国家所有。此皆零星散见，为彼校雠考证学者所妒不能得而讶其奇秘者。此项富饶之藏储，自来即分藏于四个国立机关中。就最近所观察，此同一之现象于德意志、西班牙、意大利诸国中亦然，而其所成较逊。

革命时代之收没充公，正如古代之郡邑收集，能使史料蒙重大之损害。盖收藏家常有野蛮之习，苟有机会，即不惜充实其收藏以片段残品与稀有之碎物，因而毁残碑碣，破碎手迹本，截割纪录而为残缺之享有。其中巨魁，在革命前所行为，直类"摧毁文物主义"（vandalism，古代破坏罗马文物者之称）。革命时之收没移运，自然复生可痛之结果。其残毁之因，或由人之忽略不注意，或由人之具有乐于残毁之天性。更不幸者，其时颇有人具谬妄之见，以为当以他种方法，使史料除莠存良，故其所保存者，仅彼以为有趣味或有益之史料而遗弃其他之一切。此等除莠存良之工作，其命意甚善，但以托之非人，遂使古代纪录成为不可恢复之残毁。至今乃须佣多数工人，费无限之时间、忍耐力及审虑，重组织其割裂之秘笈，更整理其零篇独简，凡彼辈具热忱而欠审虑之经理人，恣情任意，分割离立之史料，皆为之整理完好。吾人须知无论何处由于革命前搜集与革命时行动所残毁者，以较彼偶然失慎或时间之自然结果而残毁者，盖尚为不甚剧烈也。然纵经十次之残毁，虽无术以甚减轻其损失，仍可赖唯一之二种良法，以大加补偿：（一）于颇宏巨之若干书库中，将史料之散佚不完及类于亡失者，自千百殊异之地方区域，悉搜而集中之；（二）于此等失慎及摧残之大毁坏后，凡有藏储古代史料之书库，悉公开之，且加以检藏整理流通，视为社会所有之产业。

古代史料，自原理言之，皆已聚集而保存于今日之公共建筑中，若所谓藏书楼、图书馆、博物院者。但按之实际，一切史料并非悉存于此。虽每年全世界中常有无穷之获得，若所谓购买或赠与者，入于藏书楼、图书馆及博物院中，为时已久。然仍有私家收藏，或储藏之商人，与一切外间流通之史料，惟此乃例外情形，偶然遗漏忽略，固不能破毁此定制也。一切古代史料，自微迄巨，或迟或速，皆奔赴而止宿于国家组织之中，此种机关常启户以待收纳，有入而无出也。

自原则上论之，史料书库（藏书楼、图书馆、博物院）固不当过多，吾人前曾论及。其在今日，已较百年前为少。盖史料集中之有利于研究者，其理甚明。然集中之事尚有可推进之余地否？地方分藏之史料，已分之至无可分否？此皆可供研究之疑问。然史料集中之一问题，自重印复制之术既臻完备后，已不如前之迫切严重。且今多数书库皆许其藏书远借外处，故分而不便之弊大概已除。现今之人不须耗资，即于其所居城市之图书馆中，而能查考史料之属于圣彼得堡（Saint-Petersburg）、伯鲁色耳（Bruxelles）及佛罗仑司（Florence）者。吾人今所见，仅巴黎国家藏书楼（Archives National de Paris）、伦敦不列颠博物院（British Museum at London）及 Méjanes d'Aix-en-Provence 图书馆，其定章绝对禁止与外间交通，此外则甚为稀见。

　　（二）大部之史料，既保存于公共建筑之中（藏书楼、图书馆、博物院），若一切史料书库之藏储既确定，而又有规画完整之良好目录，则史料搜讨之事将益便利。若此目录能具列细目，或总纲部首（字母编列制或部类编列制等），亦既造成，则吾人就一切目录与书末索引之中，而将完全之搜集品加以征引商榷，乃可能之事。但史料搜讨之役，迄今犹甚烦难，盖此等状况尚属遥远，不幸殊未能充足实现。

　　第一即因史料书库（藏书楼、图书馆、博物院）之所储容者，多未就各部以为目录，故人不能知其中所储获者为何。书库之具有完美目录者甚稀，多数有名组织中所保存之搜集品，仅其中一部分既编目录，余则尚待经营。其次则目录亦有歧异。其古旧者，不能与当时分类收藏之史料相适合。人若不能核对一致，则等于无用。其新者亦不能矫革朽腐之旧制，或过琐细，或过概括，若干为印刷本，又若干则为手迹本，或为卷帙，或为零页，偶有一二慎密妥协者，而大多数则皆草率不完，而又苟供暂时之用。今将印刷之目录别论，则在此等混合淆乱之巨额文字中，尚须以完全之肄习工夫，辨别其孰可征信而孰不可征信。换言之，欲其略有可用，非经此番工夫不可也。最后则问何处所存在之目录，足供吾人以征引商榷。多数之宏大图书馆，仅据有不完全之搜集品，无论何处，皆未能为吾人普通之指导。

　　此事之深可慨叹，不待言矣。盖史料之闭藏于书库秘室中者，皆未经编目。若研究人无暇时自为检查,则此等书库实如未设,吾侪既言无史料则无历史,然史料书库若无完善之目录,则实际上除却由机会获得外,欲确知史料之存在,亦不可能也。吾人以为历史学之进步,实有赖于史料总目录之进步。此等目录在今日犹为片段而不完整。此意见颇多同调,如 Bernard de Montfaucon 氏(法国学者,一六五五——一七四一)其所为 *Bibliotheca Bibliothecarum Manuscriptarum Nova* 者,一图书馆目录摘要也,自谓"其为一生中最有用而富兴味之工作"。又一八四八年 E. Renan 氏有云:"当今之时,无工作能较将各图书馆之手迹本详审编目更为切要。此事固卑微,然校雠考证家之探讨,皆为此事所阻而致于不完美。"又 P. Meyer 氏(法国中世纪学家,一八四〇——一九一七)亦云:"若 Delisle 君(巴黎国立图书馆管理人)之前任,能具有与彼相同之热忱敏腕,赖其审虑而将此富源加以编目,则吾人关于古代文学,将有较优良之书矣。"

此状况之原因及其确切之结果,乃自有校雠考证学家以来之所同慨,其改革亦甚迟缓。此下将以少许文字说明之。

E. Renan 有云:"吾敢断言,若教育部总长以数十万佛郎拨用于此事(为编目预备),较之以四分之三之数用于史料文章之学,尤为善用。"无论在法国或外国,教育总长之信此说为确实,且颇有决心欲勉力于此者,实甚稀少。不特此也,欲获得必需之良善目录,若云仅牺牲资财即足,亦非确论。凡整理史料之优良方法,仅于最近时代方确定,欲得学识充足之工作人(今日其困难已不巨),其在工作人较今日为稀之时代,实非易事。物质上之障碍,若缺财缺人等,既如此矣。此外尚有一原因,亦未常无所影响。盖其时管理史库书目之职员,未能如今人之热忱,以精确方法编制目录,而整理其狎习之收集品。盖编制目录(如今时所使用之既精确而同时复概括简要之程式),乃甚苦之事。其毫无娱乐,正如其毫无报酬。颇有若干职员,因职务关系,生活于史料之中,终日为安排措置之役,其位置较之一般公众检阅收藏典籍而不借目录之助者尤胜,且于此事有所发明。其为自身而准备工作,较之为他人而准备工作者为多。试就其自身之探讨情形而论,则劳劳自扰于编目,不免为次等重要之事。其在吾侪今日,孰为对此等巨额史料从事于发现刊布评释诸役之人乎？此皆史料书库之员司耳。因此情形而使史料总目录之进步甚迟滞，盖凡人能省略编目之事而不为者，则其职司之事，恰有编目之义务也无疑。

缺乏良善目录之结果，深可注意。其一方面，吾人不能决其已获得一切传达报告之史源。彼保藏于书库秘室而无目录，谁能知之。其他方面，为获得充分之传达报告之故，则必需将由史料搜讨所得现存文字之一切例证，遍加考识，且须用极多之时间为初步搜索。按之事实，凡人因供作史而准备采集史料，则入手之事，即讨论一切目录提要与书末索引也。未熟练之初学生手，从事于此重要工作，恒迟缓而困难。其技艺极微而勉力极巨，使有经验之作者视之，各随其性而加以嘲笑或怜悯。彼辈视一切生手之踌躇苦恼，且耗用多时，迂曲迷路于目录问题，其搜讨时或忽略其有价值者，而考究其毫无所用者，因之颇以为笑乐。然返躬自思，亦曾经此类似之经验矣。彼辈视此时间与劳力之耗费，亦甚悔惜，以为此殆不可避免。然耗费如此巨大，顾无若何良策。思此等烦重工役，岂竟无法足以减轻之者。不特此也，由现在之物质状况而言，是否由搜讨之人富有经验，而一切搜讨遂不甚困难乎？颇有校雠考证学家与历史家，其平生心力尽费于材料搜索上。其中某种之历史著作，以关于中世纪史及近世史为主者（上古史之史料，数量本少而研究甚多，其编目亦较他者为优），不仅纯然须使用目录，亦非全出于提要索引所贡献，盖尚当投身于浩瀚无穷之收藏典籍中，或则编目而不良，或则全未编目者，而将所收罗之全量，亲身为直接之检阅也，从经验上之证明，凡此等极长久之搜讨，于一切运智构思正当工作之先，所当广考博涉者，实足虚耗精力防碍有才能之人，使不能举历史工作。实际上人有二途，须择其一，或即用此不甚完备之史料供给而加以工作，或则投身于广博无限之搜索中，常徒劳无功，且其结果亦不能值其所耗之时间。今有用其一生岁月之大部分，以翻检不具提要索引之一切目录，或将无目录而杂乱无章之一切零星篇简，一一披阅，凡此皆不能有所收获。为获得一切例证报告之故（积极者或消极者），苟能一切收藏典籍皆具有目录，而一切目录皆具有提要索引，则其收获之情形必便易而迅速。现代关于辅助史料搜讨之材料不完备，实足使有能力之学者，知此事之重要有益，而又权衡于用力与酬报之间，为之减退其勇气。

如在公共书库中搜讨史料，需加以必要之勤劳，为其事之性质宜尔，则吾人亦可听天安命，世决无人因证明收效不多之故，而自悔其于古物学之探讨上浪费时力者，然近代史料搜讨之工具不完备，实毫不必要。盖前数世纪以来所存在之物，目前已颇有改善，决无人敢持任何坚实主张，谓此事终无一日能臻于至善也。吾人既述其原因及结果，将更略述其补救之方术。

吾人目前所见史料搜讨之工具，乃继续由二事而完成。其一，乃由每一年中，一切藏书楼、图书馆、博物院中之目录渐增其数，由此中之职司员役，就其所司而审酌编定；其二，则一切有力之学会团体，为欲撷取同属一种类或同系一事实之史料故，而雇用专家对于各书库中之史料，遍搜而互探之，且加以编目。例如波兰德教派（Bollandist）之会社，由其教士等之力，于各种殊异之图书馆中，将关于 Hagiographie（《旧约》中无先知预言及律法之一部分）之史料，编成一普通之总目录。又如维也纳皇家学院（Academie Imperial de Vienna）曾将关于基督教神父文学（patristic literature）之一切碑碣纪念物，编成一目录。又日耳曼史迹会（Monumenta Germaniæ Historica）久已多时从事于同一性质事物之广大搜讨，遍探全欧洲之一切图书馆、博物院，而使《拉丁铭刻汇编》（*Corpus Inscriptionum Latinarum*）之编定成为可能也。此外许多政府亦着手遣派经理编目之人于外国，以考察彼所有益有用之一切史料。如英国、瑞士、美国及荷兰、比利时低原（pays-Bas），皆以确定经费，遣入向全欧巨大书库中，将其史料之关系于英国、美国、瑞士及荷兰、比利时之历史者，悉加以编目及抄录。此等有益之劳力，其于今日能如此迅速之完备，乃由其采用灵敏有效之方术，且由于能以资财奖励一切措理得宜而有成效之人。即如《法兰西公共图书馆收藏手迹本总目》于一八八五年肇始，此精良之总目，至一八九七年已达五十卷之多，不久将告完成。又如《拉丁铭刻汇编》，其编成尚不及五十年。如波兰德教派与维也纳皇家学院所为，其所获亦颇有佳果。盖此等关于史学研究必需之工具，吾人敢决其可设奖金给助，使其阻滞较少较短。今则编制此项工具所使用之方术已确定，熟练之人亦易于雇集。此等人役，显然为藏书楼管理人及专业图书馆之员司所组成，但有自由之工作人，彼能决意执此编制目录及提要索引之业者，亦可参预。此项工作人之众多，将非吾人初料所及。编目本非易事，所需者，为忍耐力，为深切之注意，为繁变之肄习。然人之于此注其心力，乃因此工作能使其立刻确定完成，且显然有用之故。此等关于史学进步之工作，浩瀚纷繁，含藏至多，投身以编制此等目录索引之人，自成为一类。彼辈专注于其自身之艺能，由实际肄习之所得，遂能成为极品之精巧熟练焉。

在并世诸国中，显然承认其已能将编造一切史料目录之事，严重推行，既尚有待，吾人可试论及一节省劳力之法。凡一切校雠考证学家与历史家，尤甚者一切初学之人，必须知其可据为用之一切搜讨工具之状况，且于随时所得之进步常为提示。吾人曩者常倚经验与临时机会，为此等知识之来源。然经验之知识，除吾人所述耗费甚多外，亦殊不能为完美之知识。因之近人颇经营编制一种"目录之目录"，将一切现存在之史料目录，悉数收罗，而编为一种精确有统系之表册。凡一切书目之编制经营，其用途能如此作之大者固甚稀少也。

惟校雠考证学家与历史家，其对于史料，每需一种例证，为一切目录所未能供给之者，例如彼欲知如此之一史料，已为人知与否，或既经批评注释使用与否是也。此种例证，彼仅能于已往校雠考证家与历史家之著作中寻得之。为求认识此等著作之故，必借助力于所谓"书目总论"（Bibliographie）。此各种书目总论，乃系就已刊行之各书籍，由各方面着眼，以汇集编纂而成。在一切史料搜讨之工具中，此等属于史文之书目总论，正如属于原本史料之要目总录然，皆为必需工具。

一切目录（所谓目录总纲及书目总论者），既以其合宜编制之表册，辅以适当之例言，赖此供给，将使一切学子能节省时间而免谬误。此事吾人可合法称之曰"目录之科学"或"书目提要"。德国教授 E. Bernheim 氏曾为最初从事之短著（其书名曰《史法论》*Lehrbuch der historischen methode*），吾侪又更扩充之（著者 Langlois 氏曾著《史籍总论》*Manuel de Bibliographie historique*）。此项著述之扩充发达，实在一八九六年四月，此时既已增加之必要，且无须谈及其校订修改。盖关于历史学书籍之一切材料器具，日新月异，实具可惊之速度。凡一书系史籍目录，而供校雠考证家与历史家之用者，以通例言，当其初告完成之明日，已为不适时宜之老妇矣。

（三）目录提要之知识极有用，而史料之初期搜索极劳苦，其事本非同等。凡历史中某部分已久经耕耘者，皆成熟而顺利，其一切有关之史料，皆既经叙出聚集而整理分类。在此等状况中，历史家固可于私室中伏案工作而竟全身。又地方历史之搜讨，仅限于一地方，其重要之专篇，仅取材于少数史料。其所取材料，亦属于同一之典籍收藏中，故不需于任何他方面以事探讨。自反面言之，每有一种平凡之著述，如一史文之循例刊行本，其古代抄本并非稀少，徒以散处全欧若干图书馆中，故必需探询商兑及无穷之旅行。例如中世纪下半期史及近世史，其大多数史料尚未刊行，或刊行而不良。按之原则，今日吾人苟欲于中世纪史及近世史中草一新篇，必需长期涉猎原本史料之巨大书库，且致力于一切目录。

凡人对于其工作之事件，皆须行之以极端审慎而不当仅以纯粹之机会为决定。在史料搜讨工具之现况中，颇有若干问题，其治之也，除却用极巨代价耗其生命智虑而无所利益外，更无他术。此等问题并非必较其他者为有趣味，将来必有一日（或即明日），由搜索工具之改善，而使其成为较易于整理者。凡学子对于一切历史问题，当视其史料目录与书目总论之存在与否，而明白审慎以事选择。其所当择者，或倾向于私室中伏案之简易工作，或倾向于一切搜索书库之劳役，或由于有利用特殊之典籍收藏之便易。Renan 氏于一八八九年在巴黎大学之学术讨论大会中，曾发问曰："人于州郡小邑中以事工作，是否可能。"彼复自为一优良之答案曰："至少此等科学工作之半部，可于私室伏案为之。例如比较文字学，仅须以若干佛郎之费，订购三四种专门出版物，则既已据有一切之工具矣。又如研究哲学通论，其事亦同，若干之专门研究，皆可以私人独力，于私室中闭门经营。是皆然矣，然其间固有稀有者及专门者，其搜讨须借助力于极充足有力之工具。"历史工作之半部，今日颇可以有限之资料于私室中为之，然此仅半部而已，其他半部为求得适当供用之例证，必需借助于一切史料与书目。此等史料书目，惟巨大之研究中心地有之，故必需继续当往此等巨大研究中心地点也。约言之，其在历史学，正如其在舆地学然，此大地中之某部分，吾人所具有之出版物，既极完备适当而可整理探索，遂使吾侪能于拥炉便坐时，随意搜讨而无所困难。若有未经稽考之地，或稽考不良之地，则一至微之专篇，亦将耗费至多之时间与精力。凡选择一事以为研究，而对于此研究所需之初基资料，未曾实地求索其性质与范围，如彼悠悠者所为，是乃危险之道，世固不乏其例。有若干之人，投身于此等资料之研究，耗多年之勤奋，使其能投身于他种性质之工作，其成绩或较优也。此等危险，对于勤奋而热忱之初学生手，尤为可畏。为预防此等危险计，则考验史料搜讨之现在概况，与历史典籍之实际知识，乃确为重要而当举陈之事。

第二章　辅助之科学

前章所讲述，凡初步之搜索事业，吾人既拟定其为之有法而告成功。人于此获得关于一事之有用史料，虽非全部，然既有其大部分，乃悉聚集之。因而有二事当问者，其一，或此史料，既早经鉴定；其二，或尚在粗胚之状况中。此盖为"书目总论"之搜讨工夫所当决认之点，而为探讨中先于逻辑工作中之一部也。在第一场合中（史料既经一度之经营），必须于其程度效验上，证实此鉴定之事，既已为之而准确与否；在第二场合中（材料尚在粗胚之状况中），则必须自身从事于鉴定工作。于此二场合中，实际之积极知识为初基的，而又为辅助的，诚如德国所谓 Vor-und Hulfskenntnisse（初基及附加之知识），其为必要必需正不减于精确推度之习惯。盖人于鉴定工作之进程中，每能以推度不良而陷于错误，或则纯然以昧惑不晓而致误也。校雠考证家与历史家，与他种专门职务亦正相似，若于某事毫无专门知识之观念，而欲恃自然之倾向，或纯粹方法，以从事考验实乃不可能之事。然则校雠考证家与历史家之专门学识，将由何者而构成之乎？别以虽非切当而较通用之名辞言之，则当问曰：与目录知识并重，或次于目录知识，而为历史的"辅助科学"者，究何物乎？

Daunou 氏于所著《历史学讲义》（*Cours d'études historiques*）中，曾设与此同性质之一问题曰："何种学问，为彼预拟作史之人所必需从事？何种知识，必须获得而使彼创始著作之人有成功之希望？"前于彼者，若 Mably 氏，于其《历史研究》（*Traité des l'étude de l'histoire*）中，亦论之曰："彼欲为历史家者，当有必不可缺之初基学识。"然 Mably 与 Daunou 二氏之观念，若上所举陈者，自今日视之，殊觉特异。彼之意见与吾侪之意见之间，实有一明划之距离。Mably 氏之言曰："为首当研究自然法律、公共法律与社会科学及政治科学。"Daunou 氏固哲人，其人为文学学院（Académie des Inscriptions et Belles-Lettres）之永久书记。彼于一八二十年，著书区分所认识之历史家初基学识为三种：曰文学的，曰哲学的，曰历史的。关于文学知识，彼包含范围极广。最初"当注意读一切伟大之范本"，伟大之范本为何？Daunou 氏于此无所犹豫，于始段即解说之曰："一切史诗中之主要作品，盖此皆诗人所创造之叙述的艺术，且无论何人，苟不曾于此加以肄习，则其知识仍为不完备者。"又须读稗史小说，尤须读近代小说。盖"彼诏示吾人以事实及人物之艺术的配置，细目琐节之分配，以巧熟之手段，铺陈故事，断续得宜，并以奇诡之致，引起读者之注意与惊异"。最后乃读历史中之佳作，"若希腊史家之 Hérodotus、Thucydide、Xénophon、Polybius、Plutarch 等，若拉丁史家之 Cæsar、Salluste、Livy、Tacitus 等，其在近代，则 Machiavelli、Guicciardini、Giannone、Hume、Robertson、Gibbon、Cardinal de Retz、Vertot、Voltaire、Raynal、Rulhière 皆是。余非屏绝其他史家，然上之诸家已足备历史之性质派别。盖在彼等著作之中，各具极相殊别之方式也。"其次之一事，为哲学的知识，当深造于"意象学（ideologie）及道德学与政治学。凡著述中之能进益此项知识者，Daguesseau 氏既告吾侪以 Aristotle、Cicero、Grotius 矣。吾更列引古代及近代最高之道德家及政治经济学之研究，为前世纪中叶之所出版者，与一切政治科学之著述，能具备通论细目及应用者，若 Machiavelli、Bodin、Locke、Montesquieu、Rousseau、及 Mably 诸氏，与其较彰著之弟子及注释家皆是也"。其三之事，为作史之先，"必须知历史为物，凡人若未能对于其所治者全已通晓，则不宜妄创新史。"将欲作历史家，必须读一切良美之史书，且于此刻意研究，视为文体之范型。"若能读之至二次，其效尤宏。且特意探讨其中所含之事实，能留深入印象，则可保不灭之记忆焉"。

此皆八十年来人所思考，以为普通历史家所必需要之积极意见也。人每于此尚有混淆泛滥之意见，以为欲于专门事物上获得深奥之知识，则尚有其他学识，亦为必需而有用。Daunou 氏有云："历史家所诠解之事物,若遇其细目琐节时,实需要极广泛与最殊异之知识。"其所谓广泛殊异者为何？请视彼之如何持论。其言曰："常须通习无数之语言文字,有时亦须具物理与数学之知识。"彼更补充之曰："此种事物上所谓普通知识,为一切文学家所必具者,斯足以供给历史家之应用而有余。"一切著作家,皆如 Daunou 氏然,皆曾尝试计算一切初基知识,与道德的方面与知识的方面之倾向,为历史工作所需者,非失之于太寻常,即成为滑稽之过高。自 E. A. Freeman 氏而后,历史家已成为无所不知,若哲学、法律学、财政学、人种学、舆地学、人类学及一切自然科学等皆是。一历史家在研究中,能不遇及往时之哲学、法律、财政等问题乎？举例言之,若财政学于讲解现代财政实为必需,则于往时财政问题欲批评解释而发抒一意见,又岂减其重要？E. A. Freeman 氏曾宣言曰："历史家常须从事于任何事物之叙述,故彼所通晓者愈多,则彼工作之预备亦愈优胜。"但按之实际,人类知识中之一切,并非同有效用,其中一二为用甚少,即有用亦仅属偶然,故云："余于历史家欲兼精化学以备其研究上万一之用,甚为怀疑。"然其他专门知识,则关系于历史,甚为切要,"例如地质学及其他自然科学之与地质学相接近连属者是也。盖历史家若晓地质学,则其工作必较佳,其事甚明。"更有问者,历史学者为古人所称为阴郁的研究之一,则所需者仅有沉静之心思与劳勤之习惯即可乎？抑或历史家应投身于纷扰之活动中,先参与造成眼前历史,然后执笔以描写过去之历史乎？疑问之来不可数记,浪费楮墨于凌乱无趣味之问题,争执多时,终无结果,此所以使人怀疑于方法之论也。吾人之意,则以为舍翘示常人所漠视之历史方法,为历史学者所必须之训练外,于常识所开示之作史术训练,实无可为适当之增补也。

于此所举陈,非谓文学家之历史家,道德伦理之历史家,与纵笔驰书之历史家,若 Daunou 氏与其并时俦辈所设想者也。此盖仅关于彼辈历史家与校雠考征家之欲诠释一史料,以预备或实现其科学式之历史著述者。若彼辈者,实需要专门之本领。然则所谓专门本领者果何意乎？

今有一文字之史料于此,若不能读之,将有何用。埃及史料迄于 François Champollion 时代,皆以楔形文（hiéroglyphes）书写,人所称为死文学者也。人以为若治亚西黎(Assyrie)之上古史而无困阻，必当学习解识 cunéiformes(波斯及亚西黎之一种楔形文字)之文字。同例，若人欲于或种史源之下，为创始之工作，则在上古史与中古史之广漠田野中，必当善为肄习，以解识铭刻与手迹本。言希腊与拉丁者，必于金石铭刻学(Épigraphie)，言中世纪者，必于古体文字学(Paléographie)。盖凡求解识上古与中世纪之铭刻手迹本者，必先集合其必需之知识，此即历史学之"辅助科学"。更确切言之，则当曰"上古及中世纪历史学之辅助科学"。中世纪之拉丁古体文字学，成为中世纪学家勉强担负之囊橐，正如楔形文古体文字学之于埃及学家然，其例甚明。然吾侪于此，尚须注意一殊异之点，今世决无一人未曾具有初基之古文知识，而冒昧从事于评释埃及学。然反观之，则其例不鲜。如人之经营中世纪地方史料之学者，每对于由形式上定其近似时代之事，及正确解识其省笔略字之事，皆毫未学习。此盖因中世纪文字与近代文字，其大部分相近似者颇多，人每于此采经验之方法，从习见上与惯觉上撷取之，遂滋误惑。此误惑甚危险，校雠考证学家之未尝从事于初步之古文知识者，每常觉察其时时陷于最大之解释谬误。其谬误有时尽足将其所为鉴定解释之工作完全动摇，故自修学者(antodidactes)苟不限于实用所得，而更了解于古文字学之初步知识者，则至少亦能减省其自为摸索之苦，与耗费长久之时日及失望也。

　　今有可读识之史料于此，若不能了解，则有何用。如 Etrusque(远古意大利地之一种文字)之铭刻及 Cambodia(越南古文字)雕刻之残文古字，今皆可读，但谁能解之。人不能解，则亦归于无用耳。凡治希腊史者，必须本于希腊文字所诠释之意义，而审议史料，其事甚明。质言之，其结果乃识希腊文也。此理至明，为读者所认。但仍有若干之人，似仍不以此事置诸怀抱。故少年之肄习上古史者，其于希腊文与拉丁文，不过浅尝而止。人之未常研习中世纪之拉丁文与法文者，每自拟为已通晓。彼盖曾习知古典拉丁与近世法文，遂用以从事于解释史文。真确之义既失，或虽甚明了者，于彼亦似黑暗，若此者盖若干人。历史中之无数谬误，其原因每以质直之文字，为舛谬或不确之解释，而陷于此误，皆由彼研究者于古文之文法辞类，及其巧妙结构，不能加以通晓也。凡可供著述之史料，非由近世文字诠解，且非可随意领会而无所困难者，则文字学之坚实知识，其于历史搜索之事，按之逻辑，应为先务也。设想有明白可识史料于此，若其一切例证，尚未曾确定无疑，则在未能证明其确实之先，遂与承认，亦为不合法。为证知史料之真实与其来源，所需者二事，推理与知识是也。换言之，欲用推理必根据于代表初基搜讨之结晶之事实。此等事实，不能临时结构，必有待于学习。若古代官书公牍之真伪，即学养有素论理有法之学者。设非熟悉于何等朝廷僚司及时代之习惯与一切官书公牍之属于特定种类，而含有一切可信之共通品质者，亦未易辨别。于此当如初步校雠考证家之所为，以多数史料文牍之类似者相比较，于宣示判断之先，必自了解此真实文牍所异于他者，为如何如何之点。若既具有多数之原则，与累积观察后之经验，及由工作结果所得之规范程式，为彼工作人所反复研究，与详细比较而获得者，以为参考，则彼之业务，能不因此而日致于简单便易乎？此种原则观察及结果，使公文与官牍之鉴定愈趋便易者，是名曰古文牍审验学（Diplomatique）。此古文牍审验学，与金石铭刻学、古体文字学及文字学同为历史搜讨上之一辅助科目也。

金石铭刻学、古体文字学、普通文字学与古文牍审验学，及其他附属科目（专门之年代学 Chronologie 与符玺印刻学 Sphragistique），非仅此即足备历史搜讨之辅助科目也。关于文字之史料，若于同样材料所得之结果未尝学问，而遽从事于鉴定此种材料之工作，则其为害不堪设想。聚集此等之结果自为一科，名曰史文学（histoire litteraire）（编史学 historiographie 为史文学之一部）。至于实物史料之鉴定，若建筑物、雕刻、图画之作品，及其他各种品类之物（军器、衣服、用具、钱币、奖章、甲胄之类），则须熟悉古物学（archéologie）与其支流之学，若钱币学（Numismatique）、纹印学（Héraldique）等之规则与观察也。

吾侪今乃得审验此不甚明了之"历史辅助科学"之观念而非徒然矣。人或称之曰"副属科学"或"卫从科学"，然此等名谓皆不能令吾人满意。

第一，即一切所谓"辅助科学"云者，实非尽为科学也。例如古文牍审验学，如史文学，仅为将鉴定所获得而累积之事实，为有方法之措置。

彼仅于自然状态中，将尚未经鉴定之史料，使其易于施用鉴定而已。反观之，若文字学，则自身具有规律，为已建立之科学。

其次，在此一切辅助科学之中（质切言之，非属于历史，乃属于史事搜讨者），必须辨别何者为每一工作人之本分中所必须专治专攻者，与何者为仅于有必需用之机会时，能知其出处即已足者。质言之，即何者为吾人必须亲身专注之知识，与何者为吾人仅供短期使用即足之资料也。中世纪学家（medieviste）必当知如何以诵习了解中世纪之文字，然就其本身论，彼如将所觅得有关于史文学及古文牒审验学之一切特殊事物，悉充塞于记忆中，则亦无何等利益。

最终，决无一种知识，为任何历史（或史事搜讨）之辅助科学。质言之，即无一种知识对于研究历史中之若何部分皆有用也。故于本章首段所举问题，殊不能得概括一切之答案。凡校雠考证家与历史家之所应专肄习者为何？凡校雠考证家与历史家之专门知识所包含者为何？盖视其情形而定，视其所准备研究者为历史中之若何部分而定。通晓古体文字学而为关于近代法国革命之历史研究则无用，通晓希腊文字而诠解中世纪法兰西史上之某点则无用。故吾人敢言，凡人欲于历史之原始工作上从事，至少必具备一切初基知识之准备（在 Daunou 所主张之普通教育之外），于史料之搜弋诠解及鉴定有所辅助。此项知识，随人所治而变易不同，视其于全史之中所专攻者为何部分。此项专门知识，属于近世史及现代史者较为简易，属于上古史及中世纪史者较为繁难。

历史家专门技术之改进，易文学、哲学之"宏文轨范"之研究，而代以积极之知识，确足以辅助历史之搜讨，是乃最近时期之事。其在法国，尽本世纪之大半，治历史学者仅受文学之教育，如 Daunou 氏所主张焉。学子几皆以此为满足，不复外此他求，间亦有少数人思虑及此，然为时已晚，事后之悔憾曾何足补先事预备之不充，故彼辈中杰出之人才，最为彰著之例外者，亦不过一能文之人，而不能从事科学工作。当时略无专授此等"辅助科学"及专门搜讨方法之教育，仅因研究中世纪之法兰西史故，而略设科目以建一特科学校，即所谓"古简学校"（École des Chartes）是也。此建立学校之一简单事实，五十年后乃成绩优良，超越一切法兰西(及外国)之高等教育机关。此中曾养成优良之研究家,恒能贡献无数之新结果,而他处学者则但能高谈问题而已。直迄今日,唯此古简学校能予中古史家以较为优良之训练及研究。盖修业以三年为限,且将各种科目,如罗马文字学、古体文字学、古物学、编史学及中世纪法律等,悉联合而研究之。惟在现今,此辅助科学既已遍设,颇为普及,且亦设于大学课程之中。其他方面,若金石铭刻学、古体文字学、古文牍审验学之教材,亦自二十五年以来颇为增多。二十五年以前,人之口授此项课程者,每欲攫得供给此项材料之良书,常无所得。自有专门讲座及讲义范本以来,由于可以实际研习之故,而觉口授为余事,且亦无若何特殊功效。凡学子无论曾习高等教育,而为此固定训练与否,若彼对于投身历史工作之先所当通晓者而昧昧不习,则决不能从宽通融。事实上凡人曾肄习此事者,其所轻忽遗漏,恒较昔者为少。以此之故,前所言之此等讲义范本,其刊布极为迅速,而亦极有价值效用。

　　未来之历史家,挟此初基知识之武器,固能保护彼不陷于无能及永误之途矣。吾人设想彼能免于此谬,初未问其谬误之来源,由于书体及史料文字之不完全了解,或系对于前人著作及校勘鉴定所获结果茫昧不能深悉。但彼固有补此缺憾之物,即人所必须通晓与应当通晓之知识也。惟此等推想亦过于乐观,吾人不能曲为隐饰。当知凡人若仅从事于"辅助科学"之定式课程,或倾注心力以遍读典籍学(Bibliography)、古体文字学与文字语言学之佳著,实断然不足。即从事于由实习而获得之若干个人亲身经验,欲求常能博闻洽知而确凿无误,亦决其仍为不足。故第一须长期研究或种确定性质确定时期之史料,于此等性质时期之史料中一切事实具有深透之观念,具有"心证而不可宣"之知识,故于遇有同样性质时期之新史料时,遂能较他人善于从事。此"专门校雠考证学"既植基深固,无物足以取而代之,此即专门学家辛苦困难工作之报偿也。其次则专门学家亦有时错误。若古体文字学家,每当持续其注意,以预防蹈于反复变易之解释。若文字语言学家,其意念中岂能尽免乖舛讹谬之意义。校雠考证家之视其他,尤为无定,常有将一种已刊布之文字,认为未经出版而印行之者,而于其所应知之史料则反加以轻忽。盖校雠考证家之度其一生,即在继续不断完成其"辅助"知识。此知识盖自理论上认为决无完成之期者，然此固不碍吾人假定之成立。实际上仅当知者，吾人对于史料，当将正式工作暂延，非直迄于能通晓一切"辅助科学之各专支"，决不敢开始造史。

　　设想有人曾先期肄习于适宜便利之初基知识而既有所获矣，则于此所尚当知者，乃如何以处理一切史料也。

中篇 分析工作

第一章 历史知识之概况

吾侪既言，历史史料而作成，史料为过去事实之遗迹。今即于此，将自此定义与界说所发生之推论加以说明。

凡一切事实，仅能由经验以被知。而知有二式：或为直接的，若人于此事实经过时，亲得观察之；或为间接的，则仅研究其所留遗之痕迹。例如有地震之事实于此，若吾亲当此现象中，则吾为直接之知识，若未常亲预其事，则为间接。吾仅由实物之结果（地之裂隙、墙之倾圮等）而实认之，又若此物质结果亦既消灭，则吾仅能读文字之描写，为某某之亲见此现象或其结果者之所纪述是也。所谓"历史事实"者，仅不过为间接的，于其痕迹所遗而被知。故历史之知识，自其特性言，乃间接之知识也。历史学之科学方法，当根本与直接科学相异。质言之，即除却地质学外，与其他一切科学皆相异，盖其他皆建立于直接的观察之上也。历史之为学，虽人称之曰"观察之科学"，实全非也。

过去之事实，吾人仅由保存之遗迹上而推知。此遗迹，即人所称为史料者，历史家于其上施以直接观察，但推极言之，实已毫无他物可供观察。彼所有者，乃理智推度之结果，彼能由此推定其遗迹而确凿无讹。盖史料乃赴的之起点，过去之事实，乃归宿之标的。于此起点与归宿二方向之间，必须以合理之繁复节络，彼此连锁印合之。于此等处，错误之机会实无数，每有至微之错误，无论于工作之始业、中段或结束时，偶然陷之，即足以毁坏其一切之结论。所谓历史方法或间接方法，固显然不如直接观察方法之完美，然历史家本无选择余地。盖探取过去事实,此乃唯一之道。目前虽在此不完美之状况中,但期诸将来,固有获达于成为科学知识之可能也。

对于事实之知识,由史料之实材考核,而本理想以为细密分析,乃历史方法中一主要之部分。此乃属于鉴定之事之界域,吾人将于此后第七章中再论述之。今当以极概略之辞撷举纲领述其。

(一)史料可分为二种。有时过去事实所留遗者,为实物之遗迹(碑碣及制造物品);有时且最常者,其事实之遗迹,乃为心理的程式,即一种描写或叙述是也。第一种较第二种为更简单,盖在其确定之实材证据与其史源之间有固定之关系,而此关系由物质之法则所确定,甚为显著。若心理的遗迹,则适得其反,乃纯粹为象征作用,彼并非事实本身,又非立刻亲证于心之事实之亲切影象,彼仅为事实所发生之印象之相传的痕印。文字史料之本身,正如实物史料然,并无可贵之价格。其可贵者仅因彼为一心理作用之痕印,又极为繁复而难于分解。多量史料,凡与历史家以推理之起点者,无他,皆心理作用之痕迹耳。

于此,苟欲于事实上推断一文字之史料,盖必有其迂远之因缘。质言之,为求知晓此史料与此事实之关系故,必当于产生此史料之居间原因上,重理其一切之脉络,必当再求一切行为之联锁关系,为此史料之著作人,由事实之观察以迄着笔记述而为吾人今日眼底所能见之手迹本(或印刷本)所曾经者。吾人特此项联锁物,为逆转方向之判断,由手迹本(或印刷本)之观察开始,而上求合辙于古代事实,皆鉴定分析之目的及步骤也。

第一,吾人须观察史料,彼在此时是否与被制时同一之原始状态,是否尚未曾由此而渐毁变。吾人当知其如何制出,方足以反征其原始型式,且确考其来源。此种初基搜讨之第一组方法,应用之于文字言语形式及史源等之上者,是为外形鉴定之特别领域,或称之曰校雠考证鉴定;其次则为内容鉴定。由普通心理学上类同律之助,考得史料著作人所经历之心理概况。吾人既知彼史料著述人所曾言,所欲问者,其一,彼所言之意义如何?其二,彼曾自信其所言否?其三,彼之所信,吾人确断其信仰为合理否?于最后一条件上,史料乃取得一类近于客观科学作用之点,于此史料已成观察之事实,再进则施以客观科学之方法而已。一切史料皆以经过来源之研究与优良观察之造成，而得其确切之价值。

（二）由上所言，吾人可得二断论：即历史鉴定之事，为极端之繁复，为绝对之必要。持历史家以与其他学者相比较，觉其处境实至困难。不仅其自身不能直接观察事实，如化学家然，且其勉力从事之史料，能出有正确之观察者，亦至稀少。彼不能得有统系的观察记述，如彼有组织之科学中，可以代替直接观察。彼之处境正如一化学家，仅能由其实验室侍役助手之报告，而得若干之试验结果。历史家实不得已而撷取此最粗陋的报告之一部，为无论何种学问家所未能满足者。更要者，为利用史料时之审慎撷取，彼必须屏除其无如何价值者，而辨别其足以代表正确之观察者。

尤要者，同时尚有一病，盖人类心性之自然低能，每不乐于审考预防，且于最确切必需之材料，肆意为凌乱之处理。实则人皆自原理上，承认鉴定之有益，然于实施时必极困难，乃不可争辩之一事实。岁月既自为迁流，光荣之文明亦增其年寿，然为期皆较早于大地智慧民族之中，能显示其第一次鉴定之曙光也，不但东方国家及中世纪未能具有明彻之观念，即在吾侪今日，著名作家为作史而从事史料，亦轻忽于审察史料之质地，而盲无意识，推崇伪误之原则。今日尚有许多少年，放恣率意，循此旧辙。故鉴定之事乃与人心之自然倾向相背反。群众所盲趋者，乃信仰其一切定议，并加以复制流传，而于其自身观察之结果，乃不愿明白辨晰。试问在每日生活中，吾人对于一切传说、报告，无名无证之称述，及不足轻重、不可置信之文件，是否茫不置意而遽加以信认？此近在昨日之史料亦须具一特殊之理由，吾人始加以考验，否则若非绝对不可，或尚无抵牾，则吾人撷取之，信持之，播传之，且润饰之以应需要。凡一切忠实于此之人，皆承认为求获免于鉴定之懈弛故，则必需要一强度之努力，且必须时常继续努力，并常伴以真实之痛苦，乃有济也。

人之于水，在自然本能上，皆可用以自溺而死。然学习泅水者，其成此习惯，乃由压抑自然本能而行之以别种能力。史料之鉴定亦然，鉴定之能非由自然，必须濡染久习，其成就不过由多次之练习耳。

故历史之工作，乃一种精密之鉴定工作。无论何人，若于为此之先,不先期为备,以反抗自然本能,则必致于自溺而危。故欲免于危险,更毫无较有效力之法,能如审验自身意识,与解析此懈于鉴定之原因,更久持苦战,至能造成一精密鉴定之态度精神以代替之而后止。又考虑一切历史方法之原则,将其一切理论彼此逐一分析,如吾人本编所举揭者然,亦极有效益。历史正同其他学问,完全具有事实之谬误,盖皆由注意之缺乏而发生。然其推原于精神之含混困惑,因而未能与以充分之解释,且又建立伪误理论,即于此困惑之精神上发生错误,乃常较他种学问为尤显著。历史家若能分析其每项之定义定则,则能进步以达于渐减少其无证据之议论;若能于一切原则有一确定方式,则可减少其自陷于伪误之原则;若能以名理逻辑为论辨出发之形式,则可以渐减少讹恶之理论。

第一部 外形鉴定（校雠考证鉴定）

第二章 原本文字鉴定

今设想吾侪今日之著书者，以其亲笔手录稿本，送致于印刷处，复亲由其手校订印稿，签识而后付印。此种亲自录校之印刷书籍，以为材料，自极优良。此无论著作家为谁，其感触及企图如何，吾人确有一与其原稿相去不远（此确为吾侪目前唯一之论点）之书本。吾人仅言"相去不远"，盖若此著作家未能善校，又或印刷者对于校正之稿观察未审，则其所成书本常极易致于不善。印刷者每令著者言其意中所不欲言之事，及有觉察，已过迟矣。

关于复制已死著作家之著作，不能以其亲笔稿本送致于印刷者，则当何如？此种情形举例言之，如 Chateaubriand 氏（法国十八世纪文学家）之《身后录》(Mémoires d'outre-tombe)之出世是也。名人之亲切书牍，逐日出世，人以图满足公众之好奇心故，及原本极脆弱易损故，亦急于印刷出版。此等文字已首经一度之传抄，更于传抄之后付之印刷，是等于第二次之传抄矣。此种第二次传抄，必当由某某人代作者持以与第一次传抄相比较证合，或能与原本相比较证合，则尤妙。在此等情形中，其精确无讹之保证，较前一种情形为稍逊。盖于原本与复制本之间，尚多存一居间物（第一次传抄手录本），且其原本使一切他人读之自不如原著者读之为易了解。凡死后出版之著作及书牍，常被印刷中之移录及句读损换面目，而在表面视之，且以为精审无讹也。

今日转而论古代史料，吾人试问此种史料之保藏属何状况乎？凡原本几尽亡失，吾人所得不过传抄之本。此项传抄之本，为直接由原本而成者乎？曰否，盖由传抄而传抄耳。一切抄写之人，常有讹误，并非尽为具有习惯及知识之人。彼辈常抄写其不能了解或了解不深之文字，且彼辈亦未尝以抄本与手迹相校勘，如 Carolingienne（法国沙立曼帝时代之种族名）文艺复兴时然。若当著作者与印刷者继续校订后，而吾人所据有之一切印刷本仍不完美，则古代史料之在往时，曾经数度传抄，而每次转抄，俱难免于新制所改变之危险者。其讹误滋多，又何怪焉。

此外乃当论一预防之事。在从事于一种史料之先，必须知此史料之文字，是否"美善"。质言之，是否能遵照此史料著作人之亲笔手迹本。其"讹恶"者，则必当加以改正。若使用一讹恶之史料，则有以转写之讹误，归咎于著作者之危险。每有根据传写讹误之篇段成立理论，迨此篇段之原形能重获明了，而此理论遂颠仆焉。一切抄写之讹误，非仅无足重轻或可嗤笑而已，彼盖能以诈伪而致读者入于迷误也。

人每信历史家必常注意于优良之材料，凡所使用所研究之史料，必校勘而复其本来面目，此盖误也。自来历史家仅就所据有之史料文字而使用之，未常能证实其果为正确否也。尤有甚者，彼校雠考证家其自身事业在发现史料，而刊布传播之，未常留意于其最紧要之校勘艺术，至今犹然。凡史料皆于第一次抄录之后，仓卒刊行，良恶参杂，未常改削。古代史文之刊本，其大部分至今日皆已鉴定，然中世纪名著之第一次"鉴定刊本"，尚不及三十年，且古代典籍中（例如第二世纪希腊史家 Pausanias）许多著述之文字鉴定犹在进行中也。

一切史料之刊行，既未能完全达于使历史家获得其所需要之妥实保证，而若干历史家仍未觉此不妥当之史文，尚须加以详审之整理。然于此已实现一重要之进步，盖对于史文清理校雠之方法，已由历代校雠考证家之累积经验，而臻于便利妥当。无论历史方法之任何部分，能有如此部分之建立坚固与普遍知晓者。在许多通俗言语学中，其例尤显。唯其如是，吾侪于此但撮其主要原则，并述其结果而已。

（一）设有一史料未能遵照鉴定之规律刊行，今欲就可能之程度上建立一较优良之史文，则将如何以从事乎？于此所当考虑者，为三方式。

（A）第一方式，极为简单，即人能具有原本，为史料著作家之亲笔是也。如此之史文复制，当然完全精确无讹。自原理言，更无较易于此者，而就实际言，此种单纯工作需长久注意，自非人人所能为。苟有所疑，不妨自试。凡业抄胥者，能毫无舛误，并不为外物淆惑其注意者实为极少，即在校雠考证家中亦然也。

（B）第二方式，原本已亡失，今所有者仅一抄写本。于此人当谨慎考察，盖此抄写本容或含有讹误也。

史文之逐渐变讹，乃遵一定之律令，于此须以十分劳苦，发现及整理原本与抄本间彼此殊异之原因与通常状况，盖此皆可施用观察而见者。因之人能以适宜之规律，推度而校正其已变讹之篇段章句。因此等篇段章句，于原本已亡之抄本中，盖确有变讹（因其不可通晓故），或似有变讹也。

原文在抄本中之变讹，如人所谓"传写变化"者，盖或由于欺诈，或由于误失。抄录者每故意改变字句以实施其欺匿之术。又一切抄录者，几皆不免误失，或由判断之失，或由意外之失。判断之失，半由训练，半由知识。如彼辈自信于原文之章节字句，凡彼所未能通晓者为必须改削是也。意外之失，如人于诵读时，误抄别行；或笔述口授时，听之未真；或无意之间，成为笔误是也。

由欺诈及判断之失而发生之改变，盖常难于改正，亦难于察见。或种无意之失（例如许多行之文字皆遗漏），在吾人所言孤存之抄本中，凡如此情形皆不可救药也。然大部分无意之失，若能通晓文字之普通形式，则亦可悬度。如字义字母单字等之混淆，单字字母音节等之易位，重复之失（dittographie，如字母与音节之无用的重复），单一之失（haplographie，如音节与单字之应当重复者，而仅写一次），单字之分写不善，文句之句读不善，皆是也。如此各种情形之讹误，由各殊异时间殊异地域之抄录人所成，因不计及原本文字之手迹及文句如何耳。但或种之混淆错误，乃由抄录大字版本之原本而成，斯盖常有之事。其他又多由于抄录蝇头细字之原本而成误焉。凡字义与字形之混乱，可由辞类与口音之相近似而得说明。此辞类与口音，盖追随此种文字与彼种文字此一时代与彼一时代而自然变迁不同也。推度校勘工夫之普通原理，略如上论，然在此项本领中固无普遍不易之方术。人之习为校勘者，非从事于一切文字，不过为希腊文字、拉丁文字，或法兰西文字等耳。但除却所谓文字变讹种种程序之普通观念外，凡对一种文字而为推度校勘，必悬拟其须具如下之深奥知识。其一，对于一种特定之文字语言之知识；其二，对于一种专门古体文字学之知识；其三，对于此抄写人在同样语文中所具有改换混乱之惯习之知识。又为助推度校勘希腊及拉丁文字故，于是有"传抄变讹"及常有之混淆之表册目录（字母编列及分部编列），但此决不能代替依赖于能者指导之下而得实际之练习，唯在能者自身甚为有用耳。

今欲举例以证一种极满意之校勘，其事至易。其最为满意者，皆有得于古体文字学者也。例如 Madvig 氏（丹麦文字学家，一八〇四——一八八六）对于 Senèque（罗马学者）之书牍文字有所校正。其文曰：

> Philosophia unde dicta sit, apparet; ipso enim nomine fatetur. Quidam et sapientiam ita quidam finierunt, ut dicerent divinorum et humanorum sapientiam.

此文盖意义不通，人或疑以为在 ita 与 quidam 之间，必有阙文。然 Madvig 氏设想此已亡失之原型文字皆以大字母抄写，此实第八世纪时之古代写法，又其单字皆不分离（连续书写体），其各句皆不断读，于是彼抄胥之人不免时将单字任意截断，而彼则毫无犹豫得读其文若下：

> ipso enim nomine fatetur quid amet. Sapientian ita quidam finierunt 云云。

又如 Blass、Reinach、Lindsay 诸氏，在若辈所疏证之典册中，亦曾显出无数同样之完美校勘工夫。抑此非希腊学家、拉丁学家所得专美也，现今自东方文字、罗马文字、日耳曼文字亦经详密之研究，此等精美之鉴定亦有为东方学家、罗马学家、日耳曼学家之所成就者。吾侪曾言，凡详博精密之校勘工夫，虽对于最近代所著之史料，与最妥当无讹之复制刊行物，亦当用而不废也。

吾侪今日以为推度校勘之艺术，凡学人之优越著闻者，罕能与 Madvig 氏同等。但 Madvig 于近代学术工夫，未常有甚高之意见。彼以为十六世纪及十七世纪之学者,恒视今日一切校雠考证家之工夫为较优。事实上,拉丁与希腊文字之推度校勘工夫,其所由获成功之比例差率,非仅须具有最灵敏之心思,与最丰富之古体文字想象力,且尚须对于古典文字之意义准确与结构精妙,亦能审量合宜,博通深造。盖古代之校雠考证家,皆可证其过于勇往,然若辈之对于古典语文亦极为亲近狎熟,胜于今日之校雠考证家也。

虽然今日所保存之无数文字中,多数仍为凌乱混淆,或仅有之孤本,虽以鉴定之努力仍无由整理。常有由鉴定而确认文字之所由致误,并说明其所需之原义,唯至是则止,因原文遗迹,已因改订再四,讹误群集,竟无可以重理其端绪之希望矣。彼校雠考证家之从事推度鉴定,以热忱故,每于正确无误之文句,及无可补救之篇段,努力为大胆冒险之假定。彼辈亦颇明白此层,故在若辈之一切刊行本中,常截然分别由手迹本而觅得之文字,与由若辈自身校勘还原之文字,二者不令相混也。

(C)第三方式,对于已亡失原本之史料,有数个抄本互相差异,于此则近代校雠考证家较往时学者为便利,彼不但所知较富,且比较抄本较为有方法。其目的正如前方式然,乃尽其可能,以重复文字原型。

最早校雠考证家之所努力,正如吾人今日之初学生手,其最初第一倾向,乃对于无论何种之抄本,惟经其手者是为善本。其在第二倾向,较前亦仅略优,盖彼对于殊异之抄本之非同时者,则以时期较早之本为善本。惟时期久远之关系于抄本,自原理上与平常事实上证之殊非重要。譬如有一种十六世纪版本,若此本为十一世纪已亡失之一种优良抄本之复制,则以视十二世纪或十三世纪抄本之有缺点而曾改削者,其价值当更高也。至第三倾向,亦尚非优良,盖计算所考证各本文字之型,而从其多数者。例如有一种史料文字具二十种抄本,其中 A 型曾经十八次之证确,B 之一型则经二次之证确。由此原因,而采用 A 型认为善本。盖彼悬拟其一切抄本,俱有同等之确证,然此悬拟乃陷于判断之谬误。盖若十八抄本中之十七本,皆由抄袭第十八抄本中而来,则所谓 A 型本者,其实仅不过证确一次而已。于此之唯一问题,乃须知晓其为本来视 B 型本为较优或较劣也。

于此可知唯一合理之举，即首先决定各抄本之彼此关系也。吾人盖以一种不可驳辩之假定，为思考此事之起点。盖凡一切抄本所含有同一点上之同一错误，皆由彼此影响而成，或由其中含有此错误之一抄本因转抄而遍及各本也。若谓各抄写者能无意中陷于绝对同样之错误，此事实上所决无。故于错误之相同故，遂证确其原始之出于同源。吾人可毅然得由一抄本所转抄而成之一切抄本，除却不论，于此所有者，不过仅为此原始一抄本之价值问题，其事甚明。盖此本为其他各本共同之源，若其他各本有所殊异于此原抄本，亦仅为新增之错误。于此必须耗费时日以推原其变化则颠矣。此事既毕，则呈现于吾人之前者，不过为一独立之原抄本，或为已亡失之原抄本（直接由原本估定价值之一抄本）之第二次转抄本也。若人将此由同一变化所影响之各抄本，与以区别而列为派系嗣续之谱牒，每本各有其传演递嬗之迹，于此有方法以比较其错误点焉。由使用此方法之故，吾人遂能毫无烦难，而将所保存之各抄本，列为一完全之宗支谱牒，显然可见其互相关系之要点。惟此之所论，非指彼最困难之情形。例如其中过多数之居间本，俱隐匿不见或对于许多文字之转抄变化甚为清晰者，而昔人曾以一时专断混淆联合之类。凡如此之难境，欲审验之，则其工作将极为劳困费力，或竟难于实行做到。对于此等极为困难之情形，别无任何较新方法，亦仅能将其已毁变之篇段章句比较参证，此乃一有力之工具，且亦为鉴定之役对于斯事唯一无二之工具也。

当一切抄本之谱系宗支既已建立，为校勘其文字原型故，乃比较参考其蜕嬗变迁。若彼此符合而给与美满之文字，自然无所困难；若有殊异，则人当决定其孰善孰否。若彼此符合而所给与之文字有缺点，则人当如仅具孤本之一抄本然，而须求助于推度校勘之工夫。

在原则上，凡吾人若能具有原本已亡失之各种独立抄本，以视仅有一孤本者，其情形自较便利。盖对于各种独立之抄本，从事于机械式之比较，常足以消除障蔽，有非推度鉴定所能奏效者。然苟抄本众多，而吾人对于其谱系宗支不能为详审之类列，或类列而不善时，每较之仅凭借孤本为助者尤为烦难。故从事于抄本，而其各本相互间之关系，及其与原本原型之关系，未能先事确定，则此等凌乱驳杂之整理,乃最为不能满意之事。自他方面言,凡应用此等合理之方法,对于时间精力必须为重大之耗费。每有一种著述,吾人具有百余种不同之抄本,其文字皆彼此殊异者。又有或种文字,其小部分之差异亦以千计(例如福音书)。凡一最勤劬之人,预备一中世纪小说之"精确鉴定本",其所需时间恒数年。但此小说之文字,于既经校对比较一切工作之后,以视仅借二三种手迹本以从事校勘者,颇为确定可靠否?曰不然。凡欲求校勘精确之刊本,而可用之资料太多,则恒需机械式之努力,然其努力有时乃全不能与所得实际结果之报酬相比例焉。

一切精确校勘之刊本,由于原本亡失之无数抄本所助力而成功者,应由其刊行之人以法指陈其刊行所依据各版本之谱牒宗支,以贡献于公众,且必须于注释中注出一切已经改削之变易文句,则善读者如此虽非最优良文字,亦可得所需造史材料之文字。

(二)校勘鉴定之结果(亦可谓删涤与补正之鉴定),纯粹为消极的,吾人之达此,或由独用推度之法,或由并用比较及推度之两法。吾人所能为者,非必能得一善本文字,乃对于原本亡失之史料,尽其可能以得一较优本也。其功效之最为显著者,乃在除去其恶劣与羼杂可致讹误之文字,并指证彼一切不可征信之篇段章句。惟此种工夫,更不能别探得未发之秘,其理甚明。凡一种史料文字,由无限烦苦之代价而臻于校正者,较之一种史料,其原文即完全无损,其价值决无以过。反之乃有不如。若 Énéide(古代有名诗)之亲笔手迹本尚未毁灭,则历代参考与推度之工夫皆可省去,而 Énéide 之文字亦将较彼未经此变者为较优。但对习于校勘之事者而言,彼辈既长于此事,故亦乐于为此,否则将憾其无地用武也。

(三)吾人之随处实施校勘鉴定,盖期达于凡一切之史料吾人皆具有其精确无讹之文字,在现实之科学状况中,更无任何工作,能较校刊新出之史文,与清理已著名之史文等事为更有用。凡准于鉴定之规律,而刊布其未经刊布或刊布而未善之史料,乃为历史学中之主要任务。一切国家中学者社会,对此主要工作既贡献其大部分之方法与能力矣,然尚有巨量之史料正待鉴定,而逐字逐句之鉴定,实需要极详细之工作。因此理由,故刊布工程与校勘工程,其进步甚迟迟也。一切中世纪史及近代史之有用史文刊行或重刊之先,必经过许多时间,虽自近年以来进步颇为迅速,而尚欲有以促进其速度也。

第三章 制作原始鉴定

凡于某人所著之纸上搜讨一例证或事实,而于此人毫无所知,且毫不能知,此愚悖之举也。吾人若有史料当前之时,必须首先致问:"来自何所?作者为谁?作自何时?"若有一史料,而昧然于其作者与时期及原始地域,质言之,其原始制作均完全为不可知,则毫无足取。

此事实似极平常,而吾人今日始充分承认之。最初从事之人,于使用史料之先,或具有考征其来原之习惯,此为人类之自然性习,盖本于夸耀之天性,而乃适切合于斯事之进步。

近代史料之大部分,皆确实注明其制作来原。吾人今日,若书籍,若报纸之篇章,若官书及私人著述,大概皆注明日月及签题名字。然大多数之古代史料则适得其反,皆无人名无时期,且地址不详。

人类心思之自然趋势,凡于具有制作来原者,必乐对于其注明之来原笃信不疑。例如 Châtiments(法国第二帝政时有名史诗)一书之封面签题及其序文中,皆谓著作者为 Victor Hugo 氏(法国诗人,旧译嚣俄),而 Victor Hugo 遂为 Châtiments 之著作者矣。博物院中未署名之图画饰以装置之木架,管理者于架端置一小板,而署名曰 Léonard de Vinci(意大利画家)此图画作者,即 Léonard de Vinci 矣。在 Clément 氏之《景教诗人要略》(Extraits des Poèts Chrétiens)中,在 Bonaventure(法国神学哲学及宗教家)之著作中,在中世纪多数手迹本中,吾人常见一未署作者姓名之诗,曰 Philomena(古代笛诗),人皆附会以 Bonaventure 之名,且云"于此哲人之同样神味上,人可获得其精确之印证"。又 Vrain-Lucas 氏曾为 Chasles 氏(法国文学家)获得古代 Vercingétorix(高卢种人之将军,曾拒罗马)、Cléopâtre(埃及最美丽之女王，曾蛊惑罗马大将者）、Sainte Marie-Madeleine（法国古代改教派之女宗教家）诸人之亲笔手迹，当然皆署名而签押者，于是 Chasles 氏遂以此为 Vercingétorix 与 Cléopâtre 及 Sainte Marie-Madeleine 之手迹矣。吾侪于此，盖征引之以示一种最普遍而同时最坚执之公众轻信也。

经验及考虑上皆可显示吾人，对于此等信仰之根本趋向有以方法抑制之必要。所谓 Vercingétorix、Cléopâtre、Sainte Marie-Madelèine 等之亲笔手迹，皆为 Vrain-Lucas 所讹作。至于 philomena 一诗，得之于中世纪抄胥之手者，时而为 Saint Bonaventure 氏，时而为 Louis de Grenade 氏，时而为 John Hoveden 氏，时而为 John Peckham 氏，不知究竟谁为著作者，盖可决此辈皆非创始人也。在意大利著名之博物院中，亦常以 Léonard 最光荣之名字，借为装点而饰其贫窘，绝对无丝毫证据。然自反面言之，则 Châtiments 一诗之为 Victor Hugo 所著极为确实。因之得一结论，凡人所明白声明之著作来原，其本身决不足为依据。彼不过为一种之臆断，其证据或强或弱耳。普通关于近代史料，其证据极为强固，关于古代史料时，则每为极弱焉。此种之虚伪装饰，每附加于无价值之著作上，用以增高其价值，及用以炫耀特殊之人，又或有心以此欺惑后世。或尚有其他众多原因，例如可想象而得，如某氏曾为之表，上古及中世纪所有"伪造托名"之文学，盖不可胜数也。尚有完全"虚伪"之史料，伪造家对于彼辈自身所悬拟之制作来原，常加以极切当之说明。此事诚当与以制裁。惟制裁而证实之道若何，在法凡于史料有关之制作来原，若有可疑虑时，人即以探讨原本亡失之史料之同样方法以决定其制作来原。在此二种状况中，此方法之效用同等，于结果上无需辨别焉。

（一）制作原始鉴定之主要工具，乃考虑一切史料而分析其内容也。由此察见其所含关于著作者与其所生存之时期所居之地域之种种知识。

第一当考验其史料之书写设。Saint Bonaventure 氏生于一千二百二十一年，若此诗系 Saint Bonaventure 所为，而读其手迹本乃系十一世纪所为，则此乃一佳良之证据，足证彼事实之不能成立也。一切史料既于十一世纪已有写本之存在者,则彼决非后于十一世纪而为之。其次当考验其文字言语,或种形式之语言文字,不过仅用于或种之地域与或种之时期。大部分之假造者,皆以昧于此旨而致发觉,因其每流露现代之字形及文字面目也。有或种 Phéniciennes 之文字铭刻自南美洲发现者,吾人颇承认之。盖吾人于 Phéniciennes 之文字章句法上,而证此之铭刻较德国所考征之论文中者为古。又若有关系于章程法律者,则须审验其文字程式。例如当前有一史料,为 Mérovingien(法国第一朝王室,法史家 Augustin Thierry 曾著有专史)时代之官书公牍,如彼非 Mérovingien 时代原始公牍之通常程式,则必伪作也。最后人既于史料中所获得之一切实际例证皆注意及之,此事实不能为伪造史料者所支配,而史料之忠实乃成立。吾人由介于史料著作者所已能征知之最近事实,与彼若征知则必联类论及之未曾论及之事实二者间,遂对于此著作之时期可为近似之确定。然人对于或种事实之论及而加赞许,或因有成见之表示,因以推度著作家之个人艺能及性质,尚有所争辩也。

  史料之内容分析工夫,既已审慎毕事,因而于其制作者之情形,使吾人获得充足之观念。吾人于所分析之史料之各原质与著作原始甚确定之史料之各原质二者间,为合于方法之比较,遂确可揭出大部分著作之赝伪,且对于大多数忠实确凿之史料所曾经制出之状况亦能认识准确。

  由内容分析所得之结果,更可采集外部之例证使之完全而真实。是须于同时或较晚出一切史料之散失者有所弋获,例如引证旁引及著者传记之类是也。有时一种史料决无此任何旁证之存在者,则使用此法乃甚有效力。彼所谓 Mérovingien 王朝之官书公牍中之史料事实,如在十七世纪前,并无人证引,且在十七世纪时,亦绝无一校雠考证家曾见之,则已可承认其陷于斯诈,而知彼为新制矣。

  (二)吾人上来所言者,乃一种最简单之方式,盖史料之出于一单独著作人之手者是也。凡于各时代中,所获得之无数史料,最要者须察其异于原文之附加物,此附加物非著作原文之 X 氏所为,乃其不知名之辅助人 Y 氏或 Z 氏所为也。此等附加物别为二种,曰增入物,曰续成物。所谓增入者,乃于文字之中插加或字或句,为著作家原文手迹本中所未有者。此等增入物,盖偶然意外之常情,由于抄写人之轻忽,将其插写行间之夹注,或附写边沿之旁注眉批,误牵引解释而混入也。然有时则由于某某有意欲使之完善,加之润色,及令其明了之故,乃以其自身信为确当之语句,增入(或改用)原著作家之语句中。若吾人所得手写本,有此项故意之增入物,则其铺张失实及其涂抹毁伤,将立刻流露于外。但此等最初具有增入物之抄本几皆亡失,在续抄之本中,一切增入(或改削)材料之痕迹,皆泯灭不可见矣。至于续成物,则无解释之必要。吾人皆知凡中世纪极多之编年史籍,皆由许多殊异之人之手续成之。彼从事续成史文之一切作家,决未曾郑重声明其私人工作之由何肇始及于何告终焉。

一种史料之有许多异型抄本存在者,为校正其原本文字故,对于其中之一切增入物与续成物,俱能察出而不费力。盖彼许多异型抄本中有若干本,若在未增入一切附加物之先已传抄者,则必为原本文字之原型。但若所有一切异型抄本,吾人证明其俱既经增入或续作,则必须借助力于内容分析。当问此史料中各部分之文章气韵是否一律,此一部与他一部是否能为同一思想所支配,在其自身观念之联络一贯中是否存有罅隙,足证其冲突矛盾。在实际上若所有增入之人及续作之人,皆具有显特之人格及明决之意向,则吾人于此以分析方法而察得之,正如使用刀剪然,能使原本文字之史料截然独立。然有时其附加物无明豁之征兆可以察见,吾人知其被割截而不能知如何补缀。在此情形中较合理之方法,与其徒增加一切假设猜想,不如明白宣告其实况之为愈也。

(三)著作原始鉴定之工作,非仅以其确能或略能核定史料之时间与地域,并当知其著作之人或关于各个著作人之一切例证,遂为完成也。有一书于此,为欲知其确实之"制作原始",质言之,为认识此书之价值故,因知其书成于一千八百九十年,地在巴黎,人为某氏,然则此遂为满足乎?吾人盍试悬拟,若此人以卑劣行为直抄一种前代著作之成于一千八百五十年者,其中假借抄袭之部分非出彼手,则一千八百五十年之原著者乃为可据也。吾侪今日,抄袭家因被法律禁止,且遭世人鄙弃，故渐稀少；但在往时，此乃一种习惯，为众所共认，且不加惩罚。古代极多之史料，其原本之面貌，不过为较古史料之追溯影射（并未声明），历史家于此等脉络，有时显然具有经验，不被其惑。如第九世纪法国编年史家 Eginhard 氏所为，篇段章节多假借自 Suétone 氏（拉丁古历史家），彼对于第九世纪史毫未自出心裁。若此事不经发现则将如何？编年史家三人，为三次之证确者，吾人皆重视其能符合一致。但若证明其编年史家三人中之二人，皆抄袭此第三人之著作，或此三种编年史中之符合事实，皆由同一史原撷取而成，则实际上此事实不过仅证确一次耳。中世纪之教皇书翰及皇室文牍，其中篇章辞句，大率堂皇流利，吾人对此，不必过于矜审多疑。盖此为固然之文体，且在当时一切宫廷之史料文字中，凡此等书翰及文牍，皆经搜辑刊行之人郑重抄录，可信其不增减一字。

从事制作原始鉴定者，当尽其可能，对于史料著作人所用使之史原，皆发现辨识之。

于此所当解决之问题，与上所谈之原文校勘，绝非殊异。在两方式中，人可认定一原则，即凡有印证相同之型，必皆出于共通之史原也。多数之抄写家，抄录文字，不能于同一之点上，成为确相同一之错误。又吾人所见多数之著作家叙述事实，不曾以同一之事实，措置于同一之观察点，且确不曾以同一之语句谈同一之事物。因历史事实之极为繁复紊乱，是以二独立观察者欲以同一之方式，报告同一之事实，殆必不可能。吾人造成史料之支派统系，与吾人所用造成手迹本支派统系之法颇相类似。因之，吾人遂得以此同一法式，而将其列为一宗支之图表焉。

凡主司试验之人，改窜一切预学士试验之候补人所撰论文时，颇能觉察坐位相近之二人，文气必多类似。若司试人欲侦得孰为抄袭者，不被彼抄袭家所增加以迷惑人之巧滑技艺所炫惑（轻微改变、扩多、撮短、附加字句、隐匿、易位等），亦非甚难，彼辈之共同讹误，足以指实此二人之共同犯罪。若其拙劣而乖于体裁，若其巧于涂饰而仍不能掩其谬误，皆足以证指其共犯。关于二种古代史料，亦与此同例。若其一本系转抄其他本，而无居间本时，大概极易于成立其宗支联贯。吾人或迟或速,由许多之点上,俱可常发现其抄袭之情形。

有三种史料同属于一族时,其相互关系甚难指出。譬如有 ABC 三种于此,吾人悬揣 A 为共同之原,B 与 C 或不相谋而各自抄 A,或 C 由媒介物 B 而得 A,或 B 由媒介物 C 而得 A。若 B 与 C,用不同之法节抄此共同原型 A,则其相近似之二抄本,皆彼此独立不倚,其事甚明。若 B 倚于 C,或 C 倚于 B,此乃一较简单之方式,如前一段所举陈之共同抄袭是也。然吾人悬揣 C 本之抄胥人,倘其为此抄胥时,系联合 A 与 B 两本而合抄之,而 A 则随处皆既为 B 所全抄用,则其宗支之关系,乃益错综而难明。设在一宗系之中,有四种五种之史料,或尚不止此数,则其复杂愈甚。盖此等相关联符合之数,实能为飞速之增多也。然若其亡失之居间媒介本不过多,则悉数收罗校比而辅以坚忍持久之智力,亦未尝不可明白其关系。近代校雠考证家(例如 B. Krusch 氏,彼悉据有关于 Mérovingienne 时代《旧约》末分学[Hagiographie]之文字),皆能建立关于史料宗支流别之学,极完全精当而坚实也。

制作原始鉴定之结果,应用以建立史料之宗支谱系者,可区为二方面。其一方面,用以再觅得已亡失之史料。如有二编年史家为 B 与 C,彼辈各曾使用一 X 本,吾人能由此将不可复获而为彼辈共同之原之 X 本重新发现。盖吾人对于 B 本与 C 本,于其贯插联接之点上,遂能构成一 X 本之观念。正如吾人将所保存之各抄本相近似者聚集而审酌比较之,亦可构成一已亡失之手迹本之观念也。其他方面,制作原始鉴定,对于人所不疑之一切"确凿可信"之史料,可摧毁其权威根据。质言之,对于史料之凡人信为真确无伪者,试察其所由转成之原本为如何。盖彼之价值,惟在其来原,若彼以虚想之条款与修饰之字句以润色原始面目而加以改变时,则已毫无价值矣。在德国与英国,史料之出版人,皆具一良美之习惯,凡抄袭假借之篇段章句皆以小字印刷,而于来原不明之原文篇段章句则皆以大字印刷。由实施此法之功效,吾人能一察及此等有名之编年史虽屡见引据,实一材料之编纂,其自身实无价值。如彼颇为著名之英国中世纪编年史,所谓 Mathieu de Westminster 之《史材撷华》(*Flores Historiarum*),几于完全自 Wendover 与 Mathieu de Paris 之原始著作中采摘而来也。

（四）制作原始鉴定，可为历史家减少无数错误。彼所得之结果，实极精确有用。其所为之事务，能屏除一切讹误史料，揭出其讹误之品质，决定史料因经久而面目变更所发生之情形，并聚集参考其原文面目，其事务之繁巨，在今日盖视为一种至精密优越之工作。若历史家对于史料毫不加以辨别，又彼于变迁之因缘现象，亦决不怀疑，彼撷取史料中所获得之一切例证，无论古代者与近代者，良善者与伪恶者，杂取混用，若惟恐遗失其一者，则人常谥之曰"鉴定缺乏"。

然在理论上，吾人对于此等鉴定之方法不当满足，亦不当滥用。

不当滥用者，极端之轻疑，亦如极端之轻信然，实际每致贻误。例如 P. Hardouin 氏，将 Virgile（古代拉丁最有名诗人）与 Horace（古代拉丁诗人）之著作，认为中世纪教士所为。此其可笑亦不下于 Vrain-Lucas 之伪造古作。此盖由于滥用制作原始鉴定之方法，且随意武断，任情措施，以致谬误百出而反复可怪。每有拙劣之徒，对于极精良可信之史料，如 Hroswitha 之写本，及 Ligurinus 与 Unam Sanctam 之教皇谕旨等，尚刺刺然争辩其为伪作。或则于或种史志、年鉴之间，谋建立一想象之宗支谱系，尽其可能，以一种皮毛之形迹，攻毁从前之鉴定未精。要之，此种反动精神，对于史料之未经确定其制作原始问题者，皆反对之，此诚可嘉尚。然由此反动之故，乃专以此为事，随意滥用，与事实不符，而使历史中唯史料之不确定者始有注意价值矣。近代史与现代史，以视上古史与上期中世纪史，并不逊其价值。但因其明了可征之制作原始，几于无不真确之故，鉴定家于此等事物上不能使用其精密之鉴定方术，遂觉寡味耳。

不当满足者，制作原始鉴定之为事，正如原本文字校勘鉴定然，乃纯为初步预备之役，其效果亦为消极的，彼之最后目的，最后成功，在能将史料之不合于用者，及其炫惑欺诬者，皆除去之，其能事即尽于此。彼能使人习于不使用恶劣之史料，不能使人知使用善良史料之方法。此盖不足以尽"历史鉴定"之全功，仅为大厦之基础磐石而已。

第四章　史料之类分整理

由以上诸工作所收之功，凡一切史料属于同一性质，而同关系于一事件者，吾人悬拟其既皆搜索而获得。吾人于是既知其原来，又其中文字，如必要时皆已同复原状，且每一种既各施以制作原始鉴定。及吾人既知其来源，于是乃将此等已证真之材料，为合于方法之聚集类分焉。此种工作乃对于尚未从事高等鉴定（内容鉴定）及造史之先，所号为预备工作者之最后一部。

无论谁人之研究历史某点者，势不能不先事将其史料加以类分整理，凡既经证真之材料，在使用之先，必须以合理而便利之方式，措置为一定程序。此在历史家职务中，观其表一若甚卑浅者，实则极为重要之一部分工作也。若辈之善于为此者，每能证明其因此而工作便利。盖由此能使所费之劳苦较轻减，而获得之效果较优良。反之，彼不善于此者，则徒浪费时间劳苦精力耳。若辈投身一切注释提要副录及一切故纸堆下，其结果惟自困于凌乱拥积之中苦无头绪，彼辈终其身从事移运此建筑供用之磐石而不知置于何地。所为之役，惟足播扬尘埃，使人盲目耳。

（一）吾人于此考察史料类分整理之。最初第一趋势，所谓自然整理法者，决非良美。大多数之人，最初之整理法，系将其所采撷之史料文字，次第相续记注于一簿记之册上，一二依次序列之。极多之古代校雠考证家（吾人今尚存其余纸），及几于全数之初学生手，未经教练者，其工作情形皆如此。凡若辈所考虑而以为有趣味之史文，皆络绎记注于一记载簿录之上，此方法殊完全错误。盖史文积聚之后，早迟终须分类整理，否则将来苟欲诠释某点时，不免仍须将浑全之记载簿录，重行检读一过。苟需研究一新事物时，亦不获已每次仍须重新劳力搜讨。此方法最初所以能使人乐于使用者，盖因其节省时间耳。然此实为谬伪，盖结果将愈增加无限之搜索工夫，及组合材料之困难。

其他之人有颇能了解一切合法之类分整理之利益，因而自为格式，凡史料一经采撷，即记录于相当地位。若辈行此，皆用簿录，更于每页之前，皆为之标题，遂使一切同种类之史文皆能依类并列焉。然此方法亦不足取。盖其所增入者若非毫无困难，常能适当，其依标题而分类，成为刚性，仅共一度采用而不能随时适合所需。极多之图书馆家，往时曾以此法排定书目，然至今已为人所厌弄矣。

尚有一更粗恶之方法，无过于所谓暗记是也。若辈但于其记忆中，简单默记一切史料，而未常以书写记注之，遂取以应用焉。历史家之赋有优良记忆力，而又慵惰者，皆常为此。其结果则彼辈所为之援引及考证，大部分皆不精确。盖记忆力诚为最良美之方法，惟苦不甚精切可靠，其近于大胆，乃不可辩护。

今日人皆承认，凡史料之采撷，当写之于单纸零简之上。每一史文，记注于一种单页之零简，互相离立，而可以移动。其制作原始，亦尽其可能，附以适切之说明。此技术之利益，实至明显。彼单纸零简既可移动，吾人可于无数联合之中，任为分类；若有移易位置之需要时，亦可随意移动；又对于一切同种类之文字与以聚合，且于每一类聚之内部，络绎工作，为之增入附加物，皆极为便易。又凡一史料，关于各方面皆有趣味，且于多数分类中，皆能与之配合者，尽可将此种单页，造为多数同型之页，或当其可供利用时，可将此页视为一可开除遣送之单页，为之提出而配合他部。盖当广征博考时，对于史料之使用类分及组织，苟欲于单页之外，别有其道，则材料繁赜，决不可能。吾人今日所证明，凡一切统计家、财政家及文学家，彼之遵奉此方法，亦正如一切校雠考证家也。

惟此等单页零简之制度，亦非毫无不便利之处，盖每一单页所包含内容变化之史原，必须为适切之援引考虑。因之如人欲将一史料分析为五十单页，必须将同样之考虑重复至五十次之多，此事颇为增加书写之劳。因此琐屑无味之纷扰故，有若干人宁愿固执成见，仍使用不完美之记注簿册法，且尤有弊害之甚者，此等单页零简乃可飞散之片纸，故极易发生误置混淆之危险。若遗失一页，将如何补置乎？若人不能知其遗失为何，则其唯一补救之法，必须将一切既为之工作，重新再始为之。但按之实际，其预防之术亦极简单，盖本诸经验，固可将此等制度之不便利，减至极小量，其细节非此地所容详述。盖人本可设法使其所用之单页坚固妥贴，而造为一定不变之面积，于包纸或抽屉之中整理而置藏之。此等事可由个人自由自为习惯，然所当知者，视此习惯之为合理的或实用的，即可直接影响于科学工作之效果上也。

Renan 氏有云"图书馆之整理才能乃为科学工作之半部"，此语诚非过论。若干校雠考证家因具有整理编辑之艺能，而享适当之令誉，复有其他若干则因其拙于此事，而致终无所成。

史料采撷之后，或则扩长之，或则撮短之，既于单页或可移动之零纸上为之类分整列。然用何标题类别，遵何位置程序乎？于此甚为明了，盖各种不同之史料，应有不同之处置，执一构成之规律以绳之，无当也，于是有数种之普通考虑焉。

（二）吾人当区别历史家着眼于一历史工作，而类分整列其证真之史料，与校雠考证家之编辑为节要撮录也。盖撮录（撮陈而纪录）及汇编，皆系史料之搜集，而为合于方法之类分整理。但属于汇编之史料，乃照样复制而引申举陈之；属于撮录者，乃分析摘录而择叙其中各点。

凡此等汇编与撮录之用途，皆所以辅助彼搜讨史料人之工作。校雠考证家从事于搜索与类分整列之事务，由彼辈之力，将使后来之公众获省免此役之劳。

凡史料皆可依其时期、其原始地域、其内容、其形式之四者为之聚集。此盖为时间、地域、种类、形式之四种范畴，又交互为用，则得较细之分类。例如人欲聚集一切史料之属某形式某地域，由某时期至某时期者（法国 Philippe-Auguste 王朝下之敕书），或一切史料之属何形式（拉丁铭）、刻何种类（拉丁颂神诗）、何时代（自上古迄中世纪者）是也。

吾人为简切易明之故，因忆及有此数种著作之存在。如《希腊铭刻汇编》（*Corpus inscriptionum græcarum*），如《拉丁铭刻汇编》（*Corpus inscriptionum latinarum*），如《拉丁宗教汇典》（*Corpus scriptorum ecclesiasticorum latinorum*），与 J. F. Böhmer 氏及其继作者之 *Regesta imperii* 及 Ph. Jaffé 氏与 A. Potthast 氏之 *Regesta pontificum romanorum* 皆是也。无论如何分类，皆当于二者中任取其一。所谓二者，即凡史料之经此分类者，皆已注明时期或未注明时期是也。

若其可注明时期者，例如一帝王所颁发之宫廷敕书。人于此可将所搜获之此种史料，审慎位置其时期（可由近代推算而得）于每一单页之首。凡一切之单页，换言之，凡一切已经聚集之史料，皆以编年序列法类别之，更无有较易于此事者矣。此等编年序列法，无论何时，如属可能，皆应用之。惟实施时颇有困难。盖纵使此史料为极便于整理者，而仍有若干史料，其时期已经意外而亡失，此时期盖为编辑此项撮录之编辑人所欲校订补完，或尝试从事补完者。故长久而坚忍之搜索，关于此事，实为必需。

若其为不能注明时期者，必须于字母分类法、地域分类法、体裁分类法三者之间择用之。《拉丁铭刻汇编》编成之历史，即足以证知此项择取之困难。其中有云："按时期以为分类每不可能，盖大部分之古代铭刻皆不注明时日者。自 Smetius 以来，皆以其材料种类为别而不以时期为别。质言之，皆由内容辨别而不注意其制作原始，例如分为宗教铭刻、冢墓铭刻、武功铭刻、诗歌铭刻等是也。凡此等铭刻，皆同具有公共性质，而其实仅属于私人者。Boeckh 氏（德国十九世纪校勘家、文字学家，一七八五——一八六七）于其《希腊铭刻汇编》则拟用地域之分类法，彼之意见，以为从前所采用以材料种类而分类之法，仅在拉丁汇编中为可能。"（即在法国提倡地域分类法者，亦同此意见）又有云："颇欲将关于一地域之普通史之文字列为例外，一地域即一王国也。"当一八四五年，Zumpt 氏（德国史家）亦力主此等条理多端之折衷制度。于一八四七年 Mommsen 氏（德国十九世纪史家及拉丁文字学家，一八一七——一九〇三）以为仅地方郡邑之铭刻能使用地域分类法，直至一八五二年发表《拉泊尔国铭刻》（*Inscriptions de Royaume de Naples*）尚未完全改换此意见。惟当刊行《拉丁铭刻汇编》为柏林学术院所非议时，彼乃由经验所启示，遂弃置本于 Egger（法国希腊学家，一八一三——一八八五）所倡郡邑通史为例外，必需用地域分类之旧主张，而仍以为终当保存纯粹之地域分类法。吾人试观彼一切金石铭刻之史料，仅有就地域以分类较为合理，其事甚明。五十年来此理已充分证明，然一切铭刻之搜集人，则自两世纪以来，每试加反对而仅乃赞同，在此已往两世纪中，人之采集拉丁铭刻者，皆以内容材料分类。例如将 Cicéron 氏（罗马大演说家）之演辞论说书翰等加以割截，而就所研究使用之事实种类以排列所割截之片段是。又金石铭刻之属于同一地域者，皆比次类列之，使互相说明。最终吾人当知有千万种铭刻于此，皆种类复杂。各个分属于各品类各范畴时，视其材料种类为分类几于不可能，则盡就他方反求之，凡每一种金石物仅能属于一地域，且属于一确定之地域，则吾人固可施以地域分类法也。

凡编年分类法与地域分类法不能合用时，则字母分类法甚为便易。有或种之史料，如中古时代之宗教宣讲辞（Sermons）、颂神诗（Hymnes）及嫚神俗歌（Chansons Profanes）等，皆未注明精确之时期与地域。吾人于此可以循序之字母次序而分类，质言之，即对于每种中依第一字母而次第类列之。

体裁分类法（ordre systematique）或曰事件分类法，非专以供给编撰汇编或撮录之用。盖此法常为任情取舍，每致不可免之重复混淆。故凡一种典籍汇刊，既施以编年分类法、地域分类法或字母分类法之后，则最为有益之道，莫过于更为事件类列，采用体裁分类之法，而造为"内容材料细目"。盖编制汇编撮录之艺能（编辑汇编之艺能，在十九世纪下半期，达于极完美之程度），其主要规律，凡对于一切典籍汇刊，皆施以多方之类别与变化之目录，使其用途愈臻便易。例如在编年式撮录之中，更造为排定次序之他项细目，又如在一切撮录中，更依据固定次序而整理排比，以造为各种专名与时日之细目是也。

编制一切汇编撮录之人，其搜罗整理皆所以供他人之用，且所搜史料多为彼辈所确不感兴味者，而彼辈乃皆能以全力沉酣于此工作之中。至于通常之工作人，则不过因其个人研究之故而搜罗，整理其一切有用之材料。于此遂生差别。例如就事件分类且预先决定之法，对于编制巨量之典籍丛刊，其效用甚少。惟对于欲搜集材料以撰造专篇论述（monographs）之人，则常较他法为良。然专业编纂之人，由此等工作所得之经验，恒能具有善良之自然习惯。彼于每一单页零简之首，皆记注其地域、时期及其他情形，以此种标题签识之纸页，增多其交互之考证援引及其类目。彼又于一切整理归部之离立单页上，签注一切有关可用之史料，使其不致因遗漏错误之故，而对于既已整理就绪之工夫有重新再始之危险。此等足踏实地之固定方法，对于一切科学性质之历史工作，实能有甚多之贡献，使其愈便易而愈坚实。如 B. Hauréau 氏（法国史家，一八一二——一八九六）之所有单页史料类包，其整理极为优良（虽非完美，实已极佳）。因此事整理合法之故，彼对于其终身所从事之历史研究事业，遂能有丰富之获得，而成为一不可否认之专家学者焉。

第五章　校雠考证与校雠考证家

总合以前诸章所叙述之一切工作（校勘文字、鉴定其制作原始、已证真史料之搜集及分类），是成为校雠考证鉴定之广大领域，或仅曰外形鉴定。

校雠考证鉴定之学，在平常众人于卑近肤浅之标准中，每为人所轻视，反之，偶有一二人对于此事又极端颂美之。然在此逾量之推崇，与逾量之轻藐二者间，自有一公平之准度存焉。

常人粗浅之意见，对于彼从事外形鉴定者所为劳精敝神、琐屑细碎之分析工夫，加以怜悯及嘲笑，诚不值一哂。然此等校雠考证鉴定之阴郁工作，仅有一理由可使其合法成立且使人尊崇，而此理由又极为正确不摇。何者？盖彼乃一必需之事也，如无校雠考证则无历史矣。故Saint Jérôme 氏（拉丁神父，纪元后三三一至四二十）有言曰："世事苟不务其细者，则不能成其巨者。"（Non sunt contemnenda quasi parva, sine quibus magna constare non possunt.）

自他方面言之，凡专业之校雠考证家对于其所务之工作，而发抒理论，则未常以此工作之为必需而遂满足，彼辈常过于夸许此事之功能及重要。彼辈每曾言，校雠考证鉴定之方法，极为安全确实，能将历史一物，升举而跻之于成为科学且为"一精确之科学"。制作原始鉴定之为物，对于往古之知识，能较无论任何研究更为深入。原文校勘鉴定之习惯，能使"历史之知识"成为深密精确。彼辈对此既极满足，以为校雠考证鉴定一物，即全部历史之鉴定工夫矣，且自史料之校正、删除、考核、整理外，更毫无所事矣。此等迷惑之说，在一切专门家中信者甚多，其理颇为粗浅，不足驳斥。事实上惟对于史料之解释及其作者忠实精确之种种心理，施以鉴定，斯于往古知识乃较任何其他研究更能深入，此则不属于外形鉴定矣。设想有一历史家于此，彼适逢幸运，凡彼所研究使用之史料，皆既经为正确之刊版，皆已为制作原始之鉴定，且皆已类分整理，则其从事造史时诸事便利，当较彼辈曾亲手经营此项预备工夫者，决不逊其妥善。人亦有言，凡对于原本史料之原形污蔽或面目变更，吾人尽可不问，而亦能得丰富之历史知识。其意盖为不必亲身从事此等预备工作，亦能获得历史知识也。故不应拘牵解意，以铁案如山之态度，过信 Renan 氏之言为确。其言曰："窃思无论何人若彼未能有亲手整理原本史料之习惯，则吾实不信其能于历史上得一明晰之观念，且通晓各种历史探究之限度而可征信也。"此言特谓历史家当有直探史原，及诠释一定问题之习惯。但将来终有一日，凡一切史料关系于上古历史名著者皆经刊行，皆经鉴定，于是在此类学术领域中，更不须文字鉴定（原文校勘）及史原鉴定（制作原始）。当此情况，吾人对于上古史之全部或一部之研究，乃极为便利矣。吾人于此不厌重复声明之曰：外形鉴定者乃完全一预备之事，彼乃一方法，非一目的也。吾人理想，将来终有一日，实施既已完足，遂能省略外形鉴定之事。盖此一切工夫，仅以应目前暂时之必要耳。

  理论上不仅彼辈有志从事历史综合工作者，不须勉强对于自身所使用之材料，亲身作此预备工夫也。吾人更可质问：凡为历史著述之作者，若能各有专业，分工而治，是否更为有利乎？譬如其中一部分（校雠考证家），由外形鉴定或曰校雠考证鉴定，而将一切预备工夫整理就绪，而其他一部分自然减轻业务上之重大担负，而获得余暇专力，更进而从事于高级鉴定，及其组织构造之事。征诸 Mark Pattison 氏（英国史家）之意见，彼有言曰"历史不能由手迹本而造成"，其意盖谓人于自身所经营使其可用之史料，而更欲自身凭以造史，盖不可能也。

  于此所谓校雠考证家与历史家之职业，实际上显然有可分辨。历史家着笔耕耘以成为华丽清空之文藻，而未常从事于校雠考证家所为之工作。其在校雠考证家方面，则由于鉴定搜讨之功，但确定史料之状况，决未常从事于造史。彼辈之所有事，即对于史料之校勘清理及分类，彼辈对历史学之本身实无兴味，其对于往古之知识，不能较其同时普通民众为优。校雠考证家所为，正如以校雠考证之本身，即为最终鹄的。历史家所为，则凭藉其审虑精思之纯一力量，应用于史料内容之上，此等史料本为通常资料，但凭其能力遂可再建立已亡失之真实。其在今日，若欲造成校雠考证学与历史学之离婚，实为不合于理，且亦彼此有损。吾人固无需声明，凡现代主张历史学分工原则者，决无如此意见。故校雠考证家与历史家二者之间，应成立一密切之商业关系，盖此部所为工作，按之理论，无非以供彼部之利用也。其分离之程度，吾人仅以为凡或种分析工作与全部综合工作，当其同出于一人之手所经营时决不能完美。虽校雠考证家与历史家之性质可互相联合，然即使之分离，亦无所谓不合理。盖此种分离，在原理上正如其在实用上，乃必需之举也。

　　实际上所遭遇者略如下：凡人无论取历史中之任何部分以为研究，仅有三方式呈焉：其一，此等史原皆既经整理分类；其二，此史原之一切基本经营尚完全未施，或仅从事一部分，但其间实无重大困难；其三，此史原之情形极为烦难，必多费劳力乃可供用是也。凡任何事实，并非因使用此事实资料之先须费无限工夫，而后认此事实为重要。事实之有最高价值者，例如基督教原始及初步发展历史，非经累代校雠考证家之考征搜讨，未能明其真相。然如法国革命之历史，亦第一等重要事实，但其史原材料鉴定，所需要之努力乃极微少，若中世纪史中若干无大紧要之问题，则必须其大部分之资料，既完成外形鉴定，乃能达于解决焉。

　　在前之二方式中，于分工问题无所关涉，然在第三方式则颇重要。凡关于诠释历史某点所必需之一切史料，若其状况恶劣，例如或散乱不理，或深奥不解，或游移不确，则精密之思考尚焉。人于此事应有所选择，或全舍弃此役。虽彼知此等整理之必要，但以无味于此而决不尝试，盖彼以此事足耗丧其全部之精力耳。或其他若干人，则决意投身以从事此预备工夫之鉴定工作，决未思及以其不能分用之余时而将自身所证真之材料更自身从事于造史。故其结果，凡彼之工作，皆为后来者及他人也。在吾侪学人中，其择为后之一种者，是为专业之校雠考证家。彼辈先天的喜为巨大之史文搜集，且由其自身编纂刊布，以发表其鉴定之结果而用为造史预备。实际上吾侪所见，许多学人尝自区分其工作为从事于外形鉴定之预备工夫，与从事于更高级工作若造史之事者。于此举列其名，有如 Waitz 氏（德国史家）、Mommsen 氏及 Hauréau 氏皆是也。唯此等二者兼备之人，因许多理由，极为稀少。其第一理由，则生命过短也。若者为目录，若者为刊行本，若者为巨量之撮录，其繁夥无度之实际材料，虽以非常勤劬劳苦之人，亦将耗其全力，更无余勇；其第二理由，则校雠考证之工夫，其对于大多数学者，并非毫无魔力。凡人长久从事于此者，几皆感觉一种奇异之甘味，因而有许多能从事于他务之人，亦自愿限于此事中也。

学者从事工作，对于此校雠考证之一事，或自愿专力为此，或不愿事此而别谋投身，是果为良好现象否？无疑当认为良好现象也。在历史研究中，正如在工业中然，其分工之理相同，且因分工而益便利，则生产更丰富而整理亦较顺适。凡鉴定之事，由校勘文字之长期习惯而养成，其校勘工夫皆精巧熟练，妥惬无比。凡彼辈专力于制作原始鉴定者，皆较其他不娴此事者更为灵巧机敏。虽此种专门艺业如此烦难，彼辈亦不置念。彼辈以其一生悉从事于目录之扩充与撮录汇编之编制，其扩充与编制皆甚易甚速，较其他通常之人为优。且不仅彼历史家同时实习校雠考证之事，决无任何利益，即在校雠考证家中，亦仅以其自身规画之一部，贡献于全部外形鉴定之工作。譬之一木材工厂然，建筑之图样技师，欲同时为普通工人之事，决无任何利益。即其他一切普通工人，亦非为同样之事务。故一切校雠考证家，亦非严格专限于一种艺业。彼辈为嗜好之变易故，可由其志愿，从事于各种之校雠考证工作。于此吾人颇可别其名称，若者为编制详细目录及提要之工人（掌故志乘、收藏家、图书馆家），若者为专业于一切鉴定工夫者（史文之清理者、校勘者及刊行者），又其别部若者为一切撮录汇编之编制造作者。凡校雠考证之事，不过由于其效果而获有价值，此诚切当之论。唯其如是，此科学事业之分工亦不能行之过甚，且历史学益进步，则一切专门艺业之工人所专门研究之事物范围日益缩小。从前不久时，曾有人以一身继续探讨一切之历史工作，然此盖因彼非求极为精确以供用耳。今日所求者，乃彼能琐细审酌，从事于史料鉴定之人，盖彼能于此事成为一绝对的完美精确，而确具专门艺业之技能也。历史一科学，其在今日，固已达于此进化之一点，其大端之脉络已理，其主要之发明已成，彼目前所余者，亦仅为整理适合其详细节目而已。吾人于此颇觉此后之进步，唯有无穷之搜讨与极端之分析，此则彼专门艺业家所从事者能致之耳。

历史家与校雠考证最适当之分工理由，盖因凡个人皆本于其专门业务，而具有一自然之职位也。依吾人所见，历史学之高级教授存在之理由，盖能使历史学教师（拟定其为有经验之人）于生徒中，加以辨别，决定其是否具有校雠考证之职人胚胎，或其为不适合于专业校雠考证之工作。凡能鉴定者生而能之，不能者终不能成。其非生而具有此自然之性质趋向者，则专门之校雠考证，亦徒生其憎厌之情。凡见少年于投身此事尚犹豫不定者，而与以正当之勉励或劝告，乃吾人莫大之职务也。人所以贡献其一身于此项预备工夫之艺业，且自全部之中择此一部，盖彼于此事具有兴味耳。或则实见其为必需之事，而甘心投身于此。自道德眼光观察之，彼辈之择为此事，似不及甘心投身此事，舍弃别图者为贤。但其中大多数之结果，则以前者为优。盖彼辈之工作，非由勉强程课，而由兴味笃嗜。故学人择业之始，诚宜先事计虑，其视个人兴味，正如公共利益然，以此为鹄而选定专门艺业，以成就彼之所较适宜而优为者，亦重要之事也。

吾侪今请考验自然性质之趋向，与其不合于外形鉴定之工作者，并将对于由专业校雠考证之机械式练习，而演成之性习，略赘数语。

（一）从事于校雠考证工作之主要条件，乃彼于此具有兴味而乐为也。凡人具有诗人及思想家之例外天才者，质言之，有创造家之才能者，对于此等预备工夫鉴定工夫之专门艺业，颇不乐为，亦不适于为，彼辈且常存鄙夷轻藐之心。但反观之，彼辈之明达者，对此亦颇赞许称颂，但不乐自为此役，彼辈诚如人言所谓，不欲以剃刀割顽石也。Leibniz 氏（德国学者，一六四六——一七一六）为 Basnage 氏（法国神学家，一六五三——一七二五）所劝勉，而欲编成关于未刊史料及有关于人类法律史一切刊行本之巨大汇编，因致书于 Basnage 氏，有云："吾无心为此抄胥之事。汝亦曾思及，汝之劝勉，颇类人之希望其友与一恶女为婚否？盖使此人获得一耗尽终身岁月之工作，实无异使人结婚也。"又 Renan 氏，论及此等预备工夫之繁巨工作，有云："以此工作故，乃使高级鉴定之搜讨成为可能。"又其历史构造论有云："彼辈具有甚激切之知识需求（即彼辈为此校雠考证之人），而愿自限其才，牺牲于此专业，故可谓之伟男子。"虽 Renan 氏仅经营《色米提铭刻汇编》（*Corpus Inscriptionum Semiticarum*）之出版，虽 Leibniz 氏仅为《博鲁斯威克考证记》（*Scriptores Rerum Brunsvicensium*）之刊行人，然苟无 Leibniz 氏与 Renan 氏者，质言之，即苟无此一对专业者，则必无人能具有此牺牲其高等才能于纯粹校雠考证之精神也。

除却彼高等才能之学人外，吾侪曾言，一切之人，皆以久习于此预备工夫之细密鉴定，而感觉一种之甘美。此等鉴定工夫之历练，其趣味洋溢散布，颇为广遍，此趣味即搜集异品，与发见谜误之趣味也。搜集异品者，非仅童孩，即成人亦然，若变异不常见之物与邮票皆是也。又凡谜语之猜破，困难小问题之解决，皆极能诱人运用其精密之心思。凡因一切意外弋获之故，每使人获得一占有之娱乐。在校雠考证之领域中，有无数之意外财宝可供从事，或易撷如道旁之花，或难越如人之跨度障碍物，皆视人之专力与不专力，以成困难之能超越与不能超越焉。凡略为卓越之校雠考证家，皆具搜藏家之天性，与猜谜家之谜语学识。其中若干人对于此事实亦计虑明白，正如 Hauréau 氏之言："在吾侪所约定从事之道路上，若所遇障碍物愈多，则吾侪亦愈多可供玩悦之经营。"此种工作之性质，人称之曰"以别名隐谜为主之制作原始鉴定"，固不足以博取公众之嘉赏赞叹，然亦具有丰富之诱力，足使人献身而沉酣其中也。诚然，此事固为一种卑低之学问，然世果有何学术能时有所获足偿辛苦，且时闻其语云，"吾已有获得乎"。Julien Havet 氏（法国考据家，一八一三——一八八九），欧洲既显著之学者也，彼常自寻娱乐于琐屑费时之游戏，例如猜度四方形之奇字，与猜想隐语密谜等。凡个人天性富于本能，及幼稚可笑之特质者，皆能优越深造于此等工作。要言之，此为一确定性质，为科学精神之初步胚胎。彼缺乏此性质者，决不能置身于校雠考证之世界中。然校雠考证之事，其新来之候补学者，乃常为无量数，盖因此外命意释义之事，组织结构之事，史文造作之事，其工作之才能,皆较为难能稀有。彼辈一切投身史学者,亦无非欲自致于有用,既自审缺乏心理之灵慧,且自感其他工夫之艰难,故皆自愿沉酣于简单专静之预备工夫也。

然校雠考证之事,其成功仅赖于兴味之乐为,决不能足,是以尚有练习艺能之事乃为必需,于此而热忱志愿之为物实不足恃。但艺能果何物?此问题之答案甚空泛。盖此项艺能,其偏于德性方面乃较知识方面为多,例如坚忍之力与诚恳之精神等等,宁非较合于实用乎。

少年人对于外形鉴定之尝试,先天的决不厌烦,但有时虽努力从事而或完全无能为力。此盖一经验所示之事实,彼辈之智能不济,实不必引此为病而自馁,盖彼辈之无能为力,不过缺乏才力之普通情形,或其未曾为专门学习也。然吾人所欲言者,乃曾经训练富有才智之人,彼有特殊能力,且又未常具有上举之工作不利之情形,然亦常闻人云:"彼不善工作,彼具有不确而多误之天性。"其所为目录,其刊行本,其撮录汇编,其专篇论著,皆丛集许多之缺点,决不觉其可信,则虽努力而必终无所得。吾非谓能绝对使之准确,然凡一著述必当有使之准确之诚意乃可。此辈所为,盖染"不确实之病"故耳。英国史家 J. A. Froude 氏(英国史家,一八一八——一八九四)乃为一例证,极为显而可征。Froude 氏为一种有才能之著述家,但事实所证明,彼实常陷于虚诬,故人每谓其天性多误。例如彼曾游一小城,名 Adelaïde 者,为奥国属土,彼云:"吾所见者平原当前,一河界之,此十五万居民之小城,其中无一人之心中曾蓄有片刻之纷扰,但有宁静无欲,每日三餐而已。"惟实际征之,此 Adelaïde 城,乃建于山岭间之高地,无何种河流界之,其人口不越七万五千,且当 Froude 氏往游时,方困苦于饥馑。夫彼 Froude 氏,固完全识鉴定之有用者,且彼亦曾为英国专从事于就已传布而未刊行之原本史料,以为历史研究首出一指之人也,然其内心精神乃对于史文之清真毫不适合。质言之,凡彼所接触者,盖无意中已误毁之矣。如彼目迷五色之病,凡人之视官一染此病,则对于一平面物上之红部与绿部遂不能确辨。如此之人则绝对不许为铁路员役。彼多误而不确之病若 Froude 氏所患者,固非极难诊断,然在以校雠考证为业者所实习之事务中,此病亦当认为相矛盾而不并容也。

此种 Froude 氏之病，未曾由心理学家加以研究，且亦决其非出于特殊之病原病理(nosologique)。盖凡一切人之陷于错误，皆由急遽求速与轻忽失慎等等，以偶然变例之疏忽，遂养成习惯，而常不能以勤勉坚忍之努力，使其成为精确。此种现象大概由于注意力之薄弱，及无意识想象力之极端活动（或为潜意识的），其对于事物之意念，既不坚实，亦不甚严切，不足充分统摄其真象。此无意识之想象力，与精神劳动相混合，而讹误成。记忆力残缺，则代以悬揣，真实事物之量可任为增减，而与其纯然推断发明者相混合，若此之类皆是也。大部分之儿童，皆常用不精确之想象，以曲解一切事物，唯努力注意，换言之，知制驭其想象力，然后始得精确切实。然成年之人，亦多保留此类童心以度其一生者焉。

此种 Froude 氏之病，由于心理上之原因，固不具论。然颇有明白勤勉之人，又能权衡适当者，若其未尝经历必需之练习时间，则对于其简单之校雠考证工作，仍有措置失当之虞。盖在此项材料中，急躁求速，乃无数错误之一原因也。人有至合理之言曰，彼校雠考证专家之主要德性，即忍耐而已。工作不当过速，如将由停驻之故，而有所获得，搁置工作而不作，实胜于求速而致误。此等教训，言之甚易，苟欲遵照此说而行，则必需具有冷静沉肃之性质。盖凡急进敏锐之人，每求一事之从速完成，常变更其所经营之事，以图新奇。彼辈苟从事于他种之学术，或较为有益，但彼辈若攻校雠考证之学，则可决其仅取得一种暂时工作，苟且为之，有时其害或逾于利。盖此等长期琐碎工作，足使人致于劳瘁疲困焉。真正之校雠考证专家，常冷静、退守而周慎，彼置身于现代之扰攘生活中，决不急求推进。急进果有何益乎？最重要者，乃其所经营之工作能坚实确定而不败也。人宁因一古简之无确据，为折服欧洲二三学人之故，而对于一种仅有二十篇页之小本名著，以数礼拜之力锥凿之，或对于一种已参杂朽坏之史料，费十年之光阴，以重理其优良史文，视彼仅能将同时未刊之平庸史料，加以刊行，而使未来之校雠考证专家，终有一日尚须自始至终重加磨旋机械者，当较优也。

在校雠考证之领域中，人之选择此事以为专业，如所谓"校雠考证专家"云者，必须具有明决之智慧，强伟之注意力及志愿，思辨之精神，且完全屏绝自私心而深有兴味于活动。盖彼所从事者皆为效果遥远而未决之工作,且几于常为他人而工作也。关于原文校勘鉴定与史原鉴定,必需有猜谜专家之本能。质言之,须其心思敏捷而灵巧,多实材而能假设,能弋获及揣拟其所遇之情形,极为迅速,乃为有用。关于整理及编辑一切总目类目撮录汇编之事务,必需有搜藏家之本能,对于工作之特异嗜好,及秩序活动坚忍之诸品质,皆为绝对不可缺。若此者盖必需之品性也。故外形鉴定之练习,对于凡人之未具此项品性者,及凡人在未"入校雠考证之门"之先,挟其细密审慎之预备,而自信其能;及既获若干结果,以此结果较其所耗费时间,乃如是微末者,皆极为苦痛失望,此辈由缺乏明敏之观察,耗费岁月,误趋于此,效果渺然,诚为可悲。尤以有若干人,彼以或种充足理由,遂自信其能从事他途而胜利者,乃从事此途而失败,则更可悲也。

(二) 及其校雠考证之预备工作,乃特宜于德国学者之性质。十九世纪德国之校雠考证著作又极为重要卓特,故吾国欲观心理之变形,由外形鉴定之实地工作历练长久,以成此形,必于德国是求。然近日德国大学及其他同类学术界中,对于校雠考证工作及校雠考证专家所发生之病态结果,亦感痛苦。一八九〇年,Giessen 大学校长 Philippi 氏深叹惜以毕生之力从事校雠考证之学人,虽努力钻研攻凿,徒使普遍文化与鉴定工夫裂而不合。盖原文校勘鉴定,沦入于无关要旨之琐碎状况,其校对比照之徒,惟知以校对比照为乐,或以过度之审虑,仅建立一无价值之史料。凡此皆足证明,人之致力于学问资料,乃以为较之学问本体尤为重要。Giessen 大学校长,实有见于德国校雠考证专家皆具琐碎繁冗之习,又因其"过度费力于琐事细节",而恒为哓哓争辨不已所苦也。又 Bâle 大学,教授同年为一同样之言论。J. v. Pflugk-Harttung 氏,于所著《历史研究》(*Geschichtsbetrachtungen*)中有云:"历史之为科学,其较高之一部皆被轻忽,人所致力以求得之事物,不过一种微生物学之观察,于不关重要之细目琐节上,完全改置妥善而已。史文与史原之鉴定,已成为一种娱乐,正如在游戏场中,游戏人之所努力以博得者,不过评论者之嘉赏。今彼辈随处所获结果之价值,适成为鉴赏家之好尚而已。彼辈中大部分之校雠考证家,相互间皆顽野固执。又校雠考证家每具滑稽之幻想，彼积田鼠邱垤而号之曰高山，正如彼 Frankfort 城之富翁，其欣然自语曰："凡自彼处廊檐以望及之远域，皆吾郡土也。"吾侪于此可明白辨晰，凡校雠考证家之专业，须免于易犯之三种危险：一曰广泛不精，二曰吹毛求疵，三曰疑虑无能。

疑虑无能者，分析鉴定之习惯，其在或种知识之上，乃为一种宽缓迟滞之动作。自然有若干过谨慎而多疑惧之人，对于史料之鉴定刊布及分类上，加以几多之审慎，仍易于挂漏，而遗留小节之错误。此等小节错误，为彼辈鉴定学识未精之结果，遂引起其憎疑与畏惧。设在彼辈之著作中，偶发现此类性质之巨大错误，又因发见过迟，不能修改，遂致成为一种深刻之痛苦。彼辈因具此痛苦疑惧之病态，为恐其工作或有不完善之故，因而所为之事，每被阻滞。蹈瑕觅误自为考验之事，实足致彼辈自身阻滞不动，且彼辈亦以同一思想视他人之工作出品，故彼辈在史籍中所仅见及者，不过其所从事之证据与一切正确鉴定，而在此等鉴定中，彼辈所仅见及者，不过一切错误之应当改削者而已。

吹毛求疵者，乃逾量过度使用鉴定，于不当用鉴定方法时而用之也。世间有某种人，以为无论任何事物，皆怀疑谜，而欲试破之，即对于并无疑谜之事物亦然。彼辈由其所致疑之点，而于一种明了之史文上发生迷惑，由想象上认为其已经变异，而欲修正之。彼辈每对于证据确凿之史料，尚欲辨晰其伪造之痕迹，此盖为一种好奇心理，盖欲力矫其轻信的本能，而于一切事物皆怀疑之故也。凡人对于积极证实之史文与史原，若愈加鉴定，则愈足陷于增多吹毛求疵之危险，此甚可注意而易见也。实际上一切史原，若其时皆既施精善无误之鉴定（关于上古史之或时代，尚为将来预期之事），则最好当即将鉴定之事停止。然学者于此尚不舍弃，更欲施以甄练磨泽，如彼对于从前整理一切优良史文所曾为之甄练磨泽然。此辈既如此施用过度，则反致贻误而堕入于吹毛求疵之恶德焉。Renan 氏有曰："历史学中之个人特种研究及其辅助之知识如文字学之类，彼能使历史学达于相对的完善者，亦立刻能使其从此而倾毁。"吹毛求疵，即其原因也。

广泛不精者，凡校雠考证家之专于此业者，其普通趋向，皆以史料之外形鉴定一事，为一种困难而熟练之游戏。彼辈因此事之条律纷繁而觉趣味深厚（如围棋之戏然），至于业务之究竟目的，质言之，对于供给造史一事，漠然不经意。彼辈仅为鉴定之事而鉴定，在其目光之中，此等搜索考察之方法，其佳良精美，或胜于所欲求之学术上之结果。此种艺术癖嗜，盖不能将其工作达于一主要统摄观念，例如为知识上之获得，而将关系于一问题一事实之史料，为有系统之鉴定是也。彼辈漫不经意将关系于各种极殊异之问题事实之史料施以鉴定，只求从事于史料文字之极为坏劣参杂者而已。彼辈运输供给其鉴定之工具，施之于历史学一切疆域中，凡有困难疑谜不能解释而需要其职能者，无不从事。此种已决之疑谜，或至少尚在争辩之疑谜，彼辈皆随处搜索考虑之。彼辈所成功以贻后人者，并非历史学上有统系之著作，不过将一切可供思索之问题为凌杂不一致之收集考虑而已。此等研究正 Carlyle 氏（英国史家，一七九五——一八八一）所谓有如一骨董杂物店，或散漫零星之多岛海也。

　　广泛不精之人，以一种似是而非之辩论，自护其广泛不精。第一彼辈所言者，即凡一切事物皆重要也，在历史中决未有毫无价值之史料。"凡科学著作决无荒瘠者，凡真正事实未有无所用于科学者。在历史中，决无琐细事物。自结果上言之，工作而有价值，非由事物之本体，乃由所用之方法而已。历史之重要，并非一切观念之累积而为脑筋之劳动习作，为求得知识之惯习，简言之，为科学之精神而已。"在历史之一切事物中，人固可认为其重要之程度本有差等，但先天的无论何人，不能有此权利，敢宣言史料为"无用"。试问在此等材料中，以何者为有用无用之标准乎？有许多之史文，早经多时被人轻忽，及目光转变，或新有发现，则又急需取为自助之具。故凡轻弃一切材料，乃急躁之举也。史学搜讨之事，最有利者莫如先从事于探讨一切荒瘠不毛之域，使人能有备足用。凡本身无价值之史料，当彼足应需要时则价值自生。将来终有一日，或其时此项科学已完全建立，一切史料及不紧要之事实，皆可抛弃无用。然在今日之情形，则吾侪尚不能将广泛遍及之事，与必需探讨之事，区别为二，且其界别二者之线，由于相近似之故，亦常难于踪迹而得。有实际可确定为颇专门之工作，然按其外观，则颇空泛无用，且当彼工作失败，若其曾将或种事物，抛弃荒芜以致此，则又何以自解。

"科学之条律,正如一切人类之工作",亦正如一切自然之工作,"必须广泛撷其大体,且遍征而博取也"。

彼辈虽尽力发展其主张,吾侪对于此等议论思想,尽可不必为之反驳。关于此点,Renan 氏曾有辩诘,于主张此说与反对此说两方面间持论平衡,颇足息争。其论曰:"吾人若耗费一时间,在此时间中吾人本可从事于其他较重要之事物者,则依此意义,可认为无用。工师对于其所执行之工作必具有完全知识,虽非必要,所必要者,投身于一部分专门特殊工作之人,为完成其专门工作故,乃旁参少许普通知识耳。彼劳勤工作欲造成近代科学进步之人,试以哲学之理论衡量其所当为,则时间之节省者几何?吾人当憾人力之销耗过甚,盖由对于所欲达之鹄的缺乏定向,且缺乏明了意识而成此状况也。"

广泛不精之弊,于或种振起心思及完成德性之事颇不相合,然与专门技艺之训练工夫则无不合也。凡鉴定之颇为完善者,纯为卖弄技艺,决未尝一思索彼所从事经营之究竟目的。彼辈误加断定,以为广泛不精之对于科学自身,实无危险。彼广泛不精之校雠考证家,由其玄想与好奇心而工作。其撷取事物,因其烦难有味,胜于因其本为重要,故其工作乃无所贡献于历史家(即彼工作人由历史学之最后鹄的,而从事组织造史者)。彼辈不能贡献历史家以所切需之材料而反贡献以他物,故一切外形鉴定之专业家,其活动宜施于特定之方向,注目于最后解决所在之问题。若彼能自为训练自为约束以赴较高之目的,则其所得结果当更丰富。

将此种工作,为合理之团体组织以弥补广泛不精之危险,此观念已历多年。五十年来,人固常腾之口舌,以为当团结而加以约束支配,将分散之人力集中,其所梦想者,组成一"巨大工作处",仿效近代工业制度之巨大模型,而将一切为预备工夫之校雠考证专家聚于此中,使能为较伟大之事业,而愈可有利益于科学。其在今日,几于一切国家之中,其政府(历史委员会与历史会社之一切机关),学士院,学者社会,皆从事经营,如彼古代地方之寺院僧侣纂修大会所为者然,将专门艺业之校雠考证专家群集一处,由其协作一致以为此合力之巨工。然团结多数外形鉴定之专家于一地以从事,且措之于有相当能力者监察之下,实地、人才、资料方面，均感受极大困难。故"科学工作之团体组织"一问题，尚仅为预期待举之一事也。

（三）凡人对于同业俦侣之工作，为之鉴定评判者，每以傲兀武断从事。此例在校雠考证家为尤著，吾侪所见，其常具此种性癖，正与其常"耗费心力于微物细故"等也，此弊尤以彼存心欲为严厉鉴断评判者特甚。实则校雠考证家，亦有谦逊而和善者，此乃一品性气质问题。专门家之耗费心力于微物细故，曾不足矫改其自然之气质。如彼Bénédictins（考据学家之称）之言曰："良善之 Du Cange 先生，不作已甚，其自身所需之事，仅用眼与手指，尽所能为之。"彼于原则上不谴责人，常曰："吾之研究，乃为吾于此得研究之乐，非欲使他人遭苦恼，更如吾自身不欲遭苦恼也。"但实际上大多数之校雠考证家恒互相攻讦错误，彼此决不迟回犹豫，此为众所共见之实证。且时有粗率傲慢之言辞，足证其态度严重热忱。但除却其傲慢粗顽外，彼等实并无何害。盖彼辈皆如世所谓"学者"之物理学家、化学家等然，具有科学家求真之热烈感情。以此原因，故彼辈计度一切而多所辨激也，且彼辈因此遂能闭门断绝入路，使一切寡能与庸劣之人，曾为此专业之所困而无成者，皆却步不敢问津焉。

少年人中颇有若干准备投身于历史研究者，其好以商业之心思，计算一切，实胜于其爱科学之诚意。彼辈惟以粗率之志愿，急欲为积极之获得。彼辈常自言曰："凡历史之工作，欲求其为之而完全适合于历史方法之规律，必需无限之巨量劳作与审慎。然吾人不尝见有或种历史工作，其著作者所为，显然与历史方法之规律相违反乎？此等著作者，殆对此事颇轻于注意考虑乎？岂彼本于良知而诚心以事工作之著作者，果常受最高之考虑乎？知识之不足，不可以机敏代替之乎？"如机敏而真可以代替知识，彼辈产出恶工作，既较良工作为易。又在彼辈眼中唯成功为重要，则彼辈必且断定，以为如果成功，虽工作之恶劣亦无妨也。于此吾人当知人生世间，最良者不必得最优之成功，而学问之事不然。其故何耶？盖由批评之家极为严厉，彼为此等计算者，终致于无成，而同时亦可轻鄙。

其在法国，直至第二帝政时代，对于历史工作之材料，尚无明了正确之公众舆论批评。有极恶劣之历史校雠考证刊布出世,而无人指责,有时且获得非分之荣誉嘉赏。自有"文史批评"(Revue critique d'histoire et de littérature)以来,其创始之人,对于此等情形之事物,力加反对,断为颓腐。彼等以此见地,监视彼校雠考证家。若其缺乏意志与方法,过于计算利害而厌倦为过劳苦之校雠考证工夫者,即与以惩罚指斥。彼辈之从事于此可佩之行为,并非乐于攻击他人,盖将以此为一裁决机关,于历史学中建立其讹误之督责与公论之畏惧也,此后凡恶劣之工作人乃无地自容。虽此等批评之对于公众未具极伟之影响,而此巡查探捕之工作,发展其力量之所及,乃足迫令彼大多数人深感一定之必要,以力求诚实与尊重历史方法。最近二十五年以来,此势力推激之所成,远出于所期望。

今日在校雠考证家所学之界域中,欲苟且从事以惑人,实至难矣。彼惑人虽不难,而欲长久惑人则难。今日历史之为科学,其状况正如一般之所谓科学,欲发见一新错误,或否认一旧真理,已觉过迟。吾人能考察出化学之某项试验拙劣,或认识出历史学之某种刊本草率多误,或者在数月后或数年之后,但此等不精确之效果,虽暂时曾被人承认决定,而迟早之间(普通皆甚速)必被发现指斥而屏除。外形鉴定工作之原理,今日实极能建立完善。专门家之娴习于此者,在各国中,其数皆甚众,除少数例外之外,史料之细密目录、刊本、撮录、汇编、专篇、论著等,一经出现,皆经若辈立刻施以考察分析与鉴断,由此吾人当警戒,在将来之时期,若毫不顾虑,而刊行一校雠考证之著作,未尝先周详从事,使其成为不可攻击,则实为冒险或则于立刻之间,或则稍延短期,即足被攻击而倾毁。尚有或种富于良善志愿之人,亦不知此义,惟以简单志愿欲置身外形鉴定之域,而未尝为充实之预备。彼显然自信以为此事正如投身政治及其他之事业然,欲自致于有用,但须取大略临时之方法,而不须有"专门知识"。此等人其后必不免于悔恨也。其知此义者,则决不冒险。校雠考证家之劳作,对彼等并无何种利益诱致,彼等预知此事繁劳,而又荣誉有限,而且有灵敏之专门家,驻守境上,不能随意侵入。彼辈自知于此处,无用武之地矣。此等校雠考证家愚钝而坚定之诚实态度,有时且使造史之"历史家",不能不勉强与结提携之伴侣。

凡为此工作而不善者，彼虽曾搜讨，而较之校雠考证专家稍逊其精确，则大率退避以营史文造作之事。盖此事之方法条律，较为不甚严格明确，且尚未如此发达也。凡史文鉴定与史原鉴定诸工夫，当既奠定其科学之基础时，别方面，若历史学综合工作之方法，仅不过略有头绪。在校雠考证家之鉴定工作中，其内心之贻误，如混淆如愚昧如轻忽之类，极明白而易被察见。但在史文造作之工作中，则每足饰一文章辞藻之假面具，以掩或种之缺点。且此事人数众多，即使偶然对于此等当重视之点，未常善为训练从事，亦未必遂被攻击。但征之实际，在此一部中（史文造作），有时仍有或种机会，可免人之指斥，但此机会已渐减少，且信不久将有一日，彼肤浅之造史家曾为不精确之综合工作者，其受人之待遇，正如待遇彼不熟练而多错误之专门预备工作者然。十九世纪许多著名历史家，其死亡尚不久者，如 Augustin Thierry，如 Ranke（德国史家，一七九五——一八八六），如 Fustel de Coulanges，如 Taine（法国史家，一八二八——一八九三）诸氏及其他，今日皆被鉴定批评家所攻击搜剔，其所用方法之误点，皆被察见搜出而判定之矣。

于此当劝告，凡彼冷淡无动于他项思考者，须以诚笃忠实之态度向历史而工作。彼须时时念及，凡可任意为恶劣工作而无所谴责者，此等时期，盖早已过去，非今日所能行矣。

第二部 内容鉴定

第六章 命意释义鉴定（解经鉴定）

（一）当一动物学家考察一生物之筋肉肌体之形式位置时，当一生理学家证验一动作之状态时，吾人能承认其所得之结果，而无须怀疑，盖吾人能知其由何项方法，何种器具，及何种有形可见之方式以获得之耳。然 Tacitus（拉丁史家，纪元后五五至一二〇）论日耳曼之语曰"每年必更耕更植其田"（Arva per annos mutant），吾人既不知史料著作人所用方法是否准确，又彼所谓"田"，所谓"耕植"，亦不知果为何种意义，于此故需以基础工作，确认而确定之。此项工作，是曰内容鉴定。

凡鉴定工作之目的，乃欲对于一史料，发现其以何缘而被认为真实。目前之史料，仅为一长久工作之最后结果，其中详情细节，则其史料著作者未尝举以告吾人也。彼曾考察收集其事实，且也构造辞句，写成文字。此等工作与他人彼此之间完全别异，然又非能完全成为准确也。于此则对于著作者劳力之结果，加以分析，辨别其工作之或未能精确完成，则反对其结果，乃必需之事。分析之为物，乃鉴定工作中所必需者。一切鉴定之起始，皆为分析。

因欲使其合理而完善，则分析之事须将著作者所已完成之一切工作，加以董理，且将其逐一审验，视其每一项是否皆能准确。然此事必需将此史料写成时之一切行为，一一经历而察及。由史料著作人之观察一事实始，此事实即彼所为史料之对象者，以迄于彼措之于手底笔端以写成史料之文字，或吾人取反面之方向，由彼之着手所写成以逐步反溯其观察，亦颇为必要。此等方法费时极久而又烦闷，实无何人有此时间与忍耐之性以应用之。

内容鉴定之事,非如外形鉴定,常利用工具以获计效收功之乐也。彼之为物,不能得何种立刻之快意,盖彼非即确能解决某问题也。彼之所以应用,乃因彼之实为必要。而其所可供使用之处,仅限于极小量。历史家每乐于用探取简要方法,而将一切工作集合为两部:(一)分析史料内容所含,是为积极的命意释义鉴定,为确认史料著作者之命意所必需;(二)分析史料当制成时之状况,是为消极鉴定,用以证真著作者之所传述。此项重复之鉴定工作,仅于当用时择其一。凡人之自然倾向,当读一种史料文字,而欲于其中直接取撷一种事物时,决未尝思及应当确认其中著作者之心思,虽彼历史家之能工作而有方法者亦然。此种行为于读十九世纪多数史料时,可以从宽不论。盖其时手写史料之人,其所用言语及其思维方式,皆与吾侪近似,仅就可能状况中,察其命意立义而已。但若史料著作者之言语及思想,与读此史料之造史家极相殊远,或此史料文学之意义并非明确显豁,则极为危险。无论何人,在读一文字时,若未常专注以求真解,则可决其必参加自身之印象于其中。彼对于凡史料中之字句,能与其自己之观念相融会者,特能触及忆及,或先天的以其自身对于事实之意念与史料相牵合,因而于不自觉之间遂与史料字句相离异,而自构成一想象之史文,以代替原著作者之真实史文焉。

(二)于此当知,在历史学中,其常用之方法,在抑制最初之冲动,今有一确定不移之原则,虽极明显,然而常为人所轻忽遗忘,盖凡一史料,仅含有写成此史料之人之观念,故于谋造史之用而采择史文之先,必须以求了解史文之本身为着手。因之,吾侪乃得一历史方法之普通规律,凡研究每一史料,每须起始于分析其内容,而以决定史料著作人之真实意义为唯一之目的。

此种分析为一种基本工作,明画而独立。于经验上可决其仍以采用活纸单页之制度为便,正如校雠考证家所为之工作然。每一单页所包含者,为史料之分析,为史料分列部居之分析,或为所纪载叙述之时代之分析。其所分析必须不仅说明文字之普通意义,且当尽其所可能以说明著作者之鹄的及意念。必须将史料中所论述纪载者,善为文字之复制，以求合辙于史料著作者心思之特点。有时但于史文为心理的解析，即为已足，不必将其内容一一笔之于书，但取可用之点记之而已。然为防范吾人常以自身印象代替史文之危险故，则于此仅有一真实之安全保障法。其法为何？即凡对于一史料，若吾人未曾先将史料著作人之心理作用（若非施诸纸墨）为透彻了解之分析，则决不对于一史料文字从事采撷，或分析局部是也。

分析一史料，盖即对于著作者所述出之一切观念，与以辨察及使之离立也。于此，分析之事乃减缩范围，而为命意释义之鉴定。

命意释义之事，其经历区为二级：其第一级则关于文字语言意义之事，其第二级则为史料著作者之真确命意之事。

（三）对于史料中之文字语言之意义，加以决定，是乃一言语学之工作，如文字学（philologie 狭义的），即人所审定，而列之于历史学之辅助科学中者也。凡欲了解一史文，其最先必需之事，即为通晓其文字言语。然普通之言语知识，尚不足用。如欲解释 Grégoire de Tours（法国史家，五三九—五九四）而仅以普通之拉丁知识从事，实不足用，必需更进一步，对于 Grégoire de Tours 所写成之拉丁文之特殊性质，为专门之研究然后可。

吾人自然趋向，对于无论何处所遭遇之同样字，每认彼为同样义。吾人由天性上，更每将言语文字视为一定型之符号。按之实际，凡定型不变者，惟有彼创造以说明科学作用之符号耳。例如代数学之符号，或化学之专名术语是也。此等符号，每次表出，皆以单纯精切之意义，绝对相同而且不变。其表出者，为一种分析准确而固定之观念，此观念唯一无二，无论上下文字之联贯如何，使用者为谁，其表出之意义，常属相同。然在普通言语文字中，若史料中所写成之文字，则极为活动易变，其意义繁殖，恒为相对，而又多变化。同一之字，其含义乃表数种殊异之事物，其被同一之著作人使用时，乃以上下文联贯之故，而成为不同之意义。故其后凡每字之含义，由此一著作人至彼一著作人间，迁变差异，因时间而渐不同。在古典拉丁文中，Vel 一字，仅用以表"或是"之义，但在中世纪某一时期中，乃可用以表"并及"之义。Suffragium 一字，古典拉丁文为"赞推"之义，但中世纪拉丁文则有"扶助"之义。于此吾侪须知，凡对于一切史文之表出，惟以古典之意义或通俗之意义为说明，乃为自然之本能必当矫革。凡史料文字命意释义之基于文字言语之普通规律上者，必须更留意对其特殊状况，由历史上察其命意立义，以增订完成也。

对于史料中文字言语，决认其特殊意义之方法，有若干简单之原则。

（甲）言语乃由继续之演进而变易，每一时代各有其自己之言语，吾人必须认其为一种异型殊式不相同一之符号也。故为了解一史料之故，吾人须通晓"属于时间之言语"。盖即当写成此文字时，人所用以表出文字意义及型式者是也。吾人察得此项字义，乃因吾人取其曾使用此字义之篇段章节而合观之。若其中偶有其一者，则吾人必可大概寻得，其余之辞句遂可毫无疑虑，以推出其字义。此项知识所由获得，皆自历史辞类，如《拉丁文库》（*Thesaurus Linguæ Latinæ*）或 Du Cange 氏之辞源（Glossaires）皆是。在此等纂集之辞源中，每字之罗列解释，系将凡古书中有此字之一切篇段章节，悉与纂辑，更附及其著作人，以确定此字义之时间。

当作者使用一已死之语言，而书之于简册时，例如拉丁文字之属于中世纪上半期者，则吾人必须留意，此等字乃出于特种专用之意义，或取其典雅。例如 consul（伯爵）、capite census（编制选举户册之人）、agellus（广大领域）等字皆是。

（乙）凡言语之习惯，本可由彼此两地相迁变而殊异。于此吾人当通晓"属于地域之言语"，即写成此史料之地域，其中所有各字特殊各别之意义，流行于各地方者。

（丙）每一著作人，各有其行文用语之惯式。于此吾人当通晓"属于著作人之言语"，即彼所使用之字之特别意义也。于是有作者个人之辞典，如 Meusel 氏之《凯撒辞典》（*Lexicon Cæsarianum*）是也。盖将个人著作家所曾使用之每字，聚合其一切篇段章节，以合观而探得之。

（丁）凡一辞语之表出，能因其所上下联带遭合之篇段章节，而意义于以变更。于此吾人凡解释每一字一句时，不当视彼为单独离立，而当着眼于其上下文联贯之普通意义，是为"文字意义联贯之定律"，实命意释义之事之基本条律也。其大意盖当吾人由一史料文字中取其一字一句以供使用之先，吾人必须能将此史文之全体读过，而严禁割裂引用。盖谓彼由一篇段章节中零碎证引其辞句，而未常注意于由上下文联贯所给与之特殊意义也。

此等规律，若严格应用，则可组成一命意释义之精确方法，能使其脱离一切错误之危机，但必需费用最大之时间也。试问对于似此情形之每一字，吾人皆须以特殊之方法，决定言语之由于其时间、其地域、其著作家、其上下文字联贯所变易而成之意义，则其工作当为如何繁剧。此等工作，于良善之翻译，古代著作之有伟大文学价值者，皆当应用，至各种繁巨之史料，吾人于实用时，以撮要缩短之方法施用而已。

一切之字，并非有同样意义变化之可能，其中多数，于一切史料著作家及一切时间中，仍略保存其常同不变。吾人于此固可满意于能以专殊之研究，专施于辞语之由本性上常易于成为意义殊异者。第一，凡既经造成之辞语，其形式意义皆固定，故不随其所由组成之字而演变；第二，凡指示事物之单字，其本性每属于多演变，如人类阶级（miles，colonus，servus）、制度（conventus，justitia，judex）、惯例（alleu，bènéfice，éléction）、情感及普通事物之字是也。对于一切如此种类之字，冒昧确定其不变之意义，自为鲁莽不慎。故在吾人所解释，其命意立义之史文中，证知其著作人所用何义，此乃一绝对必需之预防方法也。Fustel de Conlanges 氏有言：“字义研究，在历史一科学中极为重要，有辞语之解释不善者，或即为一巨大谬误之源泉。"事实上彼仅以命意释义鉴定，为有方法之简单应用，其对于 mérovingiens 时代历史研究，仅以此方法诠释一百字，即使此研究开新局面焉。

（四）既于史料加以分析，且决定其辞句之意义后，吾人仍未能决其遂达于著作人之真正意义也。盖彼史料著作人有时固可使用不正当之意义，以造为辞语，有数种情形，为人所常遇者：如寓言及象征之言，谐谑及愚弄，隐谜及暗射语是也，即普通常用语之中亦然（如比喻与失实之语及言逊其实皆是）。在此等状况中，史料著作人曾有意为不确实之方式，以自掩饰者，必需抉破其文字上之意义，以透视其真实意义。

按之逻辑，此问题极为困难，吾人决无任何标准，可决其必能侦出此种不正当之意义也。如所谓愚弄之一种方式，在十九世纪时，已成为文学之一种作者，且将以深闭隐匿，勿泄露一切诙谐戏谑为工。但在实用方面，吾人却可大概确认，无论何处，若一著作家意在说明一明彻了解之事物，则彼决不使用不正当之意义。故吾人对于官书公牍及史乘掌故，未尝遇有此等困难。在此等情况中，凡史料之普通形式，可容吾人擅断其为皆由字面之意义以写成，更无所谓潜伏之意。

自他一方面言之，吾人必须预备认识此等不正当之意义，若当使用此意义时，著作人之用意实较能使彼明白易解为尤要；或彼之写此，乃以付彼公众阅读，此公众盖能从字里行间通晓其隐语者；或彼意在将对于深邃知识（宗教或文学）为之浅说，而企图将其象征之言及譬饰之言，使人了悟。在此等情形中，则有如宗教之文、私人翰牍及一切文学著作，盖据有古代史料之大部分也。对于此等文字之隐秘意义与以认识及决定，则必有其艺术。此艺术在疏证学（hermeneutic 此字在希腊文为命意释义之意）之原理中，与《圣经》文字及古典著作家之注释考证中，实据一重大之地位。

此种藏于字面之后之不正当意义，其方式皆极不同，变易甚剧，而又极倚赖于其特殊之境况，故未可将侦察之事纳于一固定之规律也。于此仅能设一普通原则，凡当其字面之意义为背谬不相粘联或晦塞不明时，或与吾人观念所知著作人或所知事实之属于彼者，颇相违悖，则吾人可擅断其为一不正当之意义。

此等意义之决定，其所为之事，与研究一著作家之言语之事相同。吾人必须集合一切篇段章节，凡于其中疑为有不正当之意义者皆与以比较，且更将其由上下文联贯之关系，而搜索其是否决未有一误义。此等行为有一极昭著之成例，即《圣书末卷默示录》（Apocalypse）中之 Bête 一字，其隐寓意义之发现是也。然吾人于此，实无任何确定之方法，以解决此问题。吾人决无此权能，敢谓凡文字中所含有之隐匿意义，皆经吾人发见，其寓言托辞，亦皆被吾人攫得。且当吾人自以为既得其意义时，更不当不留余地，以供必不能免之审考解释。

反之，此等情况实能引人于无论何处皆好搜求其隐寓意义，有如新柏拉图学家（neo-platonists）对于柏拉图著作，与瑞典神秘派哲学

(Swedenborgians)对于《圣经》(Bible)之所为是也。此等苛屑考释(hyper-hermeneutic),今已过去,但吾人仍未能完全免于随处搜寻隐寓意义之事焉。此类之搜索,常重推度,其足使疏文释义之人,甚满足而自负,远过于其能使历史学得一有用之结果也。

（五）吾人最后既达于直探得文字之真正意义,则此积极之分析工作遂告完毕。其结果乃使吾人能认识著作家之概念,其心思中所曾有之想象,其总意念之曾经表现以代表其自身之精神世界者,因之能达于通晓其意见其主义与其知识。此种之探获,乃属于知识之一极重要部分,由此以组成历史一科学之各种类焉。例如图解之艺术史与文学史、科学史、哲理与道德伦理教条之史、神话史与独断教义之史（称为宗教信仰史者,误也,盖其所研究,为显著之主义训条,而不问其是否信仰也）、法律史、典章制度史（决不问其将如何施措于实际之用）以及民众之纪载、习传、意见、概念,凡民众传说(folk-lore)之一名辞所得包举者,皆搜集而成书焉。

凡此类之研究,无非需要一外形之鉴定,用以考察其制作原始,及其命意释义。彼所需要之惨淡经营,以视从事于实质材料之造史,其烦难之程度自较为轻减,故且亦遂能基于一定方法,而早臻成功也。

第七章　忠实与精确之反面鉴定

（一）分析与正面从事于命意释义鉴定，仅能透视史料著作家心思中之内部工作，亦仅能助吾人以通晓其意念，至对于外方之事实如何，则未尝有直接之说明，以给与吾人也。且当一史料著作家从事观察时，其所为文字仅说明彼欲如何以表出之，而非彼曾如何真见之，尤非彼曾如何实遇之。故凡一著作家之所论述者，常非其所自信，盖彼可有讹言也。凡彼所自信者，尤常非彼所真正遭遇，盖彼可有时错误也。此等例证，事至明了。最初吾人之天性，每对于一史料中之每一项纪载，皆承认其为真确，且均臆断其并无史料著作家曾为讹言，或曾被欺骗。此等一心向往之轻信极为有力，盖吾人有时坚执迷信，对于彼错误与虚讹之无数例证，由每日经验所侦得以陈于吾人之前者，皆毫不顾及。

实际上历史家之工作，因其所获得之史料，彼此有所背驰出入，遂不得不令彼辈加以审虑。在此等状况中，乃不免于致疑矣。经审察考验之后，乃承认有错误及虚讹之存在。于此则从事反面鉴定，对于屏除一切显然错误或虚讹之纪载，实觉其为实际上一必要之举。然人类信赖之本能极难消灭，故不愿彼一切专业家，适用外形鉴定中制作原始鉴定之同样怀疑方法，以施之于内容鉴定之一切纪载。凡历史家与善用历史方法之学理家，其所为工作在将一切普通意念、通常型式与史原鉴定之精确方术相参用，借以获得圆满结果。彼辈盖乐于审验，凡史料著作家是否大概与其所述事件同时期，彼是否为一目睹之证人，彼是否忠实不欺而探讨得法，彼是否深晓此真实，而颇愿说明之。更减缩此全问题为一简单之型式，即彼是否为一忠实可信者。

此等粗浅之鉴定，以视全无鉴定者当较优，且对于彼辈以确实超卓之精神而施鉴定者，亦尽可足用。但此事在普通轻信与科学方法之二者间，亦仅远半途，盖此事本如其他各种科学然，其出发点必为有方法之怀疑也。凡对于一切未经证明者，皆必须暂时视为可疑。欲承认一种例证，必须以精确可信之理论证得。故应用于史料纪载者，正当之致疑，乃竟成为正当之不加信任。

历史家当先天的对于一史料著作家之每一项纪载，当未能决其必无虚讹或错误时，皆不信任之。最好彼辈取一放胆擅疑之态度，盖历史家采取一种纪载，在彼自身必认为此纪载具有科学的真实。若能决定于此，则凡纪载之未经优良理论所承认者，彼皆无权采用，然人类本性每于不自觉间而为冒昧决定。（参观中篇第一章）欲反抗此危险之倾向，则鉴定之事乃为唯一仅有之防御法。吾人不应迟缓迁延，直至史料之各种纪载既相冲突，而后迫吾人以怀疑，吾人当于开始时即怀疑之。吾人决不当忘却，在史料著作家之纪载与科学所承认之真实二者间，本有分离之间隙，故吾人采用一种纪载时，当怀有一种责任心焉。

吾人即已决定适用此反抗自然之不信任态度于实际上，而吾人之本能则常趋于自由，不受拘束。自然之倾向，乃系对于一史料著作家或至少其全部史料，施以笼统之鉴定。在一束史料中，区分为二种范畴，绵羊之群居右，山羊之群居左，其一方为忠实可信之著作家及优良史料，其他方为无征可疑之著作家及恶劣史料。吾人既尽量以使用不信任之权能，遂能屏除不良者，而在一切优良史料中，任意将彼不须怀疑之一切纪载采取引用。吾人对于可疑之著作家，若 Suidas（希腊十世纪文典学家）或 Aimo，皆以为不足征信，然于 Thucydides 或 Gregory de Tours 所言之一切事物，则皆承认其为已建立之真实。吾人以法庭裁判之举动，施之于一切史料著作家，而将其证状供辞，区分为可信者与不可信者。吾人曾一度证知其为可信之证人，则后此凡是一切之证明，皆自然信赖之，若无特殊理由，则吾人不必致疑其一切之纪载。故吾人既承认一作者，则对于彼尝加左袒，借有对于此健全之证据不加信任者，则其人必负证明之责，如在法庭中所有事也。

所谓"证据确凿"（authentic）之一字，吾人假借自司法诉讼之成语中者，其使用尚多困难。盖彼仅谓能探其原始面貌，而非论其内容。凡谓一种史料为证据确凿，仅单纯谓其原始面貌已确定，而非谓其内容之全无错误也。然证据凿确之名辞，每能引起世人之尊重看待，使吾人承认其内容亦无可疑议。凡对一证据确凿史料中之一切纪载而加以怀疑，颇似放胆恣肆。故至少吾人当掊击其史料著作家之证状之先，必须自期于能压伏其所谓证据。

（二）当有方法以矫正自然之本能。凡一史料（尤以史料著作家所自造之文字为甚），非仅一整个物遂为其全体，彼乃由多数离立之纪载所合组而成。其中若干常以有意或无意而成错误，而偶有其他若干之著作家则又忠实准确。盖每一种纪载皆内心工作所为之结果，或为之不精确，或为之极精确也。故仅将一史料之全体浑合加以考验，尚为未足，必须对其每一项纪载，一一分立而考验之，吾人离分析之事而言鉴定，实为不可能也。

故内容鉴定之事，导吾人以两条普通规律：

（甲）科学的真实，非由彼保证之辞而建立。吾人欲承认一种例证，必须由特殊之理论推断而信其为真实，在或种方式中，吾人固可遇见，若干史料著作家之所纪载，实为充分可信，但此事吾人不能预知也。于此设为规律，吾人必须将其离立之，每一项纪载逐个加以考验，用以决吾人能组成充足理论以信仰之与否。

（乙）史料鉴定，不可囫囵整块为之。法当分析史料与其质素，用以离立其所含有之各个纪载，且更分别考验之。有时一单独之句，含有数项之纪述事物，必须逐一分离而鉴定之，例如一售卖之事，吾人必须分别辨识其日期、地址、卖者、买者，与其所卖之物、价值，及其一切情形之各条件焉。

故实施上，鉴定与分析，为之必于同时。除却彼艰深文字之史料外，皆必须先之以命意释义之分析与鉴定也。当吾人了解一辞句时，即早已从事于分析，且鉴定其每个之质素。

于此显然可知，凡鉴定之事，逻辑上实包含多数之工作，将欲为之说明，必须略加详细，用以了解其机械组织及应用原理，遂不免有迂缓不切实用之印象。实则对于一种纷难之工作，欲加以口头说明此种印象，必不能免。试以击剑之动作，与说明此动作所须之时间相较，则知之矣。又试以翻阅文法字典，与流览疾读所须之时间相较，则知之矣。鉴定之事，正如各种实际艺术然，具有分段落而为研究之习惯。当学习时代，未获得其习惯之先，吾人当思其每一段动作，皆一一离立，更从而分段一一解析之，故为之甚迟缓而困苦。一旦此习惯既成，则其各段动作皆成为本能而不自觉，固可为之较便易而迅速也。读史文之人，对于鉴定工夫之迟缓，不必苦其不易，盖彼将于此后实际使用史料时，见其如何简短便易也。

（三）于此可说明如何实施此鉴定之问题。今有一人所为之纪载于此，吾人未尝能见其为此纪载时之内心工作，此纪载之价值，盖专赖此人所成纪载之外表状况，而须确认其所为工作是否准确无误焉。此问题之表面，已诏示吾人不能于此种情形下，希望任何种直接而确定之解决，盖彼尚缺乏一可为元质之论据，此论据即彼著作家成此纪载时关于内心工作所为之状况也。鉴定之事，于此乃不能于间接与暂时之判断而外更有进步，故其所当为无过于贡献论据以供最后之劳作而已。

自然之本能，使吾人以外表形状，判断一种纪载之价值。吾人自思能于瞥眼之初，即可知彼史料著作家之忠实或精确与否，吾人专探求彼所谓"力求忠实"或"真确之印象"。此种印象之发生，几于不可抵抗，然有时仅为一种欺惑。凡忠实与精确，盖无任何外形之标准也。所谓"力求忠实"，即自以为真之表现。凡演说家、优伶与惯为欺谎者，常用之于其讹言之中，以较一惝恍狐疑之人，用之于其所信为真实之纪载中者，盖尤为多。此种自认自证之说，并非皆可证明其常为可信，有时仅证明其为巧滑及厚颜自许而已。同一之理，彼详考博证，虽足引起一经验不足之读者发生明确之印象，然实不足以保证其所纪载必为精确之事实，彼不过给吾人以作者忠实之想象，或其不谨慎而已。吾人尝对于事实之纪载下一语曰："此等性质之事物，不能任意构造。"彼非能任意构造，固也，但彼却极易将一人一地一时惝恍附会于其他。故任何史料，决无以其外形之质性，使吾人获省略此鉴定之烦劳也。

一史料著作家所为叙述纪载之价值，惟赖当彼从事此纪载时之心理情形而定。鉴定之事，除却考验此种情形外，亦更无其他之根据。然此事非必改造其一切，盖仅对于一简单之问题能解答之已足，此问题即

"彼著作家是否曾将此工作妥善为之"而已。此问题当于两方面探索之：

（甲）制作原始鉴定之事，亦尝与吾人以知晓史料著作家所为工作之普通情形矣。此等情形，于彼所为个别工作上具有影响，盖事之或然者，吾人于此宜首将吾人所具对于此著作家个人之知识，及其史料之文辞组织，加以研究，专注精力以视察此史料著作家之习惯之情思及其人格地位，或其组织为文之情况。由一切之原由，吾人能辨知其一方为不妥善者，而他方为例外之妥善。为知晓此原由之故，于着手之先即须着眼。唯一之方法，即获得若干疑问，以推究其具有不精确之原因。吾人更应用之于写成史料之普通状况，以发现此使著作家内心工作不精确而结果错误之各种原因。吾人即获此一切（即彼制作原始之状况，极为明了显著者亦然），乃为一普通之说明，但尚不足以尽鉴定之事。盖鉴定之事，常应施于离立之个别纪载也。

（乙）离立的个别纪载之鉴定，惟限用于一种单独之方法。此方法，以较彼研究史料组成之普通状况之方法，盖极相反背。其所以探讨者，非由考察其著作家之通常状况而得，乃由人类心思中所必需经历之方式境况而得。盖此心思既为人类普遍现象，则必表现于各项之个别纪载中也。吾人对于凡人所以致于更变事实大概属于何等程式情状，既已知晓，则吾人所当为者，乃对于此等状况之每一项纪载，由人类之定律习惯上，而考验其制作之情形，是否足以使吾人怀疑其所成工作之为不精确。故此等实施之方法，必须引起若干之疑问，皆为彼不精确之惯因焉。

于是此全部之鉴定事业，乃纳于二问题而解答之已足：其一，将史料组成之普通状况，呈现于吾人之前，使吾人可推知其普通原因以定其可信或不可信；其二，将每一项纪载之个别状况，使吾人皆得实觇，吾人可获得其特殊原因，而定其可信或不可信。此二重疑问，必须于吾人着手造史之先应用，使吾人对于普通的史料全体与特殊的每项个别纪载二者，皆能为有方法之考验，如其一切史料皆相同，则可由此一次而推定其一切皆可供用。

（四）鉴定方法包含二项疑问，此项疑问，即由于史料制出时之二项工作情形所生。盖所有一切命意释义鉴定，仅能告吾人以彼史料著作家之所命意如何，尚有更须留待吾人决定之事，乃为（甲）彼之所自信者若何，盖彼或曾不忠实也；（乙）彼之所真确知晓者若何，盖彼或曾蹈错误也。吾人于此可知，对于史料著作家之忠实而为精密考验，由此以探得著作家之曾为谎言与否，又与对于著作家之精确而为精密考验，由此以探得其曾蹈错误与否，盖判然两事也。

欲求知晓彼著作家之所自信者若何，除却吾人有意对于其性质思想，为特别之研究考察而外，于实用上颇稀有此需要也。吾人对于史料著作家之本身，实无何种直接之关系。不过以彼为纯然一居间传达之物，由彼以达于彼所报告之事实外形而已。此鉴定之目的，即在决定此著作家之报告事实是否准确无误。如彼曾为不准确之报告，不论其为有意与否，实不需为之辨别，于此吾人绝少机会，将著作家之忠实信仰分别考验，但将其致于不精确之一切原因，缩减为一单组问题而已足。但为明了起见，此问题可分作两项而辩论之。

疑问之第一项，即探求果有何原由可对其所纪载之信史而认为不可信。吾人须研求彼史料著作家是否处于或种情势之下，而使其倾向于不忠实。吾人必须探求此影响于史料之普通组织与特殊之每项纪载间者果为如何之情势。经验曾赐吾人以解答：凡违反真实之每项有意讹言，无论巨细，皆由著作家欲使其读者发生特别之印象故。于是吾人之疑问，更可缩为一束动机，即在通常状况中，彼著作家所以为此讹言之原由，其最重要之状况，如下所举：

（甲）史料著作家为欲自身获得一实用上之利益故，因而以讹言欺惑其史料之读者，使顺适于彼所从事，故彼乃有意为虚讹之言。吾人于此当知此著作家乃以讹言为自便利也。此等状况在大部分官书公牍之史料中为最多，即彼史料之不因实用而制作者，其一切关于自身利益之纪载，仍有讹言失实之虞。吾人欲求将所致疑之纪载加以决定，则必须问此著作家之写成此完全史料，曾有如何浑括之目的。又其因各种特殊事件而为各项离立纪载，用以组成完全史料者，亦曾各有如何之目的。于此必须力矫吾人之两种自然本能以从事：第一，当问彼著作家果曾经具有何种之利益，其意盖谓使吾人设身处地，当彼之境，其利益若何。吾人当反问彼辈之为讹言曾自信其有何种利益,而吾人当于其兴味及理想上以设法探求之也;第二,非仅对于著作家个人之利益为之计算,吾人当记彼著作家,有时盖因对于一团体群众之利益而为此讹言也。此乃鉴定上之一种困难。一著作家同时可为各种殊异团体之一员,一家庭,一省区,一邦国,一宗教派别,一政党,一社会阶级,彼皆属之,其利益盖常冲突。故吾人于此,必须发现其中之某团体,为彼所较为有利益兴味而为之工作者。

(乙)著作家每处于一种地位,迫彼以造为讹言。此如彼欲作成一史料,使之合于规律及习惯,而其当时之境况,有若干之点,乃与规律及习惯相冲突,于是彼乃不得已而谓此境况为合法,遂对于一切不合于规律之各端,进为虚讹之宣言。几于凡各种行为之报告,其日期,其时间,其地方,与其时参预之人数及人名,皆有若干轻微之错误。吾侪若非通同作伪,类能察见此琐屑之虚构。但吾人当鉴定一属于过去事实之史料时,每遗忘此事。盖所谓史料之"证据确凿"之性质,即足以欺惑吾人。吾人于本能上,遂认定"证据确凿"与"忠实"为同义之字。严格之规律,所以控制一切证据确凿之史料组织者,似即为忠实之保证。其实不但不能保证其忠实,实乃为虚伪之诱致,所讹造者,非其主要事实,而其附属之境况。吾人对于一报告曾为人所签名者,即可推度其人曾认可此事,但非谓其真确曾见此事,如其报告中所云云也。

(丙)史料著作家之意见,或对于一社群(国家、党派、名号派别、省区、城市、家族之类),或对于某类之主义学说训条(宗教、哲学派别、政治原理之类),有所同情,或有所不同情,乃曲为改变事实,以优厚于其所友好者,而薄于其所仇视者。此乃一著作家普通之性癖,常影响于其一切论述。且此理亦极为显豁,古代之人已知此理,而锡以名矣。(拉丁语之 Studium 与 Odium 即喜求与厌弃之意。)自古代以来,历史家之自讳具此二病,已成文学上之常语矣。

(丁)史料著作家有为其自身或其同群之虚荣夸耀所惑而造为讹言,用以抬高其自身或其同群者。彼为此项状况之纪载,意在给读者以印象,和彼自身及所具品格为应受尊崇者。于此吾人必须对于一种当前之纪载,问其是否不为虚荣夸耀所影响也。但吾人于此当留意,勿以吾人自身或同时人之虚荣夸耀,代表著作家之虚荣夸耀。殊异之民族,各有其殊异原因之夸耀,并非随地皆同,故对于著作家因自身及其党徒而造作之讹言,而吾人认为可嗤鄙者,必探出之,且当问何者为彼著作家之特殊夸耀也。查理司九世(Charles Ⅸ,法国王亨利二世之子,一五五〇——一五七四)曾言过其实以述彼所为 Saint-Barthelemy 之屠戮。① 此实一夸耀之普遍情况,盖欲以此自表其地位能力之超卓,且曾手成此重大之事业也。故吾人对于一种纪载将著者自身或其同群,抬高为世界之最尊崇显要者,皆当不信任之。

（戊）史料著作家欲取悦于群众,或至少亦求群众之不惊怪而开罪,故彼所表出之情感意念,力求与其同群之信奉趋尚者相融合调和。虽彼之意见不与时人同,但彼终为求与其时之感情及偏见相适合之故,而改变事实焉。此类讹言之纯粹形式,若大礼之纪录,若官样颂赞之文,若遵循礼仪程式之宣言,若先期预备辞藻之演说辞,若谦辞虚礼之口语皆是也。此等纪载之可致疑,乃使吾人不能于其上探得任何可承认之事实。吾人对于今时所使用于日用寻常之虚礼虚言,完全通晓。但吾人于鉴定一史料时,则常遗忘此事,尤以对于史料已稀有之时代为甚。今时寻常函札之尾端,例有敬候大安,表示恭逊之语,决无人确信此等言语,具有真实之感情也。然人对于中世纪或种教会居高职者之谦逊文辞,则久已信之。盖当推选之时,若辈即逊谢其职位,此等职位乃若辈自身宣言为不应得者,吾人遂信其果不应得。最后经人参酌比较,而知此等逊谢乃纯然一种习惯之形式而已。然尚有校雠考证之学者,如十八世纪之 Benedictines,乃仍欲就王侯之宫廷诏敕中探求诚直可信之事实。

欲认识此种习惯之言辞,则有两方面之研究,宜并行焉。其一,为直接以研究此史料著作家,而发现其刻意以求合者,为如何之群众。盖在同一之邦国地域中,有许多殊异而相关联之群众,各有其道德情感与幸福功能之法式;其二,为直接以研究彼群众,而求所以决定认识其道

---

① 本章中所举查理司九世屠戮事。法国王查理司九世生一五五〇年,殁一五七四年,夙奉旧教,深恶新教徒,其母 Catherine de Medicis 及其兄 Guise 并崇奉旧教,同谋假名其弟 Henri de Navarre 结婚成礼之日,新教徒皆来集观礼,遂伏兵悉屠杀之,无得免者,是为一五七二年八月二十三日也,史家称为历史中之一大惨剧。

德情感与生活程式。

（己）史料著作家欲以文章辞藻之美妙，取悦于群众，故彼依据其审美之意念，使之润色增美，而致于改变事实也。故为知晓其由何观念而改变事实，必须探求著作家自身及其时代之观念。但吾人即无特殊研究，亦可觇知通常文字改变事实之惯例。凡修辞学式之改变事实，乃对于一人物过度描写其态度、行动与情感，且完全以最尊贵之语加之。其在儿童之练习为文章描写，与半开化民族之著作家中，此乃一自然之性质趋向，而在中世纪之编年史家中尤为其普通之缺点。凡叙事诗式之改变事实，乃对于一纪载，以描写绘画之细节加入之，以求饰美，因涉及有关事实之人及人数，有时且及人名。此事乃至危险，盖此等精密之细节，有时足使人认为真实之记载也。凡戏剧式之改变事实，乃集中事实，以图加重其戏剧式之效力。按之实际，此等事实本为离立，而在剧中则属于一单独之时间、单独之人物或一单独之团体。此等情形之著作，人称之曰："超越于真实之真实。"此乃一种最危险之改变事实，为艺术式之历史家所惯用之方式，若 Herodotus 氏（希腊史家，纪元前四八四至四二五），若 Tacitus 氏，及文艺复兴时代之意大利学者皆是也。抒情诗式之改变事实，乃因著作家及其徒党之情感兴奋达于极度，故吾人对于准备从事个人"心理"之研究，必须计虑此种。

文字之改变事实，对于藏书楼中古朴之史料所影响较少（虽在十一世纪之多数古简中，曾发见此等之例），然凡后此一切历史家所叙述纪载之史文，实多被变更面貌。其在今日，人类之自然性质趋向，每对富有才华辞藻之史料著作家，欣然愿信仰之；对于当前之史料纪载，其文辞佳丽者，立承认之而无所疑难。然鉴定之事，则必须应用一种与外观极相背反之规律，以反抗此等性质趋向。凡一种纪载由艺术式之眼光觇之，愈为有趣味者，即愈当致疑者也。吾人对于一切纪载，凡其最为描绘式与戏剧式者，其所表人物为极端优越高贵而使用情感过度者，皆当不信任之。

此疑问之第一项，可发生一暂时之效果，使吾人对于凡史料纪载具有造作虚谎之机会者，皆注意及之。

（五）疑问之第二项，乃用以决定吾人将以何理由，对于一史料纪载之精确与否,加以怀疑也。当问彼著作家是否在某项境况之中,足以使彼成为错误,吾人于此,正如考察其忠实与否之事然,必须对史料全体之普通状况,与其每项纪载之特殊状况,双方探索之。

已组织成立之科学,告吾人以获得事实之正确知识之条件。其条件为何?即科学方法,所谓"观察"是也。凡每一项纪载,必须直接的或间接的有赖于观察。此项观察必须精确妥善而为之,无有谬误。

吾人欲考察此谬误之或能性,可借助于经验之光,将关于错误之许多普通情状,呈致于吾人之前,而成立以下之疑问:

(甲)史料著作家当其居于观察事实之境地时,彼想象以为确能观察而得其真。然无论如何,彼终被一种不自觉之内心动力所阻碍,使成为欺罔迷惑或纯粹之偏见。吾人欲确指出此种动力,实无所用(且随处皆不可能),但确可认识彼著作家,每曾为不良之观察,对于一特殊纪载,每罕能使人确认识其为欺罔或迷惑之结果。然一切错误过甚之状况,吾人固可由他方之例证或比较而研究得之,以识彼著作家确具有此类错误之普通倾向。

纪载之由偏见而成者,常易于认识。在一史料著作家之生活及著述中,每能发见其最有力之偏见痕迹。凡吾人审度其每种之特殊纪载时,当问其对于某等之人、某种之事,是否具有预存之成见。此等疑问,与吾人搜寻其有意讹言之方法,盖有一部分相同。若特感兴味,若虚荣夸耀,若同情,若不同情,皆足以造成偏见。其无意中改变事实之真相,正与有意作伪同一情况,故吾人于此所用之疑问方法,即与吾人前段中考验其忠实与否之时所使用之方法同。但尚须附加一事,凡著作家为一纪载之时,彼是否曾因欲解答一项问题之故,而于不自觉中遂致改变事实。凡由诘问而得之一切纪载,皆有此等情形。除却彼因可以投合人意之故,而造为解答以取悦于提出疑问者外,每一问题皆有其自然之解答,至少亦有自然之解答形式。而此等形式乃由并不识此事实之某人所指定。故吾人对于每种纪载之由于诘问而作成者,有加以特殊鉴定之必要。吾人当问其所提出之疑问为何,及彼欲解答疑问之心思中所具有预存之成见为何。

(乙)由于史料著作家观察之方术极不妥善而改变真实。盖科学之实用，曾教吾人如何以为精确观察。凡为此观察之人，当自置其身于如何始能为精确观察之地位。必须不存实际利用之想，不存取得特殊结果之欲，对于其结果亦不存如何之成见。彼必立刻将其所观察者，以一种精切适合之记录方式，迅速记录之。彼必须将其所用方法，为一精切适当之说明。此种条件为科学式观察之坚确主张，一切史料著作家决未有能完全应用者。

  吾人更不必诘问其是否有致于不精确之机会，盖彼本常有之也。（人由观察以辨别史料，乃见其确切。）故仅当留意之事，乃由观察情状中寻见其错误之明显原因：当问彼为此观察之人，是否在何种地位中，使彼不能明视而聪听（其情形有如一属僚小吏，对于上官会议时之秘密讨论事件加以演述）；彼之注意力，是否因被此事件之种种必要动作所扰攘困惑（例如身在一战场之中）；又彼是否因对于此事实缺少兴味之故而注意力不佳；又彼是否对于了解此事实时，缺乏特殊之经验与普通之知识；又彼是否不善于分析其自己之印象，或与其他殊异之事件相混淆。故于此有一极为重要之点，凡唯一之精确观察，乃史料著作家能迅速立刻纪录其所察得也。在已建立之科学中，此乃一恒久不易之办法。凡一种印象陷于迟延已久，而后写出之，此仅为一种回忆而已。按理其所记忆，宜与他项回忆相混淆也。凡所谓"回顾录"及"回忆"之类，于事实之若干年后，始追记补志者（尤以著作家之所经历已尽，而以最后之余生从事著录者，为常见之例），其中皆丛集无数之错误而贡之于历史。故吾人对于此等"回顾录"，须决不顾虑其所谓身经目睹之例证，而当确立定律，以特殊之怀疑对待之，视之当如一曾经他人手为之间接史料然。

  （丙）史料著作家纪载其所观察之事件时，不欲劳神注意，故由于怠惰及轻忽之故，彼之报告详细，纯然由于彼之推度及随机之想象，因此遂成为错误。此种错误，为常有之普通原因。虽并无一人有心为此，但吾人究可推想，无论何处，实曾有著作家因对此兴味甚微之故，勉强报告纪录，而成为一种空文虚辞之方式。此类之纪载，如对于有权力者官样文章之呈复（在吾人今日之官书中，颇足觇及此等状况），及对于礼节仪文与公开职务之缕述细状皆是也。今人最强之趋向，即在以通用之程序、习惯之方法,而随意纪录事实焉。今有各种性质之集会,报告人将其事务公布揭表,而此报告人当时固不在场者,此例固甚多也。吾人即可疑及(有时直可明白认识之),在中世纪编年史家之著述中,颇有此等近似之虚构悬想,故必设为定律,对于一切纪载之适合此格式者,皆不信任之。

(丁)史料著作家所载之事实,其性质或为人不能独用观察而得之者,遂致改变真实。此或为一种隐伏之事实(例如一种私人秘密之事),又或为一种关系于大群广众之事实,而属于极广阔之幅员与极久延之时间者,例如属于一大队军旅全体之普通动作,又如一全体民众或一完全时期之通常习俗,或由无数条款所加积而成之统计总数皆是。此乃对于一人一群众一习俗一事件之质素,为聚合之判断。此种由观察而得之论件,著作家仅不过间接由综合与推度获得之。彼由观察而得根据,乃更施以逻辑上之甄选,若概观推理计算等方法。于此情形有二问题,彼史料著作家果显然有充足之根据以从事工作否?彼于其所有之根据,曾用之精确而得当否?

欲知一史料著作家或然之错误,可考验其著作而得其大概。此种考验将示吾侪以彼工作之情形。彼是否有此才能,将甄选推理概观等事,一一优为之。且何种错误,在彼所为工作中为惯见。吾人为决定其所有根据之价值,故必须将其每项纪载一一离立而鉴定。吾人必须想象彼史料著作家施用观察之情形。且吾人必须自问彼是否能为其纪载故,而获得必要之根据。此类方法,对于多量数目之统计,及多数人众习用之描写,皆为防弊所必需。盖彼著作家本可用一种估量多少之办法,而随意得一总数(例如叙述战士之数目或战死之人数,尤为常用之办法),或则与其他旁支侧出之总数相加合算,凡此皆与精确之意义相违反。盖彼若于群众总体之一小部知其为真,则推广而至于一全体民众,一完全国家,一完全时期,皆有此可能焉。

(六)以上之两项疑问,属于侦察一史料纪载之忠实与否或精确与否者,吾人皆怀一假定,以为彼史料著作家皆能亲身观察此事实,于是一切基础皆奠于此假定之上,此乃一切建设成功之科学家对于观察事物而为报告之通常特性也。不幸历史之为学,乃极缺乏此项直接之观察,其价值有所制限。故其不获已而对于史料所从事之材料,乃为凡其他科学之所反对遗弃而不取者。今试随机取一项纪载察之(即今日并世人所为之纪载亦然),吾人将发见彼史料著作家所观察之事实,不过为全体中之一部分。几于每一种史料,其中大多数之纪载,皆非史料著作家之手创初稿,而为他人所纪载,经史料著作家加以复制者。即如一统兵将帅,若彼叙述其身任指挥之战役,亦不能全用自身之所观察,而当采其属下偏裨将士之见闻,则其所纪载中之大部分,已为"经他人手之间接复制史料"矣。

对于此等间接复制史料之鉴定,无须费长久时间,以研究彼工作此史料之著作家,而考验其情形,盖在此等状况中,彼著作家不过为纯然司传达之一代理人,真正之著作家,乃彼供给此项报告说明之人也。于是鉴定之事必须换易方向,而问彼报告之人是否曾为准确无误之观察报告。若彼亦仍系转得自他人者(此最常见之情形),则寻踪追捕须弃此居间者而更转于他人,直至获得彼曾亲历而亲创第一次之叙述者,然后以下之一问题向彼诘问,即"彼是否为一精确之观察人乎"。

按之逻辑,此等搜索并非难于知晓。关于古代亚拉伯传说之搜集,颇能给吾人以屡代相继承之证人之目录。但实际上每有史料,几常缺其事实之原始观察人,则此等观察成为无名氏之观察。于此有一普通之问题,此问题即吾人将如何以鉴定一无名之纪载乎。且吾人所论及者,非仅一"无名之史料"也,有时其全部组织,出于毫不知名之一著作家所工作。即知其著作家,而对其每项纪载,有仍出于毫不知晓之史原者。

鉴定之事,乃以察出彼史料著作家写出史料之工作情形,但对于一种无名氏之纪载,则几于无可设法。于是唯一仅有之方法,但能对于史料考验其普通状态。吾人可以问彼一切之史料纪载,是否有若干之通常状态,足以证明彼乃由具有同一偏见同一感情之人所作成。凡在此等情形中,所有性质习惯,乃随著作家之偏见特癖而成。如 Herodotus 氏所为著作之性质,即兼有雅典人(Athenian)与德耳菲人(Delphic)之偏见特癖也。对于此等性质习惯之每件事实,必须问其是否不为民群之利益夸耀或偏见所改变。吾人即不知此史料著作家为谁,但吾人终可问其是否似有若干原因,能贻误(或其反面)其准确之观察。此项原因盖为施此观察之时之地之一切人所通常具有者,如希腊当 Herodotus 时代,对于 Scythes 人(亚洲西北与欧连界之一古民族)之见闻情形与偏执意见,是其例也。

对于彼无名纪载之留遗传播于后世,例如人所称为"传说"者,吾人为此普通状态之探索极为有用。凡一切间接复制史料,除却其能复考史原一事外,实无任何价值。盖每经一度增加复制,即多一度改变,理应除去者也。同一近似之理,凡一切居间转述之史原,除却彼俨然为直接观察原本纪载之一种抄本外,则亦全无价值。鉴定之事,必须知此等传达转述,由甲手以入乙手者,其对于原始纪载,是否保全其真或毁变其真也。尤为重要者,此项传说所以供史料之采撷者,系为笔述,或为口述。笔述者乃一固定之纪载,可保证其曾以诚意为之传达,若一种事实纪载由口述而成,则此耳听者中心之印象,即可与其他印象相混淆而致改变。当一居间者以转移于他一居间者时,此项纪载,盖每次俱经变易。且当此等变易,由各种殊异原因而造成时,则已无测度及改正之可能矣。

口述之传说,其性质为继续不停之改变,因之凡建立完成之科学,惟能承认笔述之传说,历史家无论如何情况,对于成立一特殊事实,决无公然之理由可以别出他途。故吾人对于一笔述而成之史料,必须侦察其中某项纪载之由口述所得者,而加以怀疑焉。吾人对于由此而成之纪载,鲜能直接知其如是,著作家借用此种口述之传说,亦颇不愿昌言于众。于此仅有一间接方法,即确认笔述之传达为不可能,则吾人可决认彼事实之所由获达于史料著作家,仅有由口述之传说而得耳。于是吾人可设一问:在此等时期与此等民群之中,是否能常有此习惯,将此等性质之事实,皆加以笔述。如其答案为反面,则可知其事实之必成为口述。

口述之传说,其最有势力者,即"荒诞传闻之故事"是也。此等故事之创兴,盖其时之民群,以口语为唯一之传达方法,如在野蛮民族之社会中,与文化微弱之阶级若农夫与兵士中,皆有此例。凡此等情形,乃集合一切事实由口语而传达,且其形式为荒诞传说之体。凡每一民族之初期历史中，皆有一荒诞传说之时代，若希腊，若罗马，及在日耳曼族、斯拉夫族之中，其民族之大多数古代往迹，皆为荒诞传说之积累而成者。即在文明时代，此等著名之荒诞传说仍继续存在，足以引起民众之想象力以承认其事实。凡此等荒诞传闻之故事，即专为一种口述之传说也。

当一民群既脱离荒诞传闻之时代，更进而谋以笔述其历史矣。但此类之口述传说仍未告终，不过其范围有限制而已。所谓范围，即限于事实之未经笔述纪录者，或因其赋有秘密之性，或因无人耐烦琐而加以纪载，例如一切私行私言及事实之细情琐节是也。是名为"琐闻逸事"，或称之曰"文明社会之传说"，其为物正如荒诞传说然，对于特殊之人物或事件，具有各种原始之质素，若隐谜，若想象力，若混茫之回溯，若讹谬之解释等皆是。

荒诞传说与琐闻逸事，其质地纯然为民众信仰之关系于历史人物者，故彼当属于民众知识而不当属于历史。吾人须注意矫正通常心理，以彼荒诞传说为真确事实与错误之混合物，可由分析而抉取其有关历史之真确种粒。吾人固信凡一种荒诞传说乃一累积之物，其中本可有几多之真确事实，故本可将其所含质素加以分析剖解，但却无方法可辨别何者为本于真实，何者为出于想象之工作。今用 Niebuhr 氏（德国史家，一七七六——一八三一）之言证之，其言谓凡一种荒诞传说，乃为"由不能目察之物所发生之幻景，且本于不能确视之析光律"也。

粗浅之分析行为，乃将一种荒诞传说之纪载，凡其中详细之似为怪异矛盾，或不合理不可能者，皆屏斥之，而保留其余合理部分之俨然有关于历史者。此等办法，即十八世纪基督新教徒之理性派，对于《圣经》纪载所用之方法，故吾人颇可将一种神话故事之怪异部分加以截割，例如斥弃彼所谓着靴之猫，而承认彼所谓 Carabas 侯爵，以为具有历史性。① 然尚有较此更精细之方法，且亦更无危险者，乃将一切彼此殊异之荒诞传说加以比较，用以推知其通常之历史基础。Grote 氏（英国史家，一七九四——一八七一）论及希腊传说，曾示吾人，谓无论用任何方

---

① 又本章所举着靴之猫，原出小说。法国十七世纪小说家 Perrault 氏（一六二八——一七〇三）曾为一小说，纪 Carabas 侯爵广蓄多猫，猫能着靴，侯爵以猫技致富云。

法,决不能由荒诞传说之中撷取得若干真实可信之报告,故吾人于此须以决心认定,凡对于此等荒诞传说,仅当视彼为由想象力所产出之一物。吾人可于此中探寻此民族之内部意念,而非探寻此民族之外部历史事实也。于是设为定律,对于每一纪载之原于荒诞传说者,皆斥弃不信任,不但彼用荒诞传说之形式者当加斥弃,即彼纪载之俨然历史面貌,而实以荒诞传说为根据者,例如 Thucydides 之开端诸章,亦当同斥弃之。

至若笔述传说,则吾人当问彼史料著作家之本于史原而成此史料,是否毫未改变本来面目。此等疑问成为史原考验鉴定之一部,于此吾人可以比较原始史文为衡准。但若此史原早已亡失,则吾人当退步而为内容鉴定。最初吾人当问,此著作家是否曾为精确报告,否则其纪载毫无价值。其次,吾人须自课一普通疑问,此著作家是否有改变史原之习惯,且以何方式改变之。至每一间接复制之纪载,吾人宜注察彼是否似为一精确之复制,及妥善之措置。吾人更可由其形式上判断:若吾人于其中遇有何篇段章节,其文之格局气韵,与全文之大体不调和,则可知其为原型史料之一断片。凡一种复制,其最恪遵史原本来面目而具有奴性不敢稍违者,则其篇段章节为愈有价值,盖其中所包含者,除却史原中所曾具有者而外,更无他物也。

(七)虽经此一切搜讨之后,鉴定之事尚未足对于每一事实,皆寻得其谁为施此观察与记录之人。盖鉴定之事,实不必由于对一切纪载皆决定其宗支来历而后底于完成也。在大多数之状况中,其最后结束之事,即任其自然为一无名之纪载而已。

吾人当前遇一事实,既不知其为何人观察与如何观察,又不知其为何时记录与如何记录。似此等情形之事实,决无任何科学能承认之,盖以其决无证真之可能,又有不可计度之错误机会也。然历史学对此等事实,则仍可加以采用,盖历史学非如其他科学然,本不需对难于确定之物而必加以确定。

所谓"事物"之观念,当吾人对彼施以精切之考验时,乃对其外部之真实而施以承认之判断也。吾人对此等判断之工作,由于所搜索之真实事物之性质,与吾人所欲构成之结密标准故,而工作因之以判难易,错误之危险亦因之以判大小。如化学与生物学，其承认事物必须用精密之程序、迅捷之动作、敏活之探取，且以极精确之状态量度之。但历史则可由极粗粝之事物以施工作，如事物之能延展于极广长之空间时间者（例如一习惯、一人物、一社群或一民族之存在），此等事实皆以空泛之言语，而粗率表出之，且不含有精确程准之观念。盖此等事物，其较易于观察而得者，即能于当观察情形之时较少烦扰者也。凡一种报告之不完美者，却因其自然本质为一较易获得之报告故，而吾人遂以易于获得之故，藉以补偿其缺憾焉。

官书史料除不真确而有讹谬或错误之危险之事实外，极少其他贡献。然亦有许多之事实，吾人盖视为难于造作讹言或难于致误者。故最后一项问题，为鉴定之事所当问者，即在辨晰此种确实固定之事实，因其本质不虞有改变之危险，故颇可认其或为准确无误。吾人既知通常有某项事实具有此等特别权利，则吾人可揭出各项疑问为普通之用，至施于各个特殊纪载时，吾人可问此等事实应归入何类也。

（甲）此事实之性质，为不能讹误者。凡一人之为讹言，乃图以此引起一讹印象；若在某种状况中，彼信此等讹印象实无所用，或使之讹误而无益，则决无原因以造作虚谎也。欲决定彼史料著作家之是否处此状况，则有数问题为所当问及者。

（A）此事实之所纪载，是否对于所欲造成之结果，显然声明其所言为偏执阿好之意见？是否对于著作家自身及其同群之利益、虚荣、情感及文字意味，皆不相违反？或是否有何种意见为彼所不欲触犯背反者？在此等状况中，吾人可信其忠实不讹。但应用此标准颇为危险，其常成为误用者有二途：其一，即彼实以夸张之意而声明忏悔（例如查理司九世宣言彼屠戮 Saint Bartholomew 新教徒之罪责）；其二，即如一雅典人述雅典人之劣点，一基督新教徒指斥其他基督新教徒，吾人皆笃信而不用考验。然吾人当知，彼著作家对于自身利益、虚荣之意念，盖显然尽能与吾人所思维者极相殊异，彼或以非其党羽之故而诬毁其同城之市民，又或以非其派系之故而指斥其同宗教之信徒也。故使用此标准当限于某种情形，必须确知彼所欲造成者为如何之"结果"，彼所大端具有利益兴味者为如何之"群党偏私"。

（B）此事实之所纪载，是否显然早为众所共知，彼史料著作家虽有意讹言，而却苦被此已证出之实况所禁制。此等情形之事实，乃属易于证真者，且于时间空间相隔不远者，或应用于一广大幅员与长久时期，特别的公众对此事实有若干之兴味故，必须证真者。然著作家怀此种被侦出之恐惧，仅不过暂时间断不作讹言耳。盖彼既蓄动机，以欺骗为于己有利，此禁制力乃与彼所利相违反也。此等禁制力，由各人殊异之心思而情形不同。对于有文化之人，及深明公众情势而能自制之人，其禁制力较强，而对于野蛮时期或感情用事之人，其禁制力较弱。故此项标准必限于某种情形。吾人于彼著作家对其读者所怀为如何之观念，及彼所以平抑自身情感而持之以冷静固定者为如何之情形，必须知晓。

（C）此事实之所纪载，是否与彼史料著作家淡漠无关，而不能诱彼以作讹。此等情形之事实，即普通寻常之事实，如习惯，如训条，如器具，如人物之类，为彼所不经意而信口举陈者。凡一项纪载，无论其即为一讹误之纪载，亦决不能专以讹言而构成之。盖著作家若须将事实罗列适当，则必需环绕比附以若干之真确事实，用为构造之骨架。此等用为骨架之事实，对著作家实无何等兴味，盖为当时人人所能知者。然此等事实，对于吾人则甚为有用，盖在此等处，彼著作家本无意欺人，吾人正可加以倚赖也。

（乙）此事实之种类，为不能使之讹误者。彼虽有无数之错误机会，然以此事实之如此其"巨大"，则亦难于致误也。于此吾人对于此等确固事实，须问其是否易于确认。（一）彼是否经历一长久时期，而为人所常时皆可观察者，例如一纪念建筑、一人物、一习惯、一事实，曾延于一长久时间者。（二）彼是否属于一广大幅员，而为极多数之人所曾共见者，例如一战争、一兵役、一通常风俗习惯之属于全民族者。（三）彼是否以极普通寻常之辞语表出，而仅需浅薄之观察已可足用者，例如一人物、一城市、一民族、一习惯之单纯的存在问题。凡此等巨大而普通之事实，其在历史知识中皆系固定不易之部分。

（丙）此事实之性质，除却本为真实外，更不能肆意伪托者。盖吾人决未曾宣言曾见闻某事物，而此事物系与其心中之期望及习惯相违反者，除非由观察所见确为如此，而始承认其如此耳。凡一事实若出于非常，使吾人对于此纪载以为不可信者，实皆有成为真实之良机会。吾人于此须问者，此事实所纪载，是否与史料著作家之所知相远；是否为彼所不知之一种现象，例如一种行为或习惯，为彼著作家所不明了者；是否此种言说，其表出之辞，超过著作家所具之智慧（如福音书中之基督谈话，及Jeanne d'Arc[法国宗教女杰，一四一二——一四三一]在法廷裁判中答所讯问之辞）。但吾人必须防范，不可以吾人自身之标准，而武断著作家之观念。若著作家惯信一种怪异之言，据为事实真象，例如奇物幻景巫术之类，此皆非与著作家知识相远，且非因不能解而姑从实录，故此标准不能应用于此例也。

（八）吾人于此项鉴定工作之叙述既达终点，所以必如此延续久长者，盖由其必需之工作皆相联属而同时并用也。吾人于目前试一考虑实际上使用之方法。

若其文字之命意释义，尚有可疑之情形，则其考验之役，当区为二级：其第一级所包含者，由欲决认其意义之故，而诵读其文字，但决不准备由其中采用任何事实例证。其第二级所包含者，以精密之鉴定研究，施于史料中所含之事实。若其史料之情形为意义甚明了者，则人可于第一次诵读时，即从事精密鉴定，且将其意义可疑之篇段章节留置而别为一部，吾人乃于此为离立之别项研究焉。

吾人为发现此影响于史料制作情形之特因故，而将吾人所具有关于史料与史料著作家之一切普通例证报告悉皆罗集。关于史料者，若其组成史料之时代、地址之鹄的情形。关于史料著作家者，若其社会境地，其国籍，其党籍，其流派，其家族，其利益兴味，其情感，其偏好偏恶，其言文习惯，其工作方法，其报告用意，其学术文化，其才力技能，及其内心之缺点，且更及于事实传达之性质及其形式。凡此各端之例证报告，当吾人从事彼预备工夫之制作原始鉴定，与史原鉴定时，已早有所供给。故目前吾人即将此各端联合考察，而于内心施用普通鉴定之各项疑问。此事吾人当于最初即为之，其结果因能留于吾人之记忆。盖吾人当从事其他所余之一切工作时，必需心思中先具此大概也。

凡此之事皆备举，则吾人乃获达于史料之真象矣。当吾人诵读之时，即以内心分析之，将史料著作家所联合组织者一切皆摧毁之，屏弃其所已成之一切文章体式，用以获达于事实。此事实为吾人当以简单精切之辞语能表出之者。于是吾人对彼辞华美妙文章体式之敬仰，与对于著作家一切意念之敬服信从，悉解放超脱而得自由。盖所解放之一切事物，即彼使鉴定之事成为不可能之一切事物也。

此史料即由分析而成为史料著作家对于事实之观念及纪载之联属。对于每种纪载，吾人必须自问，彼是否具有虚讹或错误之机会，又或反面，彼是否具有忠实与精确之例外情形。凡此皆由对于特殊状况所为之各种鉴定之疑问探讨而得。此种疑问，吾人当常置诸中心，其初必觉其繁重不便利，甚或近于迂酸炫博，掉弄书袋。然吾人能对于一页史料，应用之至百次以上，则其最终当能成为一种不自觉之使用。当吾人诵读一史料文字时，由一单简之印象联带引起，而一切信仰与怀疑之理解，亦即于吾人心思中同时而兴。

于此分析与鉴定之事已成为一种本能，吾人能随时获得有方法之分析与怀疑之精神，而不必常于心思中矜然肃然安放一异特之名辞，如所谓"鉴定工夫"云者。盖鉴定之事，除却不自觉之习惯外，更无他物矣。

第八章 特件事实之个别研究

鉴定分析仅取得史料命意与其所纪载之若干结果，及其能为精确纪载之事实的可能性而已。但尚有当从事者，乃考验吾人须如何以取得此特殊个别之历史事实，而于其上建立科学之基也。其内心观念与外表纪载，乃种类相异之两项结果，故亦必须以相异之两项方法施之。

（一）每一种观念，由文字书写或其他表出之方法以表出之者，其自身皆为一确定而不须疑诘之事实。此等表出，最初必曾由若何之人心思中所范成者，然其人并非史料著作家自身，史料著作家不过将彼所并未了解而已经范成之物加以复制采用，则至少必有一原始之人曾于其心思中范成此事实也。一观念之存在，可由一单独之例证求索之，一单独之史料证得之。分析之事与命意释义之事，对于撷取或种组成艺术史、科学史及学说教义史材料之事实，本已完全足用。凡将每种观念之时代、地域及其人之为之考定，用以区分罗列一切事实者，乃属于外形鉴定之事。至若一切观念之延续及地域之分配，其原始，其传统孕育，则皆属于历史学之综合工作。当直接由史料以撷取事实时，内容鉴定盖于此无所施也。

吾人当更进一步，凡所谓"观念"者，其自身非他，一"心理之事实"耳。凡想象决不足以创造对象之物，仅能由真实之中撷取其若干质素而已。描写一想象之事实，乃系由史料著作家环境经验所观察之真确事实而外别建立一事实。此类之知识质素，此等想象描写之粗胚材料，吾人应求所以免除之而不为所囿。关于某时代及某种类之事实，其史料已稀少者（例如上古事物），关于私人一生传记之习尚等，则必准备利用彼文学、史诗、小说、戏剧之作品以求得事实。此类方法本为合理之举,但仅当限于或种制限之内,此制限为吾人所甚易遗忘而常不注意者。兹述不能使用此法之点。

(甲)不能擅想象社会心理上之内心事实,即当时社会之道德情感及审美观念是也。凡史料中所寓道德情感及审美观念,至多止能示史料著作家一人之标准,吾人决无此权能,敢对于其时代之道德情感及美术趣味而擅下一断论,至少必待吾人将其同时许多殊异之史料著作家所述,一一比较然后可。

(乙)一种物质实在之事实,亦可由史料著作家之想象而制出。此等之物,吾人仅知其所有之"质素"为实在而真确者。吾人所能确言者,即彼一切不可减除之质素之分别存在,如形式、材料、色采、数目是也。当一诗人言及金扉银盾,吾人不能推定彼金扉银盾之果为实在。不过离立言之,则世间确有扉盾金银诸物之分别存在而已。故分析之事必须由经验所得,将著作家所勉强使用之质素加以辨明(如器物、如事件、如普通行为等)。

(丙)一种事物或一种行为,确可证其实在,但彼乃非通常之物。此事物或行为,乃或为单独稀有之类,或仅限于极微少之品类者。凡诗人与小说家,皆极喜由例外稀有之品类中以寻得范本。

(丁)一种事实之由想象而得者,乃既非属于其时,又非属于其地,此史料著作家盖本于异时异地为之者,而非其自身之时与地。

此一切之限制,可撮举如下:当吾人由一种文学作品之中,求取得此著作家所生时之社会一切例证之先,吾人必须自问,试于近世新出小说之中,同样以探取今世一切风俗习惯之例证,其所得为如何。

又尚有属于观念之事,凡外表事实之获得,可由一仅有之孤本史料而成立。但关于撷取其部分以应用,则必须加以制限,而难于善为措置。盖必须待其能与他种近似之事实参考相合,然后可用,此乃属于综合之工作。

此类由观念想象而制出之事实中,吾人更可附谈一种淡漠无关之事实,即彼明显而粗胚之事实,为史料著作家几于由不经意而道出者。按之逻辑,吾人固无此权能,谓彼为真确。盖吾人有时曾见人对此等明显粗胚之事实而仍致误者,且有人对于淡漠无关之事实而仍作谎言者。

然此等情形究属稀少,吾人对于单独仅有之史料中之此类事实,或可承认之而无危险,实际上吾人对于彼不甚彰著之时代即用此法。关于高卢族(Gaulois)与日耳曼族(Germains)之条规习惯,其单独仅有之史料文字,则有Cæsar(罗马大将)与Tacitus之描写在。凡易于发现考察之事实,其足以束缚此描写史料之著作家之身而不为讹言,正如真确事实足以束缚诗人之身而禁其想象也。

(二)自他一方面言之,有某种之史料纪载,其于一对象事实,决不足使之成立。盖错误与虚讹之机会,既如此其众多,其纪载之制出情形,又不能深知多晓,则吾人万不能决其悉能免于此项错误之机会也。鉴定考验之事,未能供吾人以确定之解决。吾人若欲避免错误,此事诚为必不可少,但决不足伴吾人以达于真实也。

鉴定之事不能证实任何之事实,仅能贡献吾人以其或能真实之程度耳。彼之结局与效果,即将史料分析为各项纪载,而于每项纪载之上,加以估定价值之符号而已。例如分为毫无价值之纪载、可供疑虑之纪载(疑虑有强弱)、似属真确之纪载(或极为似属真确)、价值不明之纪载等。

此一切种类殊异之结果中,惟其中有一项为确定者,即凡史料著作家之所纪载,若其于事实上并无何等例证报告者,则其纪载为"空疏无结果"是也。此事之当反对排斥,正如吾人反对排斥一种无确证之伪史料然。但鉴定之事纯用以摧破一切淆惑迷误之例证,而决未能贡吾人以确实。鉴定之唯一结果,皆为消极之结果,一切积极之结果,仅付诸怀疑。吾人退一步论:"于如此如此之纪载中,吾人常有机会,以证明其为真实,或反驳其为真实。"然此仅为"机会"而已。一种可供疑虑之纪载或为精确者,一种似属真确之纪载或为讹误者。吾人可遇不断之事例,而决不足以深知其曾善为观察与否之情形也。

欲获达于一积极之结果,则尚有一最后之工作。当既以鉴定法裁决之后,则此纪载之自身,即呈为似属可信与不可信之状况。但即以彼似属可信者而论,单独论其自身亦仅纯然具有"似属"可信之性而已。若度越此关,而更进于一科学式之范畴,则尚不能决定,而为吾人所未能举之一步骤也。凡科学式之条件,乃一种纪载之不可疑不可争者,但吾人当前所有之纪载,则皆不足语此。凡在一切观察之科学中,有一普遍共通之原则,即"人不能由单独之一观察而获达于科学式之一结论"。凡一种事实,当吾人合法加以承认之先,必须由若干独立之观察,相合协并用而后可。历史学之为物,其获得例证报告之方法,既如此其不完美,则彼更不能对于此项原则要求通融宽免,如其他一切之科学也。凡在顺利情形中之一种历史纪载,仅为一种平常随意之观察,故必须辅以他项之观察而参合并用焉。

一切科学皆由联用许多次之观察而组织以成。一科学之事实,乃为许多观察所集中之中心点。每一观察皆为吾人所未能全免之讹误机会所乘。然若能将数个之观察合用而证其相同,则彼数个观察便不能陷于同一之讹误。凡彼相同一致之所以为似属可信,其理由盖因观察之人皆同见此同样之真实,而皆能同样确切说明之故也。讹误之为物,乃属于私人个别而彼此间不一致者,故其能相同一致者,即系精确之观察。

用之于历史,此原则乃更成为最后之一项工作,此工作为介于纯粹分析鉴定工作与综合工作二者之间者,即各纪载之比较是也。

开始须将由分析鉴定所取得之结果,加以区分类聚,其所用之法,即聚集关于同一事实之各项纪载是也。此项工作乃机械的由活片单页之机械方法而致于易为。(或于每一单页录一纪载,或将一事实仅记于一单页,且记注其与彼相关之各项殊异纪载,当读书时随时写入。)由于聚集一切纪载之故,而吾人对于此事实,尽了然于一切之例证报告,其确定之结论,即凭依于各个纪载相互之关系上。故吾人必须于彼各个纪载之各种状况,分别离立而研究之。

(三)除却近代并时之历史外,史料之仅由一单独孤本纪载而供给吾人以事实,乃为常见不鲜之事。凡其他科学对此等情形皆有一不易之定律,即"凡仅为一单独之观察,乃科学之所不许"是也。故彼科学家之对此,仅能引以为证(引彼为此观察之人名以证),而不当取以为结论。然则历史家于此,固亦不能别有任何正确理由,可以外此而别出他途。凡一事实,仅由一单独之人为一单独之纪载,而更无其他纪载参考者,无论其如何正确诚实,历史家皆不当承认为定论,而当如其他自然科学家之所为,仅引之以为佐证(如 Thucydides 氏所承认者如何,

Cæsar 氏所曾论及者如何之类),历史学家于此所能有权利以承认之程度,尽于是矣。对于事实,例如中世纪人,每于 Thucydides 或 Cæsar 之所曾言之故,而惯承认其纪载为真确。其中多数皆简单辞语,足表示其为粗胚朴质。于此若不以科学之严格阻止此种自然趋向之轻信,则历史家对于此等由单篇史料所产出之不充足例证,每以其并无他项史料与相矛盾,认其成立。唯然,故有可笑之结果,谓不彰著时代之单篇纪载,较彼事实彰著而有千百史料互相矛盾者,更为可信而易于成立也。Medes(近亚洲古国名)之战役,惟 Herodotus 氏曾单独叙之,Fredegonda(古佛兰克国王之妻)之冒险,①惟 Gregory de Tours 氏曾单独纪之。此等事实以较法兰西大革命,曾具有千百种之文字描写者,盖较少争辩不休之事。此等情形诚不可信赖,苟欲止之,舍历史家树立革命思想,矫此旧弊,其道无由。

（四）吾人若有关于一种同样事实之各种纪载,则必为彼此相矛盾或相一致者。欲证实其是否确相矛盾,则吾人须决其是否对于同一事实为同一之遭际。凡两项纪载显然相矛盾者,或为相等并行之物。彼或非确对于同一时间、同一地域、同一人物事实之同一节段,则两者或皆为准确。然吾人不当以为此两者可相互证实而遂加认可。凡此两者中之一,皆须视之如在一单独孤本史料纪载之情形者然。

若其相矛盾者为确相矛盾,则至少其中之一纪载必为讹误。在如此情形中,人之自然趋向颇多抹煞其差异之点,而以调和之法使相合一致。此种调和争端之心思,与科学精神大相背反。例如某甲谓二加二等四,某乙谓二加二等五,吾人不能下一结论,谓二加二等于四个半,吾人必须考验彼二人之说孰为正确,此即鉴定之职分也。有相矛盾之二纪载于此,则其中之一常为可疑者。若其相对方之一颇属可信,则吾人对此可疑者须斥弃之。若两者俱属可疑,则吾人即不下断论。若有数项可疑之纪载,皆有共同点与一项不可疑之纪载相矛盾,则吾人所为亦同上,屏斥疑者而取信者。

---

① 本章所举 Medes 亦称 Medie,始仅分数采邑,七世纪时,其王 Cyxare 始建王国,至五五二年倾亡,与波斯合。又 Fredegonda 为古佛兰克族(Franc)之女,当时佛兰克族有国名 Neustrie 者,其国王 Chilperie 之第一妻有女婢曰 Fredegonda,美而贪残,既缢死王次妻 Galswinthe 而代其位,复与次妻之妹争宠,遂弒王,罪发诛死。

（五）若数项之纪载皆相合一致，并无矛盾，吾人仍需反抗此自然之倾向，勿误信以为真确事实已经确定。第一当为之事，乃考察此每项纪载，或皆同出一原也。吾人于每日生活中，深知人性每好互相沿用，互相抄袭。一单独之纪载，每转为数个纪载人所同用。有时数种新闻纸刊布同样之通信，有时司报告者数人，同意令其中之一人代全体而单独劳作。在如此情形中，若吾人有数项之史料，数项之纪载，然是否有数项之观察？显然无之也。凡一种纪载，系由他种纪载而复制者，决非能组成一新观察。若由著作家百人，将一种纪载复写复制，则此百本之抄袭文字，总计之不过一度观察而已。若误加计虑，以为此系百次观察，是何异将一同样之书印抄一百册，而认为百种殊异之史料也。然人因过贵视此项史料，遂致轻忽其真实。凡一同样事实纪载，由各著作家所为各有殊异史料中遇之者，实具有一种欺人之伪面貌，使人误以为出自多原。凡十种殊异史料中所述之同一事实，每给人以一印象，误以为彼系由十次观察相证合而成立者。吾人对此等印象，必当怀疑。凡所谓"符合一致"者，必须系许多种纪载，各由互相独立之观察而终获同一，乃因之以得断论也。故吾人对于所谓"符合一致"，当未曾就彼以下断论之先，必须考验彼是否为"独立的"各观察之符合一致。于此所需为之工作有二：

（甲）吾人首须问彼各纪载是否各出于独立观察，或为一次同样观察之复制。此种探讨，其一部属于外形鉴定工作，所谓史原鉴定者是也。然此种史原鉴定，仅对于写成之数种史料间，探得其彼此转抄之关系，仅对于一著作家向他著作家借用其篇段章节之证据，加以决定，其所事即止于此。凡借用之篇段章节，必须反对斥弃，无须再事争辩。然此事对于史料纪载之未经写出者，尚须待吾人为此同样之工作。故吾人须将属于同一事实之各纪载加以比较，探得其原始所从事，是否由彼此殊异之各个观察人所成，或至少亦须探得其是否由彼此殊异之各项观察所成也。

此原则与史原鉴定所使用者相类似。社会事实之细目琐节，既如此其繁复万端，则对于同一事实，自有各种殊异之观察法。凡独立为此观察者二人，决不能给吾人以彼此完全符合之报告，若两项纪载之程序条目皆相一致，则彼必为由一共通之观察而演成。凡殊异之观察，在其某端某节,必有个别异点。吾人于此常应用先天的原则:若其事实之性质,为仅能由单独之观察人为之观察报告者,则其一切记述必皆出于一单独观察,而更经多人转抄以成也。此原则使吾人能认识彼许多殊异观察之情形,及由一种观察而为多种复制之情形。

然于此尚有许多可供疑虑之情形,凡人之自然趋向,对此等史料,每以独立观察之情形待遇之。但科学式之考察,则当完全与此道相反。一项纪载,若未能证明其确为独立不倚时,则人终无权以保证其符合一致之为定论。

吾人于各项殊异纪载之间,决定其关系后,方能开始考验其符合一致。吾人于此尚须对此冒昧承认之态度加以不信任。盖所谓"符合一致"者,乃确可判定之一致,而非如人所自然想象者,仅系两项纪载间之完全类似也。凡两项纪载之偶然符合,仅彼此之间有局部之类似耳。人类之自然倾向,每思彼符合一致之最为处处密合者,则其证实愈有力。然吾人于此须力反其道,而采取表面背反之定律,凡符合一致惟限于其中少数之数特点者,其证实乃更为有力也。凡历史事实,获达于科学式的确定者,皆由于个别相异之各项纪载间,有此数特点之能相符合一致也。

(乙)在作成任何断论之先,必须决认彼同一事实之各项殊异观察,是否完全为"独立的"。盖有时每有由其一以影响其他之可能,而使其符合一致不能为一种确定之结果。故吾人宜加意严防下举之诸项情形:

(A)各种殊异观察由同一史料著作家所为,但于同一或各殊之史料记录之者。吾人于承认彼史料之先,必须以特殊理解认明此史料著作家确曾屡度更新其观察,而非纯将其单独一度之旧观察,加以复述而自以为足。

(B)各种殊异观察由数个观察人所为,而遣其中之一人写成一单独之史料者。吾人当确认此史料是否纯由此写成人所为之纪载,或其他之观察诸人亦曾参预授意而束缚其工作。

(C)各种殊异观察之由数个观察人记录于各种殊异之史料,而其情形相近似者。吾人必须应用鉴定法之各项疑问,用以确认其是否曾受同一影响所成之物，且皆具有共同错误共同虚讹之倾向。（例如，皆具有同一之利益兴味、同一之虚荣夸耀、同一之偏见偏执之类。）

唯一之法，确能将各观察证明其为独立，必须各观察含藏于殊异之各史料，为殊异之各著作家所写成，此各著作家属于殊异之各团体派别，且于殊异之各境况下而为工作也。此等能完全判定其由殊异独立而成为符合一致之史料，除却近代史料以外，甚为稀有。

证明一种历史事实之真象，其可能惟赖曾经保存而有关于彼之各种独立史料。但此种史料之保存，乃纯属机会之事。故在历史学之组织建造中，其局部实赖机会以得说明。

凡能使成立之事实，其主要皆属于能范围极广大空间与极长久时间者（有时称为普通事实，或曰通材），如风俗习惯、学说教义及巨大之事件皆是。此皆较他种细事易于观察，用此方法亦易于追求证实。其对于延仅短时而限于狭地之事实（有时称为特殊事实，或曰专材），苟欲使之证实成立，则所谓历史方法，并非全无所用，如研究一段言语或片刻行动皆是。盖当遭遇此事实之时，若有数人在场，同加纪录，则以迅速录下之故，遂足获达于吾人。吾人能读 Luther 氏（德国宗教家，一四八三——一五四六）在 Worms 之立法会中被讯问时之所宣言，吾人亦知彼并未曾云须将其言作为口授纪录也。此等因利乘便为合力协作之纪录工作，自有新闻纸之成立、速记术之成立、史料储藏所之成立，遂更成为最常见之举。

在上古及中世纪时，由于史料缺少之故，吾人对彼时之历史知识，仅限于普通事实。然在近代并世之历史中，则包含至多之特殊事实。普通民众有一相反之态度，彼辈因有许多流通之纪载互相矛盾之故，遂对近代并世之历史事实加以怀疑，而对于古代事实随处皆无物与相矛盾者，则深信而毫不犹豫。彼辈之信仰，即因对于此等历史事实无法多知之故而增高，彼辈之怀疑，亦与其所能多知之程度并甚也。

（六）史料相互间之符合一致，能使吾人知彼为可判定结果之符合一致，然而尚非皆常为确定也。欲使此判定结果成为完全而精善，则吾人尚须从事研究"事实之融会"。

有数件离立之事实于此，皆为不完善之证实，然固能彼此互证，而产出联合确证之状态。离立各史料所陈述之事实，实际上有时彼此极为类近，便于联合。此类情形乃系同一之人之继续行为，或其同一团体派别之人之行为，或由同一团体派别属于相邻近之二时期者，或相类近之数团体派别属于同一时期者皆是。吾人对于此等相近似之事实，假定其中之一为真确，而其中之他为讹误，无疑实有此可能。凡因其第一端之系确实，决不能遂认第二端亦为确实。然此等事实之数端相融会，虽其每个事实皆为不曾完全证实者，而融会之后，遂生实证。故就狭义之字义言之，如此之事实，非为"证实"，乃彼此互"承认而成实"也。凡对于片段零件之怀疑，而认为无望者，乃由事实之互相联合，而其确证生焉。故将其判定结果为比较凡分离而可疑者，浑合其全，则确实而合理。一帝王之巡行，若其能融会事实而成为浑全之属证，则其时期与经行地域，皆能相互证实。一种教义训条，一种民众之风俗习惯，皆由许多事实节目相融合而成立者。每一事实节目，分离观之，皆属於殊时异地，皆不过具有"或然"之性而已。

此方法之使用颇困难，盖所谓"融会"之义，较之"符合一致"之义，更为空疏宽泛。吾人不能指出任何定律，能辨别彼确足联合而为浑成之事实。而此等判定一切之融会云者，对于彼事实融合浑成之为若何长时与若何广地，亦不能确实决定。凡事实之散见于半个世纪之时间，与一百列格（leagues 约当三英里之遥）之空间者，即可相互联带证实，而成为一种民众风俗习惯（例如古代日耳曼族）。但如在一种速度变迁进化之异态社会中，则不能有所证实。（例如一千七百五十年与一千八百年在 Alsace 与 Provence 之法国社会）故于此吾人必须研究事实间之相互关系，此则既已开始为历史之组织构造之事矣，盖为分析工作与综合工作之过渡也。

（七）于此尚有留供吾人考虑之一种情形，即由史料所成立之事实，与由其他方术所成立之事实，二者之间不相符合是也。盖吾人有时所得由历史判定之结论所得之事实，有时或与某种彰明显著之历史事实相矛盾，或与由直接观察而得之人类知识相矛盾，或与一切纯粹科学方法所成立之科学律相矛盾。自前二者论，仅为与一切"未完善成立"之科学相矛盾，如与历史学、心理学、社会学诸科相矛盾是也。若此之事实，吾人单纯锡以名曰："未必可信。"自后一者论，若与真正之纯粹科学相矛盾，则成为"怪诞不经"，吾人对于一未必可信之事实，或一怪诞不经之事实，当如何应付？将考验史料之后而承认之乎？或竟搁置此问题而不问乎？

所谓"未必可信"，乃非科学式之观念，而随各个人以变易不同者。每一人对于其未曾惯见之事实，皆以为未必可信。一村农以为电话之未必可信，胜于妖鬼，暹罗国之国王则不承认有冰之存在。故吾人有一极重要之事，盖须知一事实之觉其未必可信，乃确系何等之人对于何等之事实也。苟其事为对于缺乏科学文化之群象，则纯粹科学或较怪异为未必可信，生理学或较扶鸾降神通灵疗病之灵魂说为未必可信。此等观念之所谓未必可信，毫无价值。苟其为对于具有科学文化之人，则彼实为由科学心思而觉其未必可信，则彼所谓与科学结果相矛盾者，盖较为可信而精确有准也。于是此所谓不符合一致，乃介于科学家直接观察与史料间接例证二者之间也。

吾人如何决定此类之冲突矛盾乎？此问题无实际上之绝大意味。盖几于一切有关神怪异迹之史料，人皆常疑虑不信，且皆被健全之鉴定方法将其排斥屏弃矣。但此神怪之一问题，颇足引起吾人兴味。试观彼历史家对此，将何以处置之。

人类自然之本性，对于怪异之信仰，几于每人皆足为一史料。充盈怪异之事实，吾人盖知其由来已久，凡一种鬼物之存在，较之 Pisistratus（希腊古王）之存在，更为多所证明。近世并无人曾以片语单辞，自称曾见 Pisistratus 者，然而宣言曾见鬼物之"亲眼证据"，则盈千累百。无论任何历史事实之成立，能具有若此多数之独立例证者盖甚稀也。然吾人乃毫不犹豫，竟排斥鬼物之说，而承认 Pisistratus 之说，盖以鬼物之存在，实与一切科学之科学律相背反而不能调和故耳。

对于历史家，此问题之解决甚为明了。盖彼对于史料中所含结果之施观察，决不能与近世纯粹科学家所为有同等之价值。此其故为何，吾人前曾说明之。盖历史之间接方法，以视彼直接观察之科学直接方法，常较为卑下也。如其结果与其自身不相融合，则历史之事必重屈从。盖历史之为科学，既不能有完美之例证报告，则彼不能将他种科学之结果施以限制、反驳及改正,而当用自身之结果以改正自身。故他种直接科学之进步,有时可改变历史解释之结果。一事实之由直接观察法而成立者,能使人于史料之了解及鉴定获所辅助。凡体瘢与神经麻木之情形,曾经直接观察之科学认为确有此类事实者,则吾人对于历史纪载中此类之事实,亦认为真实(如昔时许多宗教圣哲之体瘢及Loudun之女尼是),①然历史学决不能对于其他直接观察之科学有所辅助其进步。盖历史学因其例证报告本非完美,遂与真实相远隔一距离而未达。故历史学对于一切能亲触接真实之科学所树立之原理当承认之,此乃一定律也。苟欲反对各科学,定律之一,则必需从事于直接之新观察。此革命亦属可能,但当于各科学本身之内部求之,历史学殊无力以语此。

凡事实若尚为粗胚之形式而未能与历史知识及纯粹科学相融合者,则其解决恒不明了,须赖吾人以科学知识范成其价值。吾人至少可树立一实用规律以矫正历史学、心理学及社会学,但需具备强固坚实之史料,此乃甚难遭遇之情形也。

---

① 又本章所述圣哲体瘢,据宗教传说,自耶稣被钉十字架后,继此凡一切宗教圣哲多体生瘢痕五,如耶稣受钉形。相传耶教哲人 Saint Francois d'assise 即曾患此瘢者,斯事本为宗教荒唐传说。然近今医学证明本有此疾,非关神异,故今人乃信此等纪载为非诬说。Loudun女尼例亦同此。

下篇　综合工作

第一章　历史构造之概况

史料之鉴定，仅于各个离立单独之事实纪载有所取得。苟欲组合之以建立为一浑体之科学，则尚必需从事于一串之综合工作。研究此种历史构造之方法，实构成此一部方法论之下半部。

构造之方式，不能恰如吾人所欲，为一种科学之理想计画，盖彼仅视吾人目前所具有之材料如何而决之耳。设吾人作一计画，而彼一切材料不能合实际取用，则其事全属幻想，譬如拟用石块以构造 Eiffel 铁塔然。凡彼一切历史之玄谈哲学，其基本缺点，即因忘此实际上之一要点耳。

（一）吾人试开始以考虑此项历史之材料，其形态何若？其性质何若？其与他种科学之材料相殊异者又何若？

历史之事实，乃由史料之分析鉴定而获得，由于分析鉴定之完毕而宣告成立，且更分割为较小之独立个别纪载。盖每一单篇零语中，常含有数项之纪载，吾人常承认其若干，而又排斥其他若干。且每一项纪载皆表出一事实。

所谓一切历史事实，固同具一由史料而取得之共同性质，然在其自身中，则彼此相殊异不同之点甚巨。

（甲）彼历史事实盖代表一切性质极相悬殊之现象也。由一种史料中，吾人取撷事实，乃分为文字、语言、文体、义理、惯习、事件之各种。一 Mesha 之铭志题字，其中所贡献吾人之事实，有若 Moabite（亚拉伯某部之人民)之文字语言,有若 Khamos 神之信仰,有若其实际习尚之礼拜仪式,有若 Moabite 与 Israel(犹太人种名)之战役种种。此等事实之取得,皆错综混杂,性质不分。凡此等杂乱无章之各项事实,互相悬殊而糅合一处,乃历史学所以别于其他科学之一种特性也。彼直接观察之科学,其撷取事实,皆为其所当研究之事实,且其施观察亦甚有规范,而限于单类之事实,至若从事史料之科学,其取得事实,皆为早经他人观察者。惟由彼史料著作家之手给与之,常为芜杂不理之状况,故为补救此项芜杂不理之故,必需清理其事实,而区分汇集其种类。然苟欲清理之,必需确知何者为组成历史事实之"种类";苟欲区分汇集之,必需具有一画分归部之原则,以实施于其上。此两项主要之问题,一切历史家至今尚未能觅得一确切之定律而满足如意也。

(乙)历史事实所呈之普通梗概,程度至为悬殊,由被及全民族而延于一世纪之高等事实(学说、训条、风俗、习惯、信仰等),降而至于许多之个人片刻行为(一言语、一举动等),此亦历史学所以别于直接观察科学之所在也。凡直接观察之科学,皆甚固定,而由特殊之事实起始,且为有方法的劳作,而将普通概括之事实,使之益趋于坚实。所为汇集事实之故,必需引之以纳于一种普通概况之共通标准下。于此吾人当问者,吾人所能致与吾人所当致以纳入此种类悬殊之事实者,为如何之普通概况与标准。此事盖为一切历史家所未能彼此同意之一事也。

(丙)历史事实乃由时与地而区分者,每一事实皆属于一时间与一地域也。若吾人抹却其所属之时代与地域,则彼遂失其历史性,而仅能贡献一种普通人类之知识而已(例如彼不知原始之普通人类知识然)。此种区分时地之必需性,亦为其他普通科学所未闻者。盖惟此等描写记述之科学,乃常从事于舆地画分与现象演变之事。故历史家将属于殊时异地之事实,分别离立而研究之,盖不得已也。

(丁)由史料中之分析鉴定而取得之事实,其自身因被鉴定,遂带有"似属可信之估度"。在任何情形中,若吾人未能获达于完全之真实,则无论何时,其事实仅纯然为似属可信,而可供怀疑之点尚多也。鉴定之事,其供给历史家以事实,皆伴以一种无权可移之表示,而不能承认其遂为固定之科学事实。即使此等事实,与其他事实相比较之后而颇可承认，吾人仍当为暂时之屏置。正如病室之临床证案，当未能充分证明其成为一科学事实之先，亦仅以供医学杂志中之累积例证，留备参考而已。

从事于历史之构造，须使用许多性质不相黏合之事实，且须知其繁情琐节如所谓纤尘细末之琐微者。盖此事本当凭借一切杂乱混合之材料，各关于殊异之事物与殊异之境地，其普通概况，与精确可靠之程度，亦皆各相殊异也。历史家于实际上尚无画分归部之良善方法，可供使用。历史学之为物，其原始本为一种章句辞藻之文学，故迄今较之他种纯粹科学，于方法上终有逊色也。

（二）每种纯粹科学，当既观察其事实之后，其第二步之事，乃设为各种科学方法之疑问，而于此项疑问设法以求解答之。在一切直接观察之科学中，纵其疑问未经先定，其所观察之事实必能发生疑问，而使事实精切合用。然历史家则未能具有此种之矩度。彼辈中之大多数，皆习于摹仿艺术家之态度，决未念及须自问其自身之所观察探索者为如何，惟于史料中取其偶然有所触动之部分，常凭依其个人之纯粹理想而为之复述采用，且变易其辞语，增加以一己心思中所有之各种附会推度。

若历史之学不愿因材料混乱而致错误失败，则必于此树立一定律以从事，正如他种科学然，求得其材料上之疑问及解答也。但在与他种科学相异之此种科学中，将如何以设为疑问，此乃所用科学方法之基本问题。欲解决此问题，其唯一仅有之道，乃对于历史事实之元素性质加以决定，决定其与他种科学事实所殊异不同之点。

直接观察之科学，所从事者为实际而施于浑体。与历史学极相近之科学，如动物学者，其所为即对于一真实而浑全之兽类以为考验。最初直接由眼帘接触，观察其浑全之体，然后将浑体解剖为各部分。此项解剖，在文字原义中，即所谓"分析"也。由是人可因显示其全体构造之故，而再集合其已解剖之各部分，此即"真实"之综合方法。由是人可观察其有机体之各部动作反应，而注察以得其机体官能之"真实"动作，由是人可比较一切动物"真实"之浑体，而观其彼此相近似者为若何之部分，由其相近似之确点而可以画分动物品类。故科学为物，乃客观对象之知识，奠其基础于"真实"之分析综合及比较之上。凡对象之直接察见，可使学者能重复考虑其所设之疑问。

历史之为学，则全异于此。人每谓历史乃过去事件之"察见"，而施以"分析"之方法。此乃两譬喻之言而已，若吾人深信此言，被其欺惑，实为危道。盖在历史中，吾人决未能见任何之"真实"，所见者仅为白纸上有写成之文字，有时或为一纪念建筑物或工艺制造品耳。横陈于历史家之目前者，并无任何之物，足供彼为实质上之分析，彼亦不能摧毁何物与重建何物。所谓"历史分析"之属于真实，不过历史事实之察见而已。此乃一抽象方法，亦一纯粹之心思工作也。史料之分析，乃因将其逐个对象加以鉴定之故，而对其一切例证报告之条款，为"内心"之搜求。事实之分析，乃因确定其特殊注意于每一项详情琐节之故，而设法于其殊异之详情琐节间（一事件之各时期节段，一学说训条之特性特质）为"内心"之辨别，是曰考验事实之殊异"状态"，实则仍不过一譬喻而已。凡人类心思，本为空泛，故亦仅能引起一空泛之集合的印象。为必需使其确切明了之故，必问以如何之个别印象，乃可范成一集合印象，由此而逐一考虑，以得其精切之点。此乃一必需之工作，惟吾人不可过矜其用耳。此事决非客观方法，可以得真实物件之知识者，此仅为一种主观方法，其目的在侦出组成吾人印象之抽象质素。故由于历史材料之为如此性质故，历史之为学终不免为一种主观之科学。吾人若以分析真实对象之真实分析方法，推之于主观印象内心分析之学，实为不当于理。

故知历史之学须严禁其仿效生物学所用之科学方法。盖历史学之事实，既与他种科学之事实如此其相殊异，则其研究亦需要殊异之方法。

（三）史料者，历史知识之唯一源泉也，其给与吾人之报告，可区为三种之事实：

（甲）"有生命之人与实质之物"。史料为物，使吾人认识一种生人与物质状况及工艺制造品之存在。凡实质之事实，由实质之概念，而陈于史料著作家之前，但其在今日吾人之目前者，则无他物，仅为一种心思之现象耳。其为事实，乃由"透察史料著作家之想象"而察见，或精确言之，则为内心想象之足以表显史料著作家之想象者耳。此等想象，乃由吾人范成，以求与史料著作家之想象相类近者。例如耶路撒冷（Jerusalem）之圣寺（temple），乃为彼辈史料著作家所曾目睹之实质物，但吾人于今则不能见。吾人于今所能为之事，不过范成一内心想象，求与彼曾目睹此物与曾描写此物之人之所想象能彼此相类近耳。

（乙）"人之动作"。凡史料亦纪载往时人之动作（及其言语），亦一种实质现象，为彼史料著作家所曾目睹或耳闻者。但其对于吾人今日则毫无所有，所有者不过史料著作家之所记忆，而吾人于自己心中更以主观之想象而复述之耳。当 Cæsar（罗马大将）之为短剑所刺杀，人曾见之，凶手之所言，人曾闻之，但吾人今所有者，不过内心想象耳。凡一切动作、言语，皆具下之特性：每一动作、言语，皆属于一个人，想象仅能表出个人之行为，盖皆吾人拟其由实地施直接观察而得者。凡此种群众行为，多数皆为若干个人同时之行为，或多人行为皆趋一共通之归宿点。此群体之行为，吾人若拟其由直接观察所得而为想象，则每认为个人之单独行为。凡所谓"社会事实"，为彼社会学家所承认者，乃一种哲理推论，而非一种历史事实。

（丙）"动机与意念"。凡人类动作，决未能并表明其内部所含之原因，故彼尚有其"动机"也。此空泛之一语，实表示两项之因缘：一为惹起其人为此动作者，一为表出其人为此动作时之心思者。吾人仅能想象彼存于心中之动机，而为一种空泛情形之内心表出，正与吾人之内心所蓄有者相近似耳。吾人仅能以辞语说明者，大概以譬喻出之。于是吾人乃有"心理"之事实，普通所称为情感与观念者是也。史料之具列此种事实，大别为三项：（一）史料著作家心中之动机与意念，由彼自为说明者，（二）史料著作家对于彼所曾见之同时人代达其动机与意念者，（三）吾人自身对于史料纪载所拟测之动机，及吾人自身所表出之想象。

"物质之事实"、"人类之行为"（个人的与群体的之双方）、"心理之事实"，此三者同范成历史知识之对象。彼皆非由直接观察而得，盖皆为"想象"耳。一切历史家几乎皆不自觉，而自拟其能观察彼"真实"，实则一切历史家，其唯一之所具有者，仅想象而已。

（四）对于此等非全出于想象之事实，将如何以想象之乎？彼存于历史家心中之事实，本不免为主观的，此乃一种理由，可以不承认历史学为科学也。然主观与不真实，决非同义之字。凡一种回忆，仅为一种想象，而非为一种幻想，盖彼足代表已消灭之真实也。按之实况，凡历史家由史料而工作，不能具有直接可用之个人回忆，彼特由其自身记忆之梗概而范为内心想象耳。彼设想一切（目的、行为、动机），真实虽属过去，但曾经过去之史料著作家亲身观察，而历史家认彼为恰似今日其所亲见之事而留之记忆者然，此乃史料纪载之科学之一假定律也。若过去之人事，不与今日之人事相类近而可推证，则史料将为一不明了之物。故发端于设想之相似，历史家于历史之已过事实，遂范成一内心之表现，与其目击亲证之事实所尚能追忆者，俨相近似焉。

此种由不自觉而想象作成之工作，乃历史学中错误之主要原因。盖吾人所描绘之过去事物，其与吾人现在所曾目击之事物，决非全体相近似。吾人决未曾目睹一人物，如 Cæsar 与 Clovis（古佛兰克王）者，且吾人亦决未曾具有如彼同一内心状况之经验也。在他种已成立之纯粹科学中，凡此一人用彼一人所曾观察之事实以为工作，或彼自己因其类同近似而以想象推度确定之，殊不失其为同一之真实。然此等事实，乃系用精切之辞语以确定表出者。此精切辞语足以说明确定不易之质素，能发现于人人想象之中。即以心理学论，其所呈意念，亦能以同一之科学名辞充足表明而确定之，凡科学家读之，俱能引起心中同一之想象，而皆了解所谓"器官"与"动作"之定义。其理由盖因每一科学观念皆由观察方法与抽象方法而范成一定名。因此之故，凡属于此观念之一切特性，皆可以精确认定而描述之。

然知识之愈近于不可目击之内心事实者，则其观念亦愈混淆，而所用辞语亦不甚精切。即最寻常之事实，若人类生活、社会状况、动作、动机、情感之事，皆仅能以空泛无定之辞语表出之。（如帝王、战士、战争、选举诸名辞）盖在此现象较为复杂之情形中，言语之用亦较为不确定，而其对于此等现象之主要质素亦不一定。例如，吾人对于所谓一部落、一军队、一工艺、一商场、一革命等辞语，其能想象了解者若何？在一切人类科学之心理方面与社会方面，历史学之为物，实介居于空泛无定之二者中也。尤有进者，不特言语空泛之为弊也，即彼表出内心想象之间接方法，尤足使其空泛无定之弊，更趋于危险。盖吾人心中之历史想象，至少或足追溯彼曾直接观察此过去事实之人所想象之主要质素，然彼曾观察人所用以说明其内心想象之辞语，则决未能确告吾人以此主要之质素何在也。

吾人所见之事实，其昔人纪载之辞语，皆不能使吾人心中得有精确之想象，此等惝恍之物，即历史学中之论据也。故无论如何，历史家不得已必须以其自身之想象，描绘事实，且彼必常须努力，用此不真确之质素完成其心中想象，想象此事实如彼曾经目击者，其情形当为何如。但凡构成一想象所需之质素至夥，实不仅一史料之供给而已。若有人对于一战役、一大礼之纪载，由一切材料供给而欲构成一内心之想象，则无论其琐情末节如何详备，彼终不获已而必须勉强增加许多之条款也。凡吾人欲就纪载所有者而回复一种纪念建筑（例如耶路撒冷之圣寺），或对于一种表出历史事迹之绘画，或新闻纸中之所有一切插画描写，俱可证明此勉强附会增加条款之必要也。

每一历史想象皆包含大部分之幻想。历史家不能自逃免于此，然固可于彼想象中撷取大部分之真实质素，而彼所企图建立者，亦仅限于此。此等要素，即彼由史料中取得者也。今有人为了解 Cæsar 与 Ariovistus（罗马时代蛮族酋长）之战役故，若对于此两方相对冲突之大军，有构成一内心描绘之必要，则彼必须留意，凡彼所想象之普通状态，不能取以为结论。彼必须专奠立其理论之基于史料所贡献之真实情节上也。

（五）此历史方法之一问题，最后当再述之如下。吾人除却由史料中寻得各种殊异质素外，更范成内心想象。其中之若干完全属于实质物品者，则由彼图绘铭刻、纪念建筑品，以贡献于吾人，且直接表出彼过去事物之物质状态。其他大多数则包含吾人所构成之心理事实一切想象，且或由往时所表出，尤常见者，或由吾人自身经验所观察。所谓过去之事物，其与现在之事物，仅有一部分之近似。此种殊异差别之点，确为历史学所以富有趣味之原因。吾人对于此种殊异事物，既无模型可资，将以何术表出于吾人之前乎？吾人决未曾目击 Franc（法兰西人种之古代部落名)之战士,吾人对于 Clovis 准备作战以抗 Visigoths(古日耳曼西部族名)时之心理情感,亦决未亲身经验,当此之时将如何以使吾人之想象,能与真实之事实相融合乎?

在实际应用时,其所遇者盖如下。当读一史料中之一文句时,吾人心中立刻不能自禁,而率任自然之性立刻范成一想象。此想象乃仅因其略为近似而遂成立,常为极不精确者。无论何人,若反溯其所记忆,当能发见彼最初一次对于往时人物景象之所想象者,盖为如何之谬妄可笑。凡历史学之工作课程,即系将此等不确之想象,逐渐清理改正,——除去其讹误之质素,而代之以真实。吾人固曾见红发民族,曾见盾牌,曾见 Franc 人之战斧(或至少吾人亦曾见此等事物之图象),吾人将此等质素集合为一,因以改正吾人最初对于 Franc 战士之内心想象焉。故历史之想象,因各种殊异经验所借与之各条款,既臻于联合,而想象之事遂以完结。

然仅能将分离独立之人、之物、之动作,一一以想象表出,尚不能满足也。凡个人与其动作,实范成一总体社会、一进化历程之部分。故于此必需表出一切介于殊异人物殊异动作之间之关系(如民族、政府、法律、战争等)。

为想象此关系故,必需具有一集合总体或一浑合总体之概念。然史料之所给与吾人者,仅为单独离立之质素。故历史家于此,复不获已而再用其主观方法,彼以想象成一社会总体,成一进化历程,而对于此等想象所构造之总体,彼乃由史料中所贡献之质素而加以集合排比。故凡生物学之类分序列,乃由真实物体之客观观察而成,而历史学之类分序列,则仅能由存在于想象中之主观物而成。

过去之真实,乃吾人所不能观察之事。吾人所仅能识之者,乃因彼与现在之真实相近似耳。为征实此过去事实之发生情形故,吾人必须观察今日人类果遵何道,乃于今日能遭遇此类同近似之事件。故历史之学,乃成为一切关于人类之科学(心理学、社会学或曰社会科学)之实际应用。然此一切科学皆为尚未能建立完善者,其所具缺点实足使历史学之建立为科学稽迟而不进焉。

人类之生活情形,有若干极为需要,且又显著,即以最肤浅之观察,亦足以应用而建立之,若一切人类之通常生活情形是也。其所由探得,或由决定人类物质需要之生理组织,或由决定其行为习惯之心理组织。此种情形,吾人可将各项普通疑问应用于所遭遇之一切情形而探得焉。此等疑问法对于历史构造之事之为必要,正如其对于历史鉴定之事也。因直接观察之为不可能,故历史构造之事实不获已而须先事应用各项之疑问法。

范成历史中主要材料之人类行动,由一时代至一时代,由一世纪至一世纪,皆相殊异不同,正如各人与各社会之彼此殊异也。若人类皆常有一同样不变之政治组织,皆操同样不变之语言,则吾人将无法以造作政治组织史与言语史。但此等殊异乃包含于人类通常生活情形之程限内,所以殊异乃由人类全体之共相中所发生异相之变化,即不曰人类全体,至少亦当曰大多数之人类也。吾人对于历史上之人民,盖先天的决不能知其政治组织为何,与其言语为何。历史之职务,即告吾人以此等之事也。然一种人民,必有其言语及政治组织,此则于未经考验之先,吾人于可能情形中所可臆断者也。

吾人于一个人或一民族殊异之生活状态中,可期望探得此一束之基本现象,由是吾人可获得其普通而简要之方法体例,形似撷要。然足使吾人将多数历史事实,纳于各种自然之分组,使每一组皆成为历史之一专特枝干。此种分组之方法体例,实足供吾人为历史构造之骨架。

此项普通体例,仅能应用于通常习见之现象,至若属于一个人或一民族者,有地方局部之事,有非常意外之事,盈千累百,则非此所能预料。故凡历史家欲对于往时为一完全描绘所当解答者,此体例实不足以包括之。对于事实详情细节之研究,必需使用各项详细体例,使其入于更为详细之境,且由其事件其人物其所研究之社会性质而各相殊异,为欲揭列此种种条目故,吾人可将纯由诵读史料而想象及之一切详情体例,皆为记注。然为类分序列其各项体例故,及为完成此各项条目故,必须借助力于有系统之方法。凡此项事实人物及社会为吾人所熟知习晓者(或由直接观察,或由历史传述),吾人当于其中探寻何者为合于吾人所愿研究之事实人物及社会也。对于此等习知之事物,加以分析而为科学式之整理序列,吾人必须深知当施以如何之体例。凡选择体例当属合法,吾人决不能将研究文明民族所用之体例,应用于野蛮之社会上,且亦决不于封建时代之领地治权中,察其何种职司与今日国家中之内阁各部相当,如 Boutaric 氏(法国史家,一八三〇——一八七七)在彼研究 Alphonse de Poitiers 行政书中之所为也。

此种揭列体例分组条目之方法,实以先天的程序从事历史构造,若历史学确为一观察之科学,则决不容许其如此也。有人以为将此与一切自然科学所用之方法相较,实觉远逊。然欲为持平之论,亦甚简单,盖此乃一仅有之方法,唯此方法有使用之可能,且亦为实际上曾经使用之仅有方法。当一历史家试欲将史料中所含事实,列为定序之时,彼即将其所有对于人事之知识,列成一整齐之规范。此规范与所谓体例条目为同等之物,或则采用前人所制成相类近之规范程式。但若此工作由不经意而成,则其所整理序列之规范,常致条目混乱而不完善。故此时之问题非用不用体例之问题——无论如何,吾人皆当纳于体例条目而工作。吾人之问题乃将混乱不完善之各项体例条目,为不经意之使用,与确切完善之各项体例条目,为经意之使用,二者之间当何所择耳。

(六)吾人于是可草拟历史构造之计画,因以决定各项综合工作,为举此大厦所必须者。

史料之分析鉴定,贡献吾人以材料。然此等历史事实,尚为凌杂散乱之情形,吾人必须施用想象于此事实,想象其情状与吾人所揣度之现在事实相近似,且由各种殊异点上,取得各种质素而联合想象之。吾人于是更勉力尝试,而范成一浑全想象,俨然吾人对于过去事实曾以直接观察而取得者,能愈近似则愈佳。凡此盖为第一步工作,于实地诵读史料时所必不可离也。吾人以为此寥寥数语已足说明其性质,固无庸再为专章以论此。

事实既经想象,吾人乃准于分类序列之法,汇聚分组,如吾人所直接观察之各项真实模型然。此项真实状况,即吾人所推度以为与今日之各项事实相近似者也。此为第二步工作,由有系统之体例条目为助而成。其结果即将一束历史事实,依其性质相同者,分割为若干同类之部居。然后吾人将此部居,画为各汇各组,直迄于此过去全史,能准于普通计画程式,而为有系统之整理成立。

当吾人准于此计画程式而将史料中获得之事实加以序列整理时，其所遗之裂罅，常为一重要而当考虑之事。在历史某部分中，凡其史料若甚缺乏，则此裂罅亦益巨。吾人对此裂罅，当以理想推度而补缀充实之，此理想即根于吾人所已知之事实上而得者。此为第三步工作，由应用逻辑推理，以增长历史知识之数量。

然吾人于此所具有者，仍不过一束之事实，依类分序列之法，而一一鳞次栉比以排列而已。吾人为推知其普通性质及彼此相互之关系故，必须将此等事实，凝炼结构，铸为定式。此为第四步工作，导吾人以趋于历史学之最后结论。且以科学式之眼光观之，当为历史构造工作之最后加冕而冠于全部之工作也。

但历史知识由于其性质为复杂难理之故，因之于彼此贯通上实有例外之困难。吾人欲得一方法，能以分配合宜之形式，而处置历史之结果，至今尚在寻求中也。

（七）此各项工作，吾人易于推知，但仅为不完全之成功耳。彼或为物质材料之困难所限，而此等方法论之各原理不能施用于其上，然吾人终当加以重视，而知其无论如何终为不可超越、不可移易之办法。

历史之工作如此繁多，盖自最初发现史料为始，直迄最后结论之构成史文定式，其需要之审虑防维，如此其细密，其自然之赋与，及人力之获得，如此其繁复变易，无论从何点上，决无一人能以自身悉从事此一切之工作也。历史学较之其他科学，尤为不能省略分工之劳。且亦无何种科学，其分工之不完善有如历史学者。吾人常能发现校雠考证专家，其从事于造史，每凭依想象而冒昧着笔。其别一方面，历史构造之专门历史家，对于自身凭以造史之材料，每未尝一考察其价值若何。其理由盖因凡分工之事，必须各部分之工人间，有彼此相互之了解，而在历史学中，即缺乏此等了解也。历史学者除却外形鉴定之预备工夫外，其他每一工作皆凭其私人兴味所至以从事。彼与他人雷同合作，不以为苦，亦未尝一察视全体，思以彼所工作为全体之一部分。以此之故，决无任何历史家采用他人工作结论，而敢自许为健全无误，有如其他科学家之所为然。盖彼不能知彼所用结论，是否曾由真确可信之方法而获得也。其最为疑惧谨慎之历史家，除非能自身将史料复加一度工作，则彼不能承认任何之结论。此等态度为 Fustel de Coulanges 所采用。对于不甚彰著之时代，其史料所保存之卷帙甚稀少者，此法殊可获得效用，且可断言历史家当不愿为曾经他人之手之间接工作。因此故凡历史家，当一切史料之数过于繁夥时，彼亦不获已被迫而尽读之，但彼决未曾言即此可以免于错误诬枉也。

于此最好以直言明示其真实情形。凡科学之纷繁复杂如历史学，在能构成一结论之先，依法必须有盈千累万之累积事物乃可。若继续不断以旁骛而求新异，则决不能建立之也。历史构造之事，非仅由繁赜之史料而遂成工作，与"历史不能由手迹本而遂写成"正同；其同一理由，即节缩时间是也。为求此科学之能有所进步，而将其盈千累万之详细探讨联合并用，实为必需之举。

吾人对于许多搜讨方法，若非缺劣不完，而终觉可疑者，当如何处之乎？普遍之过于信任，当足以造成错误，正如普遍之过于疑惑，当足以妨害进步之可能。然无论在何等情形中，有一极有效用之定律，吾人可述之如下：凡读历史家之著作时，当如读史料而施观察时施以同样之鉴定考虑。人类自然之本能，每驱使吾人专注目光于大体之结论，而承认彼为成立完善之真实。吾人于此，必须力矫此病，继续不断以施用分析法。吾人必须注察搜弋其事实证据，与其史料之片段，质言之，即其造史所用之一切材料是也。吾人必须对彼历史家所曾为之工作，再从事一过。但吾人今所从事，较彼昔造史时所从事，快利十倍，盖彼之所以耗费时间，乃因须从事于一切材料之搜集及联合，而吾人今日所为者，仅为除却彼曾经吾人认为确可证实者而外，即不愿承认任何之结论耳。

第二章 事实之汇聚分组

（一）若当前有许多混淆杂乱之历史事实时，历史家之第一必要，乃须限制其探讨之界域是也。在此普遍之历史中，当问何种之事实，乃为彼所当选择而搜集者乎？其次者，在此既选定之一组事实中，彼必须于其内容殊异间施以辨别，而造成为更细密之分组。最后者，在此等更细密之各个分组中，彼必须将此等事实鳞次整理集列。故凡一切历史构造之事，其开始着手者即设法觅得一原则，用以导吾人从事于一切事实之选择汇聚集列也。此原则之觅得，或由历史事实之外部状况上，或由其固有之性质中。

凡类分序列之方式，其最为简单而易为者，乃由历史事实之外部状况上而定者也。每一历史事实，皆属于一确定之时间与确定之地域，而纪载一确定之个人或人群。于此吾人可获得一便利之基础，用以区分历史事实，例如吾人曾见有属于一时代、一国家、一民族、一个人（个人传志）之历史是也。古代历史家及文艺复兴时代之历史家，其所用者，除此外，盖无他种分类方法。在此等分类方法之中，其分剖更细之各组，亦由此同一原则而范成。其事实之整列，皆由编年分类制与地舆分类制，或则视其所系属为何组而定。吾人于选定依法分组之事实，盖曾经多年，毫无一定原则。历史家对于一时代、一地域、一民族之各种事实间，每随其各人空想所及，由彼认为奇异而感兴味者，凌杂选择而用之。Livy（拉丁史家，纪元前五九至纪元后一九）与 Tacitus 二氏在其纪载战役与革命中，每参杂以洪水巨灾、流行传染病与妖物之产生等等事实焉。

事实之由其固有性质而为汇聚分组者，其发明与使用较为晚近，进步迟缓而方法未臻完善。彼之创兴，实在历史学范围之外，而为关于人类各专门现象之各种分支研究，言语、文学、艺术、法律、政治、经济、宗教之类，其始皆为特科专学，而其后渐成为历史性焉。此分类分组之原则，乃将属于同类行为之事实，选择而聚合之，每一组皆一项主要事实，而为历史学之专门枝干。此等事实之总体，可由其各部相整列枇比，而遂造成对于人类活动总体之研究。此于前章所论各项体例条目，吾人既已言之。

下列之分目，即吾人为历史事实之分类分组故，而试拟为一种大体程式，由人类活动之"实况"与其"表现"之性质上制定。

（1）物质概况

（甲）人体

  （A）人类学（人种学）、解剖学、生理学、生理变态与病理学

  （B）人口学（男女、户口、年龄、生死、疾病等）

（乙）地理

  （A）自然地理（地形、气候、沼泽、土壤、特产植物、特产动物）

  （B）人文地理（农事、房屋、建置、道路、器具之类）

（2）心灵现象

（甲）言语（文字、章句、音韵、训诂）

（乙）艺术

  （A）静象艺术（图绘雕刻之制出情形，其用意方法及工作）

  （B）动象艺术（音乐、舞蹈、文学）

（丙）科学（其产生及方法与效果）

（丁）哲学与道德（其概念、训条及其目前之实际应用）

（戊）宗教（其信仰及实际应用）

（3）人事习惯

（甲）物质生活

  （A）饮食（食物、其储食方法、刺戟食品）

  （B）衣服装饰

  （C）家宅器用

（乙）私人活动

  （A）燕居（修饰、卫生）

(B) 社会礼仪（丧葬、婚姻、节日及一切礼式）

(C) 娱乐（运动、田猎、游戏比赛、会客、旅行）

(4) 经济习惯

(甲) 生产

(A) 农业与股本屯积

(B) 矿产之开拓利用

(乙) 工艺（转运与工艺制作、专门作法、分工及交通方术）

(丙) 商业（其交换、售卖与信托）

(丁) 分配（其财产制度、传授移转、契约及其债息）

(5) 社会组织

(甲) 家庭

(A) 组织（其家长、妇女与儿童之状况）

(B) 经济（其家庭财产及继承）

(乙) 教育（其宗旨、方法、职任之人）

(丙) 社会阶级（其分业之原则、确定彼此关系之定律）

(6) 政治制度

(甲) 政治条律

(A) 主权（其职任之人，与行使之方式）

(B) 行政事务（军事、司法、财政等）

(C) 选举（选举权及集会、选举之团体及其行使方式）

(乙) 宗教条律（主权者及其行政与选举）

(丙) 国际条律

(A) 外交

(B) 战争（战争习惯与其军事方术）

(C) 国际法与通商

由其固有性质而为事实之分类，与彼由时间舆地而为分类之制，实相联带。于此吾人可获得方法，于每专支中，为编年分类与地舆分类，或性质分类焉。人类之各种活动史（言语、绘画、政治组织等），实由一时代、一国家、一民族之通史中而更为细分者也。（例如古代希腊言语史、十九世纪法兰西政治组织史之类是也）

此原则又可于事实之整理分类，助吾人决定其程序。因事实有鳞次排列之必要，使吾人不获已而采用一定之方法，以规定其联贯承袭。吾人必须依次相续以论述一切事实之关系于一时期者，又须论述一切事实之关系于一地方或一国家者，又须论述一切事实之关系于一种类而性质同者。故一切之历史材料可分配为三项相殊异之程式：即编年类列制，地舆类列制，其由事物之性质而定其分类方式者，则普通称之曰逻辑类列制。凡对于任何之类列制，欲专用其一而屏弃其他，实为不可能之事。在每一种编年类列之史文中，每遇地舆类列或逻辑类列各种交互关系之分类，其变迁移换，每由一国家而及于他国家，由此一类之事实而及于他类之殊异事实，其在他种类列制亦然。但吾人有一必需之事，即须决定其何者为主要之分类，而其他皆为副属之分类。

在此三种分类方法之中，可随意为至美尽善之选择。吾人之选择，常由其事物之特别性质上，为何等公众而工作上，加以决定焉。质言之，此事乃全视其史文造作之方法如何而定。但举其理论，则不免过占篇幅耳。

（二）当吾人因类聚分组之故，而为事实之选择时，遂发生一问题，此问题盖经人以极严重之热忱而讨论争辩者。

每一种人类活动，其性质皆为一单体而暂时之现象，且为确定之时间与确定之地域所限制者。严格言之，凡事实皆一单体而已。然人之每一活动，恒与其他项活动相近似相影响，或与其同群中之他人所为相近似相影响，因而常成为一广遍现象。而此项活动之总体，遂获得一共通之命名，于是其单体个性遂消失焉。此等相同相似之活动，于人心中不自觉而范成之者，即所谓风俗、习惯、条律是也。彼纯为心理所构成，但其位置于吾人知识世界中极为强固有力，其中之多数必须承认且恒常应用焉。风俗习惯乃一集合体之事实，于时间空间占有广大领域者。历史事实于是当由两方面研究之，一为单体个性及暂时之事实，又其一则为集合体普遍性而延久之事实也。属于第一概念者，则历史乃对于往时个人所遭遇之事变，而为继续不断之纪载；属于第二概念者，则历史乃对于全人类所承袭继续之风俗习惯，而为之绘画描写也。

此事颇多争辩，而在德国为尤甚，在所谓文明史（Kulturgeschichte）

之党同伐异之作者间，在忠实于古代传说之历史家间，争执尤甚。其在法国，吾人对于风俗、条律、习惯、思想之专史及政治史，颇多辩难抗争，每由其敌党加以侮慢之别号，称之曰"斗争史"。

　　此项争执，吾人可说明，由于所用史料之殊异，盖双方之工作人各有其习用之史料故也。有历史家专致力于政治史而视为主要者，恒诵读彼掌握治权之个人之单独行动，自然彼颇难探得任何普遍性之事物状态。至于彼专门枝干之历史，则又反之（除却文学史一种），其史料之所陈者，除却普遍性之事实外，更无何物，其史料所载，不过一种言语之形式、一种宗教之仪节、一种法律之条规而已。故必需努力想象，对于彼口操此言语之人、行使此仪节之人、实施此条规之人，皆以想象力而为之刻绘描写。

　　对此背驰之双方，而欲专取其一，实为非必需之事，盖完全具备之历史构造，乃包含双方之事物状态而为事实之研究也。凡对于一个人将其思想、生活、动作之惯象真实表出，乃显然为历史学中一部分之重要职任。尤有进者，今试设想，吾人为欲撷取所谓共通之事物故，而搜罗一切个人之行为，唯其选择个人行为，吾人无权屏弃而否认之，盖彼实显然为历史之质素，因其一特殊个体之行动，实为一确定时间一确定个人或群众之行动也。在一种分类分组之表册中，苟仅承认一种政治生活之普遍事实，而抹煞单件事实，则将无余地以容留 Pharsalia 之获胜（史诗名，叙罗马大将 Cæsar 与 Pompée 大战事）与 Bastille 之攻取（法国革命所攻取之最大监狱名），盖此二者皆为变态而又暂时之事实。但若无此二事，则罗马与法兰西之宪章条律专史将成为不明了之物矣。

　　于是历史之事乃不获已而须将普通事实之研究，与或种专特事实之研究，相联而并用。盖历史为物，实具有混杂糅合之性质，对于普通梗概之科学与个人历险之纪载二者间，并无确定之界域。吾人于人类思想之范畴矩度下，而将此等异性杂种之事物从事于分类分组，其所感之困难，常使吾人发为稚气可笑之疑问曰：历史为物，究为一种科学乎，抑为一种艺术乎？

　　（三）前所列表揭出之普通分类，常用以决认各种事象（风俗、习惯、条律），而历史于以著笔焉。但对于研究任何之一组事象（例如言语、宗教、私人习惯，或政治条律之类），在应用此项普通方式之先，常有一初基问题必须解答者，即吾人所欲研究之普通事象属于何人是也。彼之为物，乃多属于大多数之个人，而将同一普通事象之个人为之集合，是即吾人所谓之"组"。故其第一事，乃凡欲为普通事象之研究，即系决定其实际应用此普通事象者，为如何之一类一组也。在此点上，吾人须警备勿堕于误。盖若认识有误，则由轻忽迷惑而毁败吾人历史构造之全体。

　　自然之倾向，凡思索一种人群之分类，每以动物学之分类拟之，同群之相同，正犹人之肢体，皆彼此相同也。吾人每由极为明显之共通性质而画分群类，施以联合。一民族国家因有共通之政府官宪而得联合（罗马、英吉利、法兰西），一种人民，因操同一之言语而得联合（希腊语、古日耳曼语），而吾人所思维者，俨以为此等群体组合中之一切单体，无论何点，其彼此间皆相同相似。

　　按之事实，决无任何确真之群类，或集合之社群，为纯由同类事物而浑成者。人类活动之大部分，若言语、艺术、科学、宗教、经济利益之类，其群类皆恒变动。吾人对于彼操希腊语之群类、基督教之群类，与近代科学之群类，其能深知者若何？且就彼等群类而论，其颇具有公共昭著之群类组织，若政府、教会之制，足以确实证明其为同一群类者，其实亦仅为一粗浅之联合，其内容仍由各项殊异复杂之质素合组而成也。一英吉利之民族国家，实包含威耳司、苏格兰、爱尔兰之三种民族。一 Catholic 之基督教会，其信徒实遍布全世界，除所信宗教外，无论何事皆相殊异也。故世间决无任何群类，其中之单体分子，能于每一点上，皆具同一之普通事象。凡同一之人于同一之时间，恒为数个群类数种团体之一员，且在每一团体中，彼必有若干朋类，与属于他团体中之朋类相殊异焉。一法国人之居住于坎拿大者，彼为属于大英帝国之人民，同时亦为加特力旧教信徒，复同时为操法国语之民族。故殊异之群类，每彼此包含混容，苟欲将人类之一切群类，逐一为明显锐晰之区分，其情形将成为不可能也。

　　在一切史料中，吾人发见今世所称为事物之群类者，其多数皆不过纯然肤浅之近似耳。吾人必须立一定律，凡未施以鉴定考察时，则不能采取此等寻常肤泛之观念。吾人对于此等群类之性质及范围,必须精确决定之。所当问者:其组成此类为如何之人?其联合归类之绳缚为何物?其共通具有之事象为何物?其何类之活动为彼此群类相殊异者?吾人更问其由何种普通事象而归为汇聚,用以供研究之基础,且更由事实之种类,以选择其分组之种类焉。凡欲研究知识之联合事象(言语、宗教、艺术、科学),则吾人必不可参入以政治之联合事象,例如民族邦国之类,吾人惟当着眼于彼群类之能包含一切具此普通事象者而已。凡欲研究经济之事实,吾人必须着眼选择一群类团体之由共通经济利益而联合者。吾人须避却政治之群类,仅留供社会事实及政治事实之研究,且吾人对于"人种"之同异,亦将一律不重视之。

虽由此点立论,此等之群类为绝对同类者,其实仍不尽然。盖彼虽相同,而仍可更分析为较细之类,其各类之彼此间,复呈出第二层之殊异事象;一种言语可分析为数种方言土白,一种宗教可分析为数种支流派别,一国家亦可分析为行省州郡。更反而观之,凡一群类,每因其与他群类近似,而被吾人认为毗连。故在普通之分类分组法中,吾人每对于相近似之各种言语、各种艺术、各种民族,而承认其为"同一支派"也。于此所问者,对于一群类当如何分析为更细之群类?凡能构成为历史中一部分者,其群类包含之大小应何若?

吾人应用前所揭出之分类表目,即能对于一或项事象习惯或属于某时间某地方之全体习惯而为有方法之研究。凡彼事实种类若各依个别性质而呈现,则据此情形而为工作,实无方法上之困难,例如言语、艺术、科学、观念、私人习惯之明白分类是。吾人于此遂能确定每一种普通事象习惯,系包含于何者之中。惟此外尚有必需之事,乃吾人必将原始此事象与承续此习惯之人(艺术家、博学人士、哲学家、风俗习尚之导起人等),及实际应用此事物习惯之民众,皆审慎分别之。

然当吾人进而研究社会及政治之普通事象时(即吾人所谓社会条律、政治条律),吾人即遭逢一种新状况,足以发生迷惑。在此等一切相同之社会群类及政治群类中,决未尝纯然从事于相同之活动。彼辈悉由繁殊变换之活动,而彼此互相影响、互相支配、互相控制、互相报偿。所谓普通事象习惯,在彼辈殊异之各个体间,为一种"彼此关联"之形式。其在古代，凡一政治群类中之普通事象，皆构成一显著而公共之定律，由一显著之权力行使之，由特殊之人若干执任之，因而为人生重要之影响之团结而显然可睹之真实。其职任之人亦然，机关职任，一一分明，足为同类之明白范畴，而成其为一政治联合事象（阶级、组合、教会、政府等皆是）。此等分类范畴，乃为真实之存在物，或至少亦为属于真实存在物之各职任之器官，即"社会"是也。吾人可用一动物肢体之解剖法，以论述一社会之"构造"及"职能"，且及其"解剖"与"生理"。但此实为纯粹之譬喻。所谓社会构造，吾人之意，乃谓彼之条律、习惯，所以支配人与人之职任与享受者也。所谓社会职能，吾人之意，乃谓彼之惯例活动，由此而与他人发生彼此关系也。吾人固可因利便而使用此等名辞，但必须留意勿忘者，其潜伏之真实，乃完全由一群中之普通事象习惯而成。

凡为公众条律之研究，无论如何，常令吾人不能不诘问其人物其职能之各问题。对于社会条律、经济条律，吾人必问：何者为区分工作与区分阶级之原则？何者为职业与阶级？每一阶级每一职业皆由如何范成充实之？在殊异之职业与阶级中，其个体间之彼此关系若何？对于政治条律，由强制之律令与显著之权力而执行者，则有两项之新问题：（一）谁为秉持此权力之人？吾人当分论一种政治权力之时，须研究其职任之分析，且将其政府之职司人，分析为殊异之各群类（最高者与副从者、中央者与地方者），更辨别其各专特之支干。凡系属于政府组织之各阶级之人，吾人当问其阶级职任系如何而范成？何者为其公共显著之权力？何者为其真实之权威？（二）所谓公共显著之律令为何物？何者为其形式（习惯、命令、法律、成例）？何者为其含容（法律之条规）？何者为其应用方式（行使之程序）？且尤有最要者，当问其公文律令之与实际应用，其差异为如何（权能之滥用、援引自利、执行机关之冲突、律令之隐晦不明等）？

此组织社会之事实，吾人既能一一决定后，则吾人尚须觅一余地，以研究一社会之位置于其同时各社会中之情形。于此吾人乃进而为国际条律之研究焉，若知识方面、经济方面、政治方面（外交与战争惯习）皆是也。吾人对此所应用之方法，与吾人应用于一国中之政治条律者相同。吾人所为之研究,乃着眼于数个社会之共通习惯,且着眼于其彼此关系之未确定明白形式者。此事乃历史构造学中进步尚甚微少之一部分也。

(四)此一切工作之结果,使吾人对于一特定时间之人类生活,能得一明了之通见,且给与吾人以社会"定象"之知识(德意志文识之 Zustand)。然历史之事,非仅限于研究一同时之事实,若仅为一种静止不变之研究,则吾人当称之曰社会之"静学"(Statics)。盖历史研究,一方面又须从事于各殊异时期之定象,而研究其各个定象间之变迁。人类之习惯,物质之概况,由此一时期至彼一时期,转相迁变。即使有时其外表似为恒常不易,实则其每一点上,皆未尝确固而不移也。于此吾人当考察此种变迁,而对于继续之事实始其研究焉。

此等变迁,其最有兴味于历史构造之事者,乃其能倾向于一共通之方向者也。以此之故,凡社会之一习惯一事象,变易而为殊异之习惯与事象,每具有渐呈别异之特性。试不用譬喻而率直言之,即凡一特定时期之人,其实际之成一习惯,与其祖先前人之习惯极相殊异。而其间皆潜移默变,决无破裂痕迹,此即所谓"演进"是也。

演进之事,一切人类习惯中皆可遇见之。吾人为加以考察之故,可将对于组成社会通见所应用之各项问题更应用于此。吾人对于每一项事实,其状况,其风俗习惯,其秉持权力之人,其公共昭著之律令,皆须施以一问题曰:此等事实之所曾演进者为何?

此研究实包含数种之工作:(一)决定何种事实为吾人所欲研究其演进者;(二)确定其演进之时间(择定其时期,必须其变化已极明显,而在其新始之点与旧逝之点二者间,尚有线索为之连锁者);(三)确立其演进时各殊异之阶段;(四)考察其演进之以何方术而成。

(五)凡一切国家一切社会及其一切演进之包举罗列纵极为完全,仍不足以尽供历史之事实材料。此外尚有若干单独特件事实,吾人亦不能付之不问,盖彼既足以说明社会之或种事象之原始,且构成一演进之起程点也。吾人若不明了 Cæsar 之战胜 Gaules 种人(法国原始人种)与野蛮民族之侵入二事,则吾人安能研究法兰西之社会条律与其演进乎?

研究此等单独特件事实之必要，因使历史学不能成为一纯粹科学，盖凡科学皆以普遍为目的也。历史学于此，其位置颇如宇宙学、地质学及研究动物种类之科学然，彼并非各事实间普通关系之抽象知识，而为以说明真实为目的之学问。此真实仅不过一度存在焉。凡世界之进化，动物肢体之进化，人类之进化，皆为单演而不复演。此各项演进中之每一演进，其相继承相联袭之事实，非由抽象之定律而发生，乃由每一时间中数个殊异性质之境况相偶合际会而成。此等偶合际会有时称之曰"机会"、"命运"，由彼以发生零件之事变，以决定进化之专殊进程。凡进化之事，仅能由研究此种零件之事变而获得知晓。历史学之于此，正与地质学、古生物化石学同一立足点。

吾人为用以研究演进故，而科学式之历史学，乃反而从事于零件之事变。凡口授传述之历史，对于此等零件事变，乃以文学式之理性推度而撷取之，盖彼乃由想象所触接而得也。吾人当探索一切事实之曾影响于各种人类习惯者，每一零件事变皆依据其曾发生影响造成进化之时间而加以整理排列。吾人于是可集合各种类之各零件事变，以编年分类法或地舆分类法整列之，因以得一历史演进之全景。

一切专门史，其事实皆以纯粹抽象之范畴而整理分类（艺术、宗教、私人传记、政治条律）。在此等专门史之上，吾人当更组成一具体之普通史，用以联合一切殊异之专门史，而将统摄一切支流演进之主干演进，皆具列揭出。凡吾人分支研究之分类事实（宗教、艺术、法律、宪章），决不能范成一锢闭自封之世界，而仅由本部内力遂奏演进之功，如彼专门分支研究者之所想象也。凡一习惯一条律（言语、宗教、教会、邦国）之演进，仅为一譬喻耳。一习惯乃一抽象物，抽象物自身决无所展拓开发。以较狭之字义言，彼仅为一"存在"而已。所谓一习惯之变迁，其意乃谓人之实际施用此习惯者，曾经变迁耳。于此当知，吾人决不能建造"滴水不入"之严密部居，而于其中获得单独离立之现象。凡人遭遇一变态事实，遂能于其各种殊异点之习惯上皆发生变化。例如一野蛮人之侵入，遂影响于言语、私人生活及政治条律之各事焉。故吾人于此，决不能自限于仅研究专门分支之历史，而遂可以了解演进之事。凡彼专门分支之研究者，纵使彼欲对其所专治之学问作一完全专史，亦必须于其所专攻之事物外,别着眼于普通史之领域。Taine 氏之主张及其价值,即在于此。彼之论英国文学,谓其文学之进化,非专凭借文艺方面之事件,而实凭借普通性质之事实。

包含单种事实之普通史,其发达常先于专门史。盖彼所包含者,皆专门史所不收之余剩事实,而为专门史之构造及画分时所刊削而遗弃者也。普通之事实,大概为政治性质,而甚难组为专支事实者。故凡所谓普通史,在实际上则每与政治史(德语谓之 Staatengeschichte)相混合。凡政治史之史家,每成为普通史之同情人,且在其所构造之中,皆使用一切之普通事实(人民移殖、宗教改革、发明与发现之类),以供了解政治演进所必需焉。

为构造普通史之故,必须注目搜求一切事实能说明一社会定象或其演进者,盖彼实为发生变化之因也。吾人必须在各类事实中,加以搜弋,如人民之迁徙移殖,科学、艺术、宗教及专科学识之革新,政治、宗教、战争之人物变换,邦国地域之新发现皆是。

最重要者,乃事实之具有确实影响者也。故吾人必须反抗一切自然习惯,妄将一切事实分为大事小事之二种。常人每不认最大之果,发生于最小之因。Cleopatra(埃及美女,见中篇第三章)之鼻,遂造成罗马帝国之分裂,谈者多不之信。① 此等意外憎恶,纯然为虚玄之性质,盖于世界政府别具成见也。在一切讨论演进之科学中,吾人每感觉单个之细事,常为各项巨大变迁之起程点。西班牙携去之马群一小队,遂充斥于南美洲之全部。洪水泛滥时之一树枝断干,遂足阻塞洪流而变更陵谷之状态。

在人类之进化中,吾人每遭遇一种巨大之变化,溯其原因,则除却一偶然变态之个人琐事外,更无其他明了之原因。英国当十六世纪中,三次更易其宗教,皆因死一王子之故(Henry Ⅷ., Edward Ⅵ., Mary)。故凡事实之为重要与否,不当由肇始之事实判定之,而当由其所造成结果之事实判定之。吾人先天的不当卑视个人行动与鄙弃个人

---

① 本章举 Cleopatra 之鼻使罗马分裂。Cleopatra 为古埃及女王,美丽绝世,初惑罗马大将 Cæsar,继惑罗马大将 Antoine,卒肇兵祸,与 Antoine 同死。罗马既屡亡英雄,遂丧乱分裂。法人 Pascal 氏曾论 Cleopatra 之鼻云"若其鼻稍短,则祸乱可以不作,而世界亦可改观"云云。

事实。吾人必须考验，凡一确定之个人事实，是否能使其影响伟大可惊。凡吾人能确定其为影响伟大者，有二方式：（一）彼之活动足为一群众之表率，而创成一迁变，如对于科学、艺术、宗教及专科事物之类；（二）彼有权力能指挥群众，而发布命令，导以趋向，如一国家、一军队、一教会之首领人物是也。凡如此之个人，其一生中之各段落，皆成为重要之事实。

因之，吾人可知在类分历史事实计画之中，必当拓留余地，以容纳单独之个人与单独之事件。

（六）研究每一沿续之事实，必需求得若干截止之点，于其起始及告终加以辨别。故编年之分类制，每可应用于极多之巨量事实。此种区分，是曰"时代"，其用最古，自有历史以来即用之。吾人不但于普通史中需此，即专门分支之史亦然。无论何时，吾人研究一可觉察之演进，必须问其若何长久。吾人盖本于其事件起迄，以为定其程限之方术。

在专门分支之史中，吾人既决定其何种惯习变换为有较深之意义，即采用此变换以表明演进之程期，而探问以何种之事件起迄致之也。凡一事件之能对于一惯习加以构成或变易者，遂成为一时代之起始及告终焉。有时此等限定界域之事实，乃属于同类之事实，而由吾人研究其演进者，如文学史中之文学事实、政治史中之政治事实是也。但最常见者，乃属于殊异种类之事实，专门分支之历史家不获已而于普通史中借取之。

在普通史中，其时代之区分当依多种现象之演进而定。吾人每见一时代之一事件，同时可以表著数种事实之起迄程期（野蛮侵入、社会改革、法兰西革命）。吾人于是可以构成一时代，为各支演进之所共同者。其每时代之起始与告终，皆有一特著之事件，以表明而画定之。凡普遍之通史，画为数时期，皆用此法。至于每时期中，更为细分，则亦用同一之方法，将彼次等重要之事件起迄，用为画定程期之限域。

由此构成之时代画分，因依据其事件起迄之故，颇难有同样之长度。吾人勿徒自烦苦，而欲将其画为相等匀整之长度。盖所谓一时代者，不当依其年时岁月之整数定之，而当依其演进一度之明确状态定之。演进之事，本非一固定板滞之动作，有时经历长久岁时，无可注目之变化，而其后忽又继之以一剧烈之加速度变化焉。对于此项之异点，Saint-Simon氏（法国哲学家，一七六〇——一八二五）曾为明白之画分，所谓恒态时期（属于潜变者）与显态时期（属于突变者）是也。

第三章　构造之理想推度

（一）凡史料所供给之事实，对于吾人所思考一切整理罗列之计画，决不足以悉充实其一切之空白缺点。许多问题决未曾由史料中给与吾人以直接之答复，许多之事物状态皆系空缺待补。此等事物状态既缺乏，则一切殊异之社会事象及一切之演进与事件，皆不能给吾人以完全之图谱。吾人于此不免须奋力尝试，以求弥缝此等之裂纹缺口也。

彼一切直接观察之科学，当各项事实中亡失一项事实之时，则更用一次新观察，以搜得而弥补之。在历史学中，吾人决不能有此策略。吾人求补足吾人之知识故，但有借助力于理想推度耳。吾人可由史料中所贡献之已知事实为起程点，而奋力尝试，用审虑推度之法，以求获达于一新事实。若此项理想推度为正确无误，则此项获得知识之方法，即为正当而合法。

然经验所诏示，凡对于获取历史知识之各种方法中，理想推度之一法，乃最难于为正确无误之使用者，且亦为发生最多错误之唯一途径。故必须有各项预防之事，以为安全之保障，而吾人于心思中继续不停为之计虑，以求免于危险。若无此保障，则不当使用理想推度之法。

（甲）理想推度之事，不当与史料分析之事联立混用。读史料者，每于史料内容中加入原未曾有之文字，结果无异于史料著作家所不曾欲言者而使之言。

（乙）由直接考验史料而得之事实，不当与由理想推度而得结果之事实相混淆。当吾人仅由理想推度而获知一事实时，吾人不当拟彼如自史料中获得者，吾人必须明白宣布吾人所用获此事实之方法。

（丙）不自觉之理想推度必不当用，盖彼有极多之错误机会也。此时能将一切争辩,勒为合逻辑之定型已足。盖凡恶劣之理想推度,其最大之假定,每成为一极可怖之乖谬情形。

(丁)若理想推度之后,颇觉无甚可疑,吾人仍不当遂认彼为确定之结论,惟当认彼为一推度颇然之事物概况,与彼确已建立之结果,显然有别。

(戊)决不许因企图将此推度颇然之事,变为确定真实之故,遂重复为再度之反复推度,此其故,盖凡人之第一次印象,乃为较近于真实合用者。若将一次之推度,反复重加推索,则吾人遂渐与彼狎近而习熟,最后误认其为能合法而成立,按之真际,仅因吾人习熟而惯用于此耳。凡一切之人,若对于极少数之史料文字,费长久时间以反复思维探索,皆将遭此共通常见之不测灾祸。

使用此理想推度之道有二:一为消极的,一为积极的,吾人将分途考验之。

(二)理想推度之属于消极式者,亦可名曰"缺亡之考虑",盖根据于一事实之缺乏其存在表示者也。凡一事实为任何史料中所未论及者,在如此情形中,吾人可推度其本无此一事实之存在。此等辩论,盖可施之于一切问题、惯习及演进与事件。吾人在日常生活中,每思及此,而发为斯言曰:"若彼果属真实,则吾人必当曾闻之。"故于此可构成一普遍之定案曰:"若有一确定之事实,古人曾真正遭遇,则必有论述此事实之数种史料存在。"

凡欲确认如此之理想推度为正当合理,则其必需之事,乃每一事实,皆曾经目击,曾经笔记,而一切之笔记,皆曾经保存。然按之今日实际,则大部分由笔记写成之史料皆已亡失,且大部分遭遇之事件亦未经笔记,则此类之推度方法,在大多数情形中实不适用。故必以某项情形其状况已显然具备确无挂漏者为限。

(甲)最为必要者,当吾人之前,非仅论叙此事实之史料不曾存在,盖无论何物皆不存在也。若史料既经亡失,则吾人即无物可施以结论。故此等"缺亡"之辩论考索,当史料亡失之数量愈大时,则此方法之使用愈稀。其在古代史中,以较十九世纪史中,其用愈少。颇有人因欲超越此限制而获自由,遂不觉发为宣言,谓彼亡失史料中之所包含者,决无有用有益之物。若辈之言曰："彼所以亡失之故,即因彼无保存之价值耳。"但吾人按之实际,凡每种手迹本之留遗于今日,皆因遭变较少,故获此苟全幸免之惠。凡史料之保存与亡失,皆纯然为一机运之事。

(乙)事实必须具有曾经观察及曾经记录之性质。盖凡一事实之未经记录者,并非未经观察也。无论何人,当其搜集一种特殊事实时,常觉此种事实并不如常人所见之希奇,且有许多事实皆不注意而经过,并不留记录之痕迹,例如地震及疯狂流行病,与海滨鲸鱼搁浅之类是也。又有许多事实,虽其同时之人皆深知共晓,亦复未经记录,着因官吏禁止其宣布之故,例如政府之秘密举动,及低级人民之疾苦是也。因此等缺亡之故,遂不能证实任何之事物,凡未为反复审考之历史家,遂感受其影响。而一切流行之诡辞妄念,所谓"纯良美善之古代"之思想,即由于此原因。古代决无任何史料,曾叙述政府官吏之滥用权力,与农民之困穷疾苦。以此故,遂觉一切之事物皆循例合理,一切之人民皆毫无疾苦。故当吾人考见其为缺亡之先,必须设问曰:"在吾人所据有之任何一切史料中,此事实是否必为皆不曾记录者乎?"试言其结果,则此并非任何史料中皆缺亡之事实,但必为某一种史料中所应有之事实以忽略而致缺亡也。

此等消极之发现其缺亡,除某某明显确定之情形外,当限制不用。(一)在某史料中未举及此事实,然此史料著作家曾有志将此等同类之事实一切罗致而记录,则彼对于一切之此类之事实必皆经认识无遗。(如 Tacitus 氏曾有志计算日耳曼之人民种族,故其所著之 *Notitia dignitatum* 中,列举所有日耳曼帝国之各省名。若有一项人民或一省名,为彼所遗而未举者,即当时实无此项人民及省名之存在耳。)(二)此事实如果系存在,则必使历史家之想象,深受感触,而觉其有必须强纳于观念中之必要。(如彼古代 Franc 族,若其果曾有确定之人民议会之存在,则 Grégory de Tours 氏研究 Franc 国王之生活,而叙述其传记时,即不能遗而不举。)

(三)理想推度之属于积极式者,乃由史料中所已建立之事实开始,而推度出史料中未举及之他项事实。此乃历史学根本原则之应用,即过去人类与现代人类二者间之"类同近似"也。其在现代,吾人观察人类之各项事实，皆互相联带，今若得一事实，则他项之事实亦相附带而至，或由于第一事为第二事之原因，或由于第二事为第一事之原因，或由于两事皆为一共同原因之结果。吾人于此可证知彼过去之此等近似事实，亦以此等近似之状态而相联带。而此项证知，乃由史料中对于过去时代为直接研究，因而获得实证。吾人于过去时代中获得一事实，即由此一事实而可推度出与相联带之他种事实，而决其曾经存在。

此等理想推度可应用于一切种类之事实、风俗习惯、沿革变迁及个人偶然之事皆是也。吾人可由任何已知之一切事实开始，而力求于其中推度出何项未知之事实。凡一切人类事实，以其皆为"人"所行为之故，遂有其共通之焦点，故一切事实皆为互相联带也。其联带且非纯然属于同类之事实间为然，即彼最为悬阔殊异之事实间，亦互相联带。其联带之情形，非仅纯然为艺术与艺术间，宗教与宗教间，习惯与习惯间，政治与政治间之殊异关系，而成为事实之联带。即使其一端为宗教事实，其他端为艺术或政治或习惯之事实，而二者之间亦可成为联带关系。故吾人由此一种类之事实中，而可推度出他一种类之事实。

对于此等事实间之联带，吾人欲加以考验，则须将此理想推度建筑于罗列人类事实相互间之已知关系上，质言之，即对于社会生活之一切经验条律列一总目也。此项工作可供给为全书之用材。于此吾人当对于制驭使用此理想推度之普通定律，与免除许多通常错误之预防方术，加以切实说明。

此项推度别为两端之例证：其一端为普遍的，由人事之经验而推得，其一端为特专的，则由史料而推得。当实际应用之际，吾人盖由特专的开始，即由历史之事实开始；例如 Salamine（希腊之一岛名）乃为 Phœnician 语（古代亚欧间人种，旧译菲尼基）之一命名是也。然后吾人更以此推之于普遍的一端，凡一种城市命名之所用语，即首建此城市之人民所用语。于是可下一结论：Salamine 既为 Phœnician 语之一命名，则此 Salamine 城，当即 Phœnician 人所首建也。

欲使此项结论为确实不误，则有两种情形，实为必需。

（甲）普遍的例证，必须为极准确者。如有二事实证明其为相联带，则其情形必须其第二事实倘除却第一事实，则绝对不能发生是也。

此情形如完全使吾人满足，则就科学式之字义言，吾人可谓获得一"定律"。但关于一切人类事实（除却实质物之事实，彼系由纯粹科学而建立其定律），吾人仅能由此经验之定律而工作。此项经验定律，乃由普遍事实上为粗率之决定而获得者，彼决未能分析此普遍事实而足以求得其确因。此等经验定律，当叙述某种之多数事实时，仅大略可得其真确。盖吾人不能深知，每一经验之定律必须达何程限，然后能为发生结果之所必需也。关于城市命名所用语之一例证，在一切详细状况中实不能常为准确，例如 Petersburg（俄国首都）乃一德国语之命名，美洲之 Syracuse 城（美国城名）则用希腊语命名。若吾人决定凡城市命名，皆与首建此城市之民族为联带关系，则在下此决定之先，吾人尚须更有其他之状况为之充足例证，然后可以决定。故于此吾人所有事者，当更需探求详细状况以定此例证也。

（乙）为使用此普遍例证而能合于一切详细状况起见，则吾人必须对于一切特专事实，具有详情细节之知识。盖吾人并非待此事实已成立之后，乃寻求一经验上之定律，而用以推度之，吾人必须由研究一切事物状态之各种特专状况开始（例如 Salamine 城之位置，及希腊与菲尼基之习惯等）。故吾人不仅当由一单独之详细状况而工作，且当由集合各组之详细状况而工作。

于是历史之理想推度，其必需者有二事：（一）一种精确之普遍例证，（二）过去事实之一种详密知识。凡人若误信一讹误之普遍例证，则必成为恶劣之工作，例如 Augustin Thierry 误以为凡一贵族，其始皆由于战胜是也。又凡于一种单独离立之状况上，轻率推度以定为例证，则亦必成为恶劣之工作（如偶然一城市之命名是也）。由此等错误之本质上，可使吾人留意于预防之方术。

（甲）吾人任情而行之自然趋势，每取所谓"常识所认可之真确"以为理想推度之基础。此等常识上之真确，几于可以范成吾人全部社会生活之知识。然其大部分本属讹误，盖因关于社会生活之各科学，皆尚为不完全者故也。主要之危险点，乃在吾人由不自觉而习熟使用之。故其最为安全之预防方术，乃吾人时常范为一假定之定律，由此定律以立一猜疑推度之基。在每一度之遭遇中，若遭遇如此如此之一事实，则可确定亦将遭遇如此如此之他一事实。若此例证为显然讹误,则吾人可立刻察见之。若此例证为过于普遍浮泛,则吾人当问尚须增加何等之新状况,乃可使其成为精确无误。

（乙）第二之任情而行之趋势,乃吾人每于单独离立之事实上以撷取结果（或精确言之,每一事实之观念,皆由联想而发生他种事实之观念）。此乃文学史中之通常办法也。每一著作家生活中之每一境况,皆足为理想推度之材料。吾人由推度而证知一切影响之曾及于若辈者,更证知若辈所发生之影响。凡历史学之一切枝流,对于单类事实而为分支研究,且与他类事实相离立（言语、艺术、私人法律、宗教等）,则皆有冒此同一危险之虞。盖彼皆为人类生活中之断片,而非包含一切现象之广大集合也。除有广大集合之舆件以为根据,其确能成立之结论甚少。盖吾人不能由一单独朕兆以下诊断,而当由各项之集合朕兆以下诊断。故预防之方术,即须使吾人免于将一单独条目或一抽象事实而为工作。吾人心中若表达一人,则必表达其生活中之主要状况。

吾人必须预备以实现此某种推度状况,然亦甚难,以吾人对于社会生活之定律所知极少,对于一历史事实之精切条目所知亦稀,则吾人所有许多之理想推度皆仅为大胆假定,而非为真确事实。然当知此等作用,其在理想推度中,亦与其在史料中相同。今若有数种之大胆假定,皆趋于一相同之方向,而又能互相证实,则其结果遂发生一合法之真确。历史之事,每以许多理想推度相累积,而得弥补充实其若干之空白缺点。例如关于 Phœnician 人之创始事物于希腊各城市,尚属可疑,然在希腊国中曾有 Phœnician 人,则无可致疑矣。

第四章　构造之大体编裁

（一）吾人设想，既将由史料分析或由理想推度而建立之一切历史事实，悉为有方法之整理集列，则吾人遂据有历史之全体图谱，而历史构造之工作亦遂完全。但历史之学当遂以此为止步乎？此问题颇经人为热烈之争辩，吾人不免当作一答案，盖此乃实际从事上之一问题也。

一切校雠考证家，皆习于搜集一切事实之有关于其专门特殊研究者，未尝自为抉择去取，遂视完全精确客观的事实之搜集为首要之事。凡一切历史事实，其在历史中之位置，皆有平等之权利，若保留其颇为重要之若干，而屏弃其比较不重要之若干，是乃一种主观的选择作用，随个人之幻想而各相殊异者。凡历史之事，决不能牺牲任何一单独之事实。

对于此等合理见解，吾人除却搜弋材料之困难外，更无其他理由可示反抗。然即此一端已觉充分，盖此乃一切科学之实际动机，质言之，吾人之意，即谓彼完全知识之获得及其通晓，乃为不可能也。凡一种历史，其中决不牺牲一事实者，是乃包含一切时间一切人物之一切动作、一切思想、一切劳役。是将范成一总额全量，将无一人足以融贯而悉通之，盖非缺乏材料，乃缺乏时间也。此言颇适用于卷帙浩繁之史料，如议院记录之类，实包含各集会之全史，然若欲由此史原而肄习此历史，将毕有生之岁月以从事而尚不足。

每一科学皆须就人生实际研究之情形以为审度，至少既自命为真正科学，即当使人有肄习通晓之可能。任何理想，若其结果使知识成为不可能，则足以阻碍其科学之成立。

凡科学皆当节省时间与劳力，由其所用方法之效果，而使吾人能于迅速间明悉通达各事实之可能，彼盖由徐徐搜集各项之细节，而将其凝密结实，使成为便于取携而不可疑诘之程式。历史之学担负极多之详细节目，较其他科学尤甚，故必须于下之二者，任择取其一。所谓二者，即欲其完全具备而成为不能通晓，或可以通晓而不完全具备也。凡其他之一切科学，皆择取其后者，彼皆简缩凝聚，宁将各事实加以割裂截取，而不愿其不能明了通晓或转达于人。一切校雠考证专家，安排自限于古代史之时期中，此中机会几于将一切例证史原消灭，而使之无法可以通晓，于是学者乃不负事实间之选择责任矣。

历史之学为使其自身成立为科学故，必须对于一切粗恶材料为之惨淡经营。且将彼凝密集聚，由性质的一方面与数量的一方面，编定其明白显豁之程式，因而使其成为可处置之情形。故必须搜取其各事实间之联结。此等联结，即范成每一科学之最后结论者也。

（二）人类事实皆为繁复变异之性质，决不能如化学之事实然，将其敛纳为少数之简单程式也。历史之为学，正如其他一切人生之科学，为表明其繁殊现象之性质故，必需要一明了可睹之程式。

为使其成为可处置故，此程式必须简短。为使其对于事实能得精确观念故，此程式必须确切。但在一切人事之中，欲得确切知识，仅能于具有各项特性之详细节目加以注意，然后能有所获。盖此等详细节目乃唯一之物，足以使吾人探知此一事实之殊异于彼一事实者为如何，且每事实之自身特点何在也。于是此二端之间遂有一争点：为需要其简短之故，吾人遂欲采用一凝敛具体之程式；为需要其确切之故，吾人遂欲采用一详细铺叙之程式。凡程式若过于简短，则将使此科学空泛而欺罔，凡程式若过于冗长，则又多所妨害而等于无用。此等左右两难之情形，吾人仅能恒久继续用调和折衷之法消免争端。其原则即对于凡一切不需表达之事实，皆节略不叙，而使其他之事实凝密结实。但当此等节略不叙之作用，足以消失本事实之若干特性特点时，即止而勿用。

此项工作之本身既已烦难，当吾人使其凝聚事实而成为一程式时，更以事实之情形而加复杂繁重。事实由其所从来之史料性质上而有各种详略繁简之不同，由彼对于短时片刻之详密纪载（如 Waterloo 之战役），而迄于彼仅以单辞只语为简略之论及者（如 Austrasians 人在 Testry 地方之战胜）。关于同类之各项事实，吾人每据有若干详细节目，因史料之不同，或给与完全之描写，或仅给与简单之论及，遂成为无穷殊异。吾人试设想，彼知识之条款节目，在力求确切之一点上，既如此悬殊阔异，则将如何以建立一共同全量之知识乎？若有一事实，吾人仅由一普遍梗概之空泛辞语而获知之，则吾人决不能将其普遍浮泛之概况减少，而使其成为一极端之确切，盖吾人不知其详细节目故也。若吾人用悬想推度，于其中增加若干详细节目，则吾人乃成为创作一历史小说，此即 Augustin Thierry 氏在其 Mérovingiens 纪事中所为是也。若一事实，吾人能知其详细节目，则有时将其一切特性特质之详细节目抹去，吾人亦能使其成为普遍梗概之事实，此即彼撮举节要之著作家所为是也。但如此工作之结果，遂使历史成为普遍梗概之浮泛事类，除却其特殊之名称与时代外，无论何时，皆为一常同不变之物。凡欲将一事实强加以整节匀称，乃一危险之方法。盖此乃将一切事实勒为普遍梗概之通型，而使其一切状况皆与最不完全明了者同等。在如此情形中，史料既给吾人以详细节目，则吾人所用之明白程式，当使其一切事实之特性特质，皆常保留而不被抹煞。

为构造如此之程式故，吾人当反求诸吾人所应用于事实汇聚时之各项方法，吾人应当答复每一问题而比较其答案。吾人应当尽其可能，将其联合贯串，以成为凝密确切之程式，且于所用每一辞语，皆注意保持其确定之意义。此事似为一文章体式之事，然吾人于此目光所及，非纯然对于史文造作之事，立一属文修辞之原则，使读此史文者能明了也，乃一预防审慎之役，著作家当留意计虑及此。凡社会事实之性质，皆为不易弋取而常多欺诈者，为弋取而说明之故，确定而精切之辞语，实为必需之工具。若无佳良辞语为之描叙，则决无任何历史家能底于完美。

具体与实述之辞语，能善于运用最为佳妙，盖其意义常为清晰显豁也。最为矜慎之道，莫若于指陈一集合体时，仅用集合名词，而不用抽象名目（王权、邦国、民治、改进、革命诸辞语皆是），且当免于揣摹比拟之抽象作用。吾人以为此系纯然使用譬喻，而不知已为辞语所牵引旁出矣。自然凡一切之抽象辞语，常有若干诱惑饵人之性，其表面显然为一种科学式之确义。然此仅表面而已，在表面之后尚藏匿有若干之烦琐意义，奥曲费解。盖无具体意义之辞语，仅成为纯粹之字面的意念（如 Molière 氏所谓引人入睡之性），吾人对社会现象之意念，未能成为真实之科学程式以前，其最为科学式之程径，乃在用日常经验之辞语以表明之也。

为构成一程式之故，吾人于着手之先所当知者，应以何种之质素入其中也。于是吾人对于普遍事实（风俗惯习与进化）与单个事实（零碎事件）二者之间，当加以辨别。

（三）凡普遍事实，其组成皆由时时复演之行为活动，且对于若干之人众具有共通之点。故吾人须决认其"性质所本"、"空间所被"、"时间所延"之三事。

为将其性质所本，范为普遍程式之故，须将组成一事实之各种状态（惯习、教条之类），使此一事实与他一事实相殊异者，悉聚合而联结之。吾人将一切单个状况彼此极相近似者，抹煞其一切单个之特殊异点，而于同样之一程式下加以联合。

此等集中联合，在一切已有定式之事物惯习上（如言语、文字），及在一切知识现象上，皆可从事而无须费力，盖彼辈实际应用此惯习之人，既已给吾人以程式而为之说明，吾人仅须搜集之而已。又凡一切训令科条亦与此同，皆经准合此程式之一切规律所明白规定（法规章程、律文、私例等）。故专门分支之历史，造成有方法之程式为最早。但自他一方面言，此等专门分支历史所得者，不外于浅易而惯常之事实，彼决不能获达于人类之真正行为与真正思想。其在言语，则为书写而成之字句，而非真正之口中音吐。其在宗教，则为一种公开教义及礼节仪式，而非群众之真正信仰。其在道德，则为一种公布之格言教训，而非有实力效果之理想。其在社会科条，则为一种公开条律，而非真正之实际应用。凡此一切事物，其惯常习见之知识，必须有一日能以真正状况之研究，增补其缺憾也。

凡欲在一单独程式中，包举一由许多真正行动所组成之惯习事象，乃极困难之事，如经济现象、私人生活及政治现象皆是也。盖吾人须于殊异之行动中,觅得组成此惯习事象之共通特质。若此事在史料中早已作成,且既已凝结而成一定之程式(此最通常之情形),则吾人当加以鉴定,决定其是否真系表达一同类之惯习事象。尚有一同样之困难,乃在为某一特别之组建立程式之时,吾人必须记述此组中各人所共通之特质,且寻得一包括含盖之命名确能指示之者,以加诸其上。在一切史料中,未尝缺乏此项分组之命名,但其原始乃由习惯,其中多数皆恶劣不当,不足以含盖真正之分组。故吾人须鉴定其命名,定其确切意义,有时于应用上亦可有所改正。

工作之第一事,乃须勒定一程式,对于一切殊异各组之一切惯习事象,能将其通常与真正之特性特质,加以说明。

为确定一惯习事象之确切"空间所被"故,吾人当探察其所呈现之各距离点(于此获知其所分布之幅员面积),及其最为通常被及之地域(其集中之区)。有时此工作须以舆图表之(例如法兰西古代石碣碑志若 Tumuli 与 Dolmens 之图)。又指陈彼实际施行此每一惯习之群众,及其施行最为有力之各个分组,亦为必需之事。

此项程式又当指陈其惯习之"时间所延"。于是吾人当探察其界域终点,凡一切方式主义、风俗习尚、教训科条、群众组合,皆探求其所呈现之始点及终点。但仅将其始终之两离立点,如所谓最初与最终者,加以记注,尚为不足,吾人尚须确定其真正实际活动之时间。

凡一种进化之程式,必当指陈一种惯习之继续变化,在每一状况中皆给与以"空间所被、时间所延"之确切界限。故由比较其一切变化,而可以决认其进化之普遍情形。凡普遍程式,须指陈此进化由何时何地而起始而终止,及其所遭变迁之性质。一切进化皆有通常状况,可区为各段时期。每一惯习(风俗习尚或教训科条),由于若干个人之率意行为而起始,当他人加以仿效时,遂成为风俗习尚。同样之例,如彼社会职司,多由创首者自由担任,率意作成,当此人为其他所承认时,遂成为法定之程式。故一个人开创其初基,即继之以普遍之仿效与承认,是为第一段时期。当此惯习成为沿袭,且变为一强制之成例定律,于此之人遂获一恒常不变之地位,且有物质的或道德的束缚之权威,是为沿袭与束缚之一段时期。最常见者,此一段时期即为最终段时期,直迄于此社会之毁灭时为止。若此惯习之裁制力已弛缓,其成例定律已被侵犯,其有权力之人已不为人所服从,是即为改革与解体之一段时期。最后者,在或种文明之社会中,若其成例定律被人批评指责,其司此权力束缚之人被人诟病,其中一部分之人建议为一合理之迁革,于是别谋建设之方,使政府处于监察之下,是为革新与阻制之一段时期。

(四)凡特别事件,吾人不能望其能将数件同置于一共同普通程式之下,盖此类事实之性质,皆仅能偶然于一度遭遇之也。但为有撮举节缩之必要故,吾人决不能将议会中之一切议员或全国中之一切官吏职员,悉保存其一切之行为言动而毫无所遗弃。盖有许多个人与许多事实,皆所当牺牲者。

然则吾人将如何择取以为编裁乎？各人之特殊嗜好与爱国爱乡之心,每使吾人好取彼惬意与地方乡土有关之事件。然有一选择之原则,为一切历史家所共通使用者,乃择取之事须以有关于人事进化者为准。吾人于选择人物事件时当择其于进化有明白可见之影响者。其最可注重者,吾人若不举陈此人物此事件,则吾人不能叙述一进化之事。吾人所选择之人物,乃彼能创造或导起一种国民惯习之人(艺术家、科学家、发明家、创始事业家、宗教使徒等),或一种运动之指挥人,及邦国党派军队之首领皆是。吾人所选择之事件,乃彼对于一社会惯习,或社会定象,能造成变迁者。

对于一历史人物,为构造一明白之程式故,吾人必须由其传记及习惯好尚中撷取其专特之点。吾人由其传记中所取得之事实,必须足以决认其一生经历,范成其习惯好尚,及考得其足以影响社会之行为活动。此所包者为生理情形(其实质身体、躯干气质、健康状态)、学养之影响,及所处社会状况,凡此皆此人所莫能外也。在文学史中,此类搜求之情形尤为习见。

在一人物之通常事象中,必有其影响所及之事实种类,将其与此事实种类相关涉之基本观念加以决认,实为必需之举,即彼之人生观、彼之学识、彼之特殊兴味好尚、彼之惯嗜专攻、彼之行为原则皆是也。此种详细节目每变化无穷,吾人由此详细节目中遂范成此人之"特性特质",更将此一切特性特质之条目状况集合之,遂组成此人之"肖像",或更以今日时用之辞语言之,则可称之曰此人之"心理研究"。此等研习方法,自从历史学仅为文学之一旁支时,以迄于今,尚为人所重视。但有一可疑之点,即彼是否能为一科学式之方法耳。吾人颇觉凡撮取描写一人之特性特质,实无任何可决其为确当之方法,在其生存之时已然,至于吾人仅能于史料中间接获知其人之时,更无论矣。即如对于Alexander(希腊名王)之行为举动,颇有许多互相矛盾争辩之各说,是即其"不确定"之一良好例证。

无论如何,若吾人试欲觅得一程式以叙述某人之特性特质,则有二种自然之诱饵,当加以注意:(甲)吾人须根据此人物对于自己之言论构成程式;(乙)凡研究由想象而成之人物(戏剧及小说),每致吾人习于将此人繁殊变化之感情与其繁殊变化之行为间,觅一逻辑的联合。故在文学叙述中,凡古人一特性特质,皆为合于吾人逻辑推理者。此等附会增益之探讨,不当用之于研究真正之人物。凡当其人生存期间中而为观察,则吾人较为少陷此误,盖吾人既已得见其如许繁多之特性特质,不能使之入于调叶之程式也。然在缺乏史料时,因无拘束吾人之特性特质,故遂使吾人鼓勇从事整理集列其极少数之特性特质,以舞台式而遗留者。吾人须知,何以古代伟大人物之特性特质,其对吾人似较并世之伟大人物为更深合于意想中之逻辑推断,此即其原因。

对于一历史事件,吾人将如何以构成一程式乎?因有简单化之必需故,遂使吾人将目中所见大团之零碎事实,于一单独命名之下加以联合,因吾人梦然觉其间有联带关系(如一争斗、一战役、一改革)。凡如此联合之事实,乃以其能趋于一共通结果者。以此之故,一事件遂成一共通观念,而竟不能成为一科学式之观念也。凡事实皆依据其结果而加以类聚组合,一切无有明白可见之结果者皆隐没不见,其他能溶化而成若干之集合体,吾人呼之曰事件。

为讲述一事件之故,必需确切的说明(一)其性质、(二)其范围所及。

(甲)所谓一事件之性质,吾人之意,即谓彼与其他每一事件相殊异而可辨别之形态也。其殊异不仅属于时间与地域之外表状况,且属于其遭遇此事之情形,与其直接原因。如下方所举之条款,即吾人构成一事实程式所必须包含之事件。例如一人或多人,以如此如此之内心状况(观念及行为动机),于如此如此之物质状况下而工作(地域与工具),作成如此如此之活动行为,其活动结果,能发生如此如此之改变迁易是也。凡决认一活动行为之动机,其唯一方法即以其活动行为:第一与活动行为者之自言,第二与曾见此活动行为者之记述相比较。然于此常有一疑点,实为党同伐异之争辩。盖人每对于同党之活动行为,皆付以高贵之动机,而对于反对者之活动行为,则指其为可疑不信之动机也。但吾人若纪载一活动行为而不涉及其动机,则将成为不明了。

(乙)所谓一事件之范围所及,乃须对于其空间(遭遇此事件之地点,及感其直接结果效验之区域)与时间(其事件实现之初之时刻,及获得其结果效验之时刻)两方面指陈说明之。

(五)一种描写之程式,用以表出事实之性质者,以其纯为性质的,仅能给与吾人以事实之一抽象观念。若欲知此事实在实际所据有之地位,则数量亦为必需也。凡一确定之风俗习惯,是否为一百人所实际应用,抑或为一百万人所实际应用,此问题并非一不关紧要之事。

为于程式中具列其数量之故,吾人实备有数种之方法,此各种方法皆非完全,唯其缺点亦各殊异,故于获得结果亦感觉各种殊异之不确切。今依其确切程度依次表之,则有下列各种:

(甲)"度量巨细",此乃一完全科学式之方法,盖相等之数目,实绝对表达其价值同一也。但其共通之单位实为必需,且仅能应用于时间及物质现象(长度、平面、重量等)。凡财货生产及总额之数目,乃所以纪载一切经济与财政事实之主要质素。然心理的事实,则为度量之法所不能达。

(乙)"计算多少",此乃应用于统计学之一方法,凡一切事实,其具有可以用于计算之共通特性者,皆可应用此法。凡一切事实,其能包含于一单个数目式之下者,非皆归属于一同样之种类。盖彼之所共通者,惟具有此单个数目式之性质,或为抽象事物(犯罪之数、诉讼之数),或为具体事物(工人之数、屋舍之数)。凡为程式以指陈其数目,盖仅以说明其多少,且证知其彼此皆具此可计算之特性耳,决不能表达其皆属于同类也。吾人自然之倾向,每将计算数目与度量巨细相混淆,遂误想吾人获知某一事实,已获达于科学式之确切,盖吾人对此事实,既有应用计算数目之可能也。此乃一欺罔迷误之事,吾人所当严为矫正者。吾人凡计算一殖民人口或一军队之数目,不当以其度量之巨细定其重要与否。故凡决定事实之重要,不当用计算式。但此计算法所能获之结果,当构造一计算程式以纪载一群众团体时则极为需要。然此项工作必须限于在一定界限中一定事物种类之一切单位,皆有被知之可能,盖此工作之作成,乃首先攫得单位零数而后加积为总额也。故在从事于此种反求之计算法之先,必须确能决认其史料完全足以指出其一切单位,而确可供吾人之计算,然后可用此法。若此项数目系由史料所给与,则吾人当先加以怀疑。

（丙）"估度价值",乃一种不完全之计算法,应用于总量之一部分者,且假定总量之其余部分亦同此比例也。其在历史学中,若对于各项殊异事物,其史料之各部不能具有相等之丰富额时,则借助于此法实常为必需。但其结果,吾人须能决定应用计算之部分与其余未用计算之部分确相近似然后可,否则终觉可疑。

（丁）"比例定率",乃一计算之法,限用于所测定事物总量不同处所之少数单位事实上,吾人计算此项性质所遭遇之比例情形（或为百分之九十）,吾人决认若其聚合加积时,亦将能获此同一之比例率,且使其中有几种范畴吾人亦可获得其相互间之比例。在历史学中,此方法可应用于一切之事实种类,或用以测定在一确定时间地点中各种殊异习惯俗尚之比例,或用以决定在一异类集合之群众团体中,属于殊异阶级之各个体分子间之比例。此项方法对于事实之出见数,与社会各异质间之多少比例,实能给吾人以大概之观念。彼能示吾人以何项事实种类,为最通常聚合一起者,且由此而可定其或然之联带关系。但欲使用此方法而能准确无误,则有一必需之事,即其共同比例之同型,必须能表达其全体,而非彼能于全体性质中除为例外之一部也。故必须于极殊异情形之下,选择极殊异之各点,度其例外之性质,能互相消除及偿补。又若仅于相互间"距离远近"之点上求之,实为不足,如在一国之各边界是,盖在邦国之边界,皆为一种例外不普遍之情形也。吾人欲加之证实,可用人类学家之求平均数方法。

（戊）"类推概及"，此仅为本于自然化为简单之方法。吾人当思考一事物之或种特性特质时，立即引申此项特性特质于与彼全相近似之事物。在一切人类行为中，其事实常为繁赜复杂，吾人遂每由不自觉间而成为类推概及之役。吾人恒以少数个人惯习，或彼一部分人民之最初小群为吾人所深知者之惯习，而引申为全体民众之普遍惯习。吾人又恒以在某一短期间中确可认其存在之惯习，而引申为全时代之普遍惯习。此乃历史学中一切错误原因之最为有力者，且其使用影响遍及于各项事物之研究。如研究一种风俗习尚，一种教训科条，甚或一种民众之道德尊仰，皆须用此。凡此类推概及之事，实本于一种浮泛观念，以为一切事实皆互相接近毗连，其中若干之点相肖似，则其一切之点皆相肖似也。此事即系一种"比例定率"之事，但系不自觉而草率苟简为之者，欲使其成为准确无误，则须照善用比例定率方法之各种情形，而如法处理之。吾人必须考验吾人所根据以为类推概及之事例，且自加诘问曰："吾人有何权理，敢于此使用类推概断之法乎？"质言之，吾人有何理由，而敢确言此事例中所发现之特性特质，亦可遭遇于其余之千百事例中乎？此等被取之事例，是否能如其平均所得乎？其唯一可信之理由，乃此等事例能为全体之代表。于是吾人所用方法，乃复返于有定序之比例定率法。

从事此项工作之妥善方法，如下：（一）吾人对于欲加以类推概及之事物之总量，必须确定其确切之界域限度（即对于一切事例，能确定其相近似之程度），故吾人若欲对于一邦国、一团体、一阶级、一时代而使用类推概及之法，则必先能决认此邦国、此团体、此阶级、此时代之界域。有最须注意之事，乃勿以一部分与全体相混淆，而使此事物之总量扩充过于广大（一希腊人或一日耳曼人而与全希腊民族或全日耳曼民族相混淆类推）。（二）吾人当决其在此总量中之一切事实，凡吾人欲加以类推概及者，其各点上皆彼此互相类似，而对于彼包含性质悬殊之各组事物之一空泛名目，皆怀疑不信任（如基督教徒、法兰西人、罗马人及 Aryans 人之类）。（三）吾人对于欲加以类推概及之事实，必须决其皆能表出一种比例同型，即彼必须确属于吾人所搜察之总量中也。盖有时遇一人物或事实，用为此地之型本者，乃确能为他地之型本。又此事实不当为例外，如认知其由例外情形而发生之一切事例是也，史料著作家每因感及此等事实之可异可讶而加以记录，故在一切史料中恒有例外事例，占据其真数以外应有之地位。此即历史错误之主要原因之一。（四）凡用类推概及，有一必需之物，即比例而证其类同之"同型"是也。在吾人搜察总量中所遭遇之一切事例间，若假定其类同之点较小时，则吾人须使用较多之同型以证其类同，凡各人彼此相互间有强度之类同，或由摹仿而同，或由习惯而同（言语、礼节、仪式之类），及一切由风俗习尚及强制规定之影响而同者（社会之教训科条，及一国中之政治科条，为权力所强迫遵奉者），则少数之同型数目已足证实其各点之类同。至若彼类同事实之由一二重要个人初导其端者（艺术、科学、道德、信仰之事实），欲证其类同，必须较多数之同型数目也。至于私人行为，其同型极少，有时一切之类推概及，皆为不可能。

（六）无论任何科学，决不能以求得一种描写诠释之明白程式，遂为工作之最终结果。盖尚有当务之事，乃须将事实组合以显示其集合性质之重要，又须搜寻其相互间之关系，此乃一普遍之结论也。历史之学，由于其获得知识之方法不完全，故为决定其所获得之知识之效用，尚需为一种先期之工作。

鉴定工作，除却供给吾人以史料所给与吾人之知识价值上若干单独离立之标识外，更无他物。吾人更当加以联合综贯。故吾人必须将一全组之事实，纳入于一普通之轨范中，如一事实之特殊种类，一邦国、一时代、一临时事变皆是也。且吾人更将由鉴定特殊事实所得之结果，加以撮聚团结，而获得一普通之程式。吾人于此所当加以思考者：（甲）其范围所包，（乙）吾侪知识之价值。

（甲）吾人须自问史料中所留遗之空白点为何。今以组合汇聚一切事实之方法，而为之工作一过，遂易于知晓何等种类之事实为缺乏述及者。其在演进之状况中，吾人能察及继续蜕化之链索中，所缺亡者为若何之环节。其在事件发生之状况中，吾人能知如何之一时期，及作成此事件之如何一群众，为吾人所尚未能通晓者，又在吾人知识之领域中，尚有如何之事实加入其中或隐没其中，而为吾人所不能寻踪其始终起讫者。故吾人无论如何，须于内心构造一属于吾人疑惑不明各点之表册程式,因以获知吾人所具有之知识与完全知识之距离远近。

(乙) 吾人知识之价值,实倚赖于吾人史料之价值。鉴定之事,既说明每一种离立之状况,此等说明欲以叙述一事实总体,则必须撮聚团结而纳于若干少数之轨范中。所当问者,吾人所得之知识,溯其原始,由直接观察而来乎?由笔述之传说而来乎?或由口述之传说而来乎?吾人所具有者,为各有殊异偏重之数种传说乎?或仅一种单独之传说乎?吾人所得纪载事实之报告,空泛乎或确切乎?详列细节乎或撮举大要乎?文辞描写乎或科学实证乎?昭著之官书乎或隐密之秘说乎?

凡在历史构造中,人类之自然趋向,每忘却由鉴定而得之结果,每忘却吾人知识之不完全,与其中可疑之质素。凡人具有一种急剧迫切之志愿,每欲尽其可能,设法将事实之报告增加至于极广极多,且吾侪所得结论之数量,亦迫令吾人于一切消极制限中力求解脱自由。于是吾人乃冒此危险,对于一切报告竟取其零星残节而又可疑之史原以供应用,而用以构成一普通之事实印象,俨然如吾人已曾具有完全之记载焉。故对于史料中所未纪载之事实(经济事实、古代之奴隶),每易于忘却其存在,又对于吾人已知之事实,亦过于张大其辞,以扩大其据有之存在量(希腊之艺术、罗马之铭刻、中世纪之道院)。盖吾人根于天性,每好以曾举及此事之史料之数量多少,衡量此事实之重要与否。吾人每忘却史料之特殊个性。当一切史料有一共通之来原时,吾人又每忘却彼等对于事实,皆为同样之偏执曲解,且由其同出于一共有之来原故,而使证真之事成为不可能。故吾人每遵照一切传说中之偏重之曲见(如罗马式与正教信仰,贵族政治),而加以复述复制焉。

为矫革此项之自然趋向故,则在准备取得任何普遍结论之先,必须将事实之总体与传说之总体复加考察。

(七) 一种描写性质之程式,乃对于事实之每一小部组合,表出其特殊之性质。为求得一普遍结论之故,吾人须联合此详细之结果,纳入于一普遍之程式。吾人不当取其离立之细节及其次等特性,加以聚合比较,而当取各组事实,其全体之特性能彼此相类近者。

吾人于是构成一集合总体(各教训科条,或人群,或各临时事件)。根于上举之方法,吾人因能决认其明了可辨之特性,其范围所被,其时间所延，其数量多少及其重要程度。

吾人将事实组合为普遍梗概，且其组合愈大，普遍梗概之特性亦愈益加增，吾人乃搁置其不同者，而保留其在此新组合中每一个体皆共通具有者。吾人至除人类普遍性以外更无余物时，乃不能不停止进行。此事之结果，乃将一切事实之普遍性质，如一事实程序、一言语、一宗教、一艺术、一经济组织、一社会、一政府、一复杂事变（例如一野蛮侵掠、一社会改革），皆使其普遍性质凝结，而纳入于一单独之程式中。

当此项包含一切之程式尚为彼此离立之时，则其结论终不完全。且当吾人不能将其混合溶化以纳入于一较高之普遍概况中时，则吾人每觉需为之比较，以谋其区分类列。此项区分类列，可以两项方法试为之：

（甲）吾人可由人类全体中取得特殊事实，如言语、宗教、艺术、政治之类，聚合其同属于一范畴者以加比较，将其中彼此互相类似者施以区分类列，于是吾人遂获得各项言语、宗教、政治之派别支系。在此等派别支系中，吾人更可从事于区分种类而整理排列焉。此乃整理区画之一种抽象方法，将一事实与其他一切事实相离立，而不须问其原因。此事之利益，使人能迅速成功，且造成一种专门辞类，于指陈历史事实极为有用。

（乙）吾人可比较彼各真实个体之真实组合，吾人可将历史中所描述之社会人群，随其类同一致之状况而加以区分类列。此乃一整理区画之具体方法，与动物学所用者相近似。盖其中所整理区分者，非其官体职能，乃一整个动物之浑体也。自然其中所区分之各组，以视动物学中者，较逊其明了可识。又吾人所欲察得其类同近似之特点特质，亦颇难见一致。吾人所组合之事实，将选择经济或政治之组织以从事乎？抑选择知识学术之状况乎？于此尚无任何选择之原则也。

历史之为学，对于包举一切之整理区分法，尚不能建立一科学之定制而获告成功。盖吾人以为人类之组合，殊不能成为绝对之同类聚合，足供吾人从事比较之坚实基础，且其画分亦不清晰，可供为吾人比较之单位也。

（八）研究同时发生之事实间关系，须于一社会中所发生之各种事实,搜得其相互间之联络。吾人每有一种空泛概念,以为彼一切殊异事象,由抽象方法区分离立而置于殊异范畴之下者(艺术、宗教、政治科条之类),按之真际,俱非分裂离立。彼皆具有共通特性,互相切近联络,若变迁其中之一,则其他亦随而变迁,此乃 Montesquieu 氏(法国十八世纪哲学家,旧译孟德斯鸠)所著《法意》(*Esprit des Lois*)一书中之基本观念也。此种联络物有时呼之曰"总体机能"(Consensus),其在德意志学派(若德国历史家 Savigny、Niebuhr 诸人)则名之曰"Zusammenhang"(总体联带)。由此观念而发生一种学说所谓"Volksgeist"(民族精神)者,其在最近若干年中,法国亦学得此仿造品而名之曰"国民灵魂"(âme nationale)。此种观念,Lamprecht 氏(德国史家)之社会灵魂之学说亦以之为根据也。

今试屏除此等蒙昧观念而不问之后,尚有一种虽空泛而确实无疑之事实存在,是即所谓社会中之"共同连带关系",存在于同一民族各项殊异事象间者。欲研究此事而确切无误,必需加以分析,而彼联络物实不能分析者也。故社会科学中之此一部分,仍为蒙昧晦暗之逋逃薮,乃极自然之事也。

由此比较各殊异社会,察其在某部分中为彼此类似或彼此殊异,(如宗教或政治之部分),因以达吾人考察之目的,而发现其彼此类似或彼此殊异者为若何之部分,则颇能获得一种富有趣味之经验的结果。但欲诠释其总体机能,则必需反求其发生此果之事实,即此等变异事象之共通原因也。吾人于是不得已而为原因之考察搜求,遂入于所谓"哲理的"历史之界域中。盖其所考察搜求者,即旧时所称为事实之"哲学",质言之,即其永久不易之关系。

(九) 为欲求其原因以解释事实之故,则有超出简单决认事实之必要,此等必要实一切科学之组织发达所必需,而在历史学之研究中亦不能独异。于是遂发生历史学中有统系之哲学研究,而企图发现历史中之定律与定因。十九世纪以还,关于此道之著作已汗牛充栋,吾人于此不能将此等企图为精密之考验,现今所欲言者仅说明此问题实遵何道以解决,且有何等障碍物,足以阻止其获达于科学式的解决。

凡为此等说明,其最为自然之方法,乃臆断一种超绝玄想之原因,即所谓"天命"者，支配一切历史事实而趋于一上帝所早知之终局。此等说明，乃为一种形而上学之意义，固足凌驾一切科学而为之首冠。盖一切科学之所研究者，仅为既明确可见之原因而已。历史家之所观察，亦如化学家或博物学家之所为，不能及其最初或前后之各种原因也。实则目前历史著作家，对于此等神学式定命论之原因，早已停止其争辩矣。

然以超绝玄想之原因解释历史事实，近世学说中亦未尝绝迹，特以科学面目蒙于形上学之上而已。十九世纪之历史家，皆感受极强之哲学教育之影响，其中若干人有时或出于不自觉，皆将形上学之程式引用于历史之构造中。于此吾人但统计其一切方法系统，且指出其形上学之特性，俾深思审虑之历史家知怀疑而不信任之足矣。

又有一学说，则为历史之理性的性质之说。其观念以为每一真实之历史事实，同时皆为一种"理性的"事实，质言之，彼皆能遵依一明了清彻之计画而成。通常吾人默然假设每一社会事实，在社会之发达中，皆具有其"理性本体"，质言之，皆由趋向于社会之利益效用而得一终局。故每一种组织之原因，皆可于社会之需要寻出之。此乃 Hegel 主义之基本观念，即使非 Hegel 氏（德国十八世纪哲学家，旧译赫智儿）之亲身主张，至少亦私淑其教之历史家所主张（德国之 Ranke、Mommsen、Droysen 诸氏，法国之 Cousin、Taine、Michelet 诸氏）。此乃一种解释事物终局之古代神学观念，潜伏而被以假面，彼以为确有定运之存在，导人类以趋于利益之方向。但此特一种曲解自慰而已，非先天的科学式之假定也。盖吾人观察历史事实，并未表示一切事物皆以最理性之道相遭际遇合，或以最有利益效用于人类之道相遭际遇合，又凡一切组织，亦非除却为建设此组织者谋利益外，遂更无其他任何原因。实则按之事实，乃恒得反面之结论。

由此形上学之来原，遂发生关于"观念"之 Hegel 学说，彼盖在历史中由历代继续各民族而继续实现。此等学说，由 Cousin 与 Michelet 二氏之力，遂在法国广被而通行。其在德国亦曾流行，且经"史能"（Beruf）说之修改，以为一切民族及个人皆曾贡其职能。于此吾人固可察及，凡其所谓"观念"及"职能"之譬喻，皆表明一种"天人合趋"之原因也。

由此"万事合理"之乐观概念，以世界事物均受理性之支配，遂发生人类乃连续而必定"进步"之学说。此虽被实证哲学家（Positivists）所采用，然亦纯然为形上学之假定耳。按之通常字义，"进步"云者，乃变迁之能随吾人心中所拟之方向，而与以主观的表明者也。然即使吾人径用 Spencer 氏（英国十九世纪哲学家，旧译司宾塞）所下客观意义之字义（变异之交互增加，社会现象之同等协调），而历史事实之研究终不能指出一种"简单的"普遍继续之人类进步。其呈现于吾人之目前者，仍是若干局部动作与间断动作之进步。其给与吾人者，除却若干局部偶然之事实外，更无所谓任何之理性，足以显示属于人类全体恒久不易之因果。

　　历史说明之较为科学的企图，乃溯源于专门分支之历史（言语、宗教、法律等）。由于将各单类事实之继续情形，分离而各加以研究，分支研究之专门史家，遂能确认各事实之同样继续情形皆各为定式之复演。此事之结果，遂能立一程式以说明之，此程式即有时称为定律者也（例如调音重音之定律）。此事不过一经验之定律，仅纯然指陈各事实之继续复演情形而不能说明其理，盖因彼未能察出其明了切近之原因也。然分支研究之专门家，因受自然譬喻之影响，且深感及其继续复演之确定程序，故其视一切惯习事象（一言辞、一礼仪、一教义、一法律规条）之演进，俨然为有机体之发达，与一植物之成长相类近，如吾人常闻人"言语之生存"、"教义之丧亡"、"神话之成长"是也。于是遂忘却此一切事物皆为纯粹抽象性质，在一言辞、一礼仪、一规条之中，隐然确证明其具有一种内生之力，因以发生进化焉。此乃一切风俗习尚、教训科条所以发达（德语曰 entwickelung，义为演进范成）之一学理，由德国之"历史派"学者起始，而为一切分支研究专门史中之主要事例。现今能脱离此影响者，独言语史而已。其余一切风俗习尚，吾人视之，如其自身之存在，皆具有一种分离各立之生命，同样在一社会中组成变异部分之个人继续行为（王权、教会、贵族议院、平民议院等），亦被视为具有志愿之人格，而即认为有力原因之所在。于是吾人在历史事实之后，遂创成一种想象中之生人世界，当说明历史事实原因时，遂用以代替彼天意定运之原因说。故吾人苟欲矫革此项欺人之原因说，则一种单独之定律已可足用。定律为何？即吾人苟未能以具体辞语表明其"思此"与"为此"之一切个人时，切不可探求一历史事实之原因也。若吾人不得已而用抽象之探讨时，则彼一切譬喻之说，视彼若生人之行为者切当避忌。

将共同存在于同一社会中之各种殊异事实，悉研究其进化，而"历史派"学者遂能察出其共同连带关系（德语所谓之 zusammenhang）。然在准备求得此关系之原因而加以分析之先，此派学者设想在此社会自身中，实有一种恒久不易普遍之原因存在。不宁唯是，彼辈由习于以人格拟社会故，遂附以特殊之性习，彼以为邦国与种族之特有才性，表现于各种殊异之社会活动中，而说明其连带之关系也。此乃仅一假定，曾应用于动物界者，其中每一种类皆具有恒久不易之特性。惟此尚不足用，盖吾人为说明一社会由一时期至他时期之如何而变易其特性（如自第四世纪至第七世纪间之希腊人，自十五世纪至十九世纪间之英吉利人），则必需求助力于外方之原因。且此学说尚有一困难，盖历史中所能知之一切社会，皆为未曾具有人类学上之一致与共通遗传特性之人群集合耳。

在此等形上学与譬喻式之解释以外，亦有应用自然科学之正式方法，以考求历史中原因。此方法即比较相近似之两项继续现象，而发现其常相聚合呈现者是也。此等"比较方法"，有数种殊异之方式。有时所研究者乃为一个社会生活之细节（一风俗习尚、一组织、一信仰、一法规），以抽象之辞语确定之。又有将各个殊异社会中之进化，亦加以比较，用以决认其由同一普遍原因所造成之共通进化。于是遂有所谓比较文字学、比较神话学、比较法律学等。又曾有人主张（在英国）应用"统计学"于比较方法之中，以求其确切精当，其用意盖欲将一切已知之社会为有统系之比较，且将两项惯习同时发现一切事例，加以计算枚举。此即 Bacon 氏（英国十七世纪哲学家，旧译倍根）所为"证同表"（tables of agreement）之原则，所可虑者，其结果未必丰裕耳。盖此等方法之缺点，以彼实应用于抽象观念，其一部分且为武断之观念，有时仅为文字表面上之相似，而未尝倚赖各事实发现全体情形之知识也。

吾人可设想一种较为具体之方法，即非比较零碎之片段，而比较其全体，质言之，即比较其社会之全量是也。吾人或用之于在进化各个阶级中之同一社会（十六世纪之英国与十九世纪之英国），或用之于彼此同时数个社会之普通进化（英国与法国），或用之于彼此不同时数个社会之普通进化（罗马与英国）。此法在消极方面极有效用，盖能决定某一事并非他一事实之结果，因彼并未常常同时呈现（如妇女解放之事与基督教之关系）。然积极之效果，则吾人不能望之于此，盖在各项情形中两事同时出现，决不能遂指出其一事为其他事之原因，或两者同为一单独原因之联合结果。

对于事实之因果，欲为积极有方法之考察，则必需一分析工作，以施之于此事实发生之情形上。所当从事者，即将为其原因之必要情形一一分裂离立，故吾人须设想对此等情形具有完全之知识。然此事恰为吾人于历史学中所决未能具有者也。吾人每欲以直接方法获达于事实之因果，正如其他一切纯粹科学中所用之直接方法然，实则如此之观念必当屏除。

然历史家每用原因观念，如上所述，以其于范成一事件构成一时代之役，实为必需也。彼辈之所以通晓原因，其一部分根于史料著作家之曾观察此事实，其一部分根于与吾人所观察之现代事实原因相类近而得。故凡各种事件之全史，即系联合零碎事变明了无疑之链索，其中每一事变，皆为决定其他事变之原因焉。Montgomery 之长枪一刺，为亨利二世之死之原因，而此一死，又为 Guises（法国旧教首领）获得威权之原因，更由是而为基督新教（Protestants）兴起之原因。①

史料著作家探寻事实之原因，仅限于彼等所曾观察之偶然事变之交互连合者，按之真际，此皆最为知其确实之原因也。历史之学异于其他科学，其对于一切特殊临时事变，每较对于一切普遍变迁，特更能确认其原因焉，盖此等工作既曾于史料中为之矣。

在考察普遍事实之原因上，历史构造之事遂一变而为过去与现在之类同情形之考察。人苟能获一机会以探得此说明过去进化之原因，

---

① 本章所举 Montgomery，其人为英国武将（一五三〇——一五七四）信新教，曾与法国王亨利二世（Henri II.，一五一九——一五五九）较技为戏。亨利二世奉旧教，较技之顷，Montgomery 忽以矛掷王而杀之，既而被获斩首。亨利二世既死，其后 Catherine de Medicis 主国政。后极崇旧教，恶新教，旧教首领 Guises 公爵益横恣有威权。一五七二年 Saint-Bathelemy 之屠杀新教徒一惨剧，即 Guises 公爵为之也。厥后旧教徒益横恣，Henri de Guise 之徒党极盛，遂迫国王亨利三世去位。王出奔，寻被弑，国中大乱。王弟亨利四世即位，乱定而旧教徒之势亦衰息，新教徒复起焉。

则此机会必根于现在社会变迁之直接观察上,可无疑也。

此乃尚未能确实成立之一种研究,吾人于此仅能说明其原则。

(甲)欲确认同一社会中各种惯习事象间共同联带关系之原因,必需于以抽象及随俗之言语形式所陈述之事实以外(教义、法规、礼仪及一切组织),而追求彼具体之事物中心,此中心即彼"思"与"为"之一切人是也。仅此能将已被抽象思想之文字言语所分裂之各种社会活动力,复能寻得其聚合。吾人于其人性质或环境之要点上,可察得其共同联带关系,以其影响于各殊异活动,吾人对于各项活动力之各种类中,切勿望其皆为同等之共同联带关系。当个人活动与群众活动关系最为密切时(经济、社会、政治之生活),则共同联带之关系甚强;反之若在智慧力之活动(艺术、科学),其个人发动较为自由,则共同联带之关系稍弱。史料中曾揭出许多之惯习事象(信仰、习俗、规条),皆囫囵为一束,决未尝分察其中之个人。但在同一社会中,此一个人与彼一个人之间,其惯习事象之变异甚大。故吾人将此等殊异点加以计虑,实为必需之役,否则吾人妄以当时社会中王侯与商贾之信仰习惯,解说当时社会中艺术家与科学家之活动,亦至危之道也。

(乙)为确认进化之原因故,必需研究其发展此进化之唯一本体,即"人"是也。每一种进化,皆由于一种物质情形或若干人之惯习发生变迁。吾人由观察上得分此变迁为两种:第一种,其人无所改换,所变迁者,仅其活动与思想之情况,其变迁出于有意仿效或出于强迫,皆所不问;其他一种,实际使用此旧习之人,已消亡不见,而由并未实际使用之他人代替其位置,此人或为外国异族,或为前人之苗裔,但其肄习不同而已。此等历代人类之重新,在吾侪今日似实为最有力之进化原因。故吾人可思及过去时代亦如此,若一代之人仿效前人而自成一范愈专,则进化之事亦愈缓。

于此尚有一问题须加考究,凡人是否皆同,其所以各相殊异,是否皆纯然由于生活之"情形"(教育、经济、政治),而进化之事是否专由此等"情形"之变迁而发生乎?或者凡人群皆具有"遗传上之殊异",生而具有各种殊异活动力之趋向,其自然情势皆足引彼以成殊异之进化,因此而进化之事,至少其一部分乃为此人群之扩增、衰减或迁变之结果乎？试以一极端之例证言之，人类中之白种、黑种与黄种，其自然情势之殊异极为明了，向未闻任何一黑色人种能具有灿然之文化者。吾人于此或可认定，遗传微小之殊异，对于决定历史事迹，亦非完全无与也。如此理而诚然，则历史进化之事，必有一部分由生理学与人类学之原因而发生。然历史学决未尝仅给吾人以论定人类遗传殊异，所以作用之方法，历史学之所问及者，无非其生活存在之一切情形而已。此为历史学中之最后一问题，实为历史方法所不能明晓解释，故付诸不问。

第五章　史文造作

吾人于是尚有一问题可供研究而其实际重要极为明了者,此问题即历史造作将取何形式以呈现乎？在事实上,此等形式极繁多不可计数。其中若干为极古旧者,且非皆为合法,其最良者亦有其不善之点。于是吾人所当问者,不仅为历史工作所呈现之形式,且当向此等形式中,何者为史文造作真能合理之规范。

所谓"历史造作"者,盖谓表达历史构造工作中所得之结果,无论其性质其范围及其所得效果为何如也。至若史料鉴定之工作,吾人曾于本书中篇述及者,乃历史构造之预备工作,自然当除外不论。

一切历史家于若干主要点上皆彼此差异,自昔已然,此今未已。彼辈对于历史造作之鹄的,常未能具有一同样之概念。因此之故,所选择之事实,其性质各不同,所区分之事物,其方术各不同,换言之,其整理待遇一切事实,与其表现之、证实之之状况,皆殊异不同也。此处吾人须说明"作史之法"自始以来,演进之状况为如何。然此等"史文造作史"尚未能有完善之作,吾人于此所能为者,仅叙述若干十九世纪下半期之普遍注意点。吾人为求了解此事之现在状况故,必须自敛其所述范围于何者为其精要之点也。

（一）历史之事,其在最初实为一种纪载备忘事件而已。在Thucydides与Livy时代,历史不过以保存记忆且传布属于一人或一家一民众之光荣事功行为。其后即以历史为一种故训成例之集合,历史知识即为人类日常生活之实际准备,而以政治生活为尤要（军事与民政）。至若Polybius（希腊史家,纪元前二一〇至二二五）与Plutarch（希腊史家,纪元后五〇至一二五）二氏,其作史乃用为训戒,拟为人类活动行为之上进一药石。以此之故，凡古典正则之古代史中，其主要事物皆政治事变、战争、革命等为主而组成。其史文造作之通常间架（其中事实常以编年分类之式而整理集列之），皆为一个人之生活传记，一民众之生活全体，或其中之一特殊时期。故在古代，所有普通史则仅有少数之论文而已。又历史家作史以娱乐或训戒，或两者兼之为职志，而历史遂成为文学之一旁支，决不须矜慎以求例证确凿。若本于一史料文字以为工作时，彼辈决未尝注意于史料之文字与其自身所进之文字之分别。若复述一前人之纪载时，则每增饰以许多细节，且有时（托辞欲求其更确切之故）增加其数量、言辞，且混入其自身所考虑润色之物。吾人对于希腊罗马之历史家，例如 Ephorus（希腊史家）与 Livy 二氏，试将其所工作与其所根据之史原相比较，当能于每一点上皆了然其所操之方术也。

文艺复兴时代之史文造作家，皆直接摹仿前人。历史之于彼辈，亦为一种文章艺术，挟辩难涂饰之术为鹄的，或以训戒之事自命。故其在意大利，颇常以此为邀取王侯恩宠之用，或用以作朗诵之饰辞。此种情势历时颇长，直至十七世纪，吾人尚可遇及摹仿古典派之历史家，若 Mézeray 氏（法国史家，一六一〇——一六八三）是也。

在此文艺复兴时代之文学式历史中，有两项新奇之事物，可引起吾人注意，吾人即在此等事物之上，而知中世纪之影响，实全表显于此而无可疑也。其一方面，吾人可见及一种古代不常见之史文造作形式，能久持而不坠，此种形式为其近世纪之基督旧教历史家（Eusebius 与 Orosius）二氏所创出，而为中世纪所极喜使用。此种方式不仅包括一切单独个人家族民众之历史，且亦包括一切世界史；其他一方面，则为一种史文造作之实质才艺，在中世纪笺注学派中（名为 Gloss 之学派），皆共同实际应用，且获得甚重要之结果。于是当时习尚，凡历史书籍之印行，皆加以评释笺注。此等评释笺注遂使吾人于历史纪载与供给彼之史料二者间，能辨别无误，且可以考虑其史原，及疏解讲释其文字。此种评释笺注之才艺，实先应用于史料搜集与鉴定之论文中，而由此徐徐深入以贯通其他之一切历史著作。

至十八世纪而历史学之第二时期开始，此时之"哲学家"以历史所研究者，非其事迹之本身，而为人之惯习事象。彼辈所富有兴味而从事者，非仅政治情势，而为艺术、科学、工业、风俗之进化。Montesquieu 与 Voltaire（法国十八世纪哲学家，旧译福禄特耳）即为代表此趋向之人。所谓《民俗论》(*Essai sur les Moeurs*)一篇，即为最初椎轮之作，吾人于若干点上，皆可见及其为历史中之主要著述也。至若政治事件与军旅事件之详细纪载，亦仍视为历史中之主要工作，但于此等事件外，普遍惯用一种增补附录之法，撮述"人类精神之进步"加入其中。所谓"文明史"(Histoire de la Civilization)之说，出现于十八世纪之末年。同时德国各大学教授（尤以 Göttingen 一地为特甚），为供给学术教育之需要故，特创为新式之历史学"范本"，将审慎编裁之事实，为有方法之搜罗集合，既无炫弄文辞之习，亦无其他任何自命之成见。历史事实之搜罗，意在供给文学辞句之解释，或纯出对于古代好奇之念，其来已旧。然如 Athenæus（希腊第三世纪文学家）与 Aulus Gellius（第二世纪拉丁文典学家）之《最录杂记》，与中世纪及文艺复兴时代之渊广精富之丛书纂集，皆不能与此德国教授所为之"科学式范本"相比美也。此诸教授之贡献，尤在廓清一切哲学家广泛普遍之"文明"观念，盖此诸教授皆自求应用于建立专史，而为言语史、文学史、艺术史、宗教史、法律史、经济现象史之种种分支研究。于是历史之领域扩张广大，而成为科学式之史文造作，质言之，即成为客观而单纯之性质，而史文之造作遂与古代修辞或繁词、爱国或哲学诸观念相搏相竞焉。

此项相搏相竞之事，其初颇退怯而隐晦，盖十九世纪之初年，有最可注目之一种文辞复新，遂使历史文学亦因而改进。其时在浪漫派文学运动之影响下，历史家皆欲求一种灵活之史文造作法，较其前人所使用之方法为更能动人，其方法在以过去真际之诗情充满心中，以引起公众之想象与情感。复有若干人意在保留所采用原本史料之特殊色采，Barante 氏有云："吾人欣然嘉赏一切世有之古代记载，吾将试写成一种赓续前人之纪载，其文字须能借取前人所有之生气与趣味。"此事之直接影响，遂轻忽一切鉴定工夫，而仅企图于文辞方面之效用。又其他者，则宣言凡一切过去事实，皆当以观察此事实之人之情感重述之。Michelet 氏（法国史家，一七九八——一八七四）之称美 Thierry 曰："彼告吾人以 Klodowig 之故事时,嘘吸奋兴而显示近代被侵略之法兰西之精神情感。"又 Michelet 氏"言一历史问题,正如在有机体组织内部中,总体生机之复活"。故一切浪漫派历史家,其选择一切事物、例证、文字体格时,皆以专力求其能产出一效果为主,此效果乃在文辞方面,而非科学式之志愿也。许多浪漫派历史家,竟循此倾斜之板进行,达于"历史小说"之水平线。吾人深知此类文学之性质,其力事涂饰,盖自 Abbé Barthélemy(法国考证家,一七一六——一七九五)、Chateaubriand,以迄于 Mérimée(法国小说家,一八〇三——一八七〇)与 Ebers 诸氏(德国埃及学家,一八三七——一八九八)皆如此。其中若干今日尚有欲加以修正,使其反老还童者,然皆徒劳而已。盖其目的,在"使过去时代之戏剧全景复活",其戏剧描绘,乃将"真实"之色采节目,施以艺术式之构造。此方法之明显处,在未供给读者以任何途术,使能辨别史料中所借取之质素与其想象之质素,更无论其征引史料,皆非本于同一之制作原始,故其零星堆砌之砖石或为真实,而堆砌合成之镶嵌体则为讹误也。Dezobry 氏(法国考证家,一七九八——一八七一)之《奥古士都时代罗马史》(*Rome au Siècle d'Auguste*)与 Augustin Thierry 氏之《麦罗菲惹王朝记》(*Récites Mérovingiens*)及同一时代所写之他种"描绘体",皆以此同一之原则而构成,且亦并趋于同等失败,有如人所谑呼为历史小说焉。

　　吾人于此可以撮言,历史之学直至一八五十年为止,在历史家与一般公众两方面观之,仅继续为文学之一旁支。最良之证据,即历史家在此时以前,惟于每数年中将其著作改版一次,其内容并无何等改变,而一般公众亦相与安习之。然吾人须知,每一科学工作必须继续不停,施以校订修正,重理改造,俾能与时同进。凡科学家决未尝求其工作能成为永久不易之形式,且亦未尝希望长留不易以贻后人之诵习,或获得其个人之长久不朽。彼辈所仅以为满足者,若彼辈所搜讨而得之结果,能由后来之继续搜讨者加以补充修正,因而积聚为一种知识上之资财,以留供人类科学上之继承享受即为满意。今人决无再研究 Newton(英国十八世纪物理学家,旧译奈端)与 Lavoisier(法国十八世纪化学家)之著作者,但此二人之工作,若对于后来驳斥其说而代兴之人能有所贡献,而此等后来代兴之人,亦将于早迟之间循环被人驳斥其说而代兴,则其光荣已多矣。至若能常新常幼,足供永久无穷之玩味者,则仅艺术之工作为然,凡一般公众亦深知之,若 Buffon 氏(法国文学家、博物学家,一七〇七——七八八)之著述,虽能供今日文体品评家之资,但决无人思及由彼所著以为博物学之科学研究。然此同一之一般公众,则颇研究 Augustin、Thierry、Macaulay(英国史家,一八〇〇——一八五九)、Carlyle,Michelet 诸家所为之历史,且此等历史大著作家,虽其人久与时下之知识无关,然其书则在死后五十年仍遵其原始之形式出版。盖此理甚明,彼辈视历史之文字甚于实质,而凡一种历史工作在彼辈视之,虽不完全,亦大要是艺术作品也。

(二)在最近五十年来,史文造作之科学形式始行发展而奠定,其普遍原则则谓历史目的非以供人娱乐,非以给与实际行为之鉴戒,亦非以激发情感,彼仅为纯净简单之知识而已。

吾人首当讨论(甲)专载、(乙)普通性质著作之区别。

(甲)凡人写一专载,乃以发挥一特点,或一单独事实,或一束范围有限之事实,例如个人一生之全部或一部分,两接近时期间之一个零件事变或一束零件事变皆是。此专载题材之范型,实繁多不可计数,盖历史中之命题材料可随意为各种之区分,且有无数之方术。然一切区分之方式,非皆为同等之良善方术,在历史学中,正如一切科学然,虽论者意见不必一致,然有许多题目以专载述之,每觉其不称,纵使能善于作成,亦不过代表若干无用之徒劳。凡人之才能有限而缺乏伟大之心力者,每专心致力于所谓"奇玩"之研究,遂自投其身于一切不紧要之问题中。实则苟欲对于一历史家而衡度其智能之力,则察其所为专载之表目,乃一种良善之标准也。在一切科学中,使人跻于第一等地位,必其人觅得重要问题之才能,与对此问题之兴味,并能解决此问题之智力。今试定其题材已能为合理之选择欲使其专载为有用,则必须适合于下之三项规律:(一)在一专载中,凡其自史料取得之事实,皆须佐以所取史料之参照,且衡度其史料之价值。(二)尽其可能以使用编年排列之法,盖吾人由此法而知事实之所前后遭遇,且由此而吾人乃可寻求其因果。(三)专载之标名,须能使此所论事物,被人确切通晓而不混误。

彼不完善而奇特之命名，不必要的淆乱典籍搜讨者，吾人必猛烈反对之。尚有一第四之规律，盖谓："凡一专载之为有用，乃仅因其能尽量撷取一事件。"但人苟能将自身所能及之史料，取之为暂时工作，虽此事件可信其在他方面尚有所余，然亦仍为合法之举，唯须常以确切之小注，使人知所使用者为若何之史料。

当知在一专载中，其引证之具，虽须求完备，然亦任何人之具有机智者，当竭力敛抑，于真正必需时方用之也。有节制而不滥用，乃为必要之事。凡一切博学专考之骄夸，可以省却而无所谓不便者，皆为使人憎厌之物。在历史学中最常见者，每有最能良善作成之专载，其所贡献吾人者无他，不过证明知识之为不可能而已。每有一种愿望，使吾人流于主观奢望而又空泛之结果，为专载之所不能任，必需排斥之而后可。凡良善之专载，其本身宜之结论，乃对于已获效果者与尚属疑晦之二者间，为一清算表册耳。凡由此原则而作成之专载，虽曰即古旧，然决不腐朽，著作家于此亦无所用其惭赧。

（乙）普通性之工作，乃以供彼学子或公众。

（A）普通著作，为学子及专门研究家而作者，则其所表现之形式，为"纪事纲目"、"讲义范本"及"科学式历史"。在纪事纲目中，若干证真事实之属于同一等类者，皆搜集而排列之，使易于探研。若此等事实之搜集，曾具有明确时日，则当采用编年序列之制。此等工作有如德国史中"年鉴"之纂成，其中事件之撮要纪录皆时期排列，而伴以能使此事实明了之文字，且于其史原及鉴定工作，皆加以精密参考。《德意志历史年鉴》(*Jahrbücher der deutschen Geschichte*)之编成，即怀此目的，欲尽其可能，将德国历史中之事实加以疏解，其中包含一切可供科学式之争辩论证者，而遗弃其属于人所鉴赏与普通见识者。又若此等事实，其时期不明，或为同时事实，则必采用字母序列之制。于是吾人有所谓"汇典"者，是为社会组织之汇典、传记之汇典、历史百科全书之类，如Pauly-Wissowa之作《真百科全书》(*Realencyclopædie*)是也。此等字母序列制之纪事纲目，在原理上正如"年鉴"然，为一切有证据之事实搜集，但在实用上，若其编裁不甚严刻，若其文字工具之供给此纪载者不甚完善，则亦徒为立异而非正当合理也。"科学式范本"亦然，真实言之，当亦为一种纪事纲目，彼搜集一切依统系序列之事实，并其证据，而为客观之表出，不挟任何文辞之粉饰，此等"范本"之著作家，其所为范本之极繁多而完善者，皆于吾侪今日之德国各大学中见之，其意在能将知识所获得者为一详密清单，使后之作者易于融取前此鉴定之结果，并以贡献一出发点于新探讨焉。此类范本现今存在者，为多数文明史之特殊支系（言语、文学、宗教、法律、古物及其他）、社会组织之史及教会史中之各部分等。吾人于此但举 Schæmann、Marquardt、Mommson、Gilbert、Krumbacher、Harnack、Möller 诸氏之名，即已足。此等"范本"之著作，并非若多数草创初作之枯窘无味，如德国百年前所刊行者，其作用惟辩论史料与指陈书目，仅较书中之内容目录略胜而已。至于近代式范本中之史文造作与辩论，则确为雅赡简洁，即使用以供素有研究之读者，亦不觉过于节缩至不可耐。读过此等书籍之后，其他书籍皆觉无味，正如 G. Paris 氏之言曰："当人享受如此撮要之篇页，事实如此丰富，其面貌虽若无关人身，而含有许多思想，当默领此等佳作之后，再视其他书籍，即颇卓越之书籍亦然，其中事实皆依据系统所需而为均称之分割，又蒙以著者之幻想色采，则吾人殊难于诵读。彼所呈于吾人之前者，仅为一蒙假面之物。范本之著作家，常以自身置于读者与事景之间，彼意在求使吾人通晓，而不使吾人见之也。"凡伟大之"历史范本"，正同于其他科学之论文及教本（有附加之例证者），皆当继续不停为之改良订正及修改，以求勿后于时。盖以定义言之，此皆为科学工作，而非艺术工作也。

最初之纪事纲目及最初之科学式"范本"，皆为私人独立之所经营。然不久之间，人即承认，以为此事决不能由单独之人整列确当，亦决不能以个人广搜各事实而集其大成。于是此工作之事遂以区分。今日之纪事纲目，皆以多数作者之力作成，此等工人有时属于殊异之国籍，而以殊异之文字写成。至若伟大之历史范本（属于 I. von Müller 氏、G. Gröber 氏、H. Paul 氏及其他之人者），皆为专篇论文之集合，每一专篇皆为专门研究者所写成。此种协作之原则极为精当，然其情形须如下：（一）此等集合工作，虽曰协作而成，但必须分析其性质为伟大而独立不倚之各专载；（二）凡委托于每一协作人之一组事实，须有较大之范围。若协作人之数过多，而每一人所分之部分过于限制，则每一人之自由与责任，皆将减缩不展或匿失不见。

"历史"之结构以纪载仅遇一次之事件，与叙述进化方向之主体事实者，虽今日已增积许多有方法之历史范本，而仍有存在之理由。但须施以史文造作之科学方法，正如吾人所施于专载与范本者然，且即摹仿其法而为之。其改良之法，即在各种情形中，皆否认其文辞之章饰，与其纪载之缺乏证据者。Grote氏之"历史"，实为其最初规范。同时凡或种体裁曾经一次时尚者，皆废弃不用，如所谓"世界通史"之以连续不断之记述而成者，中世纪及十八世纪时，由于各种理由，颇为人所喜好；其在今世纪中（十九世纪），德国之Schlosser氏与Weber氏、意大利之Cantù氏，皆为最后使用此体裁之作者。盖此种型范之遭废弃，实由于历史学之理论，因吾人不复再视人类为一浑体而同束缚于一单独之进化；且由实际应用之理由上，吾人复承认以一单独工作而此搜集力不能任之多量事实，亦为不可能也。即彼"世界通史"，亦仍由协作而刊布（其中以Oncken之丛刊为最善），正如伟大之历史范本然，由独立不倚之各部组成，每一组皆以殊异之著作家成之，是为刊行之联合。故今日之历史家，皆采用分国（国家史）分期之区分法。

（B）历史工作之为一般公众而设者，以视为学子及专门研究人而设者，何以不能具同一之精神？且除有相当之单简及省略外，何以须不为同一之形式？此事在原理上实无理由可言。在事实上，不少简短翔实而易读之略史，其中所纪述皆隐然有坚实之根据，其科学之所获皆确切纪述，而又能良善解释，且明白揭出其意义与价值。法兰西人以天性具有精巧密确之心思故，幸于此等事业能优为之。在吾国中，曾有若干杂志论文及通俗化之高等著作，对于原本工作之结果，皆善于凝练撮举，能使彼曾为繁重专论而致通俗化成为可能之专门研究家，亦加以赞扬称颂。惟无论如何，更无何事，较此等通俗化为危险。盖征诸事实，许多通俗化之著作，皆不遵依史文造作之近代观念，而转遵依古代及文艺复兴与浪漫派时代之残余观念而作，此吾人所常常发见者也。

欲说明其理由，其事甚易。盖凡为一般公众而作之历史著作多有缺点，有时缺点甚巨。且凡具有精到优越之心思者，恒不信任此等著作之能具著作资格,故此等为公众而作之著作,考其缺点,乃由彼"通俗化著作家"之预备工夫未充而文学修养过卑之结果也。

通俗化著作家当然不能为本原之搜讨,但对于凡彼所纪述刊布之主体事件,必须知其每项之重要点,又彼必须能不后时,且必须自身考虑彼专门研究家所达到之结论。若彼对于彼所准备攻研之事件,未曾亲身为特别研究,则彼必须从事于一一阅读,其理甚明,然其工作则甚长矣。凡以此为专业之通俗化著作家,有一甚强烈之倾向,即对于少数新异不习见之专载,略为浮浅涉猎,而将其中要点,急为贯串联合之;且欲此等混合物能动人故,乃尽其力所能至,以"普通观念"与外观之美表出之。又若当时彼一切专门研究家无意于从事此通俗化之工作,而此工作就大概言之,实为有利之举,且一般公众大都对于诚实可信之通俗化与假冒欺骗之通俗化二者间,不能明白辨别。当此情形之时,则通俗化之趋向尤为强烈。约言之,世固有若干谬妄可笑之人,将彼所未曾致力研究之事,遂加采撷撮取,以供他人之用,或于彼自身尚属未晓之事,辄用以教诲他人。故在大多数历史之通俗化著作中,不免发现各种之污点,其污点常为绩学者发见以为笑乐。唯在此笑乐之中,复不免若干之痛苦,盖其错误唯彼能见之也。其污点为何,如不承认之假借,不精确之讨论,命名与文字之割裂,由第二人手之征引,无价值之假设,不谨慎之断论,稚气可笑之类推概断,而在讨论最可疑最谬误之意见时,复俨然有一种静默无言之权威,而禁人之加以疑虑。

在其他方面,亦有绩学之士,其学问已完满无缺,其对于专门研究家所作之专载,亦富有价值,而当其为一般公众而作通俗化之史时,乃于科学方法大有触犯。德国人中之习于为此者,有如 Mommsen、Droysen、Curtius(德国史家,一八一四——一八九六)、Lamprecht 诸氏是也。其理由盖因此等著作家为一般公众而作史时,恒怀一种愿望,欲其著作通俗而有效力。以欲造成一强固之印象故,遂由科学之严格中解放弛缓,而趋于陈旧斥弃之古代作史方法。此等学人,当其建立历史之详细内蕴时,如此其谨慎而细密,然在普通供用之史文造作中则一概捐除,而趋于一种天然放任之倾向,正如凡人之通常习性然。彼辈亦有所偏袒,有所斥责,有所颂赞,有所润色,有所修饰,且自令其身为爱国的、道德的、玄理的思想所影响。不但如是，彼辈应用其才能之等级，以为产出艺术工作之用。此种工作，人之无此才能者，固已成为可嗤之作矣，即具有若干才能者，亦被欲所著作通俗而有力之先见所害，卒未见有成也。

于此所应知者，吾非言"形式"为不重要之事，亦非言但使其著作明了浅显易于了解，而历史家遂有权以使用不精确而鄙俚粗拙之言语也。对于辞华与纸上笔花之轻视，非必将纯洁、强固、简雅、含蓄之文体，亦一并屏除也。Fustel de Coulanges 虽终身劝人并实际从事于避免取譬之辞采，而仍不先为一优良之作家。自反面言之，吾人思及历史家所撷取纪述之现象，如此其极端复杂，则不厌重复声明曰，历史家将其著作为恶劣之写成，实非势不可已之事。彼之写法，必须始终佳妙，而又决不以珠玉华饰，自掩其真。

结　论

（一）历史之事，仅在利用史料，但史料之被保存或既亡失，乃为一种机会侥幸之事。故在历史之构造建设中，其主要之情形，惟视机会侥幸之如何以决定。

现在尚存之史料，即使其非众所共知，但既存在，自足以供给吾人利用。然无论吾人今日如何设法防患保存，而时日迁移，只有日趋于逐渐减少之势，而决不致增加也。历史既仅有若干"有阻数量"之史料以供用，即此情势已足限制历史科学之进步。当一切史料既已发现，且皆经历一种工作，使其能适于利用，则校雠考证家之工作遂以告终。吾人显然可见，在若干古代之时期中，其史料较稀少者，若再经吾人一二辈之工作，即为终止之时。于时一切历史家无所托身，当不获已而多多向近代史中讨生活也。历史之事，虽十九世纪浪漫派作者曾为梦想所驱，热诚研究，而决不能使其梦想实现。盖吾人对于社会原始之事本不深知，且因缺乏史料之故，凡人类进化之起原亦常隐晦而不能明。

历史家决不如其他科学家所为，为造史之故，而将其必需之材料亲施观察。彼所工作之事实，乃由从前观察者之传给。故历史知识非如他种科学之以直接方法获得，乃以间接方法得之也。历史之为学，非观察之科学，而推理之科学也。

此等事实，其观察之情形既不可知，欲取以供利用，则必需于其上施以鉴定工作，而此鉴定工作即为一束类同之推度。又由鉴定工作而获得之事实皆离立而散乱，欲将其组织成体，则必需根据其与现今事实之近似点，而加以想象与汇聚分组，此亦类同推理之一种工作也。此等必要遂令历史学使用一种例外独有之方法，为由类同律以造成此项论据之故,必须将过去事实所由发生之状况之一切特殊知识,与人类事实所由发生之状况之一切普遍理解,常令其两相证合。其方法系将过去一时期之各事实,造为一种排列统计,而将根于研究现在之一束问题应用于其上。

由考察史料而达于过去事实与进化之知识,其所需之工作实繁巨而无量。于是在历史学中有分工合作之必要。在一方面,需有专门研究家,专力于为史料之探讨。其校勘整理与先期之类分排列,皆须合力互作,使校雠考证家预备工作之完毕,愈速愈佳,而历史工作之精确与劳力之节省,亦臻于最良境况。其在他一方面,局部综合工作(专载)之著作家,贡献材料于较广大之综合工作,必须能彼此契合以共通方法而工作,使其所得每一结果,可供给他人之利用而无须先事考验。最后一事,有经验之学人,必须屏弃一切个人零细之搜讨,而当用其全部时间,以研究一切局部之综合工作,因以成科学式之联合,而为包举一切之历史构造。又设想此等劳力工作之结果,能将社会造化之性质与原因,明白揭出而确得结论,则一种真实可信之科学的"历史哲学"遂以成立,历史家当承认此学冠于一切历史学之上为合法也。

设想将来终有一日,其时劳力组织之结果,凡尚存在于世之一切史料,皆已经发现校正整理,凡遗迹未亡之一切事实,皆已经完全成立。此一日既到,则历史学遂宣告成立,然而不能宣告固定,彼必以现存社会之直接研究,更合于科学的,且更能了解一切社会现象与进化为比例而变迁。盖凡关于事实之性质原因及其相对的重要之观念新有所获,必皆继续不停对彼范成一切往时社会事件之观念继续改变。

(二)有一陈旧之迷误,以为历史之为物,乃于生活行为供以实用之教训(拉丁语曰 Historia magistra vitæ,意谓历史即人类之生活),对于个人与民众,直接给以有利益之课程。不知人类行为之作成,在殊异之两时代中鲜有能充分近似,而令此"历史课程"即可直接应用也。然吾人苟以极端反动之说,谓"历史之特别性质,即在无善可言",则殊为错误,盖彼尚有间接之用。

历史乃对于存在之事物,说明其原始,而使吾人能了解现在也。吾人须知历史对于所含蓄之全部时间,决未曾施以平等之处理,其中固有颇疏阔辽远之世系时代，至今已不能长留可见之遗迹者。例如吾人为说明现代英国之政治组织，则研究 Anglo-Saxon（英国原始民族，旧译盎格鲁撒逊）之所谓 Witangemot（义曰贤人会议），实已无何等价值，而十八十九世纪之一切事件，乃悉皆重要也。近百年来文明国家之进化速度倍加，遂使欲了解现在之形式，此最近百年中之历史，乃较从前十世纪中之历史尤为重要。故当从事于近今事实之说明时，历史之事当敛纳范围而几于仅为现时之研究。

历史之学对于政治科学与社会科学之完成，亦为必需之举，此等科学皆现在建立构造中者也。盖此等科学不能以社会现象（静的现象）之直接观察，充分奠其基础，而当于关于时间之现象发展加以研究，质言之，即其"历史"是也。以此之故，凡一切关于人类之科学（言语、法律、宗教、科学、政治、经济及其他）在此世纪中，皆具一历史的科学之形式矣。

惟历史之主要用处，乃以其为一种知识文化之工具，于此其道有数端：第一，即实际使用历史方法之研究，其原则已叙述于本书中。此等方法最足以强健人之心理能力，而矫正一切轻信之习惯。其次，历史陈列各种殊异之社会于吾人之前，使吾人了解及承认其风俗习尚之变迁，并示吾人以一切社会皆常变化，使吾人狎熟于一切社会形式之变动，而将吾人畏惧变更之传染病治疗痊愈。最后，对于过去一切进化之默加考察，使吾人能了解一切人类变迁，皆由惯习革易与世系更新而成。凡人类进化决非与动物进化为同一原因所产出，故历史之学更能使吾人获免于适用一切生物学之类同定律（自然选择、生存竞争、遗传惯习之类），以说明人类社会之进化。

附篇一　法兰西中等历史教育

（一）历史教授之课程，乃中等教育最近新增之学科。其在昔时，历史之为学，仅用以教授国王及伟官大人之子，使于经国牧民之术，先有所预备，此为一种神秘尊严之学科，专供未来为国家主权者之学习，故历史乃帝王之科学，非民众之科学。自十六世纪以来，即成立所谓中等教育，但无论其教育性质为属于寺院者，或属于世俗者，属于加特力旧教者，或属于基督新教者，皆未尝将历史一科，于其课程计画中留一地位，或则仅视历史学为研究古代言语文字之附修科而已。此即法兰西 Jesuits 教派（加特力旧教之一派）之旧习惯，而为拿破仑时代之大学所采用。

历史学之被及于中等教育，实在十九世纪，由受当时公众舆论之督促而致此。虽其在法国所占之地位，较彼在英国或德国为优，然彼仍继续为一种附属之课程，未尝有专科教授（如哲学然），亦不常有专门讲师，而学校试验时亦未尝加以重视。

历史教授之增入课程，实有特别情况，而其影响之遗留亦历久而不泯。盖历史教授乃由当局者迫令受文学训练之教师任之，遂觉于以研究型式为基础，而淡漠于社会现象之古典教育制度中，不能觅得一适当位置。历史之教授，特因其为章程所必须，而此种章程为教育之唯一动机与导力者，实仍变动不常，仅为偶然之事例，甚乃随定章之人所研习者为何而变动也。历史为社会规例之一部，盖以其中之名字与事迹，俱有不容蒙昧者，但即此不容蒙昧之事物，其相差亦甚巨。如自 Merovingian 之帝王与七年战争之名，以迄于 Salique 法律（法国古代野蛮时法律）与 Saint Vincent de Paul 氏（法国文学批评家，一八二七——一八八一）

之著述是也。

为实行此种章程之故，遂致彼毫无预备之教师以临时结构供历史教授之用。此种教师对于如此教法之理由，及其在公共教育学中之地位价值若何，或其所必需之专门讲授方法如何，皆未能具有明晰之观念。为缺乏向来之传习与教育学之预修及实质工具之辅助，故历史讲师唯有采用印刷术未发明以前之方法，由教师将构成教授材料之一切事实供给学生，如中世纪之所行，彼使用一纪事抄本，将彼所教授之事实悉列其目录，彼向学生诵读之，有时乘机随意附加以虚构，是名曰"讲课"，为历史教授之础石。总合此各个讲课之全体，列为定序，是名曰"学程"。学生则贵能将所听得者悉记录之（是名曰录讲），且将所闻者能纂辑为文而写成之（是名曰编述）。但此等学生，并未教其如何录讲，几于其中全数皆由讲师诵读时为急速之记录，以成一粗率之草稿，然后更于归家时以编述之形式，自为编定，再录一过，实未曾具有愿望于彼所耳闻与彼所手录之意义有所探索考虑也。在此等机械式之工作中，其最为热心发愤者，则更参考书籍，略增一二撷取之点，通常于此亦未加以思索也。

为使一切历史事实能入于学生之脑中而撷举其纲要故，教师乃将其讲课节缩而成一简短讲课，为"撮要"或"概论"之形式，而于公开时讲述之，使学生能默志诸心。此两种之文字练习，几于据有此学级之全部时间，其中之一（撮要）为公开之研习，又其一（编述）则为私秘之研习。

考核学生工作之唯一方法，乃使其将已撮要之讲录，逐字逐句而默识背诵之，且考核其所为之编述，意在使其所默识成诵者，能与教师所讲诵之字句相接近而不相乖违。此两种之口头练习，其一为公开者，又其一则为私秘之研习。

又常给与学生以一种书籍，名曰《历史简录》（*Précis d'histoire*）。但此等书籍系与教师所为讲演稿同一形式，既非用以供口头教授之根据，故仅纯然为一种复述稿，且通常此种复述稿恒恶劣，盖彼非学生所能领会也。此种复述稿之著作人，为求罗举包括极多数之事实故，遂遗漏其中一切具有特性之细节，仅撮举其大要为最通常亦即最空泛之说明。故在此等简举大要之书籍中，所存者更无何物，仅余若干专名年月，而以不变之形式连接之。历史之事遂仅见其具列一束之战争、和约、政治改革及革命等事实，此等事实所彼此殊异不同者，仅在其民众、皇室及战争地域之名号称谓，且各有确定之年月岁时而已。

直至第二帝政之末，法兰西一切教育机关之历史教育情形皆如此，固无论其为寺院所立学校或世俗所立学校也。其中亦略有例外者，由于稀有之故而功能尤可纪，盖其时一历史教师，欲求能超出于编述与撮要之旧制，其所须之能力与创造力，实非寻常所可拟也。

（二）最近教育革新之普遍运动，始自教育部与大学专科，而其后延及于中等教育。历史教师始能自脱于帝政时代政府所加于彼辈之教育监制，而获得机会以尝试教授新法，于是历史教育之新制遂以产生。所可征知者，当时中等教育研究会所争执辩论之问题，如《中等教育杂志》（*Revue de l'enseignement secondaire*）及《大学杂志》（*Revue universitaire*）所揭布者，皆经教育部之采纳。其后又经官厅强迫推行，而登载于《教育》（*Instructions*）中，且附以一八九〇年之教授程序。而Lavisse氏（法国史家，生一八四二，今尚存）所为历史报告，竟皆成为特许认可之官牍，用以保障一切教师之采用革新制而与旧来传习奋抗者也。

历史教育之事，自经此革新转机，遂能组成一合于教育学理之制度，如古代教育支流中言语学、文学、哲学之所具有者也。但此改革之进行，较高等教育之改革为更迟缓乃意中事。盖中等教育，人数既众，则所费考核革新之时期亦较长，其学生亦较逊其勤奋与智慧，而与此新方法反对之父兄，其势力之强大，亦有非教师所能计及者。至于宗教制度为一切革新之阻力者，于此尤有甚恶之影响。彼令历史教授成一束问答之形式，不欲于此外更有何改革也。

（三）然目前吾人固可说明法国历史教育之发达，为如何趋向，且欲求造成一合理专门制度，此问题尤需解决。吾人于此将勉力以有方法之条款，而论列此种种之问题：

（甲）大体之结构。历史教育之目的为何？其对于生徒修养之效用为何？对于其行为之影响又若何？何项之事实必须令其能了解领悟？于是须问者：何项原则？为导人选择材料与方法所必需？此项教授是否当普被于一学级之完全期间，或仅集中以施于一特殊之学级？又是否可施之于仅一小时或二小时之学级班次？历史教本是否须自为起迄分配为数个之始终段落，如德国之制然，使学生对于同一事件，皆能分段起迄为循环数度之研究？或当如法国之制然，自第一本开始纪述为始业，而继续演述为一单独联贯之讲义？教师是否一身自任完全之讲演全稿，或自择少许问题，而留其他以供学生之自为研究？又彼是否仅以口头讲演，或彼首先令生徒从事于书本之诵习，以求能为其讲演先得一解释？

（乙）材料之选择。在本国史与外国史之间，其比例采取之程度若何？在古代史与现代史之间，在专门分支史（艺术史、宗教史、风俗史、经济史）与普通史之间，其比例采取又如何？对于社会科条，普遍惯习与暂时事件之间，对于物质习惯、精神文化、社会生活、政治生活各项进化之间，对于研究零件事变、个人传记、片刻描写等与事实联贯及普通进化之间又如何？专名与时日之位置若何？是否有时当借时机以逸闻野史之材料，引起怀疑考核之心思？或当避此而不用？

（丙）程序规范。材料之程序规范当何若？教授之施行是否当先自最古之时期与最古文明之国家为始，以成为编年制之程序与进化之程序？抑或须自与吾侪相近之时期国家为始，以成为由著闻切近以上溯于荒远难稽？每一时期之史文造作，当用之程序为编年制，或地舆分列制，或逻辑汇列制？教师之始业，当先之以虚描情况，或先之以实述事件？

（丁）教授方法。当首先给与生徒以普通方式或以特殊想象？教师当自身说明此项方式，或必需生徒自为探讨？此种方式是否须志之于心，且在何等状况时须默识之？如何能使历史事实之想象发生于生徒之心中？雕刻、复写、复原与想象景物之应用如何？如何描写叙述？著作家之文字与历史小说之应用又如何？征引之文辞方式当至如何限度？事实之分配排列当如何？如何使用编年制之表、同时事件表、地舆之略志、统计与曲线表等？使一切事件习俗之性质成为可以理会，其方术如何？如何使一切行为之动机、习俗之状况，皆可了悟？对于一事件之时期、一习俗之例证，当如何择取？如何使一切事件之关联与进化之途径，成为易知而可晓？如何以应用比较？所用者为文章体式？具体抽象及专门名辞之使用其限度当如何？如何而能证明生徒皆真能了解各名辞，且能领会其事实？能否组织练习工夫使生徒自身对于事实，为创作之探讨？生徒所当具之研究工具为何？为求生徒能实习探讨之工夫起见，学校讲义当如何编录？

为求叙述及解决此一切问题故，虽专编一书亦不能谓为过多。吾人于此仅说明一种普遍之原则，此项原则，今日之法兰西似已得一致之结论矣。

吾人现既不以历史为道德训迪之程课，亦未尝视为行为之好模范，更非以彼为动人景物之描摹。吾人深知自此类目的观之，逸闻野史之材料当较正史为优，以其更能表明事实之因果联锁，切合于吾人所谓公道之观念，更有完全英雄之人格，精密深切之情况也。吾人亦非如德意志人所为然，视历史之为用，乃以鼓励爱国热心与乡土情感。吾人深知由同一之一科学中，根于国家或党属之不同，而得相反之结论，亦为不合于逻辑。盖此无异邀请各个民族各随其意之所向，割裂历史，即不改易，已大幸矣。吾人深知每一科学之价值，惟以其所含者为真实耳。故吾人所要求于历史者，自真实外，亦更无余物。

历史教育之职任，教授历史者或至今尚未明了。然用思之人，皆有一致之意见，视历史为社会文化之工具。研究过去之社会，辅以现实例证，能使学者了然于社会之为物何若，使彼辈于主要之社会现象、殊异之惯习，及其变易与类同皆能熟悉。事件与进化之研究，能使若辈习熟于人事继续变迁之观念，应对于社会之迁革而至发生无谓之恐惧，因以矫正其对于进步之观念。凡此所获之成效，将使生徒更适合于公共生活。历史教育之为物，在民治国家之社会中，遂若成为不可缺之一教育。

于是历史教育之原则，将在觅得材料与方法，于表现社会现象与了解进化途径最为有用。当纳一事实于教授计画之先，第一必问此事实能生何等之教育影响，其次是否有适当之方法，使生徒灼见而领悟。凡教育价值极低，或太过复杂不易使人领悟，或未闻其详不能使人明了之事实，皆当弃置不录。

（四）使合理之教授实现，尚不足以发展历史教育学之原理，故革新其实质材料与其方法，实为必需之举。

历史为物，不获已而包含巨量事实之知识，教者若除却其宣讲之唇舌与一黑板，及一与编年目录相等之讲演简稿而外，更无其他凭借，是何异一拉丁文之教师，未曾具有拉丁原文及拉丁字典乎？学历史之生徒，需要一历史事实之集录，正如学拉丁之生徒，需要一拉丁字之集录。彼生徒所需要者，乃"事实"之搜集，而学校讲稿则多数仅为"字"之搜集耳。

历史事实之呈献于吾人者为二式，即雕刻图绘与书籍是也。雕刻图绘所代表者为实质物体与外表事象，在研究物质文明极为有用。自德国，始从事于给与生徒以各种雕刻图绘之搜集品以教育目的为之排列，亦既有年矣。由于此同一之需要故，其在法国，亦由 Lavisse 氏之监督，而刊布《史迹图谱》（*Album historique*）。

至于书籍，乃主要之工具，必须包含一切特具之事象，于表达各事迹、动机、惯习及社会科条于读者心中为必要者，且所包含之重要部分，必为叙述与描写，可附加以特具之言辞与程式。昔时颇有人欲自古代著作家中选择古史节段，以编为此类之书，其形式俨然各种史文之摘录本。然自经验上证知，此种方法在所当弃，盖彼实际上虽有科学式之情况，而殊不能令幼年生徒领悟。吾人若能纯以现代之言语文字教授生徒，法当较胜。依此精神，并根据于一八九〇年之《训条》，遂编成所谓《历史读本》（*Lectures historiques*），其中最为重要者，皆由 Hachette 氏书局刊行。

生徒之研究方法中，尚有足为历史教授方法进步迟缓之证者。盖多数历史学班次中，其流行通用之方法，仍在力谋注入，以使生徒容受，如讲演也，撮要也，诵读也，问难也，编述也，舆图复制也，皆是。此等教授方法，正如学拉丁文之生徒，惟拘拘自限于诵习文规与选读，而未尝从事于翻译及拟作也。

为求教授之役，能给与生徒以正确之印象，则纵不能弃置此一切被动之方法，但至少必须借练习之功，使生徒造成研究能力。吾人既已将其中之一二，练习加以试验，其他亦可创出。生徒必须使能解析一切雕刻、图绘、纪述、描写,以搜出一切事实之特性;其所为短篇文字及口头解释,皆足保证彼之既能明了领悟,是即给与生徒以一种习惯,使应用确切之辞语。此外又可使生徒作一绘画,或舆地略图,或同时事件之年月表;又或令彼辈编成两项殊异社会之比较表,及表示各种事实关联之图表。

为供生徒练习之材料故,编成一种书籍实为必要。于是当知教授方法之改良,实与凭借工具之改良有关系。此两项之改良进步,实视彼历史教师及社会群众之两方面,能对于社会教育中之历史教授情形,具有更明晰之头脑与否而定也。

附篇二　法兰西高等历史教育

高等历史教育之在吾国，最近三十年中颇有大变化。其变化进行出之以渐，每步略改其旧，亦固宜然，虽其逐步变迁，仍能保持其合理之统系，其大部分之步骤，未尝不激起社会公众之惊惶抗拒也。社会公众之意见舆论，固赞同改良制度者，但亦微震惊其变更之屡见，故吾人于此试再就目击之活动，陈说其普通情势与其内容所含之理论，当非赘论也。

（一）在第二帝政之末年以前，法国历史一科之高等教育实未尝为有统系之组织。

其时在学校之历史讲座各为殊异之方式，如法兰西学院（Collège de France）、巴黎文科大学（Facultés des Lettres），及其他专门学校，如高等师范学校（École Normale Supérieure）及古简学校（École des Chartes）皆是。

法兰西学院，乃昔时国学（ancien régime）之一遗形物，创于十六世纪，与巴黎大学（Sorbonne）并峙，为新科学之避难所，具有代表历史上高等玄学，与自由探讨及纯理科学研究之光荣者也。所不幸者，对于历史一科学之领域，法兰西学院乃于某方面使旧传之美制湮灭。伟大人物之曾教授历史于其中者（例如 J. Michelet 氏），皆非专门历史家，亦非通常意义所谓学士硕儒，听讲之群众受其讲说之感化者，亦非专治历史之学子。

巴黎文科大学其制度之一部分，为拿破仑时代立法会员所建立制度之一部分。在创成此专科大学时，彼立法会员并无意谋促进科学之研究，彼固非酷爱科学者也。若法科大学、医科大学等，皆企图造成专业人才之学校，由彼以供给社会所需之律师、医生等。但此五专科大学中之三科，当其初创时即不能举其任，而法医二科则能之。加特力教神学专科，未尝能供给社会所需之牧师神父，盖牧师神父之养成，已由国家允令各教区自立之宗教学校担任之也。文科大学与理科大学，未尝能养成中等教育之讲师及机械师、工程师等，盖此外尚有养成专材之学校，足以竞争而胜之，若高等师范学校（École Normale Supérieure）、专门艺业学校（École Polytechnique）是也。以此故，加特力神学专科与理科大学文科大学，皆不获已而别出他途之活动以谋自立。文科大学之历史教师，未尝作计使所教少年生徒能预供中学校（Lycées）历史讲师之选，彼既不能养成专业生徒，则其自身地位职任，乃与法兰西学院相似，彼辈皆非专门历史家。盖自五十年来，彼惟能从事于较高级之普通宣讲，以供给优游闲暇之多数听众，此辈听众乃悦此高级通俗讲演之势力与辩辞而来者也。

高等师范学校之职任，在养成中等教育之未来教师。当此时期，人皆有一共认之原则，以为人若欲为一优良之中学教师，则对于其所教授之事物必须通晓，且能充分通晓，即已无事。按之实际，必需通晓则诚然，充分通晓则未必便能无事，盖知识之繁殊而较高深者，较之普通"学人"之准备，亦同为不可缺少。在高等师范学校中时，未尝一探究高深之事物，盖由于普通流行之教育原理，以为人苟欲为中学教师，其预备工夫无非尽所当授而已。但此高等师范学校，以其收入学生妙选高材，故其所行之学制，亦未尝妨害彼生徒之大成。故在其旧时毕业生徒中，颇有屈指可数之第一等人才，非仅大学教师及思想家、著作家而已，且校雠考证之专门学者亦出其中。然于此吾人必须辨认，此辈人才皆由自修而成，其造成人才非由彼学制之功，乃正由此等人不为学制所拘束。且其自修成学，非在修业之时期中，而在毕业出校之后，其主要原因，皆由毕业后能享有住居雅典学院（École Francaise d'Athénes）之权利，而得恣意探讨所藏一切史料。此等史料，为彼辈昔日在 Rue d'Ulm（巴黎街名，高等师范所在地）所不能得者也。人固有言："高等师范所出前后各级之教师人才，既出校而不能利用史料，岂非奇事？盖简言之，从前学历史之生徒当出校时，既未预备讲授，其急促学成之历史学，亦未有力研究艰深之问题也。"

古简学校创始于帝政复辟时代,此学校由某点上观之,可知其亦如其他一切专门艺业学校然,其原理在养成一切有用之专门职人,如书库经理员、图书馆职员之类。然此等职业教育,既早已减缩至最小限度,而此古简学校乃特此创见,改为以校雠考证工夫为事,意在对于青年学子之有志研究中世纪法兰西史者,供给以合理而完备之肄习。古简学校之生徒,并未往听任何种"中世纪史"之讲演,然彼辈所学习之一切事物,实皆为对于中世纪史一切尚未解决之问题而谋解决时所必需。由于此意外变例之故,惟此一学校为能将关于历史搜讨之一切基本知识、辅助知识,一一为有统系有方法之教授,其详情吾人既获有机会于本书上篇述之矣。

此乃当时之大概情形,至第二帝政之末年,乃顿呈一急激之改革运动。当时法国青年之游德意志而归者,颇震惊于德国大学制度之超卓,实远胜拿破仑皇朝之专科大学制与专门学校制。自然,法国未臻完美之学制,亦曾造就出许多人才与许多著述,然是时乃始觉"在各种之经营计画中,唯至少之一部可谏之于机会",且"一教育机关欲养成历史教师或历史家者,必须供给以方法计画,使能成就其所欲为"。

公共教育部总长 M. V. Duruy 氏(法国史家,一八一一——一八九四)对于高等学术研究之振新曾加赞助。彼对于一切现存之学术机关,如法兰西学院、巴黎文科大学、高等师范学校、古简学校等,皆不欲有所干涉,而轻于改易撤废或限制。盖此等学校皆各有职务,且各产生若干之名人,光荣所系,故彼乃不欲变更之,而但增补之。彼于此等繁殖复杂之各学术机关之上,更创一物以冠之名曰"高等学术实习研究院"(École Pratique des Hautest etudes),此机关以一八六八年成立于巴黎大学之中。

高等学术实习研究院(历史学门与文字学门)创设之意,在使青年专意于此为高深科学之搜讨研究。彼既非以此造成职业人才,亦无须为高级之通俗讲演。学生之赴此研究者,正如化学生徒之赴实验室然,非于此以撷取科学中既得之结果,乃于此弋求专门方法,更于此方法中以产生新结果也。于是此新学术机关之精神,乃与法兰西学院古来传演之精神颇相近似。彼将以古简学校中所曾专攻之狭仄中世纪法国史之研究，普施于一切历史学、言语学之分支，而勉力探索之。

（二）在文科大学以彼之现状为满足（即有听众而无学生），且其志愿惟在遵守旧传之职分以内（即举行公开讲演、授给学位），法国历史高等教授之组织情形，遂永如吾人所曾述。然文科大学一旦求一自立之新途径与新职分，则变更之事遂不可免。

于此无暇说明彼文科大学因何故及如何以自致于较为有力之工作，换言之，即改异其往时之状况，以求历史一科学之进步。Duruy 氏于创始高等学术研究院于巴黎大学时，曾宣言此幼芽茁发之新树，将抉破旧日之石根，唯彼高级学术研究院之收效宏多，能力伟富，于警起文科大学之自省，与有力焉，则固无疑。其他一方面，公众之博大好施，既为之增加职员，又为之建立华宇，而备置研究所需之材料，于是此特别机关之本身，遂增加以新责任新职务。

文科大学之改良变制，既已二十五年，且当此改进之时期，实能影响法国历史学高等教育之全体结构而与以改变。此全体结构向来无所变动，虽经一八六八年之巧增机关（指高等研究院），而亦无所改易者也。

（三）文科大学之第一事，即在求得专业研究之学生。然此可决其并非主要困难，盖高等师范学校（每年由数百候补人中选取二十人）不足供给多数教师以待中等学校之延聘。多数青年之愿为教师候补人者（同时高等师范之生徒亦不乏其人），遂不得不舍之他图，是即其招致学生之一确道也。同时陆军服役法律，凡人若在文科大学预备学业，且有 licencié ès lettres 之头衔者，亦得免除，以此遂引致多数有趣味之青年阶级于此中。此外若外国学生（多数肄习于高等学术研究院）之来法国以充实其科学知识者，向觉此文科大学少所裨益，一旦发现其有若干事物与德意志大学中所惯见者相近似，且其教育性质实为彼辈所需要者，则相率前往矣。多数学生知入此专科大学，必需要许多之努力，与相当之岁月。然当大学既如愿获得多数学生之后，则其本身乃发生各项真正之问题以待解决。

文科大学之大多数学生，其始皆为候补学位之人，皆为大学毕业硕士（licentiate）及大学毕业教师（agrégation）而来。彼辈之入学，皆挟有显著之志愿而为大学毕业硕士及大学毕业教师之"预备工夫"，故文科大学遂不能不勉负此责任，以助彼辈之从事此"预备工夫"。然二十年前之试验制度仍为旧式，大学毕业硕士不过试验高级中等学术研究，而为"高等学位"之一种耳。若历史门及地理门之大学毕业教师（彼皆成为真正之 licentia docendi），凡其候补人皆须证明"对于所教授之事物，具有极优良之知识"。于是对于此专科大学之教育，遂发生一可虑之危险，盖由于专为大学毕业硕士及大学毕业教师试验而为预备工夫之故，遂迫令其职任与高等师范陷于同一之状况。吾人注察此项同业冲突，未尝不引起高等师范与专科大学对于毕业教师之竞争。此项竞争冲突，颇似使双方教师生徒奋力于学校之功课，而非为科学探讨之工夫，仍同归于缺乏深造与实用。

　　危险之情形既甚，彼眼光明锐，主张大学改制之先驱诸公已思虑及此，若 A. Dumont 氏（法国古物学家，一八四二——一八八四）、L. Liard 氏（法国教育家，一八四六——一九一七）、E. Lavisse 氏皆是也。Lavisse 氏于一八八四年论之曰："维持此专科大学旧制，使其以预备教师之试验为主要鹄的，实即以机械训练代替科学修养，此正明达之人反对革新者所引以为忧者也。革新者应之曰，革制之种种不便利，固早已见及，但改良高等教育之后，则旧日试验制度，必随而变易；真正科学探讨与预备教师试验工夫，二者间未尝无调和余地，而反对党所持悲慨之理由，亦将无由成立。"此辈力主改制者既于此弱点上决不放松一步，其所为实当于理，且欲坚信"大学试验制度问题"实为法兰西高等教育组织问题之锁钥。吾人试观当时一切演说论文，无不冠以"教育与学校试验"、"学校试验与学术研究"、"学术研究与试验制"等题目，如 Lavisse 氏自一八八五年始，五年之间编辑为三册而名之曰《国家教育问题》、《学术研究与学生》、《论吾国学校》所刊布者是也。

　　此与高等教育（大学毕业硕士、大学毕业教师及国家博士、学校博士）相关联之试验改制问题，遂为当时所有事。彼自一八八四年始，迄今一八九七年而仍进行。在此期间之中，吾人认为方针不误之进步，固显然可睹，至今而其解决之期近矣。

（四）旧时试验制度，需令候补学位之生徒证明其曾受极优良之中等教育。彼辈身经高等学术教授之生徒而为候补人者，既受大学之训练，复迫之为彼在中学校时所已饱饫之练习，此制固易于与以驳斥。其辩护之力甚微弱，且既衰灭不存矣。

然则将如何以谋代替之乎？此问题固甚复杂，吾人能致诧于彼之不能一蹴而告解决乎？

最初最重要者，须于基本问题得一共同了解，即彼生徒应能由试验以证明其所具有者，当为如何之能力与如何之知识乎？普通之知识乎？专门之知识与探本溯原、校雠考证之能力乎？（如古简学校与高等学术研究院之所学）教育有法诱诲不倦之能力乎？由生徒所从来之班级广博而繁衍故，必需分别而讨论之，此近所渐加承认者也。

对于大学毕业硕士之候补生徒，须试验其能自证明有普通修养。若彼辈志愿受试，并可察看其对于探本溯原、校雠考证之研究，是否具有兴味及经验。

对于大学毕业教师之候补生徒，彼辈既已获得硕士，则所必需试验探诘者：（一）须能正式证明其由经验上深知研究历史问题之事为如何，且彼辈既已有研究如此问题所必需之知识；（二）须能证明其教诲有法之能力为专业教师所必需者。

生徒之不为任何候补人，既不预备大学毕业硕士，亦不预备大学毕业教师，而仅志在探讨科学之初基知识以求入门者（旧制未思及有此项生徒之存在），则试验之事但问其能证明对于所受讲授启迪之获益如何。

斯举既毕，是已获得一大进步。盖既以此吾人所述之方策程序而支配学术研究之事矣。由于此项方策程序之功能效力，而专科大学中之历史学研究，将如吾人所预期冀望者，而有三种性质：普通修养将仍为一般所重视，一也；专门研究若校雠考证、鉴定搜讨之事，皆各获得其合法之地位，二也；最后则教育学（原理方面与实用方面）亦因此而免于为人所轻蔑忽略，三也。

但有一事足感困难，即于各门之试验中，欲决其孰为最优良者，质言之，何者为最概括是也。关于此事，意见繁殊，今日虽无人苦为原则上之争辩，而其应用之方式，至今尚仅供试用悬拟，未能获得一致之赞可。大学毕业硕士之各种制度组织已修改三次，关于历史学大学毕业教师之法律条规已修改五次，然尚非结局。新出计划之使试验制度益臻于简单合用者，方砺进未已。然使此等计划果如吾人之意，经屡度变更，且益趋优良，而决不见退步，则虽变动无恒，招人厌苦，亦复何害乎？

此各项殊异不同之制度，暂时实施之详细情形，无须于此处为之说明，盖吾人曾于他处有机会论之也。今日凡吾人所曾反对之制度，俱已变更消灭，更何用再引起此等争辩？且吾人亦无须力陈目前现行制度在吾人视之有如何可改良之点，盖吾人固有理由可希望其不久即将改易，使人更能满意也。于此仅须说明者，现今文科大学给与一种新文凭，名曰"高等学术研究文凭"（Diplôme d'Études Supérieures），此等文凭，一切学生皆有权利以谋考得之，惟预备为大学毕业教师之候补学生，则定制非得此不可。此项高等研究之文凭，正类似于高等学术研究院证书与古简学校之特许证书（Brevet）及德意志大学之哲学博士头衔，专用以给与治历史之学生。既考过以特种研究论文为主，而以历史搜讨辅助诸科学为辅之试验后，即给与之。凡人皆知，此项给与研究文凭之试验，若司试验人能本诸谨慎良知，保持此文凭制度本来之价值效用，必可获得极优良之结果。

（五）约举言之，由于预备学位所吸引，遂有多数学生入专科大学。然在旧时预备大学毕业硕士与大学毕业教师之试验制度下，则其所为学位预备之工夫，实不能与专科大学自身之职任相合，且亦于生徒为无用，于科学为无益。于是此试验制度遂不能不力求改良，以求与历史学高等教授所应为之特种理想相合。其结果则使此专科大学与各教育机关居同一地位，而贡献历史一科学以积极之进步。最近数年中所发现无数之著述，固足以为此事实之确证。

此项演进之役，既产出极满意之结果，但彼苟能如其初创成时之收效情形，则继续推行之所得，当更有满意之结果在后。第一，此专科大学历史教授之改制，实已影响于高等师范学校之改制。两年以来，高等师范学校亦决设"高等研究生证书"（Diplôme d'Études）以授给生徒，独立创造之探讨，合法善诱之能力，及一切普通之修养，皆力加奖励，与此新文科大学中所为相同。彼高等师范之与一切专科大学相殊异者,不过彼为非公开之讲演,自实际言之,彼正如其他专科大学然,亦为一专科大学,特其生徒之数较少,且皆经精严选择而已。其次则高等学术研究院及古简学校二者,皆于一八九七年之末法定为专修学院。彼虽在此革新专科大学中为一局部,然彼固皆各有所以自立之道。盖多数专门研究人之既致身于高等学术研究院而有所表见者,则彼辈决不须再投身于专科大学也无疑。若古简学校则既以研究中世纪史为专任,其教授钻研之事萃于一焦点,故亦常有其优越无比之专长,然向来高等学术研究院、古简学校与文科大学之争竞冲突,俱已消灭无余。此种种之教育机关,近时虽各有专长,不相类似,然俱能分工合力,以共通之精神而成共通之工作。每一机关各保留其名称、专司与旧业,而合之则成一浑全之体。故历史学教育在此理想之巴黎联合大学中之情形,实较之一八九六年法律所规定者尤为广大。此规模宏伟之大学,包含古简学校、高等学术研究院、高等师范学校及文科大学所教授之历史学全部。今日若征之实际,则此种种彼此皆各为犹立不倚之"专修院"焉。

历史研究法

何炳松选注

编者导言

　　历史所研究者已往人群之活动也。人群活动之方面有五：即经济、政治、教育、美术、宗教是也。然历史所述者非人群各种活动之静止状态也，乃其变化之经过情形也。史家所致意者即此种人群活动中空前绝后之变化也，非重复之事实。故历史者研究人群活动特异演化之学也，即人类特异生活之纪载也。

　　世人多以历史效用在于足为吾人行动之典型，此谬论也。人群状况今古不同，前言往行难资模楷，且辨别是非，评论善恶，乃伦理学上问题，非史学应负之责也。明代李贽有言："人之是非，初无定质。人之是非人也，亦无定论。无定质，则此是彼非，并育而不相害。无定论，则是此非彼，亦并行而不相悖矣。前三代无论矣，后三代，汉唐宋是也。中间千百余年而独无是非者，岂其人无是非哉？咸以孔子之是非为是非，故未尝有是非耳。夫是非之争也，如岁时然，昼夜更迭，不相一也。昨日是而今日非矣，今日非而后日又是矣。虽使孔夫子复生于今，又不知作何是非，而可遽以定本行赏罚哉？"（《藏书·纪传总目前论》）居今之世，行古之道，世人尚知以迂腐目之，独于历史上之垂训主义、资鉴浮谈，至今犹脍炙人口，未尝去怀，岂不大可怪乎！

　　历史为说明现状由来之学。学者对于已往陈迹果能灼见真知，则对于当代情形必能了解。穷源竟委，博古通今，此历史之效用一也；方今社会科学日进无疆，然研究虽精，迄未完备。盖徒事直接观察，仅能明白现情。如欲再进而知其趋向之方，悉其演化之迹，则非有历史之背景不可。现代研究人类科学者莫不以历史为其入门之坦途，其故即在于此，此历史之效用二也；然历史最大之用实在其有培养智慧之功。盖受史法之训练者辄能遇事怀疑,悉心考证,轻信陋习因以革除,此研究态度之有益于智慧者一也。史上所有之社会文明高下至为不齐,学者研究之余,深知人类习俗不同,其来有自,对于现代人类殊异之风尚每能深表同情,此驱除成见之有益于智慧者二也。历史所述为古今社会之变迁及人事之演化,吾人借以恍然于人类社会之消长盈虚,势所必至,革新改善,理有固然,此努力进步之有益于智慧者三也。凡此皆研究历史之益也,至于多识前言往行尤其余事耳。

自现代自然科学及社会学发达以来,史学一科颇受影响。世之习史者不审史学之性质及其困难,妄欲以自然科学之方法施诸史学以求人群活动之因果,或欲以社会学之方法施诸史学以求人群活动之常规,其言似是,其理实非。

夫自然科学与史学虽同以实质为根据,然两方研究时之观察点绝不相同。自然科学家之于实质,抱一种通概之眼光研究而组织之,以求得因果定律为止境。吾人之始有普通名词如男女、草木、衣服等,即为此种概念之见端。至于历史之实质则纯以求异之眼光研究而组织之。吾人之应用专名如尧、舜、禹、汤、文、武等,即为此种概念之发轫。此自然科学之观察点与史学不同之大概也。

再就史事之性质而论,亦复与自然科学迥然有别。同一史事所表之性质复杂异常。凡前代书法、文体、习惯、实情等,均可在同一种史料中求之。此种一事多质之特点实为历史所独有,与自然科学家在多种实物中专究某一种单纯原质者不同,此其一;史事范围之广狭至为不一,大者关系全民族,久者延长数百年,小至一人之言行,细至偶然之轶事,与自然科学之自繁至简、自异至同,其进程有一定之途径者不同,此其二;史事有一定之时地,时地失真即属谬误,时地无考即亡史性,与自然科学之专究一般知识不限古今中外者不同,此其三;史事之或虚,或实,或信,或疑,一成难变,虚者不能使实,信者不能使疑,稍有疏虞,即违史法,与自然科学之概以求真为止境者不同,此其四。

再就方法而论,亦复两不相同,自然科学之定律纯自观察与实验而来,务使所有自然界之现象既有一定之原因,在同样状况中必能产生同样之结果,屡加试验既得其真,故凡遇有某种原因,即能预断其必有某种结果。至于史家所根据之史料,断不能施以实验工夫。史家才学纵极高博,终无力足以生死人而肉白骨,使之重演已往之事实,则断断如也。前言往行,逝者如斯,史家只能于事实残迹之中求其全部之真相,与科学家之常能目睹事变而再三实验之者真有天渊之别也。

至于史学与社会学虽同以已往之人群事迹为研究之资,然目的、方法既各不相同,研究结果亦迥然有别。史家抉择事实旨在求异,所取方法重在溯源,其结果乃人类复杂演化之浑仑,非人类共同演化之原理;至于社会学所致意者乃已往人群事迹之所同,参互推求借以发见驾驭人群活动之通则,选择事实务求其同不求其异,所得结果乃人群活动之定律,非人类演化之浑仑。故社会学乃研究人类社会之自然科学,其所取方法与史学异而与自然科学同。总之,社会学所求者为往迹之同,史学所求者为往迹之异,两者功用固足以相资,而流别分明断难相混,则显然者矣。

唯所谓科学乃有条理之知识之谓。史学之观察点及方法虽与其他科学不同,然其为有条理之知识则初无二致。而史学之志切求真,亦正与其他科学之精神无异。故史学本身虽远较其他科学为不备,终不失其为科学之一种也。

今人之习西史者误以为西洋仅有通史也,每发编纂通史以代正史之议论,诚可谓知二五而不知一十之谈也。西洋各国自十九世纪民族主义兴起以来,对于国史材料之搜集莫不聚精会神唯力是视。如德国之《史料集成》(*Monumenta Germaniae Historica*)、法国之《史料汇编》(*Collection des Documents Inédits sur L'Histoire de France*)、英国之《史料丛书》(*Rolls Series*),皆其最著之实例也。故西洋史家一方固努力于撰述之功,一方亦并努力于记注之业,实可断言者矣。

诚以正史者乃守先待后之业,通史者乃钩元提要之功。前者为史料所以备后人之要删,故唯恐其不备;后者为著作所以备常人之浏览,故唯恐其不精。若论其事业绝不相同,然相须而成,其归一揆,此正史与通史之流别所以不能相混者一也;夫良史之才世称难得,则谨守绳墨以待后人之论定,不特势所必至,亦且理有固然。若不务史料之整齐,而唯事通史之著述,万一世无良史,不且遂无史书乎?此正史与通史之流别所以不能相混者二也；夫著作必有所本，非可凭虚杜撰者也，故比次之功实急于独断之业。若有史料虽无通史无伤也，而通史之作则断不能不以史料为根据，此正史与通史之流别所以不能相混者三也；方今科学昌明之世，学术门类日以繁，学者兴趣日以异，或潜心政治，或专攻教育，或研究科学，或从事艺术，欲取资料均将于正史中求之，予取予求，见仁见智，各能如其愿以偿。至于通史之为物，钩元提要，语焉不详，以备浏览或有余，以资约取必不足，此正史与通史之流别所以不能相混者四也。故通史之作，固属刻不容缓，然断不能因此遂谓正史之可废矣。

实则历史之学必具数家，撰述、记注盖其大要。前者为专门之著作，后者为史料之搜罗。撰述欲其圆而神，记注欲其方以智。智以藏往，神以知来。记注欲前事之不忘，撰述欲来者之兴起。故记注藏往似智，撰述知来拟神。藏往欲其赅备无遗，故体有一定而其德为方。知来欲其抉择去取，故例不常拘而其德为圆。（章学诚《文史通义·书教下》）刘知幾曰："书事记言，出自当时之简；勒成删定，归于后来之笔。然则当时草创者，资乎博闻实录，若董狐、南史是也；后来经始者，贵乎俊识通才，若班固、陈寿是也。必论其事业，前后不同。然相须而成，其归一揆。"（《史通·史官建置》）洵名言也。

唯事记注之业者必知撰述之意，所次之材必使撰述者得所凭借，有以恣其纵横变化。又必知己之记注与撰述者各有渊源，不可以比次之密而笑撰述之或有所疏，比次之整齐而笑撰述之有所欹轻欹重。盖撰述有如韩信用兵，而记注有如萧何转饷，二者固缺一而不可，而其人之才固易地而不可为良者也。（《章氏遗书·报黄大俞先生》）

史学研究法者寻求历史真理之方法也。言其步骤，则先之以史料之搜罗及考证，次之以史事之断定及编排，终之以专门之著作，而史家之能事乃毕。搜罗史料欲其博，考证史料欲其精，断定史事欲其严，编比史事欲其整，然后笔之于书，出以问世。其为法也，似简而实繁，似难而实易者也。

吾国史籍世称宏富，而研究史法之著作则寥若晨星。世之习西洋史者或执此为吾国史家病，殊不知专门名家之于其所学，或仅知其然而终不知其所以然，或先知其然而后推知其所以然，此乃中西各国学术上之常事，初不独吾国学者为然也。西洋史家之着手研究史法也，不过二百年来事耳。然如法国之道诺(P. C. F. Daunou)、德国之特罗伊生(J. G. Droysen)、英国之夫里门(E. A. Freeman)辈，或高谈哲理，或讨论修词，莫不以高谈无补见讥于后世。

现代西洋研究史法之名著仅有二书：一为德国格来夫斯法尔特大学(Greifswald)教授朋汉姆(Ernst Bernheim)之《历史研究法课本》(*Lehrbuch der Historischen Methode*)出版于一八八九年；一为法国索尔蓬大学(The Sorbonne)教授郎格罗亚与塞诺波(Ch. V. Langlois and Ch. Seignobos)二人合著之《历史研究法入门》(*Introduction aux Études Historiques*)出版于一八九七年。两书之出世离今均不过三十余年耳。

吾国专论史学之名著在唐有刘知幾之《史通》(中宗景龙时)，离今已一千二百余年。在清有章学诚之《文史通义》(乾隆时)，离今亦已达一百七八十年。其议论之宏通及其见解之卓越，决不在西洋新史学家之下。唯吾国史学界自有特殊之情况，刘章诸人之眼界及主张当然不能不受固有环境之限制，若或因其间有不合西洋新说而少之，是犹讥西洋古人之不识中国情形，或讥吾辈先人之不识飞机与电话也，又岂持平之论哉？

德国朋汉姆著作之所以著名，因其能集先哲学说之大成也。法国郎格罗亚、塞诺波著作之所以有名，因其能采取最新学说之精华也。一重承先，一重启后，然其有功于史法之研究也则初无二致。吾国先哲讨论史法之文字亦何尝不森然满目，特今日之能以新法综合而整齐之者尚未有其人耳。就个人耳目所及，吾国有关史法之名著略得如下之所述。

怀抱疑古惑经态度足为史家楷模者，莫过于王充之《论衡》及崔述之《考信录提要》。

辨别古书真伪足明论世知人之道者，莫过于《四库全书总目提要》及姚际恒之《古今伪书考》。

考订古书文字示人以读书明义之法者，莫过于王念孙之《读书杂志》、王鸣盛之《十七史商榷》及钱大昕之《廿二史考异》。

断定史事审慎周详示人以笔削谨严之道者，莫过于司马光之《资治通鉴考异》、李焘之《续通鉴长编》及李心传之《建炎以来系年要录》。

讨论文史异同并评论吾国史法者，莫过于刘知幾之《史通》、章学诚之《文史通义》（或《章氏遗书》）及顾炎武之《救文格论》。

综合史事首尾毕具示人以比事属辞之法者，莫过于顾炎武之《日知录》及赵翼之《陔余丛考》与《廿二史札记》。

此外如二十二史之考证，诸史籍中之序文及凡例，以及历代名家之文集，东鳞西爪，尤为不胜枚举。世之有志于史学者果能将上述诸书一一加以悉心之研究，即类起例，蔚成名著，则其承先启后之功当不在朋汉姆、郎格罗亚与塞诺波诸人之下矣。

朋汉姆之《课本》原系德文，繁重难读，故至今尚未有英文译本。至于郎格罗亚与塞诺波二人合著之《入门》一八九七年出版于巴黎之后，次年即由英人柏利（G. G. Berry）译成英文，风行欧美，至今虽已垂卅年，然仍不失为英文中讨论史法之唯一名著。美国加利福尼亚大学教授德加特（F. J. Teggart）在其一九二五年出版之《史学原理》(*Theory of History*)中尝曰："拙著所以引此书（即指二氏之著作）为说明之资料者，因其在英文著作中对于学者为唯一最重要之'入门'也，所引种种见解盖完全足以代表一般史家之意见云。"吾人于此足征现今英美史学界推重此书之一斑矣。

兹为介绍西洋史法名著于吾国史学界起见，特将此书删繁就简，录存其较重要之部分，并将书中较难了解之字句加以中文之注释，俾便吾国有志史学青年之浏览。

原书本有序文二篇，余分三卷计十五章，结论一篇，附录二篇，末附专名索引，全书共计三百五十页。删去者为英文本序文一篇、原序一篇、卷一之第二章、卷二之第四第五两章、卷三之第一第三第四三章，及附录与索引，原书附注亦概行删去。

录存者为正文十篇，为便利起见，依原来次序厘成十章。至于各章标题则概仍其旧。对于原书之一贯精神，各种步骤，始终竭力保存，务使首尾完具，纲举目张，冀免断章取义之讥，避去挂一漏万之险。

第一章讨论史料之搜罗，即吾国所谓目录之学也。第二章总论史料考证之重要。第三章讨论版本之考证，即吾国所谓校勘之学也。第四章讨论撰人之考证，即吾国所谓知人论世之学也。第五章讨论史料之诠释，即吾国所谓训诂之学也。第六章讨论撰人之是否忠实。第七章讨论史事之断定，即吾国所谓考异之功也。第八章讨论史事之编比，即吾国所谓比事属词之道也。第九章讨论历史之著作，即吾国所谓文史之辨也。第十章总括全书纲要，并讨论历史之效用为何。

书中凡属学术名词及可以意会不可言传之字句，均加以中文之注释以便有志史学之读者，其或有意于迻译西洋史籍者得此亦可供入门之一助。编者本非英语专家，难免无误，读者不吝有以匡正之，实为厚幸。

何炳松，上海，中华民国十六年四月十八日

CHAPTER I

THE SEARCH FOR DOCUMENTS[1] (HEURISTIC)

The historian works with documents. Documents are the traces[2] which have been left by the thoughts and actions of men of former times. Of these thoughts and actions, however, very few leave any visible traces, and these traces, when there are any, are seldom durable;[3] an accident[4] is enough to efface them. Now every thought and every action that has left no visible traces, or none but what have since disappeared, is lost for history, is as though it had never been. For want of documents the history of immense periods in the past of humanity[5] is destined to remain for ever unknown. For there is no substitute[6] for documents: no documents, no history.

In order to draw legitimate inferences[7] from a document to the fact of which it is the trace, numerous precautions[8] are requisite which will be indicated in the sequel. But it is clear that, prior to any critical examination[9] or interpretation[10] of documents, the question presents itself whether there are any documents at all, how many there are, and where they are. The search for and the collection of documents is thus a part, logically the first and most important part, of the historian's craft.[11] In Germany it has received the convenient, because short, name of *Heuristik*.[12] Is there any need to prove the capital importance of Heuristic? Assuredly not. It is obvious that if it is neglected, if

---

1. 史料之搜集. 2. 遺跡. 3. 持久. 4. 災害. 5. 人類. 6. 代替之物.
7. 合法之推理. 8. 預防. 9. 考證的查驗. 10. 解釋. 11. 史家之職業.
12. 史料搜集.

the student does not, before he sets to work on a point of history, place himself in a position to command all accessible sources of information, his risk (no small one at the best) of working upon insufficient data[1] is quite unnecessarily increased: works of erudition[2] or history constructed in accordance with the rules of the most exact method have been vitiated,[3] or even rendered worthless, by the accidental circumstance that the author was unacquainted with the documents by which those which he had within reach, and with which he was content, might have been illustrated, supplemented, or discredited.[4] The scholars and historians of to-day, standing, as they do, in other respects on an equality with their predecessors of the last few centuries, are only enabled to surpass them by their possession of more abundant means of information.[5]

II. It being granted that the majority of historical documents are now preserved in public institutions (archives, libraries, and museums), Heuristic would be very easy if only good descriptive catalogues[6] had been drawn up of all the existing collections of documents, if these catalogues were furnished with indexes,[7] or if general repertories[8] (alphabetical, systematic, etc.) had been made relating to them; lastly, if there were some place where it was possible to consult the complete collection of all these catalogues and their indexes. But Heuristic is still difficult, because these conditions are, unfortunately, still very far from being adequately realized.[9]

First, there are depositories of documents (archives, libraries, and museums) whose contents have never been even partially catalogued, so that no one knows what is

---

1. 資料. 2. 博洽. 3. 失其效用. 4. 失其信用. 5. 消息. 6. 書目提要. 7. 索引. 8. 書目. 9. 充分實現.

in them. In the second place, what a variety there is among existing catalogues! Lastly, where are the existing catalogues to be consulted?

This is a deplorable state of things. In fact, the documents contained in uncatalogued depositories and collections are practically non-existent for researchers who have no leisure to work through the whole of their contents for themselves. We have said before: no documents, no history. But to have no good descriptive catalogues of collections of documents means, in practice, to be unable to ascertain[1] the existence of documents otherwise than by chance.[2] We infer that the progress of history depends in great measure on the progress of the general catalogue of historical documents; which is still fragmentary[3] and imperfect.

It will be well to indicate briefly the causes and state the exact consequences of a state of things which has been deplored as long as scholars have existed, and which is improving, though slowly. "I assure you," said Renan, "that the few hundred thousand francs a Minister of Public Instruction[4] might apply to the purpose [of preparing catalogues] would be better employed than three-quarters of the sum now devoted to literature." Besides, it has not always been true that, in order to obtain good catalogues, it is sufficient, as well as necessary, to make a pecuniary sacrifice[5]: it is only recently that the best methods of describing documents have been authoritatively[6] fixed; the task of recruiting competent workers — no great difficulty nowadays — would have been neither easy nor free from anxiety at an epoch when competent workers were rarer than they are now. So much for the material obstacles[7] — want of money and want of men. A cause of another kind has

---

1. 確知. 2. 機會. 3. 殘缺. 4. 公共教育. 5. 金錢犧牲. 6. 確然. 7. 物質的障礙.

not been without its influence. The functionaries[1] charged with the administration of depositories of documents have not always displayed the zeal which they now display for making their collections accessible by means of accurate catalogues. To prepare a catalogue (in the exact and at the same time summary form which is now used) is a laborious task, a task without joy and without reward. It has often happened that such a functionary, living, in virtue of his office, in the midst of documents which he is at liberty to consult at any moment, and placed in a much more favorable position than the general public for utilizing the collection without the aid of a catalogue, and making discoveries in the process, has preferred to work for himself rather than for others, and made the tedious construction of a catalogue a secondary matter compared with his personal researches.[2]

The imperfection of descriptive catalogues has consequences which deserve our attention. On the one hand, we can never be sure that we have exhausted[3] all the sources of information; who knows what may be held in reserve by the uncatalogued collections? On the other hand, in order to obtain the maximum amount of information, it is necessary to be thoroughly acquainted with the resources furnished by the existing literature of Heuristic, and to devote a great deal of time to preliminary[4] researches. In point of fact, every one who proposes to collect documents for the treatment of a point of history begins by consulting indexes and catalogues. Novices[5] set about this important operation so slowly, with so little skill, and with so much effort, as to move more experienced workers to mirth or pity, according to their disposition.

---

1. 職員. 2. 個人研究. 3. 窮盡. 4. 初步的. 5. 初學者.

The instruments of Heuristic are being continually perfected, before our eyes, in two ways. Every year witnesses an increase in the number of descriptive catalogues of archives, libraries, and museums, prepared by the functionaries attached to these institutions. In addition to this, powerful learned societies[1] employ experts[2] to pass from one depository to another cataloguing the documents there, in order to pick out all the documents of a particular class, or relating to a special subject. Lastly, several governments have taken the initiative[3] in sending abroad persons charged to catalogue, on their behalf, documents in which they are interested.

While waiting for the fact to be clearly recognized that the time is opportune[4] for pushing vigorously in every country the construction of a general catalogue of historical documents, we may indicate a palliative[5] : it is important that scholars and historians, especially novices, should be accurately informed of the state of the instruments of research which are at their disposal,[6] and be regularly apprised[7] of any improvements that from time to time may be made in them. Experience and accident have been for a long time trusted to supply this information; but empirical[8] knowledge, besides being costly, as we have already pointed out, is almost always imperfect. Recently the task has been undertaken of constructing catalogues of catalogues[9]—critical and systematic lists of all the catalogues in existence. There can be no doubt that few bibliographical enterprises[10] have possessed, in so great a degree, the character of general utility.

---

1. 學術團體. 2. 專家. 3. 發起. 4. 時機已到. 5. 減少困難之方法. 6. 使用. 7. 通知. 8. 根據經驗的. 9. 書目的書目. 10. 編目的事業.

But scholars and historians often need, in respect of documents, information not usually supplied by descriptive catalogues; they wish, for example, to know whether such and such a document is known or not, whether it has already been critically dealt with, annotated, or utilized. This information can only be found in the works of former scholars and historians. In order to become acquainted with these works, recourse[1] must be had to those "bibliographical repertories,"[2] properly so called, of all kinds, compiled from very different points of view, which have already been published. Among the indispensable instruments of Heuristic must thus be reckoned bibliographical repertories of historical literature, as well as repertories of catalogues of original documents.

To supply the classified list of all those repertories (repertories of catalogues, bibliographical repertories, properly so called), together with other appropriate information, in order to save students from mistakes and waste of time, is the object of what we are at liberty to call the "science of repertories,"[3] or "historical bibliography." Professor Bernheim has published a preliminary sketch of it, which we have endeavored to expand. The expanded sketch bears the date of April 1896: numerous additions, not to speak of revision, would already be necessary, for the bibliographical apparatus of the historical sciences is being renewed, at the present time, with astonishing rapidity. A book on the repertories for the use of scholars and historians is, as a general rule, out of date the day after it has been completed.

III. The knowledge of repertories is useful to all; the preliminary search for documents is laborious to all; but not in the same degree. Certain parts of history, which have been long cultivated, now enjoy the advantage of

---

1. 求援.　2. 書目的目錄.　3. 目錄之學.

having all their documents described, collected, and classified in large publications devoted to the purpose, so that, in dealing with these subjects, the historian can do all that need be done at his desk. The study of local history[1] does not generally require more than local search. Some important monographs[2] are based on a small number of documents, all belonging to the same collection, and of such a nature that it would be superfluous[3] to look for others elsewhere. On the other hand, a humble piece of work, such as a modest edition of a text of which the ancient copies are not rare, and are to be found scattered in several libraries of Europe, may have involved inquiries, negotiations, and journeys without end. Since the majority of the documents of medieval and modern history are still unedited, or badly edited, it may be laid down as a general principle that, in order to write a really new chapter of medieval or modern history, it is necessary to have long haunted the great depositories of original documents, and to have, if we may use the expression, worried their catalogues.

It is thus incumbent[4] on every one to choose the subject of his labors with the greatest care, instead of leaving it to be determined by pure chance. There are some subjects which, in the present state of the instruments of research, cannot be treated except at the cost of enormous searches in which life and intellect are consumed without profit. It is necessary for the student consciously and deliberately to make his choice between different historical subjects depend upon the existence or non-existence of particular catalogues of documents and bibliographical repertories; on his relative inclination for desk work on the one hand, and the labor of exploring depositories on the other; even upon the facilities he has for making use of particular collections. In short, the

---

1. 地方史. 2. 專篇著作. 3. 多贅. 4. 責任.

case stands with history much as it does with geography: in respect of some portions of the globe, we possess documents published in manageable form sufficiently complete and sufficiently well classified to enable us to reason about them to good purpose without leaving our fireside; while in the case of an unexplored or badly explored region, the slightest monograph implies a considerable expenditure of time and physical strength. It is dangerous to choose a subject of study, as many do, without having first realized the nature and extent of the preliminary researches which it demands; there are instances of men struggling for years with such researches, who might have been occupied to better advantage in work of another character. As precautions against this danger, which is the more formidable to novices the more active and zealous they are, an examination of the present conditions of Heuristic in general, and positive notions of historical bibliography, are certainly to be warmly recommended.

CHAPTER II

GENERAL CONDITIONS OF HISTORICAL KNOWLEDGE

Events can be empirically known in two ways only: by direct observation[1] while they are in progress; and indirectly, by the study of the traces which they leave behind them. Take an earthquake,[2] for example. I have a direct knowledge of it if I am present when the phenomenon occurs; an indirect knowledge if, without having been thus present, I observe its physical effects[3] (crevices, ruins), or if, after these effects have disappeared, I read a description[4] written by some one who has himself witnessed the phenomenon or its effects. Now, the peculiarity[5] of "historical facts"[6] is this, that they are only known indirectly by the help of their traces. Historical knowledge is essentially indirect knowledge.[7] The methods of historical science[8] ought, therefore, to be radically different from those of the direct sciences;[9] that is to say, of all the other sciences, except geology,[10] which are founded on direct observation. Historical science, whatever may be said, is not a science of observation[11] at all.

The facts of the past are only known to us by the traces of them which have been preserved. These traces, it is true, are directly observed by the historian, but, after that, he has nothing more to observe; what remains is the work of reasoning,[12] in which he endeavours to infer, with the greatest possible exactness,[13] the facts

---

1. 直接觀察. 2. 地震. 3. 物質的影響. 4. 描述. 5. 特點. 6. 史事.
7. 間接的智識. 8. 史學. 9. 直接的科學. 10. 地質學. 11. 觀察的科學.
12. 推理. 13. 正確.

from the traces. The document is his starting point,[1] the fact his goal.[2] Between this starting point and this goal he has to pass through a complicated series of inferences,[3] closely interwoven with each other, in which there are innumerable chances of error; while the least error, whether committed at the beginning, middle, or end of the work, may vitiate all his conclusions. The "historical," or indirect, method is thus obviously inferior to the method of direct observation; but historians have no choice:[4] it is the *only* method of arriving at past facts, and we shall see later on how, in spite of these disadvantages, it is possible for this method to lead to scientific knowledge.

The detailed analysis of the reasonings which lead from the inspection[5] of documents to the knowledge of facts is one of the chief parts of Historical Methodology.[6] It is the domain of criticism.[7] The following chapters will be devoted to it. We shall endeavor, first of all, to give a very summary sketch[8] of the general lines and main divisions of the subject.

I. We may distinguish two species[9] of documents. Sometimes the past event has left a material trace[10] (a monument, a fabricated article[11]). Sometimes, and more commonly, the trace is of the psychological order[12]— a written description or narrative.[13] The first case is much simpler than the second. For there is a fixed relation between certain physical appearances and the causes which produced them; and this relation, governed by physical laws, is known to us. But a psychological trace, on the other hand, is purely symbolic:[14] it is not the fact itself; it is not even the immediate impression[15] made by the fact upon the witness's mind, but only a

---

1. 出發點. 2. 目的地. 3. 推想. 4. 選擇餘地. 5. 檢查. 6. 史法. 7. 考證. 8. 綱要. 9. 種類. 10. 物質的遺跡. 11. 製造物. 12. 心理學上的. 13. 敍述之文. 14. 象徵的. 15. 直接的印象.

conventional¹ symbol of that impression. Written documents, then, are not, as material documents² are, valuable by themselves; they are only valuable as signs of psychological operations,³ which are often complicated and hard to unravel.⁴ The immense majority of the documents which furnish the historian with starting points for his reasonings are nothing else than traces of psychological operations.

This granted, in order to conclude from a written document to the fact which was its remote cause — that is, in order to ascertain the relation which connects the documents with the fact — it is necessary to reproduce the whole series of intermediate causes⁵ which have given rise to the document. It is necessary to revive in imagination⁶ the whole of that series of acts performed by the author⁷ of the document which begins with the fact observed by him and ends with the manuscript⁸ (or printed volume), in order to arrive at the original event.⁹ Such is the aim and such the process of critical analysis.¹⁰

First of all we observe the document. Is it now in the same state as when it was produced? Has it deteriorated¹¹ since? We endeavor to find out how it was made in order to restore it, if need be, to its original form, and to ascertain its origin. The first group of preliminary investigations, bearing upon the writing, the language, the form, the source, constitutes the special domain of EXTERNAL CRITICISM,¹² or critical scholarship.¹³ Next comes INTERNAL CRITICISM:¹⁴ it endeavors, by the help of analogies,¹⁵ mostly borrowed from general psychology, to reproduce the mental states¹⁶ through which the author of the document passed.

---

1. 當時的. 2. 物質的史料. 3. 心理作用. 4. 分析. 5. 介於中間的原因. 6. 想象. 7. 撰人. 8. 稿本. 9. 本來事實. 10. 考證的分析. 11. 損壞. 12. 外部考證(即校勘之學). 13. 考證之學. 14. 內部考證(即訓詁之學). 15. 比擬. 16. 心理狀態.

Knowing what the author of the document has said, we ask (1) What did he mean? (2) Did he believe what he said? (3) Was he justified[1] in believing whatever he did believe? This last step brings the document to a point where it resembles the data of the objective sciences:[2] it becomes an observation, it only remains to treat it by the methods of the objective sciences. Every document is valuable precisely to the extent to which, by the study of its origin, it has been reduced to a well-made observation.

II. Two conclusions may be drawn from what we have just said: the extreme complexity[3] and the absolute necessity of Historical Criticism.

Compared with other students the historian is in a very disagreeable situation. It is not merely that he cannot, as the chemist does, observe his facts directly; it very rarely happens that the documents which he is obliged to use represent[4] precise observations. He has at his disposal none of those systematic records of observations which, in the established sciences, can and do replace direct observation. He is in the situation of a chemist who should know a series of experiments[5] only from the report of his laboratory-boy.[6] The historian is compelled to turn to account rough and ready reports, such as no man of science[7] would be content with. All the more necessary are the precautions to be taken in utilizing these documents, the only materials of historical science. It is evidently most important to eliminate[8] those which are worthless, and to ascertain the amount of correct observation represented by those which are left.

---

1. 有相當之理由. 2. 客觀的科學. 3. 複雜. 4. 代表. 5. 實驗. 6. 實驗室助手. 7. 科學家. 8 排除.

All the more necessary, too, are cautions on this subject, because the natural inclination[1] of the human mind is to take no precautions at all, and to treat these matters, which really demand the utmost obtainable precision,[2] with careless laxity.[3] It is true that every one admits the utility of criticism in theory; but this is just one of those principles which are more easily admitted than put into practice. The spontaneous tendency of man is to yield assent to affirmations,[4] and to reproduce them, without even clearly distinguishing them from the results of his own observation. In everyday life do we not accept indiscriminately, without any kind of verification,[5] hearsay reports,[6] anonymous[7] and unguaranteed statements, "documents" of indifferent or inferior authority? It takes a special reason to induce us to take the trouble to examine into the origin and value of a document on the history of yesterday; otherwise, if there is no outrageous improbability[8] in it, and as long as it is not contradicted,[9] we swallow it whole, we pin our faith to it, we hawk[10] it about, and, if need be, embellish[11] it in the process. Every candid[12] man must admit that it requires a violent effort to shake off *ignavia critica*,[13] that common form of intellectual sloth,[14] that this effort must be continually repeated, and is often accompanied by real pain.

The natural instinct[15] of a man in the water is to do precisely that which will infallibly[16] cause him to be drowned; learning to swim means acquiring the habit of suppressing spontaneous movements and performing others instead. Similarly, criticism is not a natural habit; it must be inculcated,[17] and only becomes organic[18] by dint of continued practice.

---

1. 傾向. 2. 正確. 3. 鬆懈. 4. 陳述. 5. 證實. 6. 道聽途說之言. 7. 無名字的. 8. 顯然不容有的. 9. 矛盾. 10. 玩弄. 11. 鋪張. 12. 誠實. 13. 懶於考證. 14. 懶惰. 15. 本能. 16. 一定. 17. 培養. 18. 習慣成自然.

Historical work is, then, preëminently critical; whoever enters upon it without having first been put on his guard against his instinct is sure to be drowned in it. In order to appreciate[1] the danger, it is well to examine one's conscience[2] and analyze the causes of that *ignavia* which must be fought against till it is replaced by a critical attitude[3] of mind. It is also very salutary to familiarize oneself with the principles of historical method, and to analyze the theory of them, one by one, as we propose to do in the present volume.

---

1. 了解. 2. 天良. 3. 考證的態度.

CHAPTER III

TEXTUAL CRITICISM[1]

Let us suppose that an author of our own day has written a book: he sends his manuscript to the printer;[2] with his own hand he corrects the proofs,[3] and marks them "Press."[4] A book which is printed under these conditions comes into our hands in what is, for a document, a very good condition. Whoever the author may be, and whatever his sentiments and intentions, we can be certain — and this is the only point that concerns us at present — that we have before us a fairly accurate[5] reproduction of the text[6] which he wrote.

Sometimes it is required to reproduce a work the author of which is dead, and the autograph[7] manuscript of which cannot be sent to the printer. This was the case with the *Memoires d'Outre-Tombe*[8] of Chateaubriand, for example. It is of daily occurrence in regard to the familiar correspondence[9] of well-known persons which is printed in haste to satisfy the curiosity of the public, and of which the original manuscript is very fragile.[10] First the text is copied; it is then set up by the compositor[11] from the copy, which comes to the same thing as copying it again; this second copy is lastly, or ought to be, collated[12] (in the proofs) with the first copy, or, better still, with the original, by some one who takes the place of the deceased author. The guarantees of accuracy are fewer in this case than in the first; for between the original and the ultimate reproduction there is one

---

1. 校勘. 2. 印刷人. 3. 清樣. 4. 可以付印. 5. 正確. 6. 稿本. 7. 親筆. 8. 死後刊行之劄記. 9. 通訊. 10. 脆弱易破. 11. 排字人. 12. 校對.

intermediary[1] the more (the manuscript copy), and it may be that the original is hard for anybody but the author to decipher.[2] And, in fact, the text of memoirs and posthumous[3] correspondence is often disfigured by errors of transcription and punctuation[4] occurring in editions[5] which at first sight give the impression of having been carefully executed.

Turning now to ancient documents, let us ask in what state they have been preserved. In nearly every case the originals[6] have been lost, and we have nothing but copies.[7] Have these copies been made directly from the originals? No; they are copies of copies. The scribes[8] who executed them were not by any means all of them capable and conscientious[9] men; they often transcribed texts which they did not understand at all, or which they understood incorrectly, and it was not always the fashion to compare the copies with the originals.

If our printed books, after the successive revisions[10] of author and printer's reader, are still but imperfect reproductions, it is only to be expected that ancient documents, copied and recopied as they have been for centuries with very little care, and exposed at every fresh transcription to new risk of alteration,[11] should have reached us full of inaccuracies.[12]

There is thus an obvious precaution to be taken. Before using a document we must find out whether its text is "sound"[13]—that is, in as close agreement[14] as possible with the original manuscript of the author; and when the text is "corrupt"[15] we must emend[16] it. In using a text which has been corrupted in transmission,[17] we run the risk of attributing[18] to the author what really

---

1. 中介. 2. 解明. 3. 死後. 4. 傳抄與句讀. 5. 版本. 6. 原本. 7. 翻印本或重抄本. 8. 抄手. 9. 正直的. 10. 修正. 11. 改動. 12. 錯誤. 13. 正確無誤. 14. 符合. 15. 舛誤. 16. 修改. 17. 傳抄. 18. 歸功.

comes from the copyists. There are actual cases of theories which were based on passages falsified in transmission, and which collapsed[1] as soon as the true readings were discovered or restored. Printers' errors and mistakes in copying are not always innocuous[2] or merely diverting; they are sometimes insidious[3] and capable of misleading[4] the reader.

One would naturally suppose that historians of repute[5] would always make it a rule to procure "sound" texts, properly emended and restored, of the texts they have to consult. That is a mistake. For a long time historians simply used the texts which they had within easy reach, without verifying[6] their accuracy. And, what is more, the very scholars whose business it is to edit texts did not discover the art of restoring them all at once; not so very long ago, documents were commonly edited from the first copies, good or bad, that came to hand, combined and corrected at random.[7]

I. We will suppose a document has not been edited in conformity[8] with critical rules. How are we to proceed in order to construct the best possible text? Three cases present themselves.

(a) The most simple case is that in which we possess the original, the author's autograph itself. There is, then, nothing to do but to reproduce the text of it with absolute fidelity.[9] Theoretically nothing can be easier; in practice this elementary operation demands a sustained[10] attention of which not every one is capable. Copyists who never make mistakes and never allow their attention to be distracted are rare even among scholars.

---

1. 失敗. 2. 無害. 3. 詭詐. 4. 貽誤. 5. 有名. 6. 證實. 7. 任意. 8. 遵照. 9. 忠實. 10. 始終不懈.

(b) Second case. The original has been lost; only a single copy of it is known. It is necessary to be cautious, for the probability[1] is that this copy contains errors.

Alterations of an original occurring in a copy—"traditional variants,"[2] as they are called—are due either to fraud[3] or to error. Some copyists have deliberately modified or suppressed[4] passages. Nearly all copyists have committed errors of judgment[5] or accidental[6] errors: errors of judgment when half-educated and not wholly intelligent copyists have thought it their duty to correct passages and words in the original which they could not understand; accidental errors when they misread[7] while copying, or misheard[8] while writing from dictation,[9] or when they involuntarily made slips of the pen.[10]

Modifications[11] arising from fraud or errors of judgment are often very difficult to rectify,[12] or even to discover. Some accidental errors (the omission[13] of several lines, for example) are irreparable[14] in the case we are considering—that of a unique copy. But most accidental errors can be detected by any one who knows the ordinary forms; confusions of sense,[15] letters and words, transpositions[16] of words, letters, and syllables, dittography[17] (unmeaning repetition of letters or syllables), haplography[18] (syllables or words written once only where they should have been written twice), false divisions[19] between words, badly punctuated sentences,[20] and other mistakes of the same kind. Errors of these various types have been made by the scribes of every country and every age, irrespectively of the handwriting[21]

---

1. 蓋然. 2. 傳統的差異. 3. 偽造. 4. 略去. 5. 自作聰明的錯誤. 6. 偶然的. 7. 誤讀. 8. 誤聞. 9. 口授. 10. 誤筆. 11. 變更. 12. 改正. 13. 刪略. 14. 不能補訂. 15. 意義混亂. 16. 位置顛倒. 17. 多寫一筆. 18. 少寫一筆. 19. 誤分. 20. 句讀錯誤之句. 21. 書法.

and language of the originals. But some confusions of letters occur frequently in copies of uncial[1] originals, and others in copies of minuscule[2] originals. Confusions of sense and of words are explained by analogies of vocabulary[3] or pronunciation,[4] which naturally vary from language to language and from epoch to epoch. The general theory of conjectural emendation[5] reduces to the sketch we have just given; there is no general apprenticeship to the art. What a man learns is not to restore any text that may be put before him, but Greek texts, Latin texts, French texts, and so on, as the case may be; for the conjectural emendation of a text presupposes, besides general notions on the processes by which texts degenerate, a profound knowledge of (1) a special language; (2) a special handwriting; (3) *the confusions (of sense, letters, and words) which were habitual to those who copied texts of that language written in that style of handwriting.* To aid in the apprenticeship to the conjectural emendation of Greek and Latin texts, tabulated lists (alphabetical and systematic) of various readings, frequent confusions, and probable corrections, have been drawn up. It is true that they cannot take the place of practical work, done under the guidance of experts, but they are of very great use to the experts themselves.

However that may be, there can be no doubt that numerous texts which have been preserved, in corrupt form, in unique copies, have resisted,[6] and will continue to resist, the efforts of criticism. Very often criticism ascertains the fact of the text having been altered, states what the sense requires, and then prudently stops, every trace of the original reading having been obscured by a confused tangle[7] of successive corrections[8] and errors

---

1. 古書大寫體. 2. 古書小寫體. 3. 用字. 4. 發音. 5. 臆度的修訂.
6. 抗拒. 7. 混亂. 8. 迭次改正.

which it is hopeless to attempt to unravel. The scholars who devote themselves to the fascinating pursuit of conjectural criticism are liable, in their ardour, to suspect perfectly innocent readings,[1] and, in desperate passages,[2] to propose adventurous hypotheses.[3] They are well aware of this, and therefore make it a rule to draw a very clear distinction, in their editions, between readings found in manuscripts and their own restorations of the text.

(c) Third case. We possess several copies, which differ from each other, of a document whose original is lost. Here modern scholars have a marked advantage over their predecessors: besides being better informed, they set about the comparison of copies more methodically.[4] The object is, as in the preceding case, to reconstruct the archetype[5] as exactly as possible.

The scholars of earlier days had to struggle, as novices have to struggle now, in a case of this kind, against a very natural and a very reprehensible[6] impulse[7] — to use the first copy that comes to hand, whatever its character may happen to be. The second impulse is not much better — to use the oldest copy out of several of different date. In theory, and very often in practice, the relative age of the copies is of no importance. A sixteenth-century manuscript which reproduces a good lost copy of the eleventh century is much more valuable than a faulty and retouched[8] copy made in the twelfth or thirteenth century. The third impulse is still far from being good; it is to count the attested readings and decide by the majority.[9] Suppose there are twenty copies of a text; the reading A is attested eighteen times, the reading B, twice. To make this a reason for choosing A is to make the

---

1. 完全無疑的篇章. 2. 難解的篇章. 3. 冒險的假設. 4. 嚴密. 5. 原型. 6. 可貴的. 7. 衝動. 8. 修飾過的. 9. 取決多數.

gratuitous assumption[1] that all the manuscripts have the same authority. This is an error of judgment. For if seventeen of the eighteen manuscripts which give the reading A have been copied from the eighteenth, the reading A is in reality attested only once; and the only question is whether it is intrinsically[2] better or worse than the reading B.

It has been recognised that the only rational procedure is to begin by determining in what relation the copies stand to each other. For this purpose we adopt as our starting point the incontrovertible axiom[3] that all the copies which contain the same mistakes in the same passages must have been either copied from each other or all derived from a copy containing those mistakes. It is inconceivable[4] that several copyists, independently reproducing an original free from errors, should all introduce exactly the same errors; identity[5] of errors attests community of origin.[6] We shall cast aside without scruple all the copies derived from a single manuscript which has been preserved. Having eliminated these, we have before us none but independent copies, which have been made directly from the archetype, or secondary[7] copies whose source (a copy taken directly from the archetype) has been lost. In order to group the secondary copies into *families*,[8] each of which shall represent what is substantially the same tradition,[9] we again have recourse to the comparison of errors. By this method we can generally draw up without too much trouble a complete genealogical table[10] (*stemma codicum*) of the preserved copies, which will bring out very clearly their relative importance.

---

1. 無憑的假定. 2. 本身. 3. 不易之論. 4. 決無其事的. 5. 相符. 6. 同源. 7. 翻印本或傳抄本. 8. 類屬. 9. 傳說. 10. 系統樹.

When the genealogical tree of the manuscripts has been drawn up, we endeavor to restore the text of the archetype by comparing the different traditions. If these agree and give a satisfactory text, there is no difficulty. If they differ, we decide between them. If they accidentally agree in giving a defective[1] text, we have recourse to conjectural emendation, as if there were only one copy.

II. The results of textual criticism — a kind of cleaning and mending — are purely negative.[2] By the aid of conjecture, or by the aid of conjecture and comparison combined, we are enabled to construct, not necessarily a good text, but the best text possible, of documents whose original is lost. What we thus effect is the elimination of corrupt and adventitious[3] readings likely to cause error, and the recognition of suspected passages as such. But it is obvious that no new information is supplied by this process.

III. There will, however, be abundant scope for textual criticism as long as we do not possess the exact text of every historical document. In the present state of science few labors are more useful than those which bring new texts to light or improve texts already known. It is a real service to the study of history to publish unedited or badly-edited texts in a manner conformable to the rules of criticism. In every country learned societies without number are devoting the greater part of their resources and activity to this important work. But the immense number of the texts to be criticised, and the minute care required by the operations of verbal criticism,[4] prevent the work of publication and restoration from advancing at any but a slow pace. Before all the texts which are of interest for medieval and modern

---

1. 殘缺. 2. 消極的. 3. 羼入的. 4. 文字的考訂.

history shall have been edited or re-edited *secundum artem*,¹ a long period must elapse, even supposing that the relatively rapid pace of the last few years should be still further accelerated.²

---

1. 按例. 2. 加速.

CHAPTER IV

CRITICAL INVESTIGATION OF AUTHORSHIP[1]

The spontaneous tendency of the human mind is to place confidence in the indications of authorship, when there are any.

Experience and reflection have shown the necessity of methodically checking these instinctive impulses[2] of confiding trust.[3] The conclusion is, that the most precise indications[4] of authorship are never sufficient *by themselves*. They only afford a presumption,[5] strong or weak — very strong, in general, where modern documents are concerned, often very weak in the case of ancient documents. False indications of authorship exist, some foisted[6] upon insignificant works in order to enhance their value, some appended[7] to works of merit in order to serve the reputation of a particular person, or to mystify[8] posterity;[9] and there are a hundred other motives which may easily be imagined, and of which a list has been drawn up: the "pseudepigraphic"[10] literature of antiquity and the middle ages is enormous. There are, in addition, documents which are forged[11] from beginning to end; the forgers have naturally furnished them with very precise indications of their alleged[12] authorship. Verification is therefore necessary. But how is it to be had? When the apparent authorship of a document is suspected, we use for its verification the same method which serves to fix, as far as possible, the origin of documents which are furnished with no indications at all

---

1. 撰人之考證. 2. 本能的衝動. 3. 輕信. 4. 最明確之標明. 5. 假定. 6. 竄入. 7. 附上. 8. 炫惑. 9. 後代. 10. 偽造石刻. 11. 偽造. 12. 標明的.

on this head. As the procedure is the same in both cases, it is not necessary to distinguish further between them.

I. The chief instrument used in the investigation of authorship is the *internal analysis*[1] of the document under consideration, performed with a view to bring out any indications it may contain of a nature to supply information about the author, and the time and place in which he lived.

First of all we examine the handwriting of the document. Then we examine the language. It is known that certain forms have only been used in certain places and at certain dates. Most forgers have betrayed themselves by ignorance of facts of this kind; they let slip modern words or phrases. In the case of official instruments we examine the formulæ.[2] Lastly, we note all the positive data which occur in the document — the facts which are mentioned or alluded to.[3] When these facts are otherwise known, from sources which a forger could not have had at his disposal, the *bona fides*[4] of the document is established, and the date fixed approximately between the most recent event of which the author shows knowledge, and the next following event which he does not mention but would have done if he had known of it. Arguments may also be founded on the circumstance that particular facts are mentioned with approval, or particular opinions expressed, and help us to make a conjectural estimate[5] of the status,[6] the environment,[7] and the character of the author.

The results obtained by internal analysis are supplemented and verified by collecting all the external evidence[8] relative to the document under criticism which can be found scattered over the documents of the same

---

1. 內容的分析. 2. 程式. 3. 提及. 4. 信實. 5. 估量. 6. 狀況. 7. 環境. 8. 外部證據.

or later epochs — quotations,[1] biographical details[2] about the author, and so on. Sometimes there is a significant absence of any such information.

II. Hitherto we have considered only the simplest case, in which the document under examination is the work of a single author. But many documents have, at different times, received additions which it is important to distinguish from the original text, in order that we may not attribute to X, the author of the text, what really belongs to Y or Z, his unforeseen collaborators.[3] There are two kinds of additions — interpolations[4] and continuations.[5] To interpolate is to insert into the text words or sentences which were not in the author's manuscript. Usually interpolations are accidental, due to the negligence of the copyist, and explicable as the introduction into the text of interlinear[6] glosses[7] or marginal notes;[8] but there are cases where someone has deliberately added to (or substituted for) the author's text words or sentences out of his own head, for the sake of completeness, ornament, or emphasis. If we had before us the manuscript in which the deliberate interpolation was made, the appearance of the added matter and the traces of erasure[9] would make the case clear at once. But the first interpolated copy has nearly always been lost, and in the copies derived from it every trace of addition or substitution has disappeared. There is no need to define "continuations." It is well known that many chronicles[10] of the middle ages have been "continued" by various writers, none of whom took the trouble to indicate where his own work began or ended.

---

1. 引用. 2. 傳記的詳情. 3. 意想不到之合著者. 4. 竄亂. 5. 增補. 6. 行間. 7. 註解. 8. 旁註. 9. 塗改之處. 10. 編年史.

Sometimes interpolations and continuations can be very readily distinguished in the course of the operations for restoring a text of which there are several copies, which it so happens that some of these copies reproduce the primitive text as it was before any addition was made to it. But if all the copies are founded on previous copies which already contained the interpolations or continuations, recourse must be had to internal analysis. Is the style[1] uniform[2] throughout the document? Does the book breathe one and the same spirit[3] from cover to cover? Are there no contradictions, no gaps[4] in the sequence of ideas?[5] In practice, when the continuators or interpolators have been men of well-marked personality[6] and decided views, analysis will separate the original from the additions as cleanly as a pair of scissors. When the whole is written in a level, colourless[7] style, the lines of division are not so easy to see; it is then better to confess the fact than to multiply[8] hypotheses.

III. The critical investigation of authorship is not finished as soon as a document has been accurately or approximately localised[9] in space and time, and as much information as possible obtained about the author or authors. Plagiarism,[10] it is true, is now rare, forbidden by the law, and considered dishonourable;[11] formerly it was common, tolerated,[12] and unpunished. Many historical documents, with every appearance of originality, are nothing but unavowed[13] repetitions[14] of earlier documents, and historians occasionally experience, in this connection, remarkable disillusions.[15]

---

1. 文體. 2. 一致. 3. 精神. 4. 罅隙. 5. 觀念. 6. 人格. 7. 平淡. 8. 增多. 9. 明定. 10. 勦襲. 11. 不名譽的. 12. 爲人所容. 13. 不聲明的. 14. 重複. 15. 不受蠱惑.

It belongs to the investigation of authorship to discover, as far as possible, the *sources*[1] utilised by the authors of documents.

The problem thus presented to us has some resemblance to that of the restoration of texts of which we have already spoken. In both cases we proceed on the assumption that identical readings[2] have a common source: a number of different scribes, in transcribing a text, will not make exactly the same mistakes in exactly the same places; a number of different writers, relating the same facts, will not have viewed them from exactly the same standpoint,[3] nor will they say the same things in exactly the same language. The great complexity of historical events makes it extremely improbable that two independent observers should narrate them in the same manner. We endeavor to group the documents into families in the same way as we make families of manuscripts. Similarly, we are enabled in the result to draw up genealogical tables.

When there are three documents in a family their mutual relationships are sometimes harder to specify.[4] Let A, B, and C be the documents. Suppose A is the common source: perhaps B and C copied it independently; perhaps C only knew A through the medium of B, or B knew it only through C. If B and C have abridged the common source in different ways, they are evidently independent. When B depends on C, or *vice versa*,[5] we have the simplest case, treated in the preceding paragraph. But suppose the author of C combined A and B, while B had already used A: the genealogy begins to get complicated. It is more complicated still when there are four, five, or more documents in a family, for the number of possible combinations increases with great rapidity. However, if too many

---

1. 原料. 2. 相同之本. 3. 觀察點. 4. 明晰. 5. 反面.

历史研究法 CHAPTER IV 229

intermediate links have not been lost, criticism succeeds in disentangling¹ the relationships by persistent and ingenious applications of the method of repeated comparisons. Modern scholars have recently constructed, by the use of this method, precise genealogies of the utmost solidity.² The results of the critical investigation of authorship, as applied to the filiation of documents, are of two kinds. First, lost documents are reconstructed. Suppose two chroniclers, B and C, have used, each in his own way, a common source X, which has now disappeared. We may form an idea of X by piecing together the fragments of it which occur imbedded³ in B and C, just as we form an idea of a lost manuscript by comparing the partial copies of it which have been preserved. On the other hand, criticism destroys the authority of a host of "authentic"⁴ documents — that is, documents which no one suspects of having been falsified — by showing that they are derivative,⁵ that they are worth whatever their sources may be worth and that, when they embellish their sources with imaginary details⁶ and rhetorical flourishes,⁷ they are worth just nothing at all. In Germany and England editors of documents have introduced the excellent system of printing borrowed passages in small characters, and original passages whose source is unknown in larger characters. Thanks to this system it is possible to see at a glance that celebrated chronicles, which are often (very wrongly) quoted, are mere compilations,⁸ of no value in themselves.

IV. The critical investigation of authorship saves historians from huge blunders.⁹ Its results are striking. By eliminating spurious documents, by detecting false ascriptions,¹¹ by determining the conditions of produc-

---

1. 解析. 2. 極其精確. 3. 埋藏. 4. 信而有徵的. 5. 孳乳而來的. 6. 想像的詳情. 7. 修詞上的誇飾. 8. 緟比. 9. 大錯. 10. 偽託.

tion of documents which had been defaced by time, and by connecting them with their sources, it has rendered services of such magnitude[1] that to-day it is regarded as having a special right to the name of "criticism." It is usual to say of an historian that he "fails in criticism"[2] when he neglects to distinguish between documents, when he never mistrusts traditional ascriptions, and when he accepts, as if afraid to lose a single one, all the pieces of information, ancient or modern, good or bad, which come to him, from whatever quarter.

This view is perfectly just. We must not, however, be satisfied with this form of criticism, and we must not abuse[3] it.

We must not abuse it. The extreme[4] of distrust,[5] in these matters, is almost as mischievous[6] as the extreme of credulity. The bunglers[7] who have used this species of criticism to brand as spurious perfectly genuine documents, or to establish imaginary filiations between certain annals, on the strength of superficial[8] indications, would have discredited criticism before now if that had been possible. It is praiseworthy, certainly, to react against those who never raise a doubt about the authorship of a document; but it is carrying the reaction too far to take an exclusive interest in periods of history which depend on documents of uncertain authorship. The only reason why the documents of modern and contemporary history are found less interesting than those of antiquity and the early middle ages, is that the identity which nearly always obtains between their apparent[9] and their real authorship leaves no room for those knotty problems[10] of attribution in which the *virtuosi*[11] of criticism are accustomed to display their skill.

---

1. 大規模. 2. 失於考證. 3. 濫用. 4. 極端. 5. 懷疑. 6. 貽害. 7. 劣手. 8. 浮面的. 9. 外表的. 10. 複雜的問題. 11. 精於一藝者.

CHAPTER V

INTERPRETATIVE CRITICISM[1] (HERMENEUTIC)

I. The object of criticism is to discover what in a document may be accepted as true. Now the document is only the final result of a long series of operations, on the details of which the author gives us no information. He had to observe or collect facts, to frame sentences, to write down words; and these operations, which are perfectly distinct one from another, may not all have been performed with the same accuracy. It is therefore necessary to *analyze*[2] the product of the author's labor in order to distinguish which operations have been incorrectly performed, and reject their *results*. *Analysis* is thus necessary to criticism; all criticism begins with analysis.

In order to be logically complete, the analysis ought to reconstruct[3] *all* the operations which the author must have performed, and to examine them *one by one*, to see whether each has been performed correctly. It would be necessary to pass in review all the successive acts by which the document was produced, from the moment when the author observed the fact which is its subject[4] up to the movements of his hand by which he traced the letters of the document; or, rather, it would be necessary to proceed in the opposite direction, step by step, from the movements of the hand back to the observation. This method would be so long and so tedious that no one would ever have the time or the patience to apply it.

---

1. 詮釋的考證 (卽訓詁之學). 2. 分析. 3. 重演. 4. 主題.

Internal criticism is not, like external criticism, an instrument used for the mere pleasure of using it; it yields no immediate satisfaction, because it does not definitively solve any problem. It is only applied because it is necessary, and its use is restricted to a bare minimum.[1] The most exacting[2] historian is satisfied with an abridged[3] method which concentrates all the operations into two groups: (1) the analysis of the contents of the document, and the positive interpretative criticism which is necessary for ascertaining what the author meant; (2) the analysis of the conditions[4] under which the document was produced, and its negative criticism,[5] necessary for the verification of the author's statements. This twofold division of the labor of criticism is, moreover, only employed by a select few.[6] The natural tendency, even of historians who work methodically, is to read the text with the object of extracting[7] information directly from it, without any thought of first ascertaining what exactly was in the author's mind. Whoever, in reading a text, is not exclusively occupied with the effort to understand it, is sure to read impressions of his own into it; he is struck by phrases or words in the document which correspond[8] to his own ideas, or agree with his own *a priori* notion[9] of the facts; unconsciously he detaches these phrases or words, and forms out of them an imaginary text[10] which he puts in the place of the real text of the author,

II. Here, as always in history, method consists in repressing[11] the first impulse. It is necessary to be penetrated[12] by the principle, sufficiently obvious but often forgotten, that a document only contains the

---

1. 最小限. 2. 謹嚴. 3. 縮短的. 4. 境遇. 5. 反面的考證. 6. 少數精密的學者. 7. 撮出. 8. 符合. 9. 先驗的觀念. 10. 想像的本子. 11. 壓制. 12. 貫穿.

ideas of the man who wrote it, and to make it a rule to begin by understanding the text by itself, *before* asking what can be extracted from it for the purposes of history. We thus arrive at this general rule of method: the study of every document should begin with an analysis of its contents, made with the sole aim of determining the real meaning of the author.

To analyze a document is to discern[1] and isolate[2] all the ideas expressed by the author. Analysis thus reduces to *interpretative criticism*.

Interpretation passes through two stages; the first is concerned with the literal,[3] the second with the real, meaning.[4]

III. The determination of the literal meaning of a document is a linguistic[5] operation; accordingly, philology (in the narrow sense) has been reckoned among the auxiliary sciences[6] of history. To understand a text, it is first necessary to know the language. But a *general* knowledge of the language is not enough.

The natural tendency is to attribute the same meaning to the same word wherever it occurs. We instinctively treat a language as if it were a fixed system of signs.[7] Fixity,[8] indeed, is a characteristic of the signs which have been expressly invented for scientific use, such as algebraical notation[9] or the nomenclature[10] of chemistry.[11] Here every expression has a single, precise meaning, which is absolute and invariable; it expresses an accurately analyzed and defined idea, only one such idea, and that always the same in whatever context[12] the expression may occur, and by whatever author it may be used. But ordinary language, in which documents are written, fluctuates:[13]

---

1. 辨別. 2. 分清. 3. 字面的. 4. 眞意. 5. 語言學的. 6. 輔助的科學. 7. 符號制度. 8. 固定. 9. 代數學上之符號. 10. 專科名詞. 11. 化學. 12. 上下文. 13. 變動.

each word expresses a complex and ill-defined idea; its meanings are manifold, relative,[1] and variable; the same word may stand for several different things, and is used in different senses by the same author according to the context. Lastly, the meaning of a word varies from author to author, and is modified in the course of time. The grammatical interpretation,[2] based on the general rules of the language, must be supplemented by an historical interpretation[3] founded on an examination of the particular case.

The method consists in determining the special meaning of the words in the document; it rests on a few very simple principles.

(1) Language changes by continuous evolution.[4] Each epoch has a language of its own, which must be treated as a separate system of signs. In order to understand a document we must know the *language of the time*[5]—that is, the meanings of words and forms of expression in use at the time when the text was written. The meaning of a word is to be determined by bringing together the passages[6] where it is employed: it will generally be found that in one or other of these the remainder of the sentence leaves no doubt as to the meaning of the word in question.

When the author wrote in a dead language[7] which he had learned out of books—this is the case with the Latin texts of the earlier middle ages—we must be on our guard against words used in an arbitrary sense,[8] or selected for the sake of elegance.[9]

(2) Linguistic usage may vary from one region to another; we have, then, to know the *language of the country*[10] where the document was written—that is, the peculiar meanings current in the country.

---

1. 相對的. 2. 文法的詮釋. 3. 歷史的詮釋. 4. 繼續的演化. 5. 當代的語言. 6. 篇幅. 7. 已不通行之古文. 8. 牽強的意義. 9. 綺麗. 10. 當地的語言.

(3) Each author has his own manner of writing; we have, then, to study the *language of the author*,[1] the peculiar senses in which he used words.

(4) An expression changes its meaning according to the passage in which it occurs; we must, therefore, interpret each word and sentence not as if it stood isolated, but with an eye to the general sense of the context. This is the *rule of context*,[2] a fundamental rule of interpretation.

These rules, if rigorously applied, would constitute an exact method of interpretation which would hardly leave any chance of error, but would require an enormous expenditure of time. Yet this is the labor demanded by a well-made translation:[3] in the case of some ancient works of great literary value it has been submitted to; for the mass of historical documents we content ourselves, in practice, with an abridged method.

All words are not equally subject to variations[4] of meaning; most of them keep a fairly uniform meaning in all authors and in all periods. We may, therefore, be satisfied to study specially those expressions which, from their nature, are liable to take different meanings: first, ready-made expressions[5] which, being fixed, do not follow the evolution of the words of which they are composed; secondly, and chiefly, words denoting things which are in their nature subject to evolution: classes of men,[6] institutions,[7] usages,[8] feelings, common objects.[9] In the case of all words of such classes it would be imprudent to assume a fixed meaning; it is an absolutely necessary precaution to ascertain what is the sense in which they are used in the text to be interpreted.

---

1. 撰人的語言. 2. 結構的規則. 3. 譯本. 4. 變動. 5. 成句. 6. 人類階級. 7. 制度. 8. 習慣. 9. 常品.

IV. When we have analyzed the document and determined the literal meaning of its phrases, we cannot even yet be sure that we have reached the real thoughts of the author. It is possible that he may have used some expressions in an oblique[1] sense; there are several kinds of cases where this occurs; allegory[2] and symbolism,[3] jests[4] and hoaxes,[5] allusion[6] and implication,[7] even the ordinary figures of speech,[8] metaphor,[9] hyperbole,[10] litotes.[11] In all these cases it is necessary to pierce through the literal meaning to the real meaning, which the author has purposely disguised[12] under an inexact form.

The different modes of introducing an oblique sense behind the literal sense are too varied, and depend too much on special circumstances for it to be possible to reduce the art of detecting them to definite rules. Only one general principle can be laid down, and that is, that when the literal sense is absurd,[13] incoherent,[14] or obscure, or in contradiction with the ideas of the author or the facts known to him, then we ought to presume an oblique sense.

In order to determine this sense, the procedure is the same as for studying the language of an author: we compare the passages in which the expressions occur in which we suspect an oblique sense, and look to see whether there is not one where the meaning may be guessed[15] from the context. But as there is no certain method of solving these problems, we never have a right to say we have discovered all the hidden meanings or seized all the allusions contained in a text; and even when we think we have found the sense, we shall do well to draw no inferences from a necessarily conjectural interpretation.[16]

---

1. 寓意. 2. 諷喻. 3. 象徵. 4. 滑稽. 5. 訛諧. 6. 隱語. 7. 意在言外. 8. 借喻. 9. 暗比. 10. 誇大. 11. 婉轉之言. 12. 隱匿. 13. 荒謬. 14. 不連貫. 15. 臆度. 16. 臆度的詮釋.

On the other hand, it is necessary to guard against the temptation to look for allegorical meanings everywhere. This attack of *hyper-hermeneutic*[1] is now over, but we are not yet safe from the analogous tendency to look for allusions everywhere. Investigations of this kind are always conjectural, and are better calculated to flatter the vanity of the interpreter than to furnish results of which history can make use.

V. When we have at length reached the real sense of the text, the operation of positive analysis is concluded. Its result is to make us acquainted with the author's conceptions, the images he had in his mind, the general notions in terms of which he represented the world to himself. This information belongs to a very important branch of knowledge, out of which is constituted a whole group of historical sciences: the history of the illustrative arts[2] and of literature, the history of science, the history of philosophical and moral doctrine, mythology[3] and the history of dogmas[4] (wrongly called religious beliefs,[5] because here we are studying official doctrines without inquiring whether they are believed), the history of law, the history of official institutions[6] (so far as we do not inquire how they were applied in practice), the assemblage[7] of popular legends,[8] traditions,[9] opinions, conceptions (inexactly called beliefs) which are comprised under the name of folk-lore.[10]

All these studies need only the external criticism which investigates authorship and origin and interpretative criticism; they require one degree less elaboration than the history of objective facts,[11] accordingly they have been earlier established on a methodical basis.

---

1. 苛細的詮釋. 2. 描述的美術. 3. 神話. 4. 教條. 5. 宗教信仰. 6. 公家制度. 7. 集合. 8. 舊聞. 9. 傳說. 10. 民族歌謠. 11. 客觀的事實.

CHAPTER VI

THE NEGATIVE INTERNAL CRITICISM[1] OF THE GOOD FAITH[2] AND ACCURACY[3] OF AUTHORS

I. What an author expresses is not always what he believed, for he may have lied; what he believed is not necessarily what happened, for he may have been mistaken. These propositions are obvious. And yet a first and natural impulse leads us to accept as true every statement contained in a document, which is equivalent to assuming that no author ever lied or was deceived; and this spontaneous credulity seems to possess a high degree of vitality,[4] for it persists in spite of the innumerable instances of error and mendacity[5] which daily experience brings before us.

The historian ought to distrust *a priori* every statement of an author, for he cannot be sure that it is not mendacious or mistaken. At the best it affords a presumption. For the historian to adopt it and affirm it afresh on his own account[6] implies that he regards it as a scientific truth.[7] To take this decisive step[8] is what he has no right to do without good reasons. But the human mind is so constituted that this step is often taken unconsciously. Against this dangerous tendency criticism has only one means of defence. We must not postpone doubt till it is forced upon us by conflicting statements in documents; we must *begin* by doubting. We must never forget the interval which separates a

---

1. 消極的內部考證. 2. 信實. 3. 正確. 4. 生活力. 5. 詐偽. 6. 自己負責. 7. 科學眞理. 8. 最後的一步.

statement made by any author whatsoever from a scientifically established truth, so that we may continually keep in mind the responsibility which we assume when we reproduce a statement.

Even after we have accepted the principle and resolved to apply this unnatural distrust in practice, we tend instinctively to free ourselves from it as soon as possible. The natural impulse is to perform the criticism of the whole of an author, or at least of the whole of a document, in the lump;[1] to divide authorities into two categories,[2] the sheep on the right, the goats on the left; on the one side trustworthy authors and good documents, on the other suspected[3] authors and bad documents. Having thus exhausted[4] our powers of distrust, we proceed to reproduce without discussion all the statements contained in the "good document." We apply to authors that judicial procedure[5] which divides witnesses[6] into admissible[7] and inadmissible:[8] having once accepted a witness, we feel ourselves bound to admit all his testimony; we dare not doubt any of his statements without a special reason. Instinctively we take sides with the author on whom we have bestowed our approval, and we go so far as to say, as in the law courts, that the burden of proof[9] rests with those who reject valid[10] testimony.

II. These natural instincts must be methodically resisted. A document (still more a literary work) is not all of a piece;[11] it is composed of a great number of independent statements, any one of which may be intentionally or unintentionally false, while the others are *bona fide* and accurate, or conversely, since each statement is the outcome of a mental operation which may

---

1. 總括. 2. 範疇. 3. 爲人可疑的. 4. 竭盡. 5. 司法的程序 6. 證人. 7. 可以允許的. 8. 不能允許的. 9. 舉證之責. 10. 有效的. 11. 片段.

have been incorrectly performed, while others were performed correctly. It is not, therefore, enough to examine a document as a whole; each of the statements in it must be examined separately; *criticism* is impossible without *analysis*.

Thus internal criticism conducts us to two general rules.

(1) A scientific truth is not established by *testimony*. In order to affirm a proposition we must have special reasons for believing it true.

(2) The criticism of a document is not to be performed *en bloc*.¹ The rule will be to *analyse* the document into its elements, in order to isolate the different statements of which it is composed and to examine each of them separately.

III. The problem of criticism may be stated as follows. Given a statement made by a man of whose mental operations we have no experience, and the value of the statement depending exclusively on the manner in which these operations were performed; to ascertain whether these operations were performed correctly. The mere statement of the problem shows that we cannot hope for any direct or definitive solution of it; we lack the essential datum,² namely, the manner in which the author performed the mental operations concerned. Criticism therefore does not advance beyond indirect and provisional³ solutions, and does no more than furnish data which require a final elaboration.⁴

A natural instinct leads us to judge of the value of statements by their form.⁵ We think we can tell at a glance whether an author is sincere or a narrative accurate. We seek for what is called "the accent of sincerity,"⁶ or "an impression of truth."⁷ This

---

1. 整個的． 2. 資料． 3. 臨時的． 4. 經營． 5. 形式． 6. 誠懇的重音．
7. 眞的印象．

impression is almost irresistible, but it is none the less an illusion.[1] There is no external criterion either of good faith or of accuracy. "The accent of sincerity" is the appearance of conviction;[2] an orator, an actor, an habitual liar[3] will put more of it into his lies than an undecided man into his statement of what he believes to be the truth. Energy[4] of affirmation does not always mean strength of conviction, but sometimes only cleverness[5] or effrontery.[6] Similarly, abundance and precision of detail, though they produce a vivid[7] impression on inexperienced readers, do not guarantee the accuracy of the facts; they give us no information about anything but the imagination of the author when is sincere, of his impudence[8] when he is the reverse.[9]

IV. The value of an author's statement depends solely on the conditions under which he performed certain mental operations. Criticism has no other resource than the examination of these conditions. But it is not a case of reconstructing all of them; it is enough to answer a single question: did the author perform these operations correctly or not? The question may be approached[10] on two sides.

(1) The critical investigation of authorship has often taught us the *general*[11] conditions under which the author operated. It is probable that some of these influenced each one of the operations. We ought therefore to begin by studying the information we possess about the author and the composition[12] of the document, taking particular pains[13] to look into the habits, sentiments,[14] and personal situation[15] of the author, or into the circumstances[16] in which he composed, for all the reasons which could have existed for incorrectness on the one hand, or exceptional[17] accuracy on the other.

---

1. 幻覺. 2. 深信. 3. 妄言者. 4. 力. 5. 巧慧. 6. 膽大妄為. 7. 栩栩如生的. 8. 大膽. 9. 相反. 10. 著手. 11. 一般. 12. 構造. 13. 用特別的苦工. 14. 感情. 15. 地位. 16. 環境. 17. 非常的.

(2) The criticism of particular statements is confined to the use of a single method, which, by a curious paradox,[1] is the study of the *universal*[2] conditions under which documents are composed. The information which is not furnished by the general study of the author may be sought for by a consideration of the necessary processes of the human mind; for, since these are universal, they must appear in each particular case.

The whole of criticism thus reduces to the drawing up and answering of two sets of questions: one for the purpose of bringing before our minds those general conditions affecting the composition of the document, from which we may deduce general motives[3] for distrust or confidence; the other for the purpose of realising[4] the special conditions of each statement, from which special motives may be drawn for distrust or confidence. These two sets of questions ought to be drawn up beforehand in such a form as may enable us to examine methodically both the document in general and each statement in particular; and as they are the same for all documents, it is useful to formulate[5] them once for all.

V. The critical process comprises two series of questions, which correspond to the two series of operations by which the document was produced. All that interpretative criticism tells us is what the author meant; it remains to determine (1) what he really believed, for he may not have been sincere; (2) what he really knew, for he may have been mistaken. We may therefore distinguish a *critical examination*[6] *of the author's good faith*, by which we seek to determine whether the author of the document lied or not, and a *critical examination* of his *accuracy*, by which we seek to determine whether he was or was not mistaken.

---

1. 似非實是之論. 2. 普遍的. 3. 動機. 4. 實現. 5. 規定. 6. 考證的查驗.

In practice we rarely need to know what an author believed, unless we are making a special study of his character. We have no direct interest[1] in the author; he is merely the medium[2] through which we reach the external facts he reports. The aim of criticism is to determine whether the author has reported the facts correctly. If he has given inexact information, it is indifferent whether he did so intentionally or not; to draw a distinction would complicate[3] matters unnecessarily. There is thus little occasion to make a separate examination of an author's good faith, and we may shorten our labors by including in a single set of questions all the causes which lead to misstatement.[4] But for the sake of clearness it will be well to discuss the questions to be asked in two separate series.

The questions in the first series will help us to inquire whether we have any reason to distrust the sincerity of a statement. We ask whether the author was in any of those situations which normally incline[5] a man to be insincere. We must ask what these situations are, both as affecting the general composition of a document, and as affecting each particular statement. Experience supplies the answer. Every violation[6] of truth, small or great, is due to a wish on the part of the author to produce a particular impression upon the reader. Our set of questions thus reduces to a list of the motives which may, in the general case, lead an author to violate truth. The following are the most important cases:

(1) The author seeks to gain a practical advantage[7] for himself; he wishes to deceive the reader of the document, in order to persuade[8] him to an action, or to

---

1. 利害關係. 2. 中介. 3. 紛擾. 4. 妄述. 5. 使之傾向. 6. 違反. 7. 實實上的利益. 8. 說服.

dissuade¹ him from it; he knowingly gives false information: we then say the author has an interest in deceiving.

(2) The author was placed in a situation which compelled him to violate truth. This happens whenever he has to draw up a document in conformity with rule or custom, while the actual circumstances are in some point or other in conflict with rule or custom; he is then obliged to state that the conditions were normal, and thus make a false declaration in respect of all the irregularities.

(3) The author viewed with sympathy² or antipathy³ a group of men (nation, party, denomination, province, city, family), or an assemblage of doctrines⁴ or institutions (religion, school of philosophy, political theory),⁵ and was led to distort facts in such a manner as to represent his friends in a favorable and his opponents⁶ in an unfavourable light.⁷

(4) The author was induced by private or collective vanity⁸ to violate truth for the purpose of exalting⁹ himself or his group.

(5) The author desired to please the public,¹⁰ or at least to avoid shocking¹¹ it. He has expressed sentiments and ideas in harmony with the morality¹² or the fashion¹³ of his public; he has distorted facts in order to adapt them to the passions and prejudices¹⁴ of his time, even those which he did not share.

(6) The author endeavored to please the public by literary artifices.¹⁵ He distorted facts in order to embellish them according to his own æsthetic¹⁶ notions. We have therefore to look for the ideal of the author or

---

1. 勸阻. 2. 同情. 3. 猜忌. 4. 原理. 5. 政治原理. 6. 敵人. 7. 不利的地位. 8. 團體的虛榮心. 9. 提高. 10. 取悅庸衆. 11. 驚動. 12. 道德. 13. 風氣. 14. 成見. 15. 造作. 16. 美學的.

of his time, in order to be on our guard against passages distorted to suit that ideal.

Literary distortion does not much affect archives (though instances of it are found in most charters of the eleventh century); but it profoundly modifies all literary texts, including the narratives of historians. Now, the natural tendency is to trust writers more readily when they have talent,[1] and to admit statements with less difficulty when they are presented in good literary form. Criticism must counteract[2] this tendency by the application of the paradoxical rule, that the more interesting a statement is from the artistic point of view,[3] the more it ought to be suspected. We must distrust every narrative which is very picturesque or very dramatic, in which the personages[4] assume noble attitudes or manifest great intensity of feeling.

This first series of questions will yield the *provisional* result of enabling us to note the statements which have a *chance* of being mendacious.

VI. The second series of questions will be of use in determining whether there is any reason to distrust the accuracy of a statement. Was the author in one of those situations which cause a man to make mistakes?

The practice of the established sciences teaches us the conditions of an exact knowledge of facts. There is only one scientific procedure[5] for gaining knowledge of a fact, namely, *observation;* every statement, therefore, must rest, directly or indirectly, upon an observation, and this observation must have been made correctly.

The set of questions by the aid of which we investigate the probabilities of error may be drawn up in the light of experience, which brings before us the most common cases of error.

---

1. 才能. 2. 反應. 3. 美術的觀察點. 4. 人物. 5. 科學的程序.

(1) The author was in a situation to observe the fact, and supposed he really had observed it; he was, however, prevented from doing so by some interior force[1] of which he was unconscious, an hallucination,[2] an illusion, or a mere prejudice.

(2) The author was badly situated for observing. The practice of the sciences teaches us what are the conditions for correct observation. The observer ought to be placed where he can see correctly, and should have no practical interest,[3] no desire to obtain a particular result, no preconceived idea about the result. He ought to record the observation immediately, in a precise system of notation; he ought to give a precise indication of his method. These conditions, which are insisted on in the sciences of observation, are never completely fulfilled[4] by the authors of documents.

(3) The author states facts which he could have observed, but to which he did not take the trouble to attend.[5] From idleness or negligence[6] he reported details which he has merely inferred, or even imagined at random, and which turn out to be false.

(4) The fact stated is of such a nature that it could not have been learnt by observation alone. It may be a hidden fact[7] — a private secret,[8] for example. It may be a fact relating to a collectivity,[9] and applying to an extensive area[10] or a long period[11] of time; for example, the common act of a whole army, a custom common to a whole people or a whole age, a statistical total[12] obtained by the addition of numerous items.[13] It may be a comprehensive judgment on the character of a man, a group, a custom, an event. Two questions arise. Does it appear that the author had sufficient data to

---

1. 內心的力量. 2. 神經錯亂. 3. 實在的利害關係. 4. 實踐. 5. 注意. 6. 疏忽. 7. 隱事. 8. 私隱. 9. 團體. 10. 廣大區域. 11. 長期. 12. 統計的總數. 13. 項目.

work upon? Was he accurate, or the reverse, in his use of the data he had?

On the probable inaccuracies of an author, general indications may be obtained from an examination of his writings. In order to determine the value of the data, we must criticise each statement separately; we must imagine the conditions under which the author observed, and ask ourselves whether he was able to procure the necessary data for his statement.

VII. These two first series of questions bearing upon the good faith and the accuracy of the statements in the document are based on the supposition that the author has observed the fact himself. This is a feature common to all reports of observations in the established sciences. But in history there is so great a dearth[1] of direct *observations* of even moderate value, that we are obliged to turn to account[2] documents which every other science would reject. Take any narrative at random, even if it be the work of a contemporary, it will be found that the facts observed by the author are never more than a part of the whole number. In nearly every document the majority of the statements do not come from the author at first hand, but are reproductions of the statements of others.

In order to criticize a secondhand statement it is no longer enough to examine the conditions under which the author of the document worked: this author is, in such a case, a mere agent[3] of transmission; the true author is the person who supplied him the information. The critic, therefore, must change his ground, and ask whether the informant[4] observed and reported correctly; and if he too had the information from someone else (the commonest case), the chase[5] must be pursued from one intermediary to another, till the person is found who

---

1. 缺乏. 2. 利用. 3. 代理人. 4. 通消息者. 5. 追逐.

first launched¹ the statement on its career, and with regard to him the question must be asked: Was he an accurate observer?

In the case of written transmission it remains to inquire whether the author reproduced his source without altering it. This inquiry forms part of the critical investigation of the sources, so far as it can be pursued by a comparison of texts.² But when the source has disappeared we are reduced to internal criticism. We ask, first of all, whether the author can have had exact information, otherwise his statement is valueless. We next put to ourselves the general question: Was the author in the habit of altering his sources, and in what manner? And in regard to each separate secondhand statement we ask whether it has the appearance of being an exact reproduction or an arrangement.³ We judge by the form. When we meet with a passage whose style is out of harmony with the main body⁴ of the composition, we have before us a fragment of an earlier document. The more servile⁵ the reproduction the more valuable is the passage, for it can contain no exact information beyond what was already in the source.

VIII. In spite of all these investigations, criticism never succeeds in determining the parentage⁶ of all the statements to the extent of finding out who it was that observed, or even recorded, each fact. In most cases the inquiry ends in leaving the statement anonymous.

We are thus confronted with a fact, observed we know not by whom nor how, recorded we know not when nor how. No other science accepts facts which come in such a condition, without possibility⁷ of verification, subject to incalculable⁸ chances of error. But history can turn

---

1. 發表. 2. 書本比較. 3. 編比. 4. 大體. 5. 依樣照抄. 6. 來歷. 7. 可能. 8. 無數的.

them to account, because it does not, like the other sciences, need a supply of facts which are difficult to ascertain. Documents supply little else besides ill-verified facts, subject to many risks of falsehood or error. But there are some facts in respect of which it is very difficult to lie or be mistaken.

The last series of questions which the critic should ask is intended to distinguish, in the mass of alleged[1] facts, those which by their nature are little subject to the risk of alteration, and which are therefore very probably correct. We know what, in general, are the classes of facts which enjoy this privilege; we are thus enabled to draw up a list of questions for general use, and in applying them to any particular case we ask whether the fact in question comes under any of the heads specified in advance.[2]

(1) The fact is of a nature to render falsehood improbable. A man lies in order to produce an impression, and has no motive to lie in a case where he believes that the false impression would be of no use, or that the falsehood would be ineffectual.[3] In order to determine whether the author was in such a situation there are several questions to be asked.

(a) Is the fact stated manifestly prejudicial[4] to the effect which the author wished to produce? Does it run counter[5] to the interest, the vanity, the sentiments, the literary tastes[6] of the author and his group; or to the opinions which he made a point of not offending? In such a case there is a probability of good faith.

(b) Was the fact stated so obviously known to the public that the author, even if tempted to falsehood would have been restrained by the certainty of being

---

1. 明述的. 2. 預先. 3. 無效力的. 4. 有害. 5. 相反. 6. 文學的興趣.

detected? This is the case with facts which are easy to verify, which are not remote in point of time or space, which apply to a wide area or a long period, especially if the public had any interest in verifying them.

(c) Was the fact stated *indifferent*[1] to the author, so that he had no temptation to misrepresent[2] it?

(2) The fact was of a kind to render error improbable. Numerous as the chances of error are, still there are facts so "big" it is hard to be mistaken about them.

(3) The fact was of such a nature that it would not have been stated unless it was true. A man does not declare that he has seen something contrary to his expectations[3] and habits of mind unless observation has compelled him to admit it. A fact which seems very improbable to the man who relates it has a good chance of being true.

---

1. 無利害關係的. 2. 誣述. 3. 希冀.

CHAPTER VII

THE DETERMINATION[1] OF PARTICULAR FACTS[2]

Critical analysis yields in the result a number of conceptions[3] and statements,[4] accompanied by comments[5] on the probability of the facts stated being accurate. It remains to examine how we can deduce from these materials those particular historical facts which are to form the basis of scientific knowledge. Conceptions and statements are two different kinds of results, and must be treated by different methods.

I. Every conception which is expressed in writing or by any illustrative representation[6] is in itself a definite, unimpeachable[7] fact. That which is expressed must have first been present in the mind of someone — if not in that of the author, who may have reproduced a formula he did not understand, then in the mind of the man who originated[8] the formula. The existence of a conception may be learned from a single instance and proved from a single document. Analysis and interpretation are thus sufficient for the purpose of drawing up the complete list of those facts which form the basis of the history of the arts, the sciences, or of doctrines. It is the task of external criticism to localize these facts by determining the epoch, the country, the author of each conception. The duration,[9] geographical distribution,[10] origin, and filiation of conceptions belong to historical synthesis.[11] Internal criticism has nothing to do here; the fact is taken directly from the document.

---

1. 斷定. 2. 特件事實. 3. 概念. 4. 陳說. 5. 評語. 6. 表示. 7. 無疑的. 8. 首創. 9. 時間久暫. 10. 地區的分佈. 11. 歷史的綜合.

II. On the other hand, a statement in a document as to an objective fact[1] is never enough to establish that fact. The chances of falsehood or error are so many, the conditions which gave rise to the statement are so little known, that we cannot be sure that none of these chances has taken effect. The critical examination provides no definitive solution; it is indispensable if we are to avoid error, but it is insufficient to conduct[2] us to truth.

Criticism can *prove* no fact; it only yields probabilities. Its end and result is to decompose[3] documents into statements, each labeled[4] with an estimate of its value — worthless statement, statement open to suspicion[5] (strong or weak), statement probably (or, very probably) true,[6] statement of unknown value.[7]

Of all these different kinds of results one only is definitive — *the statement of an author who can have had no information on the fact he states is null and void;* it is to be rejected as we reject an apocryphal[8] document. But criticism here merely destroys illusory[9] sources of information; it supplies nothing certain to take their place. The only sure results of criticism are *negative*.[10] All the positive results are subject to doubt; they reduce to propositions of the form: "There are chances for or against the truth of such and such a statement." Chances only. A statement open to suspicion may turn out to be true; a statement whose truth is probable may, after all, be false. Instances occur continually, and we are never sufficiently well acquainted with the conditions under which the observation was made to *know* whether it was made ill or well.

---

1. 客觀的事實. 2. 引導. 3. 分解. 4. 標明. 5. 懷疑. 6. 容或真確的. 7. 價值未知的. 8. 不經的. 9. 幻覺的. 10. 消極的.

In order to obtain a definitive result we require a final operation. After passing through the ordeal[1] of criticism, statements present themselves as probable or improbable. But even the most probable of them, taken by themselves, remain mere probabilities: to pass from them to categorical[2] propositions in scientific form is a step we have no right to take; a proposition in a science is an assertion not open to debate, and that is what the statements we have before us are not. It is a principle common to all sciences of observation not to base a scientific conclusion[3] on a single observation; the fact must have been corroborated[4] by several independent observations before it is affirmed categorically. History, with its imperfect modes of acquiring information, has less right than any other science to claim exemption[5] from this principle. An historical statement is, in the most favorable case, but an indifferently made observation, and needs other observations to corroborate it.

We begin by classifying the results yielded by critical analysis in such a way as to bring together those statements which relate to the same fact. By bringing the statements together we learn the extent of our information on the fact; the definitive conclusion depends on the relation between the statements. We have, then, to study separately the different cases which may occur.

III. Most frequently, except in contemporary history, the documents only supply a single statement on a given fact. In such a case all the other sciences follow an invariable rule: an isolated[6] observation is not admitted into science; it is quoted (with the observer's name), but no conclusions are drawn from it. Historians have no avowable motive for proceeding otherwise. When a fact is supported by no more than the statement of a

---

1. 嚴訊. 2. 範疇的. 3. 科學的結論. 4. 證實. 5. 免除. 6. 孤立的.

single man, however honest he may be, historians ought not to assert it, but to do as men of science do — give the reference[1] (Thucydides states, Cæsar says that . . .); this is all they have a right to affirm. In reality they all retain the habit of stating facts, as was done in the middle ages, on the *authority*[2] of Thucydides or of Cæsar; many are simple enough to do so in express terms. Thus, allowing themselves to be guided by natural credulity, unchecked by science, historians end by admitting, on the insufficient presumption afforded by a unique document, any statement which does not happen to be contradicted by another document. Hence the absurd consequence[3] that history is more positive, and seems better established in regard to those little-known periods which are represented by a single writer than in regard to facts known from thousands of documents which contradict each other. This is a discreditable[4] state of things which cannot be ended except by a revolution[5] in the minds of historians.

IV. When we have several statements relating to the same fact, they may contradict each other or they may agree. In order to be certain that they really do contradict each other, we have to make sure that they do actually relate to the same fact. Two apparently contradictory statements may be merely parallel;[6] they may not relate exactly to the same moment, the same place, the same persons, the same episodes of an event, and they may be both correct. We must not, however, infer that they confirm[7] each other; each comes under the category of unique statements.

If the contradiction is real, at least one of the statements is false. In such cases it is a natural tendency to

---

1. 參考. 2. 根據. 3. 荒謬的結果. 4. 失信的. 5. 革命. 6. 並行的. 7. 證實.

seek to reconcile¹ them by a compromise² —to split the difference. This peace-making spirit³ is the reverse of scientific. *A* says two and two make four; *B* says they make five. We are not to conclude that two and two make four and a half; we must examine and see which is right. This examination is the work of criticism. Of two contradictory statements, it nearly always happens that one is open to suspicion; this should be rejected if the competing statement⁴ has been judged very probably true. If both are open to suspicion, we abstain from drawing any conclusion. We do the same if several statements open to suspicion agree together as against a single statement which is not suspected.

V. When several statements agree, it is still necessary to resist the natural tendency to believe that the fact has been demonstrated.⁵ The first impulse is to count each document as one source of information. We are well aware in matters of everyday life that men are apt to copy each other, that a single narrative often serves the turn of several narrators,⁶ that several newspapers sometimes happen to publish the same correspondence,⁷ that several reporters⁸ sometimes agree to let one of their number do the work for all. We have, in such a case, several documents, several statements—have we the same number of observations? Obviously not. When one statement reproduces another, it does not constitute a new observation, and even if an observation were to be reproduced by a hundred different authors, these hundred copies would amount to no more than one observation. To count them as a hundred would be the same thing as to count a hundred printed copies of the same book as a hundred different documents. But

---

1. 調劑. 2. 折衷. 3. 調和的精神. 4. 對敵的陳說. 5. 證明. 6. 敘述者. 7. 通訊. 8. 報告者.

the respect paid to "historical documents" is sometimes stronger than obvious truth. The same statement occurring in several different documents by different authors has an illusory appearance of multiplicity;[1] an identical fact related in ten different documents at once gives the impression of being established by ten agreeing observations. This impression is to be distrusted. An agreement is only conclusive when the agreeing statements represent *observations* which are independent of each other. Before we draw any conclusion from an agreement we must examine whether it is an agreement between *independent* observations. Two operations are thus required.

(1) We begin by inquiring whether the statements are independent, or are reproductions of one and the same observation. We have to compare the statements which relate to the same fact, in order to find out whether they proceeded originally from different observers, or at least from different observations.

It is only after we have determined the relations between the different statements that we can begin to count them and examine into their agreement. Here again we have to distrust the first impulse; the kind of agreement which is really conclusive is not, as one would naturally imagine, a perfect similarity[2] between two narratives, but an occasional coincidence between two narratives which only partially resemble each other. The natural tendency is to think that the closer the agreement is, the greater is its demonstrative power;[3] we ought, on the contrary, to adopt as a rule the paradox that an agreement proves more when it is confined to a small number of circumstances. It is at

---

1. 倍增. 2. 相同. 3. 證實的力量.

历史研究法　CHAPTER Ⅶ　257

such points of coincidence between diverging statements the we are to look for scientifically established historical facts.

(2) Before drawing any conclusions it remains to make sure whether the *different* observations of the same fact are entirely *independent;* for it is possible that one may have influenced another to such a degree that their agreement is inconclusive. We have to guard against the following cases :

(*a*) The different observations have been made by the same author, who has recorded them either in the same or in different documents ; special reasons must then be had before it can be assumed that the author really made the observations afresh, and did not content himself with merely repeating a single observation.

(*b*) There were several observers, but they commissioned[1] one of their number to write a single document. We have to ascertain whether the document merely gives the statements of the writer, or whether the other observers checked[2] his work.

(*c*) Several observers recorded their observations in different documents, but under similar conditions. We must apply the list of critical questions in order to ascertain whether they were not all subject to the same influences, predisposing[3] to falsehood or error ; whether, for example, they had a common interest, a common vanity, or common prejudices.

The only observations which are certainly independent are those which are contained in different documents, written by different authors, who belonged to different groups, and worked under different conditions. Cases of perfectly conclusive agreement are thus rare, except in reference to modern periods.[4]

---

1. 派遣. 2. 覆核. 3. 预向. 4. 现代.

The facts which it is possible to establish are chiefly those which cover a larger extent of space or time (sometimes called *general* facts), customs, doctrines, institutions, great events; they were easier to observe than the others, and are now easier to prove. Historical method is not, however, essentially powerless to establish facts of short duration[1] and limited extent[2] (those which are called *particular facts*), such as a saying, a momentary act.[3] It is enough that several persons should have been present when the fact occurred, that they should have recorded it, and that their writings should have come down to us. This concurrence[4] of favorable conditions becomes more and more frequent with the organization of newspapers,[5] of shorthand[6] writers, and of depositories[7] of documents.

In the case of antiquity and the middle ages historical knowledge is limited to general facts by the scarcity[8] of documents. In dealing with contemporary history it is possible to include more and more particular facts. The general public supposes the opposite of this; it is suspicious about contemporary facts, with reference to which it sees contradictory narratives circulating, and believes without hesitation ancient facts, which it does not see contradicted anywhere. Its confidence is at its greatest in respect of that history which we have not the means of knowing, and its scepticism[9] increases with the means of knowledge.

VI. *Agreement between documents* leads to conclusions which are not all of them definitive. In order to complete and rectify[10] our conclusions we have still to study *the harmony*[11] *of the facts.*

---

1. 時間. 2. 範圍. 3. 一時的行爲. 4. 會合. 5. 新聞紙. 6. 速記. 7. 藏貯處. 8. 缺乏. 9. 懷疑的精神. 10. 改正. 11. 和諧.

Several facts which, taken in isolation, are only imperfectly proved, may confirm each other in such a manner as to produce a collective certainty.[1] The facts which the documents present in isolation have sometimes been in reality sufficiently near each other to be connected. Of this kind are the successive actions of the same man or of the same group of men, the habits of the same group at different epochs separated by short intervals,[2] or of similar groups at the same epoch. It is no doubt possible that one of several analogous facts may be true and another false; the certainty of the first does not justify the categorical assertion of the second. But yet the harmony of several such facts, each proved imperfectly, yields a kind of certainty; the facts do not, in the strict sense of the word, prove, but they *confirm* each other. The doubt which attached to each one of them disappears; we obtain that species of certainty which is produced by the interconnection[3] of facts. Thus the comparison of conclusions which are separately doubtful yields a whole which is morally certain. In an itinerary[4] of a sovereign, the days and the places confirm each other when they harmonize so as to form a coherent[5] whole. An institution or a popular usage is established by the harmony of accounts, each of which is no more than probable, relating to different times and places.

This method is a difficult one to apply. The notion of harmony is a much vaguer one than that of agreement. We cannot assign[6] any precise general rules for distinguishing facts which are sufficiently connected to form a whole, the harmony of whose parts would be conclusive; nor can we determine beforehand the duration and extent of that which may be taken to form a

---

1. 集合的確定. 2. 時間. 3. 互相關聯. 4. 行程. 5. 聯貫的. 6. 規定.

whole. Facts separated by half a century of time and a hundred leagues of space may confirm each other in such a way as to establish a popular usage, but they would prove nothing if they were taken from a heterogeneous[1] society subject to rapid evolution. Here we have to study the relation between the facts. This brings us to the beginnings of historical construction; here is the transition[2] from analytical to synthetic operations.

VII. But it remains to consider cases of discordance[2] between facts established by documents and other facts established by other methods. It happens sometimes that a fact obtained as an historical conclusion is in contradition with a body of known historical facts, or with the sum[4] of our knowledge of humanity founded on direct observation, or with a scientific law established by the regular method of an established science. In the first two cases the fact is only in conflict with history, psychology, or sociology,[5] all imperfectly established sciences; we then simply call the fact *improbable*.[6] If it is in conflict with a true science it becomes a *miracle*.[7] What are we to do with an improbable or miraculous fact? Are we to admit it after examination of the documents, or are we to pass on and shelve[8] the question?

Improbability is not a scientific notion; it varies with the individual. Each person finds improbable what he is not accustomed to see: a peasant would think the telephone much more improbable than a ghost;[9] a king of Siam refused to believe in the existence of ice. It is important to know who precisely it is to whom the fact appears to be improbable. Is it to the mass who have no scientific culture?[10] For these, science is more improbable than miracles, physiology[11] than spiritualism;[12]

---

1. 複雜的. 2. 過渡. 3. 衝突. 4. 總數. 5. 社會學. 6. 不容有的.
7. 神跡. 8. 棄去. 9. 鬼. 10. 科學的培養. 11. 生理學. 12. 精神論.

their notions of improbability are worthless. Is it to the man who possesses scientific culture? If so, we have to deal with that which seems improbable to a scientific mind, and it would be more accurate to say that the fact is contrary to the results of science — that there is disagreement between the direct observations of men of science and the indirect testimony of the documents.

How is this conflict to be decided? The question has no great practical interest; nearly all the documents which relate miraculous facts are already open to suspicion on other grounds, and would be discarded by a sound criticism. But the question of miracles has raised such passions that it may be well to indicate how it affects the historian.

The general tendency to believe in the marvelous has filled with miraculous facts the documents of nearly every people. Historically the existence of the devil is much better proved than that of Pisistratus: there has not been preserved a single word of a contemporary of Pisistratus saying that he has seen him; thousands of "ocular witnesses" declare they have seen the devil; few historical facts have been established by so great a number of independent testimonies. However, we do not hesitate to reject the devil and to accept Pisistratus. For the existence of the devil would be irreconcilable with the laws of all the established sciences.

For the historian the solution of the problem is obvious. The observations whose results are contained in historical documents are never of equal value with those of contemporary scientists; we have already shown why. The indirect method of history is always inferior to the direct methods of the sciences of observation. If its results do not harmonize with theirs, it is history which must give way;[1] historical science, with its

---

1. 退讓.

imperfect means of information, cannot claim to check,[1] contradict, or correct the results of other sciences, but must rather use their results to correct its own. The progress of the direct sciences sometimes modifies the results of historical interpretation; a fact established by direct observation aids in the comprehension[2] and criticism of documents. Cases of stigmata[3] and nervous anæsthesia[4] which have been scientifically observed have led to the admission as true of historical narratives of analogous facts, as in the case of the stigmata of certain saints and the possessed[5] nuns[6] of Loudun. But history cannot aid the progress of the direct sciences. It is kept at a distance from reality by its indirect means of information, and must accept the laws that are established by those sciences which come into immediate contact with reality. In order to reject one of these laws new direct observations are necessary. Such revolutions are possible, but they must be brought about from within. History has no power to take the initiative in them.

---

1. 核定. 2. 了解. 3. 聖痕. 4. 失去知覺. 5. 爲靈鬼所憑的. 6. 女尼.

CHAPTER VIII

THE GROUPING[1] OF FACTS

I. The prime necessity for the historian, when confronted with the chaos[2] of historical facts, is to limit the field of his researches.[3] In the ocean of universal history what facts is he to choose for collection?[4] Secondly, in the mass of facts so chosen he will have to distinguish between different groups and make subdivisions.[5] Lastly, within each of these subdivisions he will have to arrange the facts one by one. Thus all historical construction should begin with the search for a principle to guide in the selection,[6] the grouping, and the arrangement[7] of facts. This principle may be sought either in the external conditions of the facts or in their intrinsic nature.[8]

The simplest and easiest mode of classification[9] is that which is founded on external conditions. Every historical fact belongs to a definite time and a definite place, and relates to a definite man or group of men: a convenient basis[10] is thus afforded for the division and arrangement of facts. We have the history of a period, of a country, of a nation, of a man (biography).[11]

Classification of facts by their intrinsic nature was introduced very late, and has made way but slowly and imperfectly. It took its rise outside the domain[12] of history, in certain branches of study dealing with special human phenomena—language, literature, art, law, political economy,[13] religion; studies which began by being dogmatic,[14] but gradually assumed an historical

---

1. 編比. 2. 混亂. 3. 研究. 4. 搜集. 5. 小段落. 6. 選擇. 7. 排比.
8. 本來的性質. 9. 分類. 10. 根據. 11. 傳記. 12. 範圍. 13. 經濟學.
14. 信條的.

character. The principle of this mode of classification is to select and group together those facts which relate to the same species of actions; each of these groups becomes the subject matter[1] of a special branch[2] of history. The totality[3] of facts thus comes to be arranged in compartments[4] which may be constructed *a priori* by the study of the totality of human activities; these correspond to the set of general questions of which we have spoken in the preceding chapter.

In the following table we have attempted to provide a general scheme for the classification of historical facts, founded on the nature of the *conditions* and of the *manifestations*[5] of activity.

A. MATERIAL CONDITIONS.[6] (1) *Study of the body*: a. Anthropology[7] (ethnology),[8] anatomy,[9] and physiology,[10] anomalies[11] and pathological peculiarities.[12] b. Demography[13] (number, sex,[14] age, births, deaths, diseases). (2) *Study of the environment*:[15] a. Natural geographical environment (orographic configuration,[16] climate, water, soil, flora,[17] and fauna).[18] b. Artificial[19] environment, (forestry,[20] cultivation,[21] buildings, roads, implements,[22] etc.).

B. INTELLECTUAL HABITS[23] (not obligatory).[24] (1) *Language* (vocabulary, syntax, phonetics,[25] semasiology).[26] Handwriting.[27] (2) *Arts*: a. Plastic arts[28] (conditions of production, conceptions, methods, works). b. Arts of expression,[29] music, dance, literature. (3) *Sciences* (conditions of production, methods, results). (4) *Philosophy and Morals* (conceptions, precepts,[30] actual practice).[31] (5) *Religion* (beliefs, practices).

---

1. 資料. 2. 支流. 3. 總數. 4. 區劃. 5. 表現. 6. 物質的狀況. 7. 人類學. 8. 人種學. 9. 解剖學. 10. 生理學. 11. 反常. 12. 病理上的特點. 13. 人口學. 14. 男女性. 15. 環境. 16. 山勢. 17. 植物. 18. 動物. 19. 人爲的. 20. 森林. 21. 種植. 22. 器具. 23. 知識的習慣. 24. 非強迫的. 25. 語音學. 26. 字體. 27. 書法. 28. 石膏的藝術. 29. 表達. 30. 格言. 31. 實踐.

C. MATERIAL CUSTOMS[1] (not obligatory). (1) *Material life*: *a.* Food (materials, modes of preparing, stimulants).[2] *b.* Clothes and personal adornment.[3] *c.* Dwellings[4] and furniture.[5] (2) *Private life*:[6] *a.* Employment[7] of time (toilette,[8] care of the person, meals). *b.* Social ceremonies[9] (funerals[10] and marriages, festivals,[11] etiquette).[12] *c.* Amusements[13] (modes of exercise[14] and hunting, games and spectacles,[15] social meetings,[16] traveling).

D. ECONOMIC CUSTOMS.[17] (1) *Production*: *a.* Agriculture[18] and stock breeding.[19] *b.* Exploitation[20] of minerals. (2) *Transformation*,[21] *transport*[22] *and industries*:[23] technical processes,[24] division of labor,[25] means of communication.[26] (3) *Commerce*:[27] exchange[28] and sale, credit.[29] (4) *Distribution*:[39] system of property[31] transmission,[32] contracts,[33] profit-sharing.[34]

E. SOCIAL INSTITUTIONS.[35] (1) *The family*: *a.* Constitution,[36] authority,[37] condition of women and children. *b.* Economic organization.[38] Family property, succession.[39] (2) *Education and instruction*[40] (aim, methods, personnel).[41] (3) *Social classes*[42] (principle of division, rules regulating intercourse).[43]

F. PUBLIC INSTITUTION[44] (obligatory). (1) *Political instructions*: *a.* Sovereign[45] (personnel, procedure).[46] *b.* Administration,[47] services (war, justice,[48] finance,[49] etc.). *c.* Elected authorities,[50] assemblies,[51] electoral

---

1. 風俗. 2. 刺激物. 3. 裝飾品. 4. 居處. 5. 家具. 6. 私人生活. 7. 使用. 8. 沐浴. 9. 儀節. 10. 喪禮. 11. 節期. 12. 儀式. 13. 娛樂. 14. 運動. 15. 奇觀. 16. 集合. 17. 經濟的風俗. 18. 農業. 19. 蓄牧. 20. 採掘. 21. 製造. 22. 運輸. 23. 工業. 24. 技術程序. 25. 分工. 26. 交通機關. 27. 商業. 28. 交易. 29. 信用. 30. 分配. 31. 財產. 32. 移轉. 33. 契約. 34. 分利. 35. 社會制度. 36. 組織. 37. 權力. 38. 經濟組織. 39. 承繼. 40. 教授. 41. 人物. 42. 社會階級. 43. 交際. 44. 公共制度. 45. 統治者. 46. 手續. 47. 行政. 48. 司法. 49. 財政. 50. 選舉的當局. 51. 議會.

bodies[1] (powers, procedure). (2) *Ecclesiastical institutions*[2] (the same divisions). (3) *International institutions*:[3] *a.* Diplomacy.[4] *b.* War (usages of war and military arts). *c.* Private law[5] and commerce.

This grouping of facts according to their nature is combined with the system of grouping by time and place; we thus obtain chronological, geographical, or national sections in each branch. The history of a species of activity (language, painting, government) subdivides into the history of periods, countries, and nations (history of the ancient Greek language, history of the government of France in the nineteenth century).

The same principles aid in determining the order in which the facts are to be arranged. The necessity of presenting facts one after another obliges us to adopt some methodical rule of succession. We may describe successively either all the facts which relate to a given place, or those which relate to a given country, or all the facts of a given species. All historical matter can be distributed[6] in three different kinds of order: *chronological* order,[7] *geographical* order,[8] that kind of order which is governed by the nature of actions and is generally called *logical* order.[9] It is impossible to use any of these orders exclusively:[10] in every chronological exposition there necessarily occur geographical or logical cross-divisions,[11] transitions[12] from one country to another, or from one species of facts to a different species, and conversely. But it is always necessary to decide which shall be the main order into which the others enter as subdivisions.

It is a delicate[13] matter to choose between these three orders; our choice will be decided by different reasons

---

1. 選舉團體. 2. 教會制度. 3. 國際制度. 4. 外交. 5. 私法. 6. 分配. 7. 年代的次序. 8. 地域的次序. 9. 論理學的次序. 10. 純然. 11. 交互的劃分. 12. 過渡. 13. 難以應付.

according to the subject, and according to the public for whom we are working. That is to say, it will depend upon the method of exposition; it would take up too much space to give the theory of it.

II. When we come to the selection of historical facts for classification and arrangement, a question is raised which has been disputed with considerable warmth[1]

On this subject there has been a contest, especially in Germany, between the partisans of the history of civilization[2] (*Kulturgeschichte*) and the historians who remain faithful to ancient tradition;[3] in France we have had the struggle between the history of institutions, manners, and ideas, and political history, contemptuously[4] nicknamed[5] "battle-history"[6] by its opponents.

There is no need to take sides[7] in this controversy. Historical construction in its completeness implies the study of facts under both aspects. The representation of men's habits of thought, life, and action is obviously an important part of history. And yet, supposing we had brought together all the acts of all individuals for the purpose of extracting what is common to them, there would still remain a residue which we should have no right to reject, for it is the distinctively historical element—the circumstance that a particular action was the action of a given man, or group of men, at a given moment.

History is thus obliged to combine with the study of general facts the study of certain particular facts. It has a mixed character,[8] fluctuating[9] between a science of generalities[10] and a narrative of adventures.[11] The difficulty of classing this hybrid under one of the

---

1. 熱烈. 2. 文化史. 3. 遺習. 4. 蔑視的. 5. 綽號. 6. 戰爭史. 7. 加入. 8. 性質. 9. 變動. 10. 通概. 11. 冒險事情.

categories of human thought has often been expressed by the childish question :[1] Is history a science or an art?

III. The general table given above may be used for the determination of all the species of habits (usages or institutions) of which the history may be written. But before applying this general scheme to the study of any particular group of habits, language, religion, private usages, or political institutions, there is always a preliminary question to be answered: Whose were the habits we are about to study? They were common to a great number of individuals; and a collection of individuals with the same habits is what we call a *group*.[2] The first condition, then, for the study of a habit is the determination of the group which has practiced it.

The natural tendency is to conceive the human group on the model of the zoölogical species[3] — as a body of men who all resemble each other. We take a group united by a very obvious common characteristic, a nation united by a common official government (Romans, English, French), a people speaking the same language (Greeks, ancient Germans), and we proceed as if all the members of this group resembled each other at every point and had the same usages.

As a matter of fact, no real group, not even a centralized society,[4] is a homogeneous whole.[5] For a great part of human activity — language, art, science, religion, economic interests — the group is constantly fluctuating.

Even in those points in which a group is homogeneous it is not entirely so; it is divided into subgroups,[6] the members of which differ in secondary habits;[7] a language is divided into dialects,[8] a religion into sects,

---

1. 幼稚的問題. 2. 人羣. 3. 動物種類. 4. 集中的社會. 5. 單純的渾侖. 6. 附屬的人羣. 7. 次等的習慣. 8. 各地方言.

历史研究法　CHAPTER Ⅷ　269

a nation into provinces.¹ Conversely, one group resembles other groups in a way that justifies its being regarded as contiguous² with them; in a general classification we may recognize "families"³ of languages, arts, and peoples. We have, then, to ask: How was a given group subdivided? Of what larger group did it form a part?

It then becomes possible to study methodically a given habit, or even the totality of the habits belonging to a given time and place, by following the table given above. The operation presents no difficulties of method in the case of those species of facts which appear as individual and voluntary habits — language, art, sciences, conceptions, private usages; here it is enough to ascertain in what each habit consisted. It is merely necessary to distinguish carefully between those who originated⁴ or maintained habits (artists,⁵ the learned,⁶ philosophers, introducers⁷ of fashions) and the mass⁸ who accepted them.

The study of institutions, however, obliges us to ask special questions about persons and their functions. In respect of social and economic institutions we have to ask what was the principle of the division of labor⁹ and of the division into classes, what were the professions¹⁰ and classes, how were they recruited,¹¹ what were the relations between the members of the different professions and classes. In respect of political institutions, which are sanctioned¹² by obligatory¹³ rules and a visible authority, two new series of questions arise. (1) Who were the persons invested¹⁴ with authority? When authority is divided we have to study the division of

---

1. 行省．　2. 相聯接的．　3. 世系．　4. 創造．　5. 美術家．　6. 學者．　7. 引入者．　8. 民衆．　9. 分工．　10. 專門職業．　11. 補充．　12. 允許．　13. 強制的．　14. 交付．

functions, to analyze the personnel[1] of government into its different groups (supreme[2] and subordinate,[3] central[4] and local),[5] and to distinguish each of the special bodies. In respect of each class of men concerned in the government we shall ask: How were they recruited? What was their official authority? What were their real powers? (2) What were the official rules? What was their form (custom, orders,[6] law, precident[7])? What was their content (rules of law)? What was the mode of application[8] (procedure)? And, above all, how did the rules differ from the practice[9] (abuse[10] of power, exploitation,[11] conflicts[12] between executive agents,[13] non-observance[14] of rules)?

After the determination of all the facts which constitute a society, it remains to find the place which this society occupies among the total number of the societies contemporary with it. Here we enter upon the study of international[15] institutions, intellectual, economic, and political (diplomacy and the usages of war); the same questions apply as in the study of political institutions. A study should also be made of the habits common to several societies, and of those relations which do not assume an official form. This is one of the least advanced parts[16] of historical construction.

IV. The outcome of all this labor is a tabulated[17] view of human life at a given moment;[18] it gives us the knowledge of a *state*[19] of society (in German, *Zustand*). But history is not limited to the study of simultaneous facts, taken in a state of rest,[20] to what we may call the *statics*[21] of society. It also studies the states of society at different moments, and discovers the differences

---

1. 人物. 2. 最高的. 3. 附屬的. 4. 中央的. 5. 地方的. 6. 命令. 7. 先例. 8. 應用. 9. 實行. 10. 濫用. 11. 假公濟私. 12. 衝突. 13. 執行人員. 14. 不遵. 15. 國際的. 16. 最不進步的部分. 17. 表解的. 18. 某一時間. 19. 狀況. 20. 靜止的狀況. 21. 靜體.

between these states. The habits of men and the material conditions uuder which they live change from epoch to epoch; even when they appear to be constant they do not remain unaltered in every respect. There is therefore occasion to investigate these changes;[1] thus arises the study of successive facts.[2]

Of these changes the most interesting for the work of historical construction are those which tend in a common direction,[3] so that in virtue of a series of gradual differentiations[4] a usage or a state of society is transformed into a different usage or states, or, to speak without metaphor, cases where the men of a given period practice a habit very different from that of their predecessors[5] without any abrupt[6] change having taken place. This is *evolution*.[7]

Evolution occurs in all human habits. In order to investigate it, therefore, it is enough to turn once more to the series of questions which we used in constructing a tabulated view of society. In respect of each of the facts, conditions, usages, persons invested with authority, official rules, the question is to be asked: What was the evolution of this fact?

This study will involve several operations: (1) the determination of the fact whose evolution is to be studied; (2) the fixing of the duration of the time during which the evolution took place (the period should be so chosen that while the transformation[8] is obvious, there yet remains a connecting link between the initial[9] and the final[10] condition); (3) the establishing of the different stages of the evolution; (4) the investigation of the means by which it was brought about.

---

1. 變化. 2. 變續的事實. 3. 公共的方向. 4. 分化. 5. 前人. 6. 驟然的. 7. 演化. 8. 變動. 9. 起始的. 10. 結末的.

V. A series,[1] even a complete series, of all the states of all societies and of all their evolutions would not be enough to exhaust the subject matter of history. There remains a number of unique facts which we cannot pass over, because they explain the origin of certain states of society, and form the starting points of evolutions. How could we study the institutions or the evolution of France if we ignored the conquest of Gaul by Cæsar and the invasion of the Barbarians?[2]

Thus scientific history may go back to the accidents, or events, which traditional history collected for literary reasons, because they struck the imagination, and employ them for the study of evolution. We may thus look for the facts which have influenced the evolution of each one of the habits of humanity. Each event will be arranged under its date in the evolution which it is supposed to have influenced. It will then suffice to bring together the events of every kind, and to arrange them in chronological and geographical order, to have a representation[3] of historical evolution as a whole.

Then, over and above the *special* histories in which the facts are arranged under purely abstract categories (art, religion, private life, political institutions), we shall have constructed a concrete[4] *general* history,[5] which will connect together the various special histories by exhibiting the main stream[6] of evolution which has dominated all the special evolutions. None of the species of facts which we study apart (religion, art, law, constitutions) forms a closed[7] world within which evolution takes place in obedience to a kind of internal impulse,[8] as specialists are prone to imagine. The evolution of a usage or of an institution (language, religion, church, state) is only a

---

1. 連串. 2. 蠻族的入侵. 3. 表明. 4. 具體的. 5. 通史. 6. 主流. 7. 閉門的. 8. 內部衝動.

metaphor ; a usage is an abstraction,[1] abstractions do not evolve; it is only *existences*[2] that evolve, in the strict sense of the word. When a change takes place in a usage, this means that the men who practice it have changed. Now, men are not built in water-tight[3] compartments[4] (religious, juridical,[5] economic) within which phenomena can occur in isolation; an event which modifies the condition of a man changes his habits in a great variety of respects. The invasion of the Barbarians influenced alike language, private life, and political institutions. We cannot, therefore, understand evolution by confining ourselves to a special branch of history; the specialist, even for the purpose of writing the complete history of his own branch, must look beyond the confines[6] of his own subject into the field of general events.

The general history of individual facts was developed before the special histories. It contains the residue of facts which have not found a place in the special histories, and has been reduced in extent by the formation and detachment[7] of special branches. As general facts are principally of a political nature, and as it is more difficult to organize these into a special branch, general history has in practice been confounded[8] with political history[9] (*Staatengeschichte*). Thus political historians have been led to make themselves the champions[10] of general history, and to retain in their constructions all the general facts (migrations[11] of peoples, religious reforms,[12] inventions,[13] and discoveries[14]) necessary for the understanding of political evolution.

In order to construct general history it is necessary to look for all the facts which, because they have produced

---

1. 抽象的東西. 2. 生存. 3. 不透水的. 4. 間隔. 5. 司法的. 6. 範圍. 7. 分離. 8. 混雜. 9. 政治史. 10. 領袖. 11. 遷徙. 12. 改良. 13. 發明. 14. 發見.

changes, can explain either the state of a society or one of its evolutions. We must search for them among all classes of facts, displacements[1] of population, artistic, scientific, religious, technical innovations,[2] changes in the personnel of government, revolutions, wars, discoveries of countries.

That which is important is that the fact should have had a decisive influence. We must therefore resist the natural temptation to divide facts into great and small. In all the sciences which deal with an evolution we find individual facts which serve as starting points for series of vast transformations.

In human evolution we meet with great transformations which have no intelligible cause beyond an individual accident. Importance is not to be measured by the initial fact, but by the facts which resulted from it. We must not, therefore, deny *a priori* the action of individuals and discard individual facts. We must examine whether a given individual was in a position to make his influence strongly felt. There are two cases in which we may assume that he was: (1) when his action served as an example[3] to a mass of men and created[4] a tradition, a case frequent in art, science, religion, and technical[5] matters; (2) when he had power to issue[6] commands and direct the actions of a mass of men, as is the case with the heads of a state, an army, or a church. The episodes[7] in a man's life may thus become important facts.

Accordingly, in the scheme of historical classification a place should be assigned for persons and events.

VI. In every study of successive facts it is necessary to provide a number of halting-places,[8] to distinguish beginnings and ends, in order that chronological divisions

---

1. 轉移. 2. 革新. 3. 模範. 4. 創造. 5. 專門技術的. 6. 頒發. 7. 軼事. 8. 停歇的地方.

may be made in the enormous mass of facts. These divisions are *periods*;¹ the use of them is as old as history. We need them, not only in general history, but in the special branches of history as well, whenever we study an extent of time long enough for an evolution to be sensible.² It is by means of events that we fix their limits.

In the special branches of history, after having decided what changes of habits are to be considered as reaching deepest,³ we adopt them as marking *dates*⁴ in the evolution; we then inquire what event produced them. The event which led to the formation or the change of a habit becomes the beginning or the end of a period. Sometimes these boundary events are of the same species as the facts whose evolution we are studying —literary facts in the history of literature, political facts in political history. But more often they belong to a different species, and the special historian is obliged to borrow them from general history.

In general history the periods should be divided according to the evolution of several species of phenomena; we look for events which mark an epoch simultaneously in several branches (the Invasion of the Barbarians, the Reformation,⁵ the French Revolution).⁶ We may thus construct periods which are common to several branches of evolution, whose beginning and whose end are each marked by a single event. It is thus that the traditional division of universal history⁷ into periods has been effected. The sub-periods⁸ are obtained by the same process, by taking for limits events which have produced consequences⁹ of secondary importance.¹⁰

---

1. 時期. 2. 可以感覺的. 3. 最有影響. 4. 標幟的時期. 5. 宗教改革. 6. 法國革命. 7. 世界史. 8. 附屬的時期. 9. 結果. 10. 次要.

The periods which are thus constructed according to the events are of unequal duration.[1] We must not be troubled by this want of symmetry;[2] a period ought not to be a fixed number of years, but the time occupied by a distinct phase[3] of evolution. Now, evolution is not a regular[4] movement; sometimes a long series of years passes without notable change, then come moments of rapid transformation. On this difference Saint-Simon has founded a distinction between *organic*[5] periods (of slow change) and *critical*[6] periods (of rapid change).

---

1. 久暫不等的. 2. 整齊. 3. 步驟. 4. 有規則的. 5. 組織的. 6. 危急的.

CHAPTER IX

EXPOSITION[1]

We have still to study a question whose practical interest is obvious: What are the forms[2] in which historical works present themselves? These forms are, in fact, very numerous. Some of them are antiquated;[3] not all are legitimate;[4] the best have their drawbacks.[5] We should ask, therefore, not only what are the forms in which historical works appear, but also which of these represent truly rational types[6] of exposition.

By "historical works"[7] we mean here all those which are intended to communicate[8] results obtained by the labor of historical construction, whatever may be the nature, the extent, and the bearing[9] of these results. The critical elaboration[10] of documents, which is preparatory to historical construction, is naturally excluded.[11]

Historians may differ, and up to the present have differed, on several essential points.[12] They have not always had, nor have they all now, the same conception of the end[13] aimed at by historical work; hence arise differences in the nature[14] of the facts chosen, the manner of dividing the subject, that is, of coördinating[15] the facts, the manner of presenting them, the manner of proving them. This would be the place to indicate how "the mode[16] of writing history" has evolved from the

---

1. 敍述. 2. 形式. 3. 陳舊的. 4. 合法的. 5. 缺點. 6. 合理的形式.
7. 史著. 8. 傳達. 9. 意義. 10. 考證的研究. 11. 除外. 12. 要點.
13. 目的. 14. 性質. 15. 並列. 16. 方式.

beginning. But as the history of the modes of writing history has not yet been written well, we shall here content ourselves with some very general remarks.¹

II. It is within the last fifty years that the scientific forms of historical exposition have been evolved and settled,² in accordance with the general principle that the aim of history is not to please, nor to give practical maxims³ of conduct,⁴ nor to arouse the emotions, but knowledge pure and simple.

We begin by distinguishing between (1) monographs⁵ and (2) works of a general character.⁶

(1) A man writes a monograph when he proposes to elucidate⁷ a special point,⁸ a single fact, or a limited body of facts; for example, the whole or a portion of the life of an individual, a single event or a series of events between two dates lying near together. The types of possible subjects of a monograph cannot be enumerated,⁹ for the subject matter of history can be divided indefinitely, and in an infinite number of ways. But all modes of division are not equally judicious,¹⁰ and, though the reverse has been maintained, there are, in history as in all the sciences, subjects which it would be stupid¹¹ to treat in monographs, and monographs which, though well executed, represent so much useless labor.¹² Persons of moderate ability¹³ and no great mental range,¹⁴ devoted to what is called "curious" learning,¹⁵ are very ready to occupy themselves with insignificant questions;¹⁶ indeed, for the purpose of making a first estimate of an historian's intellectual power,¹⁷ a fairly good criterion may be had in the list of the monographs he has written. It is the gift¹⁸ of seeing the important

---

1. 陳述. 2. 決定. 3. 格言. 4. 行為. 5. 專篇著作. 6. 一般性質. 7. 疏解. 8. 某一點. 9. 列舉. 10. 合理的. 11. 愚鈍. 12. 工作. 13. 平常的能力. 14. 思考的範圍. 15. 精巧的學問. 16. 不重要的問題. 17. 智力. 18. 才能.

problems, and the taste for their treatment,[1] as well as the power of solving them, which, in all the sciences, raise men to the first rank.[2] But let us suppose the subject has been rationally chosen. Every monograph, in order to be useful — that is, capable of being fully turned to account[3] — should conform[4] to three rules: (1) in a monograph every historical fact derived from documents should only be presented accompanied[5] by a reference[6] to the documents from which it is taken, and an estimate of the value of these documents; (2) chronological order should be followed as far as possible, because this is the order in which we know that the facts occurred, and by which we are guided in searching for causes and effects[7]; (3) the title[8] of the monograph must enable its subject to be known with exactitude.[9] We cannot protest too strongly against those incomplete or fancy[10] titles which so unnecessarily complicate[11] bibliographical[12] searches. A fourth rule has been laid down; it has been said "a monograph is useful only when it exhausts the subject,"[13] but it is quite legitimate to do temporary[14] work with documents which one has at one's disposal, even when there is reason to believe that others exist, provided always that precise notice[15] is given as to what documents have been employed.

Anyone who has tact[16] will see that, in a monograph, the apparatus[17] of demonstration, while needing to be complete, ought to be reduced to what is strictly necessary. Sobriety[18] is imperative;[19] all parading[20] of erudition[21] which might have been spared[22] without inconvenience is odious.[23] In history it often happens

---

1. 研究. 2. 第一等. 3. 利用. 4. 遵從. 5. 附有. 6. 參考書目. 7. 因與果. 8. 標題. 9. 正確. 10. 美觀的. 11. 使之混亂. 12. 書目的. 13. 發揮題旨詳盡無遺. 14. 暫時的. 15. 註明. 16. 感覺. 17. 器械. 18. 冷靜. 19. 必要的. 20. 誇炫. 21. 博學. 22. 省去. 23. 可厭的.

that the best-executed monographs furnish no other result than the proof that knowledge is impossible. It is necessary to resist the desire which leads some to round off[1] with subjective,[2] ambitious, and vague conclusions monographs which will not bear[3] them. The proper conclusion of a good monograph is the balance-sheet[4] of the results obtained by it and the points left doubtful.[5] A monograph made on these principles may grow antiquated,[6] but it will not fall to pieces,[7] and its author will never need to blush[8] for it.

(2) Works of a general character are addressed either to students or to the general public.

A. General works, intended principally for students and specialists, now appear in the form of "repertories,"[9] "manuals," and "scientific histories." In a repertory a number of verified facts belonging to a given class are collected and arranged in an order which makes it easy to refer to them. *Scientific manuals* are also, properly speaking, repertories, since they are collections in which established facts are arranged in systematic[10] order, and are exhibited objectively, with their proofs, and without any literary adornment.[11] The authors of these "manuals," of which the most numerous and the most perfect specimens[12] have been composed in our days in the German universities, have no object in view except to draw up minute inventories[13] of the acquisitions[14] made by knowledge, in order that workers may be enabled to assimilate[15] the results of criticism with greater ease and rapidity, and may be furnished with starting points for new researches.

---

1. 完成. 2. 主觀的. 3. 負擔. 4. 損益表. 5. 闕疑. 6. 陳舊的. 7. 破碎. 8. 汗顏. 9. 大事記. 10. 有統系的. 11. 誇飾. 12. 樣本. 13. 目錄. 14. 獲得. 15. 融化.

Histories, intended to give a narrative of events which happened but once, and to state the general facts which dominate the whole course of special evolutions, still have a reason for existence, even after the multiplication[1] of methodical manuals.[2] But scientific methods of exposition have been introduced into them, as into monographs and manuals, and that by imitation. The reform has consisted, in every case, in the renunciation of literary ornaments and of statements without proof.[3] At the same time certain forms which once had a vogue[4] have now fallen into disuse.[5] This is the case with the "Universal Histories"[6] with continuous narrative. This type has been abandoned[7] for historical reasons, because we have ceased to regard humanity as a whole, bound together by a single evolution; and for practical reasons,[8] because we have recognized the impossibility of collecting so overwhelming[9] a mass of facts in a single work. The Universal Histories which are still published in collaboration (the Oncken collection is the best type of them) are, like the great manuals, composed of independent sections, each treated by a different author; they are publishers' combinations.[10] Historians have, in our days, been led to adopt the division by states[11] (national histories)[12] and by epochs.

B. There is in theory no reason why historical works intended principally for the public should not be conceived in the same spirit as works designed for students and specialists, nor why they should not be composed in the same manner, apart from simplifications[13] and omissions[14] which readily suggest themselves. And, in fact, there are in existence succinct,[15]

---

1. 倍增. 2. 謹嚴的要覽. 3. 證據. 4. 流行一時. 5. 廢而不用. 6. 世界史. 7. 廢棄. 8. 事實上的理由. 9. 繁重. 10. 出版者的編集. 11. 分國. 12. 國史. 13. 刪繁. 14. 刪削. 15. 簡潔的.

substantial,[1] and readable[2] summaries,[3] in which no statement is advanced which is not tacitly[4] supported by solid references,[5] in which the acquisitions of science are precisely stated, judiciously[6] explained, their significance and value clearly brought out. The French, thanks to their natural gifts of tact, dexterity,[7] and accuracy of mind, excel,[8] as a rule, in this department. There have been published in our country review-articles[9] and works of higher popularization[10] in which the results of a number of original works have been cleverly condensed,[11] in a way that has won the admiration[12] of the very specialists who, by their heavy[13] monographs, have rendered these works possible. Nothing, however, is more dangerous than popularization. As a matter of fact, most works of popularization do not conform to the modern ideal of historical exposition; we frequently find in them survivals[14] of the ancient ideal, that of antiquity, the Renaissance, and the romantic school.

The explanation is easy. The defects[15] of the historical works designed for the general public — defects which are sometimes enormous, and have, with many able minds, discredited[16] popular works as a class — are the consequences of the insufficient preparation[17] or of the inferior[18] literary education of the "popularizers."[19]

A popularizer is excused from original research[20]; but he ought to know everything of importance that has been published on his subject, he ought to be up to date, and to have thought out for himself the conclusions reached by the specialists. If he has not personally made a special study of the subject he

---

1. 飽滿的. 2. 可誦的. 3. 綱要. 4. 默然. 5. 強固的參考. 6. 適宜的. 7. 敏捷. 8. 精於. 9. 評論之文. 10. 備大衆之用. 11. 凝結. 12. 讚賞. 13. 繁重. 14. 遺留. 15. 缺點. 16. 使之失信. 17. 準備. 18. 較劣的. 19. 編通俗書籍者. 20. 創造的研究.

proposes to treat, he must obviously read it up, and the task is long. For the professional[1] popularizer there is a strong temptation to study superficially[2] a few recent monographs, to hastily string together[3] or combine extracts[4] from them, and, in order to render this medley more attractive, to deck[5] it out, as far as is possible, with "general ideas" and external graces.[6] The temptation is all the stronger from the circumstance that most specialists take no interest in works of popularization, that these works are, in general, lucrative,[7] and that the public at large is not in a position to distinguish clearly between honest and sham[8] popularization. In short, there are some, absurd as it may seem, who do not hesitate to summarize for others what they have not taken the trouble to learn for themselves, and to teach that of which they are ignorant. Hence, in most works of historical popularization, there inevitably appear blemishes[9] of every kind, which the well-informed[10] always note with pleasure, but with a pleasure in which there is some touch of bitterness,[11] because they alone can see these faults: unacknowledged[12] borrowings,[13] inexact[14] references, mutilated[15] names and texts, secondhand[16] quotations,[17] worthless hypotheses, imprudent[18] assertions,[19] puerile[20] generalizations, and, in the enunciation[21] of the most false or the most debatable[22] opinions, an air of tranquil[23] authority.

On the other hand, men whose information is all that could be desired, whose monographs intended for specialists are full of merit, sometimes show themselves capable, when they write for the public, of grave

---

1. 專門的. 2. 膚淺的. 3. 串成. 4. 撮要. 5. 裝飾. 6. 嫺雅. 7. 有實利的. 8. 虛僞的. 9. 瑕疵. 10. 多見多聞的. 11. 痛心. 12. 不聲明的. 13. 抄襲. 14. 不正確的. 15. 殘破的. 16. 第二手的. 17. 成文. 18. 輕率的. 19. 斷語. 20. 幼稚的. 21. 發表. 22. 有討論餘地的. 23. 鎭靖的.

offences[1] against scientific method. The Germans are habitual offenders: consider Mommsen, Droysen, Curtius, and Lamprecht. The reason is that these authors, when they address the public, wish to produce an effect[2] upon it. Their desire to make a strong impression leads them to a certain relaxation[3] of scientific rigor,[4] and to the old rejected habits of ancient historiography.[5] These men, scrupulous[6] and minute[7] as they are when they are engaged in establishing[8] details, abandon themselves,[9] in their exposition of general questions, to their natural impulses, like the common run[10] of men. They take sides,[11] they censure,[12] they extol;[13] they color,[14] they embellish; they allow themselves to be influenced by personal,[15] patriotic, moral, or metaphysical considerations.[16] And, over and above all this, they apply themselves, with their several degrees of talent, to the task of producing works of art; in this endeavor those who have no talent make themselves ridiculous, and the talent of those who have any is spoiled[17] by their preoccupation[18] with the effect they wish to produce.

Not, let it be well understood, that "form" is of no importance, or that, provided he makes himself intelligible, the historian has a right to employ incorrect, vulgar,[19] slovenly,[20] or clumsy[21] language. A contempt for rhetoric, for paste diamonds[22] and paper flowers,[23] does not exclude a taste for a pure and strong, a terse[24] and pregnant[25] style. Fustel de Coulanges was a good writer, although throughout his life he recommended and practiced the avoidance[26] of metaphor. On the contrary

---

1. 違反. 2. 影響. 3. 鬆懈. 4. 謹嚴. 5. 史學. 6. 謹愼. 7. 精細. 8. 建設. 9. 放鬆自己. 10. 普通一類. 11. 轉入旋渦. 12. 非難. 13. 頌揚. 14. 施以色彩. 15. 個人的. 16. 考慮. 17. 破壞. 18. 成見. 19. 粗陋. 20. 污穢. 21. 拙劣. 22. 漿糊的鑽石. 23. 紙花. 24. 簡潔. 25. 言簡意賅的. 26. 避免.

we see no harm in repeating that the historian, considering the extreme complexity of the phenomena he undertakes to describe, is under an obligation not to write badly. But he should write *consistently*[1] well, and never bedeck[2] himself with finery.[3]

---

1. 貫澈. 2. 裝飾. 3. 綺麗的物品.

CHAPTER X

CONCLUSION[1]

I. History is only the utilization[2] of documents. But it is a matter of chance whether documents are preserved or lost. Hence the predominant[3] part played by chance in the formation of history.

The quantity of documents in existence, if not of known[4] documents, is given; time, in spite of all the precautions which are taken nowadays, is continually diminishing[5] it; it will never increase. History has at its disposal a limited stock[6] of documents; this very circumstance limits the possible progress[7] of historical science. Thus history will not fulfill[8] the dream which, in the nineteenth century, inspired[9] the romantic school with so much enthusiasm for the study of history; it will not penetrate the mystery[10] of the origin of societies;[11] and, for want of documents, the beginnings of the evolution of humanity will always remain obscure.

The historian does not collect by his own observation the materials necessary for history, as is done in the other sciences: he works on facts the knowledge of which has been transmitted by former observers.[12] In history knowledge is not obtained, as in the other sciences, by direct methods;[13] it is indirect. History is not, as has been said, a science of observation,[14] but a science of reasoning.[15]

---

1. 結論. 2. 利用. 3. 主要的. 4. 已知的. 5. 減少. 6. 存貨. 7. 可能的進步. 8. 實踐. 9. 感動. 10. 玄妙. 11. 社會的起源. 12. 觀察者. 13. 直接的方法. 14. 觀察的科學. 15. 推理的科學.

In order to use facts which have been observed under unknown conditions, it is necessary to apply criticism to them, and criticism consists in a series of reasonings by analogy.¹ The facts as furnished by criticism are isolated² and scattered;³ in order to organize them into a structure it is necessary to imagine and group them in accordance with their resemblances to facts of the present day, an operation which also depends on the use of analogies. This necessity compels history to use an exceptional⁴ method. In order to frame its arguments⁵ from analogy, it must always combine the knowledge of the particular conditions under which the facts of the past occurred with an understanding of the general conditions under which the facts of humanity occur. Its method is to draw up special *tables* of the facts of an epoch in the past, and to apply to them sets of *questions* founded on the study of the present.

The operations which must necessarily be performed in order to pass from the inspection of documents to the knowledge of the facts and evolutions of the past are very numerous. Hence the necessity of the division and organization of labor in history. It is requisite,⁶ on the one hand, that those specialists who occupy themselves with the search for documents, their restoration⁷ and preliminary classification,⁸ should coördinate⁹ their efforts, in order that the preparatory work of critical scholarship may be finished as soon as possible, under the best conditions as to accuracy and economy¹⁰ of labor. On the other hand, authors of partial syntheses¹¹ (monographs) designed to serve as materials for more comprehensive¹² syntheses ought to agree among themselves to work on a common method, in order that the

---

1. 比擬. 2. 孤獨的. 3. 散漫的. 4. 例外的. 5. 論證. 6. 必要的. 7. 復原. 8. 初步分類. 9. 並列. 10. 節省. 11. 部分的綜合. 12. 包羅廣大的.

results of each may be used by the others without preliminary investigations. Lastly, workers of experience should be found to renounce personal research and devote their whole time to the study of these partial syntheses, in order to combine them scientifically in comprehensive works of historical construction. And if the result of these labors were to bring out clear and certain conclusions as to the nature and the causes of social evolution, a truly scientific "philosophy of history"[1] would have been created, which historians might acknowledge as legitimately crowning[2] historical science.

Conceivably a day may come when, thanks to the organization of labor, all existing documents will have been discovered, emended, arranged, and all the facts established of which the traces have not been destroyed. When that day comes, history will be established, but it will not be fixed;[3] it will continue to be gradually modified in proportion as the direct study of existing societies becomes more scientific and permits a better understanding of social phenomena and their evolution, for the new ideas which will doubtless be acquired on the nature, the causes, and the relative importance of social facts will continue to transform the ideas which will be formed of the societies and events of the past.

II. It is an obsolete[4] illusion to suppose that history supplies information of practical utility[5] in the conduct of life (*Historia magistra vitæ*),[6] lessons directly profitable[7] to individuals and peoples; the conditions under which human actions are performed are rarely sufficiently similar at two different moments for the "lessons of

---

1. 歷史哲學. 2. 冠冕的. 3. 固定. 4. 陳腐的. 5. 實用. 6. 歷史足資人生之鑑戒. 7. 有益的.

history"[1] to be directly applicable. But it is an error to say, by way of reaction,[2] that "the distinguishing feature[3] of history is to be good for nothing."[4] It has an indirect utility.[5]

History enables us to understand the present in so far as it explains the origin of the existing state[6] of things. Here we must admit that history does not offer an equal interest through the whole extent of time which it covers; there are remote generations whose traces are no longer visible in the world as it now is. For the purpose of explaining the political constitution[7] of contemporary England, for example, the study of the Anglo-Saxon witenagemot[8] is without value; that of the events of the eighteenth and nineteenth centuries is all-important. The evolution of the civilized societies has, within the last hundred years, been accelerated[9] to such a degree that, for the understanding of their present form, the history of these hundred years is more important than that of the ten preceding centuries. As an explanation of the present, history would almost reduce to the study of the contemporary period.

History is also indispensable for the completion[10] of the political and social sciences,[11] which are still in process of formation; for the direct observation of social phenomena (in a state of rest)[12] is not a sufficient foundation[13] for these sciences — there must be added a study of the development of these phenomena in time,[14] that is, their history. This is why all the sciences which deal with man (linguistic, law, science of religions, political economy, and so on) have in this century assumed the form of historical sciences.

---

1. 歷史的教訓. 2. 反動. 3. 特點. 4. 毫無好處. 5. 間接的效用. 6. 現狀. 7. 政治組織. 8. 賢人會議. 9. 促進. 10. 完成. 11. 社會科學. 12. 靜止的狀況. 13. 基礎. 14. 在時間中.

But the chief merit of history is that of being an instrument of intellectual culture;[1] it is so in several ways. First, the practice of the historical method of investigation, of which the principles have been sketched in the present volume, is very hygienic[2] for the mind, which it cures of credulity.[3] Secondly, history, by exhibiting to us a great number of differing societies, prepares us to understand and tolerate[4] a variety of usages; by showing us that societies have often been transformed, it familiarizes us with variation[5] in social forms, and cures us of a morbid dread of change.[6] Lastly, the contemplation[7] of past evolutions, which enables us to understand how the transformations of humanity are brought about by changes of habits and the renewal of generations, saves us from the temptation of applying biological analogies[8] (selection,[9] struggle for existence,[10] inherited habits,[11] and so on) to the explanation of social evolution, which is not produced by the operation of the same causes as animal evolution.

---

1. 智慧的培養. 2. 健全的. 3. 輕信. 4. 寬容. 5. 種種不同. 6. 變化. 7. 沉思. 8. 生物學上的比擬. 9. 天擇. 10. 生存競爭. 11. 遺傳的習慣.

附　录

朗格罗与赛尼波论史学研究法
陈训恕

一　导　言

　　近五六年来，整理国故运动可算是甚嚣尘上了，中国史学研究的人固然多起来，研究的范围更是扩大了不少。可是中国以前所谓史学，同近代科学的历史观念相距太远，如一般所谓"中国有史料而无史"。又兼凡是一种运动，当其开始往往趋于极端方面，而所谓国故运动者，同样的也走在这一种无可避免的自然趋势上。因之国故运动的第一胎，便是极端的怀疑主义，如说大禹为一种动物名之说，即是一例。除此以外，更有两个极明显的弊端，有的作家，特别是编纂学校教本的人，对于以前干措的单调的史体起了一种反动。以前史书专叙政治情况，而不及社会，新近作家要描述全般的文化，就不屑牺牲"史德"，臆造种种溢出事实的话。有一本题作《新法历史自习书》的，描写叔孙通定朝仪后的汉室礼制，说是"台上设置御案御座，案前摆起御炉，烧着御香"，殊不知烧香之俗始于胡人，前汉初年决没有此事。这种臆造是第一个弊端；第二弊端便是学者的师心用事。大抵人群爱慕故国之思，最易流为自大的"群傲"，何况我们今日高唱着整理国故，正是西方人厌倦他们的物质文明最烈称扬东方的精神文明最殷的时候呢。中国的文字是著名的不精确，再加上古音古训的纠缠，弄得同是一句话，可以生出多种相反的解释。所以史料在手，差不多任是那一种因师心而生的先见，可以找到所需的证据——至少可以找到一个孤证,而孤证在思想混乱的今日之中国,尽够吸取旁人的信仰了。

所以在整理国故之前,不可不知道历史研究法之科学,要不然国故愈整理而愈糟了。吾土本来也有这一种学问,如刘知幾、章实斋之史学,未始不足以媲美西方学者。章实斋所谓"文士雅言"、"胥吏薄书",乃至"残碑断石,余文剩字,不关于正义者……往往借以考制度,补遗阙",这是对于史料的言论。又说"记诵以为学……非良史之学",这又是和西洋人所称作史者"综合的判断"之义一致。至于校雠之学,更是清儒的一种特殊的贡献。但是关于史学研究的"系统的"论述,这便连刘章两君都不曾有过。西方学者论史学研究,虽然不过最近二百年中之事,可是这二百年中,他们关于这一方面的著述,却已很多很多。法人朗格罗(Ch. V. Langlois)和赛尼波(Ch. Seignobos)两氏合著之 *Introduction aux Études Historiques*(一八九七年初版,有 G. G. Berry 之英译本),综述研究历史之理论和实施,尤称详尽,且能扼要。现在就把那书精义,摘述起来,草成此篇。

二 论 史 料

书中第一章先述史料。他们给史料下的界说是"前人思想和行为所遗留下来的痕迹"。这是一个多么广泛的界说,差不多把宇宙万有都列入史料范围中了。但是这极繁重的史料先要鉴别,然后可以搜集拢来,为史家研究的基础。史家既要任鉴定史料的工作,就得于与史学相关连的学问都有深切的研究。朗、赛两氏论史家应作的初步工夫,先述前人之说:

一、梅百里(Mobly)说:"史家应先学自然科学、法律、伦理、政治学。"

二、戴婼(Daunou)说:"史家的预备工夫有三方面:就文学方面而言,第一应熟读古代不朽的纪事诗(译者按,西洋文学中纪事诗一种,是中国所没有的,他们有十百倍于《焦仲卿妻》长的纪事的诗歌,希腊古史便是借荷马和希罗大德的史诗而传),第二应泛览近代的小说;就哲理方面而言,应知历来崇高之理想家言、道德学说及政治学说;就历史方面而言，应遍览历代有名的史书。"

三、傅里迈(Freeman)说："史家应无所不晓——哲学、法学、理财学、人种学、地理、自然科学以及其他种种都该研究。"

朗、赛二氏批评了以上诸说以后，断定史家除人人应具的常识外，应知下列六项学问：

一、"古文学"，即关于古代碑刻残字之学问；

二、文字学；

三、关于外交文件之鉴别真伪之学问；

四、纪年之学；

五、历史哲学；

六、考古学，关于泉币的学问，关于印章的学问。

三　分析的工作

有了史料，史家的工作有着手处了。朗、赛两氏接着便泛论历史研究之特殊的性质。他们说"历史的知识，全是一种间接的知识"，而"历史之为学，任你如何说法，毕竟不是一种根据于观察的科学"。为什么呢？因为"史料，前人思想行为之遗迹，是史家研究之起点，而事实乃是他的目标"。从鉴别史料起，到论定史实止，这其间一段繁复的思考，便是历史的方法学(historical methodology)之主要部分了。

史料有二种：一种是文字的史料，一种是非文字的。而鉴别史料之法也有二种：一种是外涵的鉴别，一种是内涵的鉴别。外涵的鉴别是就其文字、文体和来源三方面着手；内涵的鉴别，简单说来，中含下列四问题：(一)作者所指的所要说的是什么？(二)他信不信他所说的话？(三)他所信的是不是可信？(四)这一种史料和客观的科学之研究结果相似相一致的在那里？

外涵的鉴别，步骤如次：

一、审定原本。找到了某一项史料，第一要问，这是不是原本呢？若是的，那是最好了。若不是，须得再问，这项史料，既非原本，定是抄本，但这抄本是不是直接从原本抄下来的呢？若是的，那事情也就简单了。但若原本已失，又没有一本抄本，那么这一项所需的史料，只好从别方而参互佐证来补凑了。又若原本虽亡，却有种种不同的抄本，那事情就复杂了。弄到如此地步，最好的是就这许多互异的抄本，从其不同处看来，论定其间相互的关系如何。往往有经这样差比研究下来，真面目能显露了。

审定原本，只能使我们不去误用不可信的史料，单这一步不能给我们以新知识，所以纯是负面的性质的。

二、审定著者。审定某一项史料是不是一人所作，可看其字体、文体等等，是不是一致，又可看其所引他人的文字，有没有时代倒置的，以及其中内容，有没有与著者的生活相抵触的地方伪作和剽窃，但看（一）文体是不是始终一致，（二）精神是不是先后一贯，（三）内容有没有矛盾论调以及释理有没有豹漏，就可知了。

这一种审定著者的工作，和审定原本一样，只教我们不去用不可信的史料，其性质也是负面的。

三、排比史料。各种史料，应分类排比，以便引用。排比之法，有下列几个原则可取：

（一）依时间……后先之序

（二）依空间……分别区域

（三）依性质分类

（四）依形式分类

四、审定史料应忌之事。以上论外涵的审定，差不多全是负面的工作，此中有应忌之事凡三：

（一）过于谨慎，弄得不能下手；

（二）怀疑过当，视一切原料无不可疑，因而并可信的史料也怀疑起来；

（三）博而寡要，但知采集，不知组合，结果便如卡来儿（Carlyle）所说，只筑成"一骨董店，或一群小岛"，没有条理，没有系统。

内涵的审定，包含下列几个步骤：

一、释文。释文的工作，第一步只看文字之外表，先定其是那一时代的文字，次定其是那一个国家的文字，三定其是那一个作者的文字，末了又把文中的一般规例弄清楚,这样第一步完了。但释文的工作,第二步尤比第一步重要。所谓第二步的工作,是要把文中所用的譬喻、修辞格,以及其他隐彻之词,爬梳罗别,寻释出作者所要说的真正意义。作者往往有用种种文字上的诡计,文饰自己的真义,读者的任务是要探索奥衍,使其真义显明。这样才能使我们明白了作者个人的思想如何,他心目中的影像如何,然后我们于他的文字得有同情的了解了。

二、鉴定作者之史德。所谓鉴定作者之史德者,第一要把作者骗人的话掉去了;第二要把作者的谬误订正了。一件可以征信的史料,须得具备下面几个条件:

（一）作者是当代之人;

（二）作者亲见其事;

（三）作者是忠实的,而且熟审其事的。

但此三者,前两项是不难论定的,第三项就不易说。所以我们须得考查作者作文之时背景如何。先看作者的习惯、性情及其地位,然后就人心一般的趋势考量一下,那就可论定某次史料之真正价值。要知作者的态度忠实不忠实,我们可就下列数项的标准去试他:

（一）作者有故意撒谎,因以自便的;

（二）作者自处于不能不骗人的地位;

（三）作者于某一群人（国家、党派）,或某一系训条（宗教、学派）,有同情的,或有恶感的;

（四）作者为私人的或团体的虚荣心所驱使,臆造事实,以求抬高自己或自己的党派;

（五）作者欲取誉于当代之群众,或作者故意不欲惊动了守旧的群众;

（六）词藻之累;

要知作者所说,有没有错误,可以下面几个标准去试他:

（一）作者为师心所蒙蔽;

（二）作者所处的地位,不宜于作精密的观察;

（三）作者因懒怠或疏忽,把理想中的事实记述起来;

（四）甲、隐事——私人的秘密;

　　　乙、事之涉及群体者,或其时效甚长,或其空间甚广,非一人之力所能周知者。

三、副本史料。凡不是原本，仅是原本的复制者，都可称作副本史料。遇到副本史料时，史家的工作在于穷追原始，直至找到第一个的原作者为止。因为副本史料的用处，只在于其能重演其来源，或映射其原本，副本史料的价值只此为止。副本史料若有增纂的，那就失原本的真相，应该细细别择过。

民间传习的旧说，可说是无名氏所著的史料。这当中民众所记诵先烈的轶事，最称著名的例子，但这种十口相传的非文字的传说，就其本身的性质的言，决可说其在息息变化着，而不配入真正的史书。

四、鉴别真伪的标准综述。综括起来，论定一件史料之可信不可信，要考查这史料产生时之背景，约有下面二十事：

（一）时代；

（二）地点；

（三）目标；

（四）草述此篇时之环境；

（五）作者的社会地位；

（六）作者所隶属之国家；

（七）他的党系；

（八）他的学派；

（九）他的家庭；

（十）他的利害关系；

（十一）他的性情；

（十二）他的成见；

（十三）他个人的文体；

（十四）他研究的方法；

（十五）他记述的方法；

（十六）他所熏染的文化；

（十七）他的才力；

（十八）他才力不到处；

（十九）他所记的事实的性质；

（二十）这些事实传达给人的情形。

考按了以上几项，我们可以解放我们自己，不为作者的诡计所欺，亦不给他所受的种种影响所束缚了。

四 综合的工作

上面已把史家应做的分析的工作约略叙过。分析所得便是一堆绝无组织的琐小事实，史家第二步的工作便要把这些繁复错杂的事实整理起来，寻绎出其中的条理，加以组织。这便是所谓综合的工作了。

史料所给予史家的知识，大抵可分下列三类：

（一）物质界的事实；

（二）人类的行为；

（三）心理的事实——人类行为之动机，及其背后之思想。

这些事实，在史家脑中，全是主观的事实，这是历史学的特性使然，无可勉强。因为史学是主观的科学，所以竟有人不认史学为真正之科学，但其实主观两字，不必定是不精确的代名词啊！史家假定过去时代的事实（人物、行为、动机），为史料之作者所目睹者，也和现在的情形相似。根据了这个假定，史家在胸中幻成过去事实重演的影像。这所以史学只是一种间接的科学，而其所处的地位愈益比其他社会科学困难了。

史家既已整理史料，组成史实，他的任务还未告终。一时代有一时代的情形，一地方有一地方的情形，史家须得穷究其同异之所自来。这明变的功夫，是历史研究的最后工作。

所以综括起来，研究历史中综合的工作，有下列四步骤：

（一）想象——在心胸中幻成过去情形的影像；

（二）排比——分类组织史实；

（三）思考——贯穿的工作；

（四）推论——明变。

（《约翰声》1925 年第 36 卷第 4 期）

历史学方法概论

李　璜

历史学方法的性质我在前面已经略略说过一下：就是他不是直接经验的方法，而是间接推理的方法。我们现在可以来陈述这个科学方法的内容了。不过凡为去求了解一种学术的研究，不但要先明白他的性质，并且该当先明白治这门学术的精神所在，然后才能够知道这门学术的根底。所以在求明白学者治学方法之先，该当先明白学者治学的态度。

法国有个哲学家叫巴斯加尔（Pascal，1623—1662）曾说治学的精神有两种：一是几何的精神（esprit de géométrie），一是明敏的精神（esprit de finesse）。甚么叫几何的精神咧？就是凡事求确切，求实证，一步一步的向前追求起去，而毫不紊乱秩序。这种精神所需要的乃是学者的忍耐工夫；甚么叫明敏的精神咧？就是凡事能瞻前顾后，举一反三，而不但不为眼前事物所限，并且能透入事理的内容和渊源。这种精神所需要的乃是学者的颖悟力量。前一种可以说是近于科学的，因为他的能事是在有分析的眼光；后一种可以说是近于哲学的，因为他的能事在有综合的能力。巴斯加尔以为这两种精神虽可以分开来看，虽是各个人所具两种的成份有等差之别，但是两种均不可偏废。科学家固然重有几何的精神，分析的眼光，但不有颖悟，他的科学是死的，是不容易向前进步。此所以法国近今的数学家、哲学家扑完加勒（Henri Poincaré，1854—1912）认科学的进步大半赖明敏的精神在前面引路（大意见《科学与假设》书中）。但是只有颖悟而无纪律，则将任直觉以颠倒事实，变乱本真，也为近今治学所不取。所以治一种学问而求其态度之适当,宜先具此两种的精神。

尤其是在治历史学上不可不随时具有这两种精神而并用之。譬如在批判史料的时候,一方面固然要有分析的眼光,去剖别真伪,而一方面又不可少颖悟的心思,去揣度从前作者的心理。又譬如在综合史料的时候固然须有总观全局,彻始彻终的眼界,但同时也必须要精心安排,次序不乱。历史学家固然须眼光独到(Originalité),然后才能在常论外看出真实因缘与是非。但是历史学家也须不过离常情(bon sens),然后才免于褊狭自用:常情固然时有所蔽,但常情比较是循理而进。所以历史学家一方面要能循理,一方面要能独到,便不愧治这门学问所有的态度了。

历史学这门工夫本来是很繁难的。塞足博斯曾在他的《历史学初步》上指示出了这种工作的步骤:

> 为建立过往的一些变化和事实的知识,从考察遗迹起,所该当要做的工夫是很繁多的。所以有分工和合作的必要!该当要一些专门的工作者去分任搜求、排立和暂时将遗迹分类的各种工夫,并且要调和彼此的用力,以便那考古的预备工夫在最经济最可靠的条件中间绝早的完事。他一方面该当要有部分的编纂人(对于地方或人物的分叙),去为最宽广的统纂,为供给材料的工作,并且商定向一个方法去用功,以便每一个的结果不必再费一番考究,便能直接的为别一个去利用。最后该当要一些有经验的工作者,个人不必去做搜求的工夫,专门牺牲所有的时间去研究这一些部门的编纂稿件,以便用科学方法去参混,成功一些综合的建设。如果这些工作能够自然的在社会变化的原因和性质上抽出一些结论来,我们便可以建立一种真正科学的历史哲学。于是历史学家可以认他为历史科学的正式成功了。

概括言之,历史学的工作便是(一)搜求史料,(二)考订所搜得的史料,(三)连贯所考订过的史料。换言之,便是(一)搜集的工夫,(二)批判的工夫,(三)综合的工夫。

现在我们先谭搜集的工夫。搜集在历史学上有个专名称叫作"埃尔里斯底克"(heuristique),这个字从希腊"发现"一字来的,意谓搜集即发现一些未经出世的遗迹。这个历史所根据的遗迹,据法国历史学家摩罗德(Monod)的意思,可以分作三类:(一)前人遗著,(二)文契官书,(三)纪念实物。但是这三类中所包含的东西也很多,虽然一时写不尽他,但是如果我们为知道那些东西算是历史上所需的主要根据,我们不可以不略将这三类中的重要东西分别写一些在下面:

第一类是族谱(généologie)、年谱(chronologie)、纪年史(annales)、日记或编年传记(chronique)、笔记(mémoires)、传记(biographie)、史事诗歌(épopée)与其他文学作品,以及一切关于神学、法律、哲学、政治、经济的专门纪载等。

第二类是宪典(chartes)、证书(diplômes)、条约(traités)、证券(actes notarités)、会议纪事录(procès-verbaux)、碑铭(inscription)、法令(loi)、司法公文及判书(formules juridiques et les jugements)、簿记(comptes)、清册(inventaires)、书牍(lettres),以及一切关于史料的有社会实用利益的零篇断简。

第三类是一切纪念建筑:凯旋门或纪功坊(arc de triomphe)、大柱(colonnes)、墓坟(tombeaux),及名建筑或为名人所居或与历史大事有关者,此外一切艺术品、家用品、服饰品、生产器具、货币、标章等。

看了以上三类中的主要东西,我们已大大觉得历史所应搜集的材料如此其繁多,其范围如此其广大!搜集起来,要求认识这些东西,而且进而审订其价值,真非有各种专门知识不行!因此历史学在在需要一些附属的科学去帮助他前进。这些科学是(一)古字学(paléographie),专为认识古字和研究其时间上之变态,(二)盟契学(diplomatique),专为考订外交公文盟约书契等,(三)碑文学(épigraphie),(四)图记学(sphragistique),(五)古币学(numismatique),(六)考古学(archéologie),(七)地理学,(八)风物志或称人种学(ethnographie),与其他求认识或分析一些实在物件的科学,如物理、化学之类。这样看来,历史学上所需要的知识真是非常浩瀚。近今研究的办法虽然取分工主义各执一事,但是身当总纂的历史学家大半都是在这些附属科学里专精一两种,而对于其他的也知了个大概,然后才不致为头一个批判遗迹者所误,而因讹传讹。至于搜集规则上的一个总条件便是"到来源去"(aller aux sources)，就是说对于一种搜集不要太容易满意，必定要穷溯渊源，愈得着有根据而是本源的材料愈好。

搜集算是历史学上第一步工夫。搜集的范围虽然非常之广，但是只要明眼人放开手，好材料恐怕是无处无之。从前的历史多半偏于政治生活，而政治生活的材料每偏于一方面而且变端较大损失较易。因为大半是文典官书或纪载，故搜罗的范围虽不大，而很不易从事。现在历史注重社会生活，而社会生活的材料触手皆是，不过远古的生活用品须靠古物学的知识去在地下挖掘耳。材料搜集拢来，要细细评判其价值。历史学上最棘手的工夫，要算是批判的工夫了。

现在我们来谭批判的工夫。塞足博斯说得好："常人往往说历史学家在安排往事，不知道能名为往事，已经不知要花多少手续去弄他。遗迹算是工作的起点，往事已经算是工作的终点。在遗迹变成往事，这当中该当用一长串的工夫，一一的做去，而最繁难不易的便是批判的工夫。"塞足博斯分史迹的性质为两种，而批判的方法因之亦略有分别。历史所根据的遗迹已如上列在这三类中，可以说除第三类纪念建筑和生活用品是有实物性质以外，第一第二两类大半是含有心理性质的，不是一个作者的纪载，便是一些行为的表现，终是由人写出来的。对于第三类的批判比较对于第一二两类要简单些，因为第三类实物与人的关系比较定当些，而且有物理学的公律可求。至于心理性质的纸上文章，简直是象征体，他并不是事物的本身，且不是见证人所有精神对于事物的立刻印象，而是事物在见证人所有精神上感应出来的一些想象。因此写的遗迹既不如实物的遗迹可靠，而对于写的遗迹要用一种繁复的心理解剖，也就比较对于实物的直接考察难得多了。但是不幸历史的遗迹又往往只有纪载可凭，所以说批判遗迹不是易事。

塞足博斯在他的《历史学初步》第四十四页上曾说："要从一个史迹去推论到一件往事，两者中间的因果关系每每甚深远的，要去了解彼此相连的这种关系，该当是去在两者中间重建起来一串的介绍原因，看他如何的成功这个史迹。该当是去体贴遗迹的作者，在他观察一件事与写出这件事中间，贯串的心理变态的牵连是怎样，并且去体贴这个心理牵连时要是去从颠倒方向下手。因为作者是从他的观察到他的著作,我们是他的著作到他的观察。这就是批判用的解剖工夫的目的与步骤。"

一起头我们去考察遗迹时,便要问,遗迹在当时才脱手的时候是不是这样的?自从他出现以后有无改窜?并且问他从何到我们的手里?这一类的考察,大致是从文字方面、根本方面、来源等方面,这是外的批判。接着还有内的批判,便是用普通心理学上类推的方法去体贴作者的用心,想想他在著作上愿意表示的甚么?他相信他所说的么?他故意要使我们如何的去相信他?说到这里,历史学家便好像审判官对于犯事人的态度一样,当其审判官去考察犯事人的口供或他的呈文时,总是具着一种不肯随便相信的样子,然后才不致为犯人轻轻的骗了去。但是历史学家能真正去采取审判官的态度吗?这不是容易办到的事,审判官已经再三不信任犯事人,而且随时难免为犯事人所欺,何况历史学家对于古昔传下来,已经为多少人相信的史料,早受了一种暗示,焉能随时破除一切成见而明察秋毫,去推翻成案咧!原来历史批判的这种见解是最近才有的事,是科学知识已经很在精神上生作用后的事。从前历史学家提笔作书,或采取材料,便十人而九荒忽了这个初基的留心,这个重要的工夫。就是今日一般少年人,还是仍旧如此,不大经心于严格的批判而好随前人之论,或用以证实其所见,或用以表示其所好。论者往往用"昔人有言,昔人有言"以为证,而昔人究有此言与否,往往不加疑问。这个病根是在人的生性便好同声附和与尊信前人,这也是惰性之一。但是诚实的人要推动这个欠缺批评的惰性(ignavia critica),却非用很大的精神不为功。这是一种勉力自己挣扎的工夫,好像落在水中的人一样,不挣扎便要淹了下去。因此历史学家该当常常有个被淹的戒心,随时用力去解剖与辨别,慢慢的便由此养成了批判的精神。历史学方法的全体都需要这种批判精神。因为批判精神不够,则解析不清,选择不严,解析、选择皆欠斟酌,则推理必易错误。那样的综合起来,绝不能成功信史而反自欺欺人了。既具着这种批判的精神,自然便能尽批判的能事,现在我将批判的规则略举几条在下面以便知道这个工作的内容。

（一）订正的批判。大凡一些遗迹多半破烂不全或颠倒错乱，要求懂得他，必得是要先下一番订正的工夫。订正的工夫便是将一种已破坏错乱的遗迹重建出来。譬如《墨子》书中的《经》上下，经了许多学者的订正工夫，将已颠倒错乱而不可读的字渐渐的安排起来，略为可以解释了。又如古书多无句读的圈点——中国古书差不多完全不圈点，外国古书拿丁文的抄本，有一直写下去而中间不断的。这种拆字分句，有时也很困难，也很需要订正批判的工夫。这种工夫固然需要古字学的帮助，但同时也要分析和理解的力量。

（二）来源的批判。一句话一件事，务穷其来源以便得着他原来的意义，这本是历史学上第一步最紧要的工夫。前面已经略略说过。因为一句话一件事往往经过了一些时代，从许多人的口或笔传述下来，意义和内容都变了。要看出他的本来意思，便非加以批判不可。这里，根本一个规则便是"要去读原书求原本"。读原书便是叫我们不要去相信后来人引用前人的话，而该当去考查前人究竟说过这个话没有，而且去问他说这个话是什么意思；求原本便是叫我们不要去相信一件历史故事一成功便是这样的，他总有所本。要明白他的意义，该当去考察他由那些关系，用那些材料自然或人造成功的。大凡一件远古的历史故事如神话之类，其所以成功，多半原因复杂，附带甚多。如果不加以批判而立刻相信了他，绝不能明白他的意义。

（三）信实的批判。这就是第一要去问遗迹的作者究竟忠实不忠实。因为有许多原故，足以使一个作者做出欺人的事情：(A) 一个作者往往为自己的夸大或为别人的利益去说一些诳话；(B) 或者被人或环境逼着了他不能令他忠实的说话；(C) 或者对于一事一人不是特别有同情，便是特别有恶感，不知不觉便把事情放大缩小，失其真象了；(D) 或者阿一人或众人之所好，而故为浮辞浪语；(E) 或者文学家为他的行文方便，句法美丽，设局动人，便将真的事实牺牲了。对于以上种种，历史学家少不经心，便要受骗或弄错。并且不但要自己不受骗，不弄错，而其次还要问自己所考察所根据的那个作者他先弄错了没有？一个作者往往因：(A) 成见在胸，认朱成紫；(B) 记忆不佳，经时错纪；(C) 知识不够，未曾了解；(D) 塞责了事，信手拈来；(E) 听信人言，未加考察,等等不胜枚举的原故,都会弄错而遗害后人的。但是有时作者又因一些原故故意弄一些错,将真事略为隐了起来,所以不但应当在真中去寻错,有时也当错里去寻真。此所以故事小说中往往还有信史实事可得,而且其价值还甚于正史上的。

以上略举批判工夫中的主要者三条,便可知道这个工夫不是容易的。尤其是第三信实的批判,就是我在前面所说的内的批判、心理学的批判,不但要能细心分析,有几何的精神,而且要能体贴入微,有明敏的精神,然后庶几可告无罪。①

不过历史学的批判工夫无论再做得好,他只是把历史材料确定了其可靠的程度,而并未确定其中间的关系因果线索等等。好像电影戏一样,批判工夫只是将一片一片的影片制好了,不一一的位置成功,连串成功,我们单是一片一片的取来看,那是绝对不会懂戏情的经过和因果的。因此搜集批判之后,这综合的工夫便很要紧了。综合的工夫可以分类别(classement)、汇合(groupement)、调理(coordination)和总括(généralisation)等手续。但是在谭这个工夫之先,我们不可不知道历史学家一开始综合的时候就是类别汇合材料的时候,便由各人的见解不同,选择材料因之便不一样,而竟有了一些争点。

在一方面看来,人的行为在本质上可算是每个人做出来的。他是在某一时发生,某一地发生,发生了后便成过去,不会再同样发生的,所以可以说每一件行为都是独立的。但是在另一方面看来,此一个人的行为每每很像彼一个人的行为,或者是每一个人的行为又很像他那一团体的行为。因之到了很有相像的程度时印在别人脑经里,便不能不把他列成了一类,而有所谓风俗习惯等看法。并且风俗习惯不是各人精神上的创造品,而是既成了文化的结晶体,在时间上有继续性,在空间上有普通性,有信条,有强制,而人的精神不能逃脱他的。因为这两种看法不同,于是历史事实便呈现两种相反的景象:前种的意义是个人的、特殊的、偶然的,而后者的意义是群体的、普通的、常在的。照前种的观念,则历史为从前个人偶然行为之继续叙述;照后者的观念,则

---

① 因为时间有限,便没有多举出些引证。可参考梁启超著《中国历史研究法》,中间举例甚多,可以印证。

历史乃人类习惯之表册而已。在十九世纪后半期，历史学家便为这两种不同观念打的官司不少。在德国所谓文化史家与政治史家，一个注重全民族的变迁，一个注重伟人的行动，彼此互相非难。在法国所谓"社会学的历史学家"与"历史学的历史学家"，一个承认社会学的主张，注重社会建设如宗教生活等，一个守着上古史家的传统思想，注重政治人物的本领和政治上的变迁。于是文化史家认政治史为一部"相砍书"，而政治史家认文化史为几篇"刻板话"。彼此相讥而彼此取材也就大易其趣：政治史家取材既一心在个人行为政治变动上，当然不易看出甚么普通的意义；文化史家反之，其所取材都只是些普遍的事件，如语言方式、宗教信条、法律条例等，他是用想象力去表现出说这些话，信这些教和守这些律的人们。

但是现今的历史学家如果持着科学的态度，便不偏于一面，而将个人的行为与社会的建设并重，并且对于这二者不先怀一个成见，不去采"价值判断论"。各种材料在历史学家使用之下，一律平等，初无所谓大小轻重之别。不但是伟人的行为该当重视，就是细民的举动也当重视，只要他是有历史意义的。不但社会建设如宗教、法律等足以表现历史事情，就是往古极小遗物如衣饰、玩具等亦足以发现昔人生活。我们在各科学上也常常看见动因甚微而影响甚大的事，如滴水虽细，可以穿石；一木阻水，可以淹山；西班牙人偶携马群，遂布满了南美洲。现今历史学家一方面固然承认社会环境、宗教习俗的能力，而一方面也在在看见个人可以改变环境与习俗，如十六世纪英国曾以亲王之死而改变了三次宗教的信仰。个人的行为不应在其动因，而应在其效力去定他的历史价值。于此我们可以得着历史学家两条规定：（一）是如果个人的行为可以给与个人成为榜样，因之造成一种风气或标准——大概在艺术、科学、宗教、道德上面——不然则（二）个人是有权势的，可以用命令支配一群人，发生一种大的变动——大概是国家元首、宗教教主、军中将帅之类——如此个人的举动往往可以发生很重大的关系。此所以个人行为当与社会环境并重，并且专以社会情景代表史事也是解不通的。谭法国大革命，只重当时社会经济与政治组织，而不问一个提倡民权的卢梭思想和几千攻打王家监狱的巴黎市民的行为，便把这回革命讲不透彻。

但是在这浩如渊海的遗迹之中虽不应先立成见，早定弃取，但终非有个选择不可。历史学家固然在一方面说来，应客观的去尽搜集的能事，材料愈丰富完备愈好。但是在他方面，有两点该当注意的，就是：（一）求绝对的完备，想办到统整的，彻头彻尾无所遗漏，是为事实所不可能，尤其是时间所不许的；（二）所得着的材料都要勉强的补缀上去，结果反成为饾饤品或百衲衣，令人厌倦，看不出一个头绪来。科学本是为节省人的精力时间而去将事物有秩序的约束起来，容易令人了解，历史也该当是一样的。于此历史便应是采择已批判过的一部分可靠事件，将他放在一种合理而易懂的方式之下。有时能够在这个方式之下同时顾到巨细不遗固然很好，但有时要求全则终于混杂不清。因此在综合的初步工夫上看来，著古史易而著今史难。今史的材料在数量上的发现比较多，而在品质上的选择则比较难。不过选择终难免有些主观意见参加其间，于此一般采绝对科学态度的历史批判家，常常以正确二字与综合家为难。照他们的意思，由批判到汇合，至多做到专门纪载（monographie）的工夫，历史科学的境界便算截止了。其余调和与总括的工夫，是为得着普遍意义的解释，近于历史哲学，而不是历史科学。但是专门记载终是一些片段的事情，一些零星的叙述，绝不足以餍人们欲求了解原委的希望。并且照自然科学的原则，"要是有普遍性的才是科学"（Il n'y a de science que du général）。固然是"一日的综合须数年的分析"，①综合的工夫觉得较易，然而无总括的工夫，则终不能成人们所希望首尾相衔人类行为是有意义的一部历史。譬之植物学与动物学，他们将生物经解析后分类汇列起来，固然使我们了然于某物的性别类别了，但是终还需要生物学来从普遍性上定一个总括的方式，然后生之意义与其进化始呈现出来。植物、动物诸学之于生物学，亦如历史批

---

① 在十九世纪后半期，德国学术界致力于历史分析的工夫最猛，而成绩也最多。当时所谓时代历史写实家（Historiographe）是非常之多的。其对于德国史迹固然尽了搜集分析的能事，而对于古史的贡献也不小。便因为这个原故，大家于是都才掉转眼光，特别注重遗迹的搜求和分析。在这个潮流之下，综合的工夫一时被人轻视也是自然的趋势。不过德国历史学家之能考订史材而又富综合魄力的，也有许多人要该当在近今历史学界里占第一等位置，如穆模生（Mommsen）、台齐克（Treitschke）、伦不乃赫特（Lamprecht）——以后谭历史哲学时再说他们的思想。

判与专门记载之于历史总括一样,两两相需,两两相成,只宜各尽分功的能事,而不宜互相菲薄彼此之用力。从前历史哲学家之忽视历史分析工夫与今日历史分析家之排斥历史总括,是一样的失了历史学的本意。

不过在历史综合工夫上,类别和汇合比较客观一些——如同植物、动物学的工夫,为更近于自然科学的模范,而调和与总括既不能不用历史学家的推理和想象去从事于补充,则难免有主观的意义。历史学家当其在史事汇列之后,要去从这些事实的递嬗相互关系中求得一个线索,换言之要去求事情发生和进展的条件与性质,而使人能够了解,则对于这样过去已久徒存僵迹的史事非得加一番想象,然后才能重兴活现事实。并且这种片段不完的僵迹,要把他约束起来,成为一片,又必得要用推理的办法。因此,历史的总括便是推理与想象两种工夫。对于这两种工夫,并且是除特别有经验的去留心外,不能应用何种绝对的规则,这里全靠历史学家在脑经中去组织往昔状态时他所具有智慧的品格如何,这里要如何充分的明敏精神! 不过在用推理与想象去补充残缺不完之处时,也应该十分留意自己所增加的:第一增加须不妨害或改变原有的意思,第二所增加的愈求合理的明了,而能用其他事理相证的愈好。如果能尽这个能事,则历史的线索呈现一种自然的明确形式,而人类行为的各种表现——物质的和精神的——都自然调和一致,令人一眼看去,不但一个时代或一个民族的行为表现的全体可以得着,而且这中间事变进行的原因也自然的呈露出来。

说到这里,历史学上又有一个大争论,就是对于所谓"事变的原因"。这个原因是真有的抑是虚拟的? 如果真有,那吗他是必然的抑是相对的? 他的性质是否与自然科学上原因的性质一样? 对于这几个问题各家说法不同。法兰西哲学会在一九〇六到一九〇八曾对此问题开了许多辩论会,辩论内容详载是年会刊;有的(多半是论理学家)以为有原因必有公律,公律与原因是不能相离的。于是如果承认历史事情有因果关系,则其关系应当具有必然性,换言之即历史事实乃有公律控制其间;有的(多半是历史家)以为历史事实上的原因与自然现象上的性质不同,他对于公律是特殊的、独立的,如塞足博斯说:"历史学家认为,或不能不去认为一种立刻在这件事前头发生的事，在他的必然的条件上，乃是这件事的原因，在时间上既有最近的关系，则必须先从这最近的慢慢溯源上去，便会达到了第一个原因。但这一个相关一个，一直到了最末的各种关系，都是彼此各有特殊情形，不但不有必然性，而且无有普遍性。"（见法兰西哲学会一九〇七年年刊第二六五页）于是历史学家所谓的史事原因乃是一串事变的递嬗关系（des series, un processus de changement）。寻求史事原因便是去了解变迁的意义，去问他何故，而并无意在其间建设公律。因为一件事的发生如果绝没有原因，乃是不可思议的，并且是不会有的。所有寻求原因，一方面是事理所必至，一方面是人性所必趋，不过自然科学上的原因是某因必生某果，有绝对效验性的（efficace），而历史科学上的原因，不过是足以使一件事能够发生的一些条件罢了。有些人称他为可能生效的（efficient），但有些历史学家总还觉得这个形容词过甚了一点。因为条件有时一样，而生的效果乃有时恰恰相反。忠臣孝子可以兴家国，也有时可以亡家国。故有些哲学家或历史学家对于史事原因主张两种原因并立说。如古尔诺（Cournot）主张"合法的原因"（causes constitutionnelles）与"特殊的原因"（causes adventices）同时影响于一件史事，而拉工卜（Lacombe）亦主张"常在"与"偶然"（institutions et accidents）二者是并行的。譬如规定一种文化进程的地理、天时、社会、环境、经济、状态等需要，可以说是为这种文化成立的合法与常在的原因，而使这个文化竟然会成立的一些人事变迁，便可称为特殊或偶然的原因。比如封建制度，在他的基本条件上面看来，各民族各时期的封建社会都有其共通的意义；而在他的发生的时代和变化上看来，这些封建社会之存在又各有其特殊的意义。这两种意义并且该当是一样的重要。于是在历史综合中最后的总括工夫上便应分"通观"与"特观"两法：一方面能观其共通之点，而一方面又能观其变异之处，则史事的全体真实自然呈现。

历史学方法的大概便如上述。在这三种工夫——搜集、批判和综合——中看来，没有一种不是不重要，不是彼此相需的。要在一面各尽其能事，而一面又能合拢来以表现此种大工作的总成绩。不过近今历史学既日趋于科学化，而大家的看待历史如果过于科学的或是历史学家的才能只限于科学的,换言之,读者和作者心目中只有真实二字,而不问其他,也未免有流弊的。从前历史学家之偏重艺术方面,使真实为他的文学所牺牲了,固然不应该。但现在的历史学家便完全不顾到艺术的写生,也绝不能著成耐读而有生气的历史。高明的艺术家是在将客观的真实从主观的想象中镕了出来,而不但不失真,并且加增了许多活气。近今的历史学家不是应该具有这样的才能吗？至于近今读史的人因为心中有绝对真实之一念,便一味疑古,事事挑剔,也觉得是过于泥守科学意义了一点。法国近今哲学家亨利·班加雷说得好:"科学的真实大半是我们理解中的真实。"历史上的真实也还不是一样的半由推理而信其为真,所谓合乎情理,而有多半的可能意义罢了,如果一定要求绝对的真实,史事之十分之九不是自己亲眼所能见,遗留下来的实物既然不多,我们假如要有实物为证才肯相信,历史便几乎要不能有存在的价值。因此,历史的真实大半还是建筑在我们的合理的相信程度上面,我们固不可不由推理而轻信,但也不能拘守求证之一念,而一味去疑古。

(李璜:《历史学与社会科学》第 2 章,东南书店,1928)

图书在版编目(CIP)数据

历史研究法二种合刊/(法)朗格诺瓦,(法)瑟诺博司原著;李思纯,何炳松选译;李孝迁,胡昌智编校.—上海:上海古籍出版社,2018.11
(中国近代史学文献丛刊)
ISBN 978-7-5325-9000-1

Ⅰ.①历… Ⅱ.①朗… ②瑟… ③李… ④何… ⑤李… ⑥胡… Ⅲ.①历史—研究方法 Ⅳ.①K061

中国版本图书馆CIP数据核字(2018)第231895号

中国近代史学文献丛刊

历史研究法二种合刊

〔法〕朗格诺瓦 瑟诺博司 原著
李思纯 何炳松 选译
李孝迁 胡昌智 编校

上海古籍出版社出版发行

(上海瑞金二路272号 邮政编码200020)
(1) 网址:www.guji.com.cn
(2) E-mail:guji1@guji.com.cn
(3) 易文网网址:www.ewen.co
浙江新华数码印务有限公司印刷

开本635×965 1/16 印张22.75 插页6 字数250,000
2018年11月第1版 2018年11月第1次印刷
ISBN 978-7-5325-9000-1
K·2561 定价:92.00元
如有质量问题,请与承印公司联系